京津冀协同发展研究系列丛书
国家社科基金项目成果（项目编号：17BJL054）

周伟◎著

京津冀城市群协同创新机制与实现路径

首都经济贸易大学出版社
Capital University of Economics and Business Press
·北京·

图书在版编目（CIP）数据

京津冀城市群协同创新机制与实现路径/周伟著.
－－北京：首都经济贸易大学出版社，2023.9
　ISBN 978-7-5638-3600-0

Ⅰ.①京…　Ⅱ.①周…　Ⅲ.①城市群-产业合作-研究-华北地区　Ⅳ.①F299.272

中国国家版本馆CIP数据核字（2023）第187654号

京津冀城市群协同创新机制与实现路径
周　伟　著
JINGJINJI CHENGSHIQUN XIETONG CHUANGXIN JIZHI YU SHIXIAN LUJING

责任编辑	潘　飞
封面设计	砚祥志远·激光照排　TEL:010-65976003
出版发行	首都经济贸易大学出版社
地　　址	北京市朝阳区红庙（邮编100026）
电　　话	（010）65976483　65065761　65071505（传真）
网　　址	http://www.sjmcb.com
E－mail	publish@cueb.edu.cn
经　　销	全国新华书店
照　　排	北京砚祥志远激光照排技术有限公司
印　　刷	北京九州迅驰传媒文化有限公司
成品尺寸	170毫米×240毫米　1/16
字　　数	410千字
印　　张	24.25
版　　次	2023年9月第1版　2023年9月第1次印刷
书　　号	ISBN 978-7-5638-3600-0
定　　价	79.00元

图书印装若有质量问题，本社负责调换
版权所有　侵权必究

目 录
CONTENTS

第1章 国内外相关研究的学术史梳理、研究动态与理论综述 / 1

  1.1 产业转移、产业集群与空间集聚研究综述 / 1

  1.2 城市群相关理论与空间结构优化 / 28

  1.3 区域协同创新发展理论 / 34

第2章 京津冀城市群产业协同创新的实证研究 / 41

  2.1 京津冀城市群产业协同创新的驱动因素与环境基础 / 43

  2.2 京津冀城市群产业协同创新能力测度 / 48

  2.3 京津冀产业转移的经济增长与产业结构优化效应 / 61

  2.4 产业承接对产业结构的影响 / 76

第3章 京津冀区域经济协同发展度的空间分异研究 / 84

  3.1 京津冀城市群协同发展度分析 / 84

  3.2 京津冀产业转移的空间分布特征 / 114

  3.3 京津冀城市群共生关系分析 / 127

第4章 京津冀城市群产业演化与空间绩效研究 / 140

  4.1 京津冀城市群产业结构与空间结构的耦合协调性研究 / 140

  4.2 京津冀城市群产业空间集聚效应 / 188

  4.3 京津冀城市群产业结构变动的空间回应机制 / 211

第5章 基于哈肯模型的京津冀城市群产业协同创新机制研究 / 223

- 5.1 研究背景与文献综述 / 224
- 5.2 城市群产业协同创新作用机理 / 229
- 5.3 基于哈肯模型的实证研究 / 238
- 5.4 研究结论与政策启示 / 249

第6章 京津冀制造业与生产性服务业协同集聚对经济增长的影响 / 257

- 6.1 研究背景及意义、方法与框架思路 / 258
- 6.2 理论基础与文献综述 / 265
- 6.3 京津冀制造业与生产性服务业协同集聚的现状特征 / 274
- 6.4 京津冀制造业与生产性服务业协同集聚的空间效应分析 / 284
- 6.5 研究结论与政策建议 / 309

第7章 京津冀协同发展的运行机制、模式选择与优化策略 / 313

- 7.1 研究背景、内容与框架思路 / 314
- 7.2 相关文献综述 / 318
- 7.3 京津冀协同发展运行机制的构建 / 320
- 7.4 京津冀协同发展模式选择 / 327
- 7.5 产业区域转移过程中地方政府的博弈行为机理 / 331
- 7.6 京津冀协同发展障碍分析 / 340
- 7.7 京津冀产业协同创新发展优化策略 / 343
- 7.8 京津冀协同发展政策体系与推进路径 / 346

参考文献 / 349

第1章 国内外相关研究的学术史梳理、研究动态与理论综述

1.1 产业转移、产业集群与空间集聚研究综述

1.1.1 产业转移的动因与机理

对于产业转移，学界尚未形成统一的概念。其中，卢根鑫（1997）认为，产业转移是推动社会经济发展的复杂经济活动，是一个国家（地区）的产业向其他国家或地区转移的现象和过程。目前，国内外学者正分别从宏观产业视角和微观企业视角对产业转移的动因展开深入研究。

1. 宏观层面的产业转移动因论

宏观层面的产业转移动因论，主要关注产业在国家和区域间的移动，大致可概括为以下几种观点。

（1）要素禀赋动因论。刘易斯（Lewis）在《国际经济秩序演变》（*The Evolution of the International Economic Order*）一书中这样论述了劳动密集型产业转移的特点：第二次世界大战后，西方发达国家工业化进程加快，对劳动力的需求迅速膨胀，但过低的人口自然增长率无法满足社会对劳动力的需要，从而导致劳动力成本上涨，进而促使发达国家将劳动密集型产业转移到劳动力资源充沛且成本更低的发展中国家和地区。在此，刘

易斯基于要素禀赋理论提出了劳动密集型产业的转移动因，指出其本质上是因劳动力成本比较优势的变化而造成的特定产业在国际范围内的移动。

日本经济学家小岛清（Kojima，1987）提出了边际产业扩张论，其认为国际直接投资应从本国不具有比较优势的产业（即边际产业）开始，向具有比较优势或潜在比较优势的国家（地区）转移，再进口该国（地区）生产的产品。小岛清的边际产业扩张理论是对赤松要（Akamatsu，1962）"雁型模式"理论的发展，前者实现了产品生命周期论和要素禀赋论的有机结合，并提供了一种有利于产业转移双方获取利益的贸易模式以及促进国际贸易的手段。

（2）生命周期动因论。生命周期动因论的研究重点在于考察特定主体的生命历程，以解释在此过程中产业转移的原因，其代表性理论有区域生命周期论和产品生命周期论等。其中，汤普森（Thompson，1966）提出的区域生命周期论认为，工业区存在规律性演变，如同生命有机体一样从年轻到成熟最后走向衰老，因而，为了在生产中保持竞争优势，产业应在不同区位进行布局。弗农（Vemon，1966）则将一个完整的产品生命周期划分为创新、成熟和标准化三个阶段，并认为伴随着产品生命周期的变化，产业将在具有不同要素禀赋的地区之间移动：当产品处于创新阶段时，意味着其在本国（地区）的生产具有竞争优势；当产品经过不断发展并进入成熟阶段后，则应根据相关产业的技术扩散程度及其生产优势转移等情况，以技术转让或直接投资等方式推动其进入国外市场；当产品进入标准化阶段时，最好将生产转移到具有优势的国家（地区）。

（3）梯度转移与逆梯度转移动因论。该理论来源于弗农的产品生命周期理论和赤松要的"雁型模式"理论。其核心内容是：由于产业梯度转移是区域经济发展不平衡的产物，区域产业结构将随着时间的推移而不断从高梯度地区向低梯度地区转移（仇建涛，1998）；经济发展水平、技术水平和要素禀赋等的差异造成不同区域的产业结构出现明显的阶梯状差异，从而推动产业区际转移（戴宏伟，2006）。随着产业梯度转移理论的深入发展与实践，有学者研究发现，发达地区与欠发达地区之间的差距也在不断扩大，并由此提出了逆梯度转移理论。其中，郭凡生（1986）提出的反梯度理论认为，梯度推移是国内技术转移的重要方式，但并不是客观规律，且不是唯一方式。

（4）产业结构调整动因论。产业结构调整动因论认为，产业转移与产业结构调整是相互联系的概念，具体可分为以下两大类。一是以卢根鑫（1994）为代表的重合产业论。所谓重合产业，是指发达国家（地区）和欠发达国家（地区）在一定时期内拥有的、技术构成相似的同类生产部门。发达国家（地区）劳动力要素的价格高于欠发达国家（地区），生产相同产品的发达国家（地区）所面临的绝对成本大于欠发达国家（地区），因此发达国家（地区）有动力将这类重合产业转移到欠发达国家（地区）。赵燕（2008）用重合产业理论解释了一国范围内不同区域之间的产业转移，认为重合产业是发达区域与欠发达区域产业结构调整的契合点。二是以陈建军（2002）为代表的区域产业转移理论。陈建军将产业转移定义为由于资源供给或产品需求条件发生变化，从而促使相关产业从某国家或地区转移到另一国家或地区的具有时间和空间维度的经济过程。区域产业转移的动力机制来自扩大市场的需求，以及产业结构调整、追求经营资源的边际效益最大化和企业成长等的需要。

（5）产业集群转移动因论。产业集群转移是经济发展到一定阶段的产物。产业集群转移的内涵是原本在地理上集中、关系密切的企业群体整体搬迁至另一区域，企业间存在的网络关系具有可复制性（邱兆逸，2006）。朱华友等（2008）认为，产业集群转移可以降低运输成本和交易成本，获得规模经济与外部效应，共享劳动力市场并增强创新能力。刘友金等（2012）认为，产业集群式转移过程的实质是通过核心企业或产业链上的关键企业带动集群中的部分企业或企业集群的整体转移，从而形成集群企业继续共生的过程。其中，核心企业与配套企业、产业链上的关键企业与上下游企业之间形成了稳定的共生关系，促进了企业的集群式迁移。

2. 微观层面的产业转移动因论

企业是产业转移的微观主体，产业转移要围绕企业区位的选择而变动进行，微观企业视角下的产业转移动因有以下几个切入点。

（1）基于新古典区位理论和新经济地理学的企业迁移动因论。新古典区位理论是基于新古典经济学发展而起来的，起源于杜能（Thunen，1826）的农业区位论，其代表性理论有韦伯（Weber，1909）的工业区位论等。随着经济全球化和区域一体化的不断推进，空间因素正逐步被纳入主流经济学的研究框架。其中，以克鲁格曼（Krugman）为代表的新经济地理（new economic geography）学派研究了"中心-外围"模型（core periphery model）。该学派认为，经济活动的空间集聚状态取决于产业地理集中的离心力和向心力。由于规模经济的存在，理性企业将在区域中不断集聚并形成核心；随着市场规模的不断扩大，外部经济效应的不断削弱，企业会向劳动力成本和交通费用更低的边缘地区迁移。

（2）企业迁移行为理论。奈科斯丁和泽莫（Nakosteen and Zimmer，1987）认为，企业迁移是推力、拉力和阻力共同作用的结果。其中，推力包括劳动成本较高、缺少发展空间等，拉力包括有利于企业生存的区位条件，阻力则一般被认为是维持现有劳动就业关系的因素。国内学者魏后凯（2003）认为，产业转移的实质是企业的空间扩张过程，也是企业再区位和区位调整的过程；企业迁移不仅取决于现有区位推力和目标区位拉力的大小，而且与阻力等因素有关，包括固定成本和可变成本的损耗、维持现有劳动就业关系的需要、地方政府的压力以及管理者旅行成本的增加等。周江洪等（2009）则提出了区际产业转移力的概念，认为区际产业转移力是区际产业转移推力、拉力和阻力这三种作用力的函数，只有当推力和拉力之和大于阻力时，产业的区际转移才会实现。其中，推力包括国家区域经济政策导向、转出地经济发展战略及政策导向、区域及产业生命周期演化规律、市场机制作用以及转出地成本上升等，拉力体现为承接地对转出地产业的吸引力,阻力可分为产业转出地的滞留阻力和产业承接地的排斥阻力这两方面。

(3) 新制度企业迁移论与国际生产折中理论。与新古典区位理论和企业迁移行为理论将企业决策放在静态环境的分析方法不同,新制度企业迁移理论将企业决策纳入网络化的动态环境中进行研究。例如,格兰诺维特(Granovetter,1993) 认为,任何经济活动都受社会文化制度和价值体系的影响,企业迁移不仅要研究传统的区位条件,而且要关注企业行为所嵌入的社会价值体系、文化关系、政策方向等。邓宁(Dunning,1988) 则从投资周期的角度研究国际企业转移,认为企业转移由其自身所拥有的所有权优势、内部化优势和区位优势这三大因素共同决定。企业若仅拥有所有权优势,则会选择技术授权;若具有所有权优势和内部化优势,则会选择出口;只有当同时具备三种优势时,其才会选择国际直接投资。

综上,产业转移动因论起源于西方发达国家,国内在该领域的研究起步较晚(以20世纪末卢根鑫等提出的重合产业论为开端),但相关研究成果十分丰富,涉及面也相当广泛。国内外学者对产业转移动因的研究主要从产业和企业层面展开,其中产业层面的转移动因论之研究对象主要是单一产业或产业群,企业层面的转移动因论则多将研究对象划定为产业微观主体。相比产业层面的转移动因论,后者更关注微观环境变动(如企业政策环境、企业决策者意愿等因素)对企业区位选择的影响及其对产业转移的影响。

1.1.2 产业转型升级的理论与思路

产业发展是经济增长的驱动力,产业转移与产业升级是促进经济均衡发展、调整产业结构、开创新经济模式的重要路径。产业升级具有两层含义:在宏观层面,产业升级表现为产业结构不断向第三产业倾斜,第三产业占比不断增加;在微观层面,产业升级表现为产业素质不断提高,生产技术水平、创新能力及获利能力不断提升、企业管理制度和体系不断完善。

宏观层面的产业升级以配第-克拉克定理揭示的产业结构变迁规律以及库兹涅次（Kuznets）的产业结构论为代表。配第-克拉克定理是由配第（Petty）提出、克拉克（Clark）验证的描述产业结构变迁规律的理论，其理论核心为：随着经济的发展和人均国民收入水平的提高，劳动力先从第一产业向第二产业转移；随着人均国民收入水平的进一步提高，劳动力便向第三产业转移。库兹涅次（Kuznets，1966）在其代表作《现代经济增长》（*Modern Economic Growth*）一书中揭示了经济增长与产业结构变化的规律：随着经济增长，农业部门的国民收入和社会就业在整个国民收入和总就业中的比重均不断下降；工业部门的国民收入比重上升，而社会就业的比重大体不变或略有上升；服务部门的国民收入比重大体不变或略有上升，社会就业的比重则呈上升趋势。在这之后，产业结构理论得到快速发展，代表性的有里昂剔夫（Leontief）的产业关联理论、钱纳里（Chenery）的标准产业结构和工业化阶段理论以及霍夫曼定理（Hoffmann's theorem）等。

产业结构升级与产业结构优化的概念密切相关，二者都包含了产业结构合理化和高度化这两方面的内容，并且产业结构升级不是静态的，而是一个不断调整、适应和优化的动态过程。产业结构合理化指产业与产业之间协调能力的加强和关联水平的提高，是一个动态的过程。产业结构合理化的目的是促进产业结构的动态均衡和产业素质的提高、供给结构和需求结构的相互适应、三次产业以及各产业内部各部门之间发展的相互协调等，从而使产业结构效应得到充分发挥。产业结构高度化的含义是产业结构从低水平状态向高水平状态发展，沿着第一、第二、第三产业以及劳动密集型、资本密集型和技术（知识）密集型产业分别占优势地位顺向递进的方向演进；由低附加值产业向高附加值产业、低加工度产业占优势地位向高加工度产业占优势地位的方向演进。

20世纪以来，众多学者围绕技术选择、创新与扩散、高技术产业及战略性新兴产业的作用、产业政策影响等方面，对产业结构升级展开了研究。其中，熊彼特（Schumpeter，1926）首次提出了创新理论，并在其著作《资本主义、社会主义与民主》（Capitalism, Socialism and Democracy）中提出，竞争的本质不是价格竞争，而是创新的竞争，创新是国家、产业以及企业提升竞争力的核心途径。国内学者丁焕峰（2006）认为，影响产业结构变迁的关键因素是技术创新。该学者通过研究技术扩散与产业结构优化的逻辑关系发现：技术扩散一方面对产业结构发挥作用，即通过影响社会需求结构与规模、相对成本以及国内外经济环境等来对产业结构优化产生作用；另一方面则通过产业间的技术经济联系（即技术矩阵水平的提升）来优化产业结构。黄茂兴、李军军（2009）运用系统工程原理和经济数学方法，以我国1991—2007年31个省级行政区为研究对象，考察了技术选择、产业结构升级与经济增长的内在联系。该研究认为，各地应结合自身要素结构、技术吸纳能力和技术创新能力，适度进行资本深化，提高资本劳动比率和劳动生产率，这样才能有效实现技术选择对产业结构升级和经济增长的积极作用。付宏等（2013）的实证分析结果表明，创新对我国的产业结构高级化具有显著作用。其分析认为，我国华东地区的产业结构高级化主要依赖研发（R&D）经费投入，华南、东北和东北地区则主要依靠增加R&D人员，而西南和西北地区主要依赖外商直接投资（FDI）。高素英等（2017）认为，我国各地的产业结构升级存在空间相关性，创新人员对产业结构优化具有显著促进作用，资金投入对产业结构合理化有着正向影响（但对产业结构高级化的影响并不显著）；本地创新投入直接影响本地产业结构高级化，本地创新人员投入直接促进了本地和外地的产业结构合理化（但间接阻碍了外地产业结构的高级化）。张其仔（2008）认为，一国或地区的产业升级路径有其自身规律，要重点解决产业升级方向、产业升级幅度以及产业升级中段风险规避等问题；产业升级取决于潜在的技术能力，升级路径的选择要与资源禀赋、比较优势和经济发展战略等相匹配。

高技术产业是典型的知识和技术密集型产业，其发展壮大将深刻改变传统产业模式，信息化和智能化已经成为高技术产业发展的必然逻辑。有学者用定性和定量分析相结合的方法，探究了高技术产业对产业结构调整的影响。其中，夏海力等（2019）基于2005—2016年我国26个省（自治区、直辖市）的相关数据，构建了高技术产业发展水平与产业结构升级的面板回归模型。该研究认为，从全国层面来看，高技术产业发展对产业结构升级有正向推动作用；在区域层面，高技术产业发展在区域产业结构升级中存在明显的空间异质性。

发展中国家（地区）的经济增长面临各种无法由市场机制解决的问题，需要"有所为有所不为"的政府来加以协调。产业发展亦是如此，适宜的产业政策是政府和决策部门驾驭经济发展方向与推动经济增长的重要抓手。产业政策的有效性以及如何制定切实可行的产业政策一直是学者们关注的重点。韩永辉等（2017）实证分析了产业政策对地方产业结构优化升级的影响程度及机制，其使用省级面板数据实证检验了产业政策在产业结构合理化和高度化中的驱动作用并认为，产业政策的出台与实施显著促进了地区产业结构的合理化和高度化；产业政策对产业结构优化升级具有显著促进作用，但产业政策作用的大小在很大程度上取决于地方政府效率的高低，只有发挥好"有为政府"和"有效市场"的作用，超越"市场还是政府"的狭隘争辩，理顺市场与政府的关系，提升政府效率，产业政策才能更有效地促进区域产业结构的优化升级。林毅夫（2017）基于新结构经济学视角，将我国产业分为追赶型、领先型、退出型、"弯道超车"型以及战略型等五种类型，强调针对不同的产业类型，政府应因势利导，制定差异化的产业政策，发挥好"有效市场"和"有为政府"两只手的作用，推动产业的转型升级。

微观层面的代表性观点有格里芬（Gereffi，2012）提出的全球价值链（global value chain，GVC）概念，其阐释了在经济全球化背景下，加快价值链攀升何以成为促进产业升级的重要手段。全球价值链理论注重价值环节在产业空间布局、价值链重组、价值链动力及治理等方面的问题,其基本思想是:价值链由多个价值环节组成,但并非每个环节都能创造等量的价值,高附加值环节处于价值链的战略环节,起到了对整条价值链的控制和管理作用,要想在全球产业竞争中占有一席之地,就必须努力占据价值链的核心环节(张辉,2004)。全球价值链的产业升级,包括企业核心竞争力的提升和企业动态能力的提升这两层含义。前者强调企业为消费者提供产品的能力及其独特的竞争策略(其他企业所不具有的);后者重视企业长期自身能力的提升。汉弗莱和施米茨(Humphery and Schmitz,2010)将产业升级路径分为工艺流程升级、产品升级、产业功能升级和产业链条升级等。其中,工艺流程升级是价值链中某环节生产加工技术水平的升级,产品升级是指引进新产品或提高现有产品效益,产业功能升级是在同一条价值链上从低层级环节向高层级环节的移动,链条升级是从现有价值链向更高附加值的价值链转移。要实现产业升级层次的进一步推进和价值链增值向更高附加值环节的攀升,就必须实现技术的率先突破(周伟,2021)。

有学者对全球价值链背景下如何实现产业升级进行了研究。张耀辉(2002)认为,产业升级是高附加值产业代替低附加值产业的过程,产业创新是产业升级的主要方面。产业创新主要有两条途径:一是由一个企业率先完成产品创新并带动整个行业创新;二是由多个企业同步创新,即其分别完成产业创新所要求的技术创新,进而实现产业整体升级。要实现产业升级,就要保证市场制度的公平和效率,促进市场中的合理竞争;在政策层面,则应加强对中小企业的扶持与援助,鼓励中小企业创新发展,积极培育中介行业,促进分工;同时还要积极创建产业园区,降低企业的沟通成本,推动企业间的"创新-需求"之良性互动。总之,全球价值链产业升级基本遵循"企业升级—产业升级—价值链攀升"的路径。阿尔恩特和凯尔科斯(Arndt and Kierzkowski,2001)用"片段化"(fragment)这一概念描述了价值链中各个环节的空间分布格局,其中的每一个价值片段在地区层面都表现为具有高度集聚特征的集聚体。还有学者对全球价值链与产业集群的关联性展开了研究。黎继子等（2005）通过探究全球价值链与地方产业集群的耦合关系，提出了三种供应链整合模式：一是地方产业集群中某个环节所具有的优势成为全球价值链所需要的嫁接点；二是地方产业集群在价值链的各环节中都不具备优势，但其因产业整体优势而成为全球价值链中核心企业所注重和耦合的焦点；三是从全球价值链中独立出来而形成的产业集群，当然这种模式对外部环境有相当严格的要求。

综上，产业升级在宏观和微观层面具有不同含义。宏观层面的产业升级是产业结构的升级，即产业结构的合理化和高度化；微观层面的产业升级则以企业为主体，注重产业素质和效率的提高。当然，不论何种层面的产业升级，都强调技术创新对其的积极作用，因此都将创新置于中心地位，同时对产业进行合理布局，积极培育产业集群，为产业升级筑牢基础。

1.1.3 产业转移与产业升级的关系

产业转移本质上是生产要素优化再配置的过程，伴随产业的区际转移必然引起区域要素结构发生改变，因此研究产业转移与产业升级的关系有着重要的意义（周伟、宁煊，2021）。

1. 产业转移促进产业素质提高

19世纪70年代，一些西方经济学家和东道国政府认为，FDI将影响本国市场的正常运行，对经济福利产生负面影响；到19世纪末，这种认识发生了改变。马库森和维纳布尔斯（Markusen and Venables，1999）认为，跨国公司进入国内市场会对当地产业产生两方面影响：一是挤占国内市场，从而形成存在一定垄断势力的竞争效应；二是通过产业的前后向联系与本国市场形成互补关系，从而造成推动本国经济发展的联动效应。其研究基于多个国家的 FDI 数据，对两种效应进行了测度和对比，认为跨国公司进入国内市场后将通过提高东道国的行业效率等方式对产业发展起到催化剂的作用，而东道国的行业快速发展甚至有可能使外国企业退出本国市场。格罗格和施特罗布尔（Grog and Strobl，2001）的研究认为，跨国公司的产业转移通过技术溢出效应促使东道国实现产业升级，提升全球竞争力。有学者（Hunya，2002）则根据罗马尼亚相关数据之计算，得出了 FDI 对投资国和东道国的产业结构升级都存在促进作用的结论。

还有学者基于价值链的理论研究产业转移与产业升级的相关性。根据格里芬的全球价值链理论，价值链的不同环节所创造的价值不同，只有占据核心战略环节才能控制全球价值链（Kaplinsky，2010）。全球价值链模式是当前国际产业转移的主要方式，发达国家（地区）通过生产要素的空间重新配置使用发展中国家（地区）的要素资源，并以此为基础建立起全球分工和生产网络。在这种模式下，发达国家（地区）把控着高附加值环节，使发展中国家（地区）既难以实现产业升级，又面临"低端锁定"的困境（张少军、刘志彪，2009）。有关学者（张少军、刘志彪，2013；刘友金、胡黎明，2011）认为，打破困境的关键在于实现全球价值链和国内价值链的良性互动，其做法有二：一是促进企业升级并参与全球竞争；二是为本地提供产品和服务，扩大国内市场的规模与层次。

2. 产业转移促进产业结构升级

石东平等（1998）基于东亚地区的产业转移经验，认为欠发达国家（地区）可通过承接发达国家（地区）的边际产业来促使本国（地区）的产业升级，但此举也可能导致"技术依赖"，为此欠发达国家（地区）应在产业升级过程中探索实现技术的"内生化"路径。为探讨产业转移对产业结构优化的影响效应，学界大多采用以测度指标构建回归模型的方法。在这之中，范文祥（2010）认为，国际产业转移对我国的产业结构升级具有阶段性影响，国内企业要形成产业技术引进、吸收、模仿和创新机制，并成为关键技术研发、创新的主体，缩短国内外产业发展的技术级差，从而对产业结构升级产生正效应。张琴（2012）构建的回归模型，验证了1997—2007年的FDI有利于我国整体产业结构的不断优化。刘满凤等（2020）基于2007—2017年我国30个省级行政区的相关数据构建面板数据模型，从产业结构合理化和高级化这两个维度，检验了区际产业转移对产业结构优化升级的影响以及区域异质性等方面的情况。其结果显示，产业转移对我国各地区的产业结构合理化进程都表现为促进作用，其中以中部地区的表现最为显著；但产业转移对各地区产业结构的高级化过程均表现出了短期抑制作用，为此各地区应制定差异化的产业转移战略，西部地区尤其要注重完善基础设施并保证科研教育投入。

还有学者研究认为，产业转移与产业结构升级之间存在双向促进作用（戴宏伟，2008；安增军，2009），其影响机制在于生产要素在不同区域之间的流动会引起区域间产业规模的对比变化，并最终造成区域产业之转移。从产业转移地与承接地的相互关系看，一方面，区际产业转移使发达地区更容易甩掉相对落后产业的包袱，从而集中资源和力量发展高附加值、高技术含量的先进产业，加快区域产业升级；另一方面，对产业承接地而言，产业转移为其带来了先进的生产技术，使之可以通过学习、吸收和转化提升自身产业层次。从区域产业分工的角度来看，产业转移在一定程度上促进了两地生产要素的流动和产业结构优化，进而促进了区域经济增长；同时，区域经济增长又为产业结构升级提供了支撑，从而呈现出"螺旋式"上升的格局。

3. 产业转移对产业升级存在的消极影响

产业转移有助于带动区域产业升级，但产业转移也会造成产业空心化并给产业承接地造成巨大的资源环境压力。产业空心化是经济发展到特定阶段的产物，许多发达国家（地区）在后工业化阶段出现了虚拟产业"泡沫化"的问题，以制造业为代表的实体经济增长乏力。其中，2008年美国次贷危机爆发后出现的产业空心化问题成为产业结构研究中的重点。根据发达国家（地区）的情况，胡立君等（2013）将产业空心化分为美国式制造业"脱实向虚"升级的"离制造业化"和以日本式制造业"海外转移"为特征的"离本土化"。杨秀云等（2012）认为，我国在承接国际产业转移后出现了产业技术"空心化"的现象，在地区产业结构升级和要素重新配置过程中出现了典型的区域性产业"空洞化"情况，这主要表现在部分老工业基地之中；在产业从发达地区向落后地区转移过程中出现了企业组织结构"空心化"的问题。根据产业梯度转移的实践经验，东部产业向中西部的大规模梯度转移客观上存在障碍，即使转移顺利也未必能够给中西部地区产业带去相应的发展，其原因在于承接地已有的产业分工格局造成了生产要素的低端锁定，集群网络中跨国公司的战略"隔绝机制"造成了技术封闭，因此这种情况下的产业转移挤压了承接地的产业技术提升空间，所转移产业之生命周期处于蜕变创新阶段的现实又增大了承接地产业技术的升级难度（刘友金、吕政，2012）。还有学者认为，产业转移之所以未能有效促进产业升级，与地方政府的约束激励机制有关：产业升级使地方政府面临不稳定的风险，当中央对地方的考核以短期经济增长为主时，建立在一定时间周期基础上的产业政策的预期目标自然难以实现（孙早、席建成，2015）。

有关产业转移会带来资源环境压力的观点主要围绕"污染天堂假说"展开。"污染天堂假说"最早由沃尔特和奥格鲁（Walter and Ugelow, 1979）提出，其核心思想是发达国家（地区）倾向于将污染密集型产业转移到环境标准相对较低的欠发达国家（地区），使欠发达国家（地区）沦为"污染避难所"，最终导致整个社会环境污染程度加剧。对于"污染天堂假说"是否成立的问题学界观点不一，许和连、邓玉萍（2012）基于空间误差模型和空间滞后模型分析了FDI对我国环境的影响，结果表明FDI在地理上的集群有利于减轻我国的环境污染问题。秦炳涛（2019）则以国内产业转移对环境的影响为切入点开展研究，其研究结果表明我国高污染产业转移与环境污染之间并非呈现简单的线性关系，环境规制强度与环境污染并没有显著关系。有学者（Monica and Neha，2021）通过对21个高碳排放发达国家和发展中国家相关数据的实证检验结果研究发现：FDI对环境退化确实存在显著影响，对发展中国家（地区）而言尤其如此。此外，国内有学者运用经典贸易模型（傅帅雄，2011）、计量回归模型（董琨，2015）、空间杜宾模型（SDM）（余东华，2019）等方法，证明"污染天堂"确实存在。与此对应，学界也提出通过建立碳排放市场、创新排放权分配方式、调整环境制度强度、建立省域污染共治合作机制等方法，降低"污染天堂"效应、实现区域协调发展和绿色增长；同时从产业内部入手，鼓励环保产品的创新、研发和使用，努力提高能源利用效率，发展绿色产业（汤维祺，2016；朱金鹤，2018）。

1.1.4 全球价值链视角下产业转移的驱动力

第二次世界大战后，全球范围内出现了三次产业转移浪潮。第一次是20世纪50年代由美国向日本、西德进行的产业转移，第二次为20世纪60年代日本、西德向亚洲"四小龙"进行的产业转移，第三次是从20世纪80年代至21世纪初发达国家向以中国、印度为代表的发展中国家进行的产业转移。其中，中国凭借大国优势，以低劳动成本和低土地价格吸引了大量低附加值的生产环节，一度扮演了"世界工厂"的角色。目前，中国正处于深化改革、引领创新、建设社会主义现代化强国的新时代。面对波谲云诡的国际政治经济形势，在深度融入国际分工体系、不断推进产业价值链向中高端环节攀升、实现本国区域协调发展的背景下，我们有必要明晰全球价值链视角下产业转移的驱动力量。

在经济全球化不断深化的时代背景下，企业为提升核心竞争力和动态适应能力，必须不断深化产业分工，通过技术层面的革新与突破实现产业升级。全球价值链理论强调通过价值链环节的攀升而实现产业升级，因此国际产业转移成为发达国家保持优势地位、发展中国家追赶全球化浪潮的主要途径。全球价值链模式的产业转移是国际产业转移的重要方式，由生产分散化和产业集聚这两种力量共同决定，通过建立"投入-产出"关系实现价值链的空间布局，从而推动国际分工的拓展与深化。

通常而言，全球价值链有生产者驱动型和购买者驱动型这两种驱动力（Gereffi，1994）。随着经济技术的进步，大数据、人工智能和云计算发展迅猛，世界经济正在从"工业主导型"和"服务业主导型"转向"数字经济主导型"，数字经济正成为重塑全球价值链的新引擎（郭周明，2020），主要体现在以下几个方面。

第一，要素流动性约束（张少军，2009）。随着技术进步和经济全球化进程的加快，国际贸易政策日趋自由化，可流动生产要素的跨界流动成本逐渐减少，部分非流动性要素或弱流动性要素对企业区位选择的影响更为突出，如土地、低廉劳动力、公共服务的可得性等。生产者为寻求更低的生产成本、更丰裕的生产要素以及更高的资源利用效率，会就企业区位选择进行重新布局。

第二，规模经济效应。产品多样性和生产某一产品所达到的生产规模存在此消彼长的关系（Krugman，1980），企业能否达到理论上的最佳规模经济效应在很大程度上取决于市场环境及决策战略。从全球层面看，分工体系深入产品内部，给企业提供了选择最佳生产规模的机遇：发达国家（地区）倾向于将产品生产的非核心环节通过外包和对外直接投资等方式转移出去，保留核心研发生产环节；而对承接非核心环节的国家（地区）而言，该类环节生产技术单一且较成熟、进入壁垒和利润低等特点促使追求利润最大化的企业不断扩大生产规模。数字经济的崛起使全球价值链空间分布区域化的特征日渐凸显，从而一改传统的全球范围内离岸外包模式，形成围绕最终消费市场布局的新模式。此外，区域一体化程度的提升改变了国际贸易的沟通成本和运输成本，技术网络的形成和产业集聚效应的提高为企业强化规模经济效应提供了有利的外部条件。

第三，投资国对产品市场的争夺造成发展中国家（地区）需求规模的扩大。投资国依托购买者驱动型价值链，分享其投资目的国之巨大的商品销售市场，并以价值链"主导者"的身份构建起全球采购与销售网络，从而占据价值链的高附加值环节。同时，随着发展中国家（地区）的成长壮大，其市场需求和整体购买力也随之扩大，而其国内产业的发展又难以满足国民日益增长的对产品质量和多样化的需求。全球价值链的产业转移促使投资国的产品"走出去"构建全球产品销售体系，从而满足被投资国的多样化需求。

总之，全球价值链的产业转移受要素流动性、规模经济效应以及国际市场变动等多种力量的影响。党的十九大报告提出，要"促进我国产业迈向全球价值链中高端"，对于如何通过产业转移促进我国产业迈向全球价值链中高端这一问题，魏龙等（2017）认为，我国产业升级的首要任务是确定升级方向，为不同制造业选择合适的价值链嵌入位置，从而培育与升级方向相应的增值能力和控制能力。李敦瑞（2018）提出，要通过产业转移发挥区域协同效应，推动国家价值链的构建；借助产业要素的国际、国内双向流动，共同构建"一带一路"大区域价值链；通过产业转移培育高端要素，蓄积、提升全球价值链能量；强化产业转移效应，在参与全球经济治理体系建设中提升自身的全球价值链地位，增强提升全球价值链地位的内生动力。杨亚平等（2013）认为，在我国"产业西进"的背景下，中西部地区承接层次相对较高的转移产业能够促进工艺升级或产业间升级，东部沿海地区则可以通过产业"腾笼换鸟"实现功能升级和技术结构升级。

1.1.5 资源环境约束下产业转移与产业承接能力之间的关系

随着我国经济发展进入新常态，除了劳动力、土地等生产要素的成本上升之外，可持续发展战略下的环境成本也在不断增加。产业转移涉及最优区位选择以及转出地和承接地双方的利益，因而需要考虑在资源环境约束条件下承接地是否有足够的产业发展支撑能力。毕竟，人类赖以生存的自然资源与环境是经济发展必不可少的基础条件。有学者（Romer，2001）认为，一国的经济发展不可能不消耗资源，其将由于资源的有限性而造成的经济增长放缓现象称为"资源尾效"（resource drag）。有学者（Autyr，1993）在研究矿产国经济发展与资源丰裕程度关系时发现，资源相对过剩会抑制经济增长，并将该现象定义为"资源诅咒"。因此，资源环境对一国或地区的经济增长具有一定的约束作用，进而对产业的未来发展产生影响。

赤松要的"雁型模式"在解释产业转移的动因中，强调了承接地要素禀赋条件的重要性。我国学者有关资源环境约束和产业转移、产业承接的研究则聚焦于特定地区之产业承载能力提升策略和产业承接能力的量化研究等方面。其中，郑重等（2009）从区域可持续发展机制出发，探讨了资源环境一体化条件下京津冀产业转移的实现途径；肖雁飞等（2011）构建了基于资源约束和环境优势之承接产业转移的可持续能力指标体系，以此对我国中部地区的环境经济承载力进行评价。也有学者对产业转移是否会对承接地自然环境造成负面影响及其程度进行了研究。例如，赵惠等（2020）使用环境库兹涅茨曲线，测度了北京市与河北省之间的污染转移状况。该研究表明，河北省承接北京市的转移产业时存在区域内的污染源转移，并由此强调北京市与河北省要协力促进产业结构升级，落实区域污染协同治理机制并建立环境评价一体化体系。

1.1.6 产业转移的空间布局优化效应

改革开放以来，我国的大量优质资源要素集聚在现代产业部门高度集中的东部沿海一带，从而使东部核心区承受了巨大的资源环境压力，并造成要素成本激增、耕地面积锐减、规模经济效应降低等问题，而中西部地区却存在劳动力过剩、劳动力技能匹配度低、土地资源利用效率低下等问题。面对日益突出的区域发展不协调问题,国家从顶层设计入手,以产业转移为主要手段,保障东部地区"腾笼换鸟"促产业结构升级;同时不断深入推进西部大开发、中部崛起等战略,这对优化产业空间布局、促进区域协调发展意义重大。产业转移不仅仅局限于国内,随着我国经济实力的逐步增强,部分产业走出国门的趋势也越来越明显,研究产业空间布局优化的影响因素及其实现机制已日益受到学界的关注。

1. 要素禀赋流动与重组

要素禀赋的涉及范围较广,既包括水、土地及矿产等自然资源,也包括人力资源、资本、技术、经济发展水平、基础设施、市场环境、产业结构等经济社会要素。

对于可流动要素而言,以劳动力为例,产业转移过程中最为显著的要素变动关系就是人力资源,劳动力数量、质量、结构及成本等的变动会直接影响产业的空间布局。大量研究表明,劳动力的空间流动及其技能匹配度的变动将通过复杂系统影响某些地方经济的发展(彭国华,2015)。吴福象、蔡悦(2014)将福利经济学理论引入产业转移研究,认为产业布局不平衡主要源自市场最优集聚与社会最优集聚之间出现的较大偏差,单一的区域产业转移战略不足以缓解我国产业空间布局的不平衡困境,可见产业转移战略与平衡区域产业区位的福利补偿手段、强化的制度约束和劳动力人才战略投入才是更符合我国实情的战略选择。资本的流动性较劳动力更强,其在区际进行转移的壁垒也更低。从经济学的视角来看,资本以其能够带来"剩余价值"的特征和扩张本性塑造新的经济空间、产业结构及各种社会关系;更具体而言,从空间经济学的角度来看,经济活动受空间"向心力"和"离心力"的影响,资本为寻求最小成本和最大利润,将克服空间障碍进行扩张,从而改变经济活动的空间结构(单许昌,2012)。

对于不可流动性或弱流动性要素(如土地、矿产等资源)而言,其空间流动具有相对稳定性。转移产业作为"要素使用者"融入本地时，一方面可为当地带来更先进的生产技术及管理方法，提高要素使用效率、提供生产关键环节信息，从而吸引上下游产业来此集聚；另一方面也可能引起本地要素价格的升高，其"挤出效应"将使部分实力弱、体量小的企业向外转移，从而为本地强势企业"让"出更多发展空间。

2. 技术溢出效应

产业转移是提升产业素质的关键环节，其过程伴随着要素资源和技术的空间流动，具有技术溢出的正效应。根据经典产业梯度转移理论，一般认为当存在区际产业梯度差及技术梯度差时，高梯度地区的产业将向低梯度地区转移，先进技术和管理经验将伴随产业转移并扎根于承接地，从而直接推动承接地的产业结构调整和空间再布局。同时，技术溢出效应也受技术自身种类性质、技术提供动机行为、承接地技术吸收转化能力、技术流通网络完善程度、空间距离因素及外部社会环境等的影响，因此产业转移的技术溢出效应具有很强的时空情境性与权变性（潘少奇，2015）。总之，产业转移能够起到引起技术扩散、促使创新要素与其他要素匹配重组、创新要素空间布局调整并促进产业结构调整等作用。

3. 地理区位条件

地理区位是影响经济活动空间布局的重要因素，生产要素的空间流动受不同地理区位条件、要素结构及空间配置状态的影响，并引起经济活动的空间分布差异。经济活动在空间上相互影响，经济活动载体之间存在竞争、合作关系，不同经济活动载体在同一空间中争夺市场范围，以及有限的自然资源、人力资源、资本、基础设施较完备地点、最优生产地和原料生产地等。某地的自然要素丰裕程度、地貌气候等自然条件，以及市场开放程度、交通可达性、基础设施完善程度、要素运输成本等经济条件，都将对经济活动的空间布局产生决定性影响。在区域开放程度越来越高、区际经济联系日益密切的背景下，要素流动的阻力不断减小，经济活动载体获取信息和资源的成本显著降低，自然条件对企业选址的影响不断改变。例如，尽管我国西南地区的经济发展基础和人力资本的质量、数量不及东部地区，但近年来大数据等产业更青睐用电成本低的西南地区。

4. 制度变迁

空间结构存在"自组织功能"，区域空间结构在长期的内外政治、经济、社会和文化因素等影响下逐步形成相对稳定的状态，区域系统内部的自我协调功能将使区域空间结构保持惯性，区域要素的组合方式及流向也存在"区位黏性"，只有当区域内外条件发生重大变化时，区域空间结构才会进行调整，但这种调整总是滞后于社会经济的变化，因此人为干预和政策引导至关重要（陈修颖，2003）。制度通过约束个体行为和影响资源配置效率实现生产要素的空间流动，财政制度、产权制度、金融制度、对外开放制度、区域协调发展战略等的制定、实施及完善都可能引起区域产业结构的调整和产业的转移扩散。政府的"有形之手"对纠正"市场失灵"的有效干预效果显著。合理的制度设计、良好的制度环境能有效降低要素成本和交易成本，引导要素合理配置，激发区域创新活力，从而促使空间布局不断优化；如果政府管制与基本经济规律相悖或不适用于区域经济发展实况，则"有形之手"的作用可能适得其反。

1.1.7 产业集聚的动力、机制与地区发展效应

产业集聚是同一产业在某地理区域内的高度集中。马歇尔（Marshall，1890）将产业集聚定义为产业专业化，认为自然禀赋及宫廷奖掖会通过影响要素供给和特定产业需求而引起产业集聚。韦伯（Weber，1909）的工业区位理论把引起工业集聚的因素分为两类，一是由规模经济效应引起的工业集中，二是因企业间分工协作和共用基础设施而产生的空间集聚。

20世纪90年代以来,以克鲁格曼(Krugman,2011)为代表的新经济地理学家重新审视了影响经济活动的空间因素,认为在规模报酬递增和市场不完全竞争假设下,经济活动在空间的集聚程度是由向心力和离心力共同决定的。根据比较优势理论,自然禀赋、要素价格、技术水平等因素可用于解释产业集聚现象(胡晨光,2011)。有学者(Ellison and Glaeser,1999)根据美国各州的数据研究了电、天然气、煤炭等工业化时代的重要自然优势对产业集聚的影响,结果表明有20%的产业集聚可被自然优势解释。

以上分析说明,要素禀赋在很大程度上决定了产业空间集聚,同时在对外开放程度不断提升以及政府职能不断完善的情况下,外部条件对产业集聚的影响得以凸显。由于经济要素的逐利性,在市场机制的影响下,产业空间布局将不断从分散走向集聚,再走向分散。因此,市场机制与政府规制相结合的空间布局模式更有利于避免在区域层面因过度集聚而引起的规模不经济以及在全国层面的区域经济发展不均衡和贫困循环累积等问题。波特(Poter,1990)结合钻石理论简单阐述了产业集聚过程中的政府作用,并认为政府可以通过补贴及其他转移支付、制定教育和资金市场政策、改变相关产业发展环境等方式来影响产业空间布局。分权治理模式下的我国产业政策有其特殊含义:中央政府赋予地方政府经济发展的总量要求和质量要求,地方政府在落实中央产业政策、促进产业升级的过程中,须兼顾本地经济发展速度及社会稳定(孙早,2015)。研究表明,我国的产业空间分布并非完全遵循"集中—生产率提升—再集聚和扩散并存"这种市场规律的演进过程。现实中,制度安排和地方政府的产业政策直接影响了产业和人口的空间分布,其中开发区政策的实施通过给予相关优惠政策而影响了资本的区际流动,从而使企业由中心区域向外围区域转移,显著抑制了产业的空间集聚(孟美侠,2019)。

产业空间集聚作为整合与优化配置生产要素的重要途径,一直以来受到学界的广泛关注。产业集聚对地区发展的影响可大致概括为以下三个方面。

第一，产业集聚与经济发展。产业集聚与区域经济发展之间的关系是区域经济学的重要研究领域之一。有学者认为，产业集聚对区域经济发展存在积极影响，这类研究主要考察了产业集聚度与劳动效率或全要素生产率之间的关联性、特定产业集聚的经济发展效应、产业集聚对居民收入以及城市发展的影响等方面的内容。希科尼和豪尔（Ciccone and Hall，1996）在研究经济集聚与区域劳动生产率之间的关系时，发现就业密度差异是造成美国各州劳动生产率巨大差异的关键因素。希科尼（Ciccone，2002）对欧洲地区的研究也发现，就业密度每上升100%，地区劳动生产率将提高4.5%。有学者（Baldwin and Forslid，2000）基于克鲁格曼"中心-外围"模型验证了产业集聚对经济长期增长的正向作用，同时地区经济增长也将促进企业的集聚。有学者认为，特定产业的集聚或某一产业在某一时间段能够对经济发展起正向促进作用。孙浦阳等（2013）研究了2000—2008年中国287个地级及以上城市的产业集聚与城市劳动生产率的关系，发现当期的产业集聚对劳动生产率的影响显著为负，但其与长期劳动生产率之间存在显著的正向关系。杨仁发（2013）基于2003—2010年我国269个地级及以上城市相关数据，通过实证研究表明，服务业集聚会促使地区工资水平提高，而制造业集聚对地区工资水平的影响为负。韩峰、李双玉（2019）研究了产业集聚对城市人口规模的影响，认为专业化集聚和多样化集聚均有助于扩大城市人口规模，且专业化集聚的作用效果显著大于多样化集聚；产业集聚模式越符合当地优势条件，其集聚效应和溢出效应就越明显。

有学者研究发现，产业集聚与经济增长存在非线性关系。周圣强、朱卫平（2013）将集聚效应和拥挤效应比作产业集聚之"一个硬币的两面"，认为产业的不断集聚可能使集聚效应转化为拥挤效应，从而使集聚与地区经济增长之间的关系发生转变，其对我国1999—2007年60个工业城市数据的实证分析结果说明，经济增长存在拐点，集聚与全要素生产率呈现倒"U"形关系。也有学者（张云飞，2014；朱慧，2016）借助高斯混合模型（Gaussian mixture model，GMM）的方法研究了山东半岛城市群2003—2011年之产业空间集聚态势与经济增长的动态关系，并得到区域内产业集聚与经济增长呈倒"U"形关系的结论。还有学者（余斌斌等，2015）采用随机前沿分析（stochastic frontier analysis，SFA）模型对中国城市经济效率进行了测度，并引入空间计量技术分析了产业集聚对地区经济效率的影响机制。结果发现，不同层面的产业集聚对经济效率存在差异性影响：从全国层面看，制造业集聚、制造业与生产性服务业的共同集聚对地区经济效率存在消极影响，且制造业集聚对地区经济效率的影响随着经济发展水平的提高而呈现先正后负再正的"N"形过程，从而对威廉姆森（Willamson）的倒"U"形理论提出了修正；从区域层面看，制造业集聚对我国东、中、西部城市的经济效率存在消极影响，但共同集聚对中、西部地区城市的经济效率存在促进作用。

第二，产业集聚与技术创新。新经济地理学认为，经济在空间上的集聚可通过共享劳动力、中间投入品、知识溢出而促进技术创新的观点由来已久。在严格的经济学假设条件下，集聚效应对技术创新确实存在激励作用，但现实经济活动在空间中的集聚往往难以满足约束条件，因而对集聚能否促进技术创新这一点学界仍存在争论。有学者（Andersson and Quigley，2005）基于瑞典商业专利的授予数量，考察了集聚与创造力的空间分布关联，从而明确了产业集聚对创新水平提高的促进作用。韩庆潇等（2015）探讨了产业集聚与产业升级的关系，认为创新在其中起着至关重要的中介作用，即制造业集聚通过激励和支持企业技术创新，最终实现了整个行业向价值链的高附加值环节攀升。也有学者认为，只有在特定环境下产业集聚才能充分发挥对创新水平提升的正向促进作用。例如，张杰等（2007）对江苏省的342家制造业企业进行了问卷调查，其结果显示，集聚效应未对我国现阶段微观企业的创新活动产生积极影响，可能的原因是我国多数产业集群或开发区处于"扎堆式"、低层次集聚状态，集群内模仿、跟踪行为的盛行导致了集体创新动力的缺失。不同产业集聚模式影响区域创新的外部性来源可分为两类：一是MAR（马歇尔-阿罗-罗默）外部性，即同一产业的大量企业在特定区域集中，便于知识溢出、专业化劳动力、成本节约和技术创新，从而有利于地方经济增长，这种集聚方式也被称为地方化经济或专业化集聚；二是Jacobs（雅各布斯）外部性，其认为不同产业部门企业在地理上的集聚，可以通过共享基础设施、知识互补和创新搜寻等方式促进地方经济增长，这种集聚模式也被称为城市化经济或多样化集聚。

目前，单一产业空间集聚与创新的关联性已得到证实，学者们又开始尝试研究专业化集聚、多样化集聚或产业协同集聚对区域创新影响效果的差异性。胡彩梅（2012）对我国30个省级行政区1998—2008年的地区专业化和多样化集聚水平进行了测算，并运用面板数据固定效应模型研究了集聚水平对技术创新产出的影响，发现专业化集聚对我国东、中、西地区的创新产出具有显著的正向作用，而多样化集聚对各区域的创新产出存在负面影响。刘乃全等（2016）研究认为，全国层面的专业化集聚能有效提高区域创新效率和规模效率，由于我国的产业发展仍处于粗放式增长阶段，多样化集聚虽能有效提高纯技术效率，但对区域创新效率的作用尚未显现；在区域层面，多样化集聚对我国东西部地区创新效率的提高存在促进作用，专业化集聚对中部地区创新效率的促进作用则更显著。孙超等（2020）认为，产业协同集聚从经济关联、技术关联和知识关联等三个方面作用于区域创新效率。其在进一步的实证研究中发现，长三角、珠三角地区的高新技术产业与生产性服务业的协同集聚水平高于京津冀地区，且长三角、珠三角地区的产业协同集聚对区域创新效率的正向促进作用亦显著大于京津冀地区。

第三，产业集聚与资源环境。尽管产业集聚在一定条件下对区域经济增长具有正向促进作用，但同样不能忽视产业集聚所带来的资源环境压力，并且已有越来越多的学者关注产业集聚的环境负外部性问题。有学者（Virkanen，1998）研究发现，工业集聚区是造成芬兰地区环境污染的主要原因。也有学者认为，在一定经济发展水平条件下产业集聚能够对环境起到保护作用，国内学者杨仁发（2015）利用2004—2011年我国30个省（自治区、直辖市）的面板数据，采用门槛回归方法验证了产业集聚与环境污染之间的关系。结果显示，产业集聚对环境污染的影响具有显著的门槛特征：当产业集聚水平低于门槛值时，产业集聚将加剧环境污染；高于门槛值时，则有利于环境改善。王兵、聂欣（2016）对我国2000年661家新设开发区的研究也得到了相似结论。黄庆华等（2020）则以长江经济带沿线107个地级市2006—2016年的数据为样本，其研究发现，产业集聚对长江经济带整体和其上、中、下游地区绿色全要素生产率的提升均存在显著促进作用，即产业集聚对长江经济带的高质量发展起到了重要作用。

产业集聚对地区发展的影响还体现在资源错配（季书涵等，2016）、城市经济韧性（陈奕玮，2020）、产业控制力（马鹏、李文秀，2014）等方面。

1.1.8 产业集群创新的特性及其向创新集群的演化

产业集群的生命周期包括形成、发展、成熟和衰退这四个阶段。对产业集群发展的研究源自波特（Porter，1998）对产业集群演化的分析：尽管全球化竞争相当激烈，但区位仍是竞争的核心。对产业集群而言，技术创新、供需关系、集群内的企业战略等都是影响产业集群发展的重要因素。研究产业集群技术创新的特性以及技术创新如何推进集群演化，对探寻产业集群的快速发展及其进入衰退期时的振兴战略、规避产业集群衰退风险、实现区域经济的持续健康发展等有着重要意义。

1. 产业集群创新的特性

（1）互惠共生性。集群原为生态学概念，产业集群的互惠共生表现为集群内各主体间通过功能互补，使彼此获得更广阔的生存与发展空间（杨皎平，2015）。集群企业之间的依存特征主要包括集群共生单元之间的相互依存以及集群企业对共生环境和共生界面的依存，包括上下游企业之间、龙头与配套服务企业之间的高度依存关系（刘友金等，2012）。产业集群的创新活动是企业共生的产物，企业、地方政府、高校及科研机构、金融服务机构等的联合互动是保证集群共生关系良性演化的重要条件。

（2）创新网络性。集群关系的本质是网络关系，产业集群所具有的竞争力不仅源于集聚优势，而且来源于网络优势（Gordon，2000）。产业集群本身是一个复杂的网络结构，产业之间的前后关联造成了集群内部各主体间错综复杂的关系，其创新活动也因此具有网络化的特性——知识的积累、外溢与传递都沿着网络进行。目前，学界对产业集群的研究已由静态转向动态，同时高度关注创新网络的演进模式和方向，近年来更多的研究则聚焦于产业集群内部的协同创新。良好的创新网络结构对产业集群之协同创新绩效的提升具有重要作用，网络内各主体间的合作关系、网络规模及主体间的耦合性、资源异质性和互补性等对集群的协同创新绩效也有着积极影响（张敬文等，2018）。

（3）资源共享性。产业集群中各成员的经济活动具有地理临近性和互惠共生性的特点，其创新活动沿着网络结构交错进行，产业集群内部存在共享性资源。不同类型之产业集群所共享的资源类型不同，常规资源包括人力、物力、财力资源，知识、技术、信息资源，以及政策资源等；部分高技术产业集群或战略性产业集群除了共享一般性资源外，还会在技术创新资源、市场要素性资源等方面开展互助共享。此外，集群内部主体都能享受到由集群品牌资源带来的积极效应。

2. 从产业集群到创新集群的演化

（1）创新集群的含义。产业集群的演化是一个动态概念，学界认为创新集群是产业集群随其生命周期升级演化而成的产物，但并未对创新集群的含义做出明确解释。有学者（Lundvall，1994）认为，创新集群的基本特征在于集群内各主体的合作及互动学习过程。钟书华（2008）认为，创新集群是由企业、研究机构、大学、风险投资机构、中介服务组织等构成的，它们通过产业链、价值链和知识链形成战略联盟或达成各种合作，是具有集聚经济和大量知识溢出特征的技术经济网络。产业集群与创新集群的主要区别在于后者具有较高的创新水平。

产业集群向创新集群的演化有其背景和条件。在创新驱动成为经济增长动力的新时代，技术的生命周期不断缩短，企业独立创新的难度增加，因此企业开始由完全自主创新转向寻求与临近的创新伙伴进行合作，从而逐步形成了产业集群内部的动态创新联盟。根据产业生命周期的发展规律，产业集群大致需要经历萌芽阶段、成长阶段、成熟阶段（创新萌芽阶段）、衰退或转型阶段（创新集群发展阶段）、创新集群成熟阶段等各主要发展阶段（白素霞，2015）。其中，大部分产业集群都可以通过升级和完善而不断向创新集群演进。在产业集群的升级过程中，集群网络结构、知识行为、知识结构是其中的核心要素，其升级的根本动力在于集群内网络结构的变化，通过经历知识结构的衰退、更替、跃迁和稳固，从而完成集群演化的突变（朱海燕，2008）。

国内学者主要从产业升级的角度研究创新集群演化。其中，研究全球价值链视角下的产业集群转型升级主要从突破"低端锁定"困境的途径入手。相比单一的产业而言，产业集群有着更加复杂的内在关系和外部依赖条件，产业集群的转型升级不仅要考虑技术创新、市场优化等软硬环境的改善，而且要考虑如何完善内部结构、降低产业之间的沟通成本、提高产业间协作效率等问题。胡大立（2016）将我国产业集群"低端锁定"战略风险的来源概括为路径依赖风险、价值贫困化风险、战略边缘化风险、竞争恶性化风险和产业空洞化风险，并由此提出生产者驱动和购买者驱动的产业集群升级路径。其中，前者强调对资本密集型和技术密集型产业加大创新投入，走"工艺升级—产品升级—自主研发与自主设计"的升级路径；后者主要强调依靠由商业资本驱动之产业集群的市场营销能力和品牌运营能力。

（2）产业集群向创新集群转化的路径。李北伟等（2012）通过研究创新集群的特征与建设模式，认为创新集群具有多主体参与的网络结构特征，是多种集聚效应的非线性叠加，"三链"（产业链、知识链和价值链）的有机耦合能够实现创新成本风险分担与创新边际收益递增，为此应根据科技创新能力的差异选择合理、可行的创新集群建设模式。陈晓红等（2013）将产业集群向创新集群转化的路径划分为横向和纵向两个维度，包括自上而下和自下而上，以及传统产业集聚升级和高科技产业直接集聚等四条路径。也有学者将相关理论应用于研究我国较有潜力的产业集群，如北京中关村科技园区产业集群（陈劲等，2014）和苏州工业园区（谢呈阳等，2015）等，从强化集群规划管理、培育创新型"智力池"、构建全球范围内的创新网络和区域协同创新平台、加快技术成果转化等方面提出加速集群演化和培育创新集群的途径。王志强、李菲（2016）从"产学研"协同创新的视角探索创新集群的形成路径，认为创新网络是创新集群的核心竞争力，高校是提升集群创新水平的重要动力源，开放、多元、公平与自由竞争的外部环境对集群内的协同创新至关重要。

1.2　城市群相关理论与空间结构优化

1.2.1　城市群的基本内涵

有关城市与区域间空间的概念存在不同表述，从城市、都市区、都市圈、大都市带、都市连绵区到城市群，每个概念都有其独特内涵。就城市群而言，英国统计部门将其定义为"地方行政区域结合体"。姚士谋等（2016）认为，城市群是指在特定区域范围内具有相当数量的不同性质、类型和规模的城市，依托一定的自然环境和交通条件，以1个或2个超大或特大城市作为地区经济核心，借助现代化的交通工具和综合运输网络的通达性，以及高度发达的信息网络，建立城市个体之间的内在联系，共同构成一个相对完整的城市"集合体"。方创琳（2014）则将城市群界定为在特定地域范围内，以1个以上特大城市为核心，由至少3个以上大城市为构成单元，依托发达的交通通信等基础设施网络所形成的空间组织紧凑、经济联系紧密，最终实现高度同城化和高度一体化的城市群体；城市群是工业化和城镇化发展到高级阶段的产物，也是都市区和都市圈发展到高级阶段的产物。

随着我国城镇化战略的不断推进，城市群成为人口、资本等各种要素资源的集聚地。在互联网、通信技术和现代交通工具迅猛发展的今天，城市间要素流动的频率和强度都在不断提升，既给城市及城市群提供了不断突破自身发展边界的机遇和可能性，也促进了城市群相关基本理论的发展。陈伟、修春亮（2021）基于我国新时期的新特点，重新审视了城市群的理论内涵，认为城市群本质上是由城市景观突破自身空间边界而形成的跨越都市区尺度的网络化功能地域系统，是由2个以上城市系统组成的巨型城市系统，是城市网络集聚化发展所形成的庞大的、不断蔓延的城市地域景观。

改革开放以来，我国的城镇化水平显著提升。国家"十一五""十二五""十三五"连续三个五年计划都将城市群提升为国家新型城镇化空间主体，党的十七大、十八大、十九大报告连续15年将城市群视为国家新经济增长极（方创琳，2018），党的二十大报告提出深入实施新型城镇化战略；《国家新型城镇化规划（2014—2020年）》强调推进以人为核心的城镇化，着重解决农业专业人口落户城镇、城镇棚户区和城中村改造、中西部地区城镇化等问题，发展集聚效率高、辐射作用大、城市体系优、功能互补强的城市群。

城市群是一国参与全球竞争与国际分工的新地域单元，是世界经济重心转移的重要承载体,在推进中国新型城镇化和经济社会发展中具有举足轻重的战略地位(方创琳等,2015)。党的十九大报告指出,我国经济步入高质量发展阶段,经济发展的各个方面都面临着新的要求和挑战。对此有学者(方创琳,2019)提出,应从整体层面谋划推进中国新型城镇化的高质量发展,采用系统性思维、全局化视野,不断加快城市群建设,推动城市群内部各城市的协同发展,优化城市群空间结构,增强城市群内部中心城市的辐射带动作用。

1.2.2 城市群空间范围的识别标准

城市群的成长和发育是一个长期、自然的过程,城市群空间尺度的识别标准因时代的变迁也在不断发生变化。法国地理学家戈特曼(Gottmann,1957)提出了界定城市群的5个标准:①区域内有较密集的城市;②有相当多的大城市并形成了各自的都市区,核心城市与都市区外围地区有密切的社会经济联系;③有联系方便的交通走廊把核心城市连接起来,各都市区之间没有间隔而且联系密切;④必须达到相当大的总规模,人口在2 500万以上;⑤具有国际交往枢纽作用。

国内学者周一星(1995)基于中国国情,对都市区和都市连绵区的空间范围的识别标准进行了研究。此后,方创琳(2011)提出了判定城市群空间范围的具体标准:城市群内都市圈或大城市数量不少于3个,其中至少有1个作为核心城市的特大或超大城市(城镇人口规模大于1 000万人);城市群内人口规模不小于2 000万人;城市群人均GDP超过1万美元,工业化程度较高,一般处于工业化中后期;城市群经济密度大于1 500万元人民币/平方千米,经济外向度大于30%;城市群形成由城际轨道、高速公路等构成的0.5小时、1小时与2小时经济圈,基本形成高度发达的综合运输通道;城市群非农产业产值比重超过95%;城市群的城镇化水平大于75%;城市群内中心城市的首位度大于40%,具有跨省的城市功能；城市群的综合发育度大于2且中心城市综合创新能力大于0.3；等等。当然，对城市群空间范围的识别很复杂，不论采取何种识别标准来衡量处于动态变化中的城市群，所得到的都是城市群的相对空间范围。因此，城市群空间范围的识别标准应随经济社会的发展而不断加以修正和完善，应遵循经济发展和城市群空间演化的规律，立足区域全局观念，制定出符合实际、切实可行的识别标准。

1.2.3 城市群选择和培育中亟待解决的现实问题

方创琳（2015）认为，中国城市群的发育带有强烈的政府主导色彩，从而在很大程度上造成了"城市群病"，主要表现为城市群的战略地位被过分夸大和高估，各级政府过度看重城市"入群"，"唯群论"严重影响了我国城市群的发育；城市群的空间范围无序扩张，贪大而不求精的做法违背了城市群发展的阶段性规律和国家建设城市群的初衷；城市群选择过多凭借一些地方主政者的主观意志，脱离了城市群发育的最基本标准；城市群的培育、选择过于迁就地方利益，将过多城市划入城市群；在长期粗放型经济发展模式的大背景下，城市群在成为经济发展最具活力和潜力地区的同时也成为生态环境问题高度集中和激化的敏感地带；等等。

现实中，城市群的发展受多种复杂因素的影响，在相同的宏观经济环境下，不同城市群的发育程度和阶段都有所不同，其在发展过程中所面临的困境亦存在差异。例如，有学者在研究长江经济带城市群的可持续发展时发现，长江沿岸城市群的空间范围界定带有强烈的政府主导性，其发育程度明显低于沿海城市群；沿江城市群发育极不平衡，且城市群发展动力薄弱，城市群资源和环境保护形势严峻，内部各城市之间的竞争大于合作，缺乏一体化的统筹协调机制（方创琳等，2015）。朱江丽、李子联（2015）在测算长三角城市群产业-人口-空间的耦合协调程度时，发现该地区的产业-人口-空间的耦合协调程度在时间和空间上都存在差异，人口与空间的不协调问题已成为制约城市群系统协调发展的主要矛盾；由上海、南京、杭州构成的三角区域内的产业与空间协同度滞后，区域外围城市人口与空间失衡问题突出。黄跃、李琳（2017）通过研究我国20个城市群的绿色发展水平后发现，国家级、区域级和地区级三个层级城市群的绿色发展水平差距较大。其中，国家级城市群高居榜首或前列，而大部分地区级城市群居于末尾；影响不同层级城市群不同阶段绿色发展的主导因素不同，且在某一层级内部差异显著。党的十九大报告指出，我国社会主要矛盾已经转化为人民日益增长的美好生活需要和不平衡不充分发展之间的矛盾。基于此，王青、金春（2018）测度了我国八大城市群经济发展水平的不平衡性，认为2000年至2015年中国八大城市群经济发展水平的不平衡程度尚处于相对合理的范围内，但城市群经济发展水平在空间分布上存在显著的不平衡性。

1.2.4 城市群经济地理空间：演化逻辑与功能效应

关于城市群空间演化的逻辑与功能效应，学界主要围绕城市群经济与空间演化动力机制、特定城市群时空演化规律及模式、城市群空间演化与产业结构和布局调整、土地利用效率、人口空间分布以及政府政策效率之间的互动关系等方面展开。

周伟林（2005）认为，人地矛盾、政府竞争、企业选址等都是推动长三角城市群不断演进的力量。叶玉嫱（2006）对珠三角城市群从"单中心"向"多极化"转变、空间增长以集聚为主但趋于分散、空间增长的轴线性与指向性等空间演化特征的形成原因进行了探讨，认为自然生长力、市场驱动力和政府调控力等都将影响城市群空间演化。其中，自然生长力和市场驱动力是城市群空间演化的原动力，而政府调控力是一种人为干预力量，这三种合力共同构成了城市群空间演化的基本动力。姚常成、宋冬林（2021）从中国特色社会主义政治经济学的视角研究了我国城市群空间结构演化的机制和优化路径,并强调地租对城市群空间结构的影响。该研究在西方经济学的研究范式中融入了政府干预等因素,认为土地制度差异与土地要素市场化改革、金融政策、户籍制度差异、国有经济在国民经济中的地位、城市群发展规划等都会对城市群的空间结构产生影响。

在城市群经济发展空间的演化研究方面,张雅杰等(2015)采用探索性数据分析(ESDA)及地理加权回归(GWR)等空间计量经济学的方法,研究了多变量影响下的长江中游城市群空间格局演化驱动机理,其认为产业结构与生产率、地区经济效益、科技教育投入等在空间上具有正相关性,对外开放程度在空间上具有弱负相关性,发展成本因素对经济空间演化的影响则不显著。城市群空间演化通过影响资源的空间分布与配置情况,引起区域价值链、产业链的整合与重组,进而引起区域产业结构的调整和优化。周韬、郭志仪(2015)基于柯布-道格拉斯生产函数和空间计量模型探究了长三角城市群空间演化对制造业升级的影响,其结果表明城市空间演化对制造业升级存在显著的促进效应。

关于城市群空间结构演化、经济增长对城市群土地利用质量和效率的研究,许芸鹭等(2021)基于经济增长理论,考察了辽中南城市群经济增长质量对不同类型城市用地蔓延影响的差异。相关研究表明,交通运输体系是城市群内部各城市间沟通交流的核心渠道,交通基础设施的完善对推动城市群一体化发展具有积极作用,在交通优势突出与可达性好的地区,城镇用地的扩展势头会更猛(关兴良等,2014)。

1.2.5 城市区域多中心空间结构

随着城市的不断扩大,城市与外围地区的分工合作也日趋紧密。有学者(Hall and Pain,2006)将一批中小城市在全球范围内围绕一个或多个特大型城市发展、其虽在物质空间上表现出分散特征但在劳动力空间分配上呈密集网络化的区域,称为网络化多中心巨型城市区域。霍尔(Hall,

2009）进一步将城市区域多中心空间结构分为形态多中心、功能多中心这两类，前者是以人口分布或城镇等级分布状况来解释城市群空间结构的，后者则强调由于功能联系的需要而形成的多中心网络结构。孙斌栋、丁嵩（2017）将多中心空间结构的表现形式具体化为两种，一种以克里斯塔勒（Christaller）的中心地理论为基础，是地理临近且联系紧密的中小城市之间基于分工和专业化合作而形成的，大多基于区域空间的尺度；另一种则以地租理论为基础，即随着城市中心人口规模的扩张、要素成本的不断上升，大都市区的空间结构受集聚经济和集聚不经济这两种作用力的影响，逐渐由单中心向多中心空间结构转变。

关于城市区域多中心空间结构对城市经济发展影响的研究，一般认为多中心城市的空间结构更具效率。城市要素成本也是影响经济发展的重要因素。其中，从土地价格因素来看，城市多中心结构能够显著抑制城市过高的地价水平，但会提升低地段的地价水平，对不同类型用地也有不同程度的影响（郑涛等，2021）；从人力资本积累的角度来看，孙超英等（2021）认为，省域多中心空间结构依托区域分工协作机制能够促进人力资本的积累，就中心城市首位度与省域多中心空间结构对人力资本积累的作用而言，前者与后者之间呈"U"形关系。

1.3 区域协同创新发展理论

1.3.1 创新驱动理论

创新这一概念最早由熊彼特（Schumpeter，1934）在《经济发展理论》（*The Theory of Economic Development*）一书中提出，意指"建立一种新的生产函数"，即"生产要素的新组合"，把一种从来没有的关于生产要素和生产条件的"新组合"引进生产体系中去。在我国，2016年5月发布的《国家创新驱动发展战略纲要》指出，创新驱动发展是让创新成为经济发展的第一动力，通过包括科技、制度、管理、商业模式、业态和文化等在内多方面创新的结合，推动经济发展方式向依靠知识、技术与劳动素质提升的方向转变，使经济形态更高级，分工更精细，结构更合理。王海燕、郑秀梅（2017）认为，创新驱动发展是"以人为本"的发展，强调通过知识和技术等要素的引入而突破资源要素瓶颈，对各种创新资源进行整合、盘活，促进传统经济发展动力的优化升级。柳卸林等（2017）基于新熊彼特增长理论和我国国情，提出了关于创新驱动发展的新思维，认为创新驱动发展体系应将企业作为主体，将知识作为其资源观的核心，同时强调科技突破的重要作用、各主体之间的互动以及宏观制度因素的影响。

1.3.2 区域协同发展理论

区域协同发展是区域经济领域研究的核心问题，区域协同发展理论源于协同学理论。协同学是哈肯（Haken）于20世纪70年代创建的一门交叉学科，是自组织理论的重要组成部分，该学科主要研究开放系统通过内部子系统间的协同作用而形成有序结构的机理和规律性。协同学认为，某一系统中存在大量子系统，子系统协同一致的行为将引起宏观结构的质变，从而使原有系统产生新的结构和功能。21世纪初，国内学者（黎鹏，2005）从协同学理论中发现将其运用于区域经济发展的重要意义，由此提出区域经济协同发展应以社会主义市场经济理论、协同学基本原理、区域分工理论、系统理论、梯度理论等为主要指导，坚持比较优势与互利共赢相结合，坚持科学性与超前性、组织实施的可操作性与可调控性、协同发展下的效率与公平兼顾等原则。李琳等（2014）将区域协同发展的概念扩展为区域之间或同一区域内各经济组分间的协同共生，目的是合力推进大区域经济由无序到有序、从初级到高级的动态转变，从而形成"互惠共生、合作共赢"的内生增长机制，并最终促进大区域的高效有序发展。方创琳（2017）从协同论、博弈论、耗散结构理论和突变论等视角阐释了京津冀协同发展的理论基础，强调真正意义上的城市群协同发展应是规划协同、交通协同、产业协同、城乡协同、市场协同、科技协同、金融协同、信息协同、生态协同和环境协同的协同发展共同体。闫昊生和孙久文（2018）基于新新经济地理学（new new economic geography）的视角剖析了京津冀协同发展内涵，并将运输成本、环境污染和空间溢出以及企业异质性和产业差异纳入研究框架中。

随着区域协同发展理论的逐步成熟，其广度和深度不断提升，研究焦点也从理论基础与概念内涵转向揭示区域协同发展的作用机制、测度区域协同发展效应、探讨区域协同发展影响因素、探寻区域协同发展的路径选择以及区域协同治理等方面。协同发展强调各系统间或系统内部各子系统间的有机协作及其有序演变的状态，由此可知探讨区域协同发展的驱动机制和运行机制极为重要。

长期以来，我国区域协同发展在空间尺度上往往囿于行政区划。可见，要冲破现有桎梏，实现都市圈、城市群乃至更大范围的协同发展，需要从体制机制上取得突破。区域协同的本质上是资源、要素与产业三者的协同，区域比较优势、区域经济联系以及区域产业分工是区域经济协同发展的主要驱动因素，其参序量的选择应遵循"区域比较优势—区域经济联系—区域产业分工"的动态演变路径，最终实现区域经济从初级到中级再到高级的协同演变（李琳，2015）。毛汉英（2017）以京津冀协同发展为例，强调协同发展机制创新有利于增强对市场的应变能力，增强区域的内在发展动力以及调动人的积极性；互惠互利机制、合作共赢机制、协同创新机制、共建共享机制、发展约束机制、利益分配与补偿机制等共同构成了区域协同发展的基础，其中，构建高层次的高效协调机制、健全利益协调与分享机制是协同发展机制创新的重点。许彩侠（2012）认为，实现区域协同创新可从政府统筹区域创新资源、市场引导资源流动、完善产学研合作机制和建立本土化创新驿站等方面入手，形成分工明确、优势互补的创新发展格局。陆军等（2020）在更为具体的空间尺度上聚焦都市圈协同创新，其认为都市圈协同创新空间演化要依次经历创新要素单核集聚阶段、区际知识溢出与联合阶段、开放式协同创新网络联动等阶段，以最终形成区域协同创新共同体。在此过程中，知识流动与扩散机制、风险共担与利益共享机制、产业分工协作机制、政策引导机制以及价值增值机制等都能够为区域协同创新提供强有力的支撑。

在区域协同发展水平的测度方面，有学者运用扩展的数据包络分析（data envelopment analysis，DEA）模型、灰色关联度模型、空间引力模型、复合系统协同度模型并基于哈肯模型构建科学有效的协同发展评价指标体系。鲁继通（2015）运用复合系统协同度模型，通过知识创造和获取能力、技术创新和应用能力、创新协同配置能力、创新环境支撑能力、创新经济溢出能力等5个要素，测度了京津冀区域各子系统协同创新之有序度及整体协同度；张扬和王德起（2017）基于五大新发展理念构建了协同度模型，以测度京津冀地区协同发展的进程。为解决复合系统协同度模型可能存在的"伪协同"问题，有学者基于哈肯模型探索了区域协同发展测度的新方法，分别从规模、比例、强度、质量和密度等五个维度来识别区域协同发展的特征（欧阳慧、阳国亮，2019）。

1.3.3 共生理论

区域是一个具有强主观能动性的概念，某个地域的资源环境、人口、经济、基础设施和行政区划等级等都是区域的重要构成因素。区域既包括经过人类活动改造后的经济社会系统，也包括既有的自然生态系统。区域系统属于某种类生态系统，城市与城市之间、城市与区域之间存在形成、发展、生长与演替等过程。"共生"原为生态学概念，最先由德国真菌学家德贝里（de Bary，1879）提出，其含义是不同生物种属因某种物质联系而形成的紧密平衡关系。随着共生理论的成熟与完善，共生思想延伸到经济、教育、艺术、计算机等多个领域，以探讨两个不同属性物质间形成的共生依存关系，从而为区域经济学科研究区域空间结构变迁、区域内各主体竞合关系的优化等提供了新思路。

国内学者袁纯清（1998）将共生概念应用到经济学研究中，认为共生特指经济主体之间存续性的物质联系，其在抽象意义上表现为共生单元之间在一定共生环境中按某种共生模式形成的关系，共生单元、共生模式和共生环境共同组成了共生理论的三要素。其中，共生单元是具有能量生产和交换功能的、构成共生体或共生关系的基本单位；共生模式也称共生关系，指共生单元之间相互作用的方式或相互结合的形式；共生环境是共生关系、共生模式存在和发展的外在条件，是共生单元以外所有因素的总和。

总的来看，共生理论关注共生单元之间相互作用的强度和方向，认为共生关系在行为上存在寄生关系、偏利共生关系、非对称互惠共生关系和对称互惠共生关系，在组织程度上存在点共生、间歇共生、连续共生和一体化共生等多种状态。共生行为和共生组织类型两两组合，可以形成16种共生系统的基本状态（见表1-1），共生系统状态并非一成不变，而是不断完善，朝着一体化共生和对称互惠共生不断进化。

表1-1 共生系统状态

	点共生模式 M_1	间歇共生模式 M_2	连续共生模式 M_3	一体化共生模式 M_4
寄生 P_1	$S_{11}(P_1, M_1)$	$S_{12}(P_1, M_2)$	$S_{13}(P_1, M_3)$	$S_{14}(P_1, M_4)$
偏利共生 P_2	$S_{21}(P_2, M_1)$	$S_{22}(P_2, M_2)$	$S_{23}(P_2, M_3)$	$S_{24}(P_2, M_4)$
非对称互惠共生 P_3	$S_{31}(P_3, M_1)$	$S_{32}(P_3, M_2)$	$S_{33}(P_3, M_3)$	$S_{34}(P_3, M_4)$
对称互惠共生 P_4	$S_{41}(P_4, M_1)$	$S_{42}(P_4, M_2)$	$S_{43}(P_4, M_3)$	$S_{44}(P_4, M_4)$

资料来源：由笔者整理而得。

有学者从不同角度对共生概念进行了经济学解释。例如，胡晓鹏（2008）以产业发展为切入点，认为在经济体制度不断演变的当今社会，经济主体间原本显著区分的界限正在被密切的依存关系所打破，从而呈现出"你中有我，我中有你"的共生形态。产业链的连续性及其所带来的价值增值性共同驱动着共生关系的形成。所谓产业共生，是指同类产业中的不同价值模块，以及不同产业中彼此具有经济联系的产业模块或相似的产业模块因某种机制所构成的融合、互动与协调的发展状态。黄小勇（2014）认为，区域经济共生发展是区域经济由纯粹、单一的数量竞争走向人性、协调的质量提高的过程，共生发展是共生主体之间为和谐共荣而形成的风险共担、资源共享、利益均分的包容性系统。

1.3.4 区域分工与协作理论

分工是提高生产效率的手段，分工的不断深化将引起社会生产关系的变革；协作是在分工的基础上形成的一种特殊生产方式；分工与协作是有机统一的，在生产过程中，分工与协作互为前提，互相依存（祁文辉，2016）。所谓区域分工，是指一国之中的各区域在充分利用区域内优势资源的基础上而实行的区域专业化生产，通过区际交换实现专门化生产的产品价值，并满足自身对本区域不能生产或生产不具优势产品之需求。分工的产生与发展具有其内在的客观性和规律性。经济利益是区域分工的主要动力，区域分工的格局影响着区域贸易的格局，但区域分工与区域贸易的格局并不必然引起区域合作或区域冲突（张可云，2000）。

从区域竞争与合作的角度来看，"竞合"源于商业研究领域，这一概念所解释的是利益相关者在同一领域上合作且竞争的现象。所谓城市竞合，指的是两个或两个以上的城市在创造共同利益时合作，在划分利益时又相互竞争，其最终目的是实现可持续发展并不断提高人们的生活质量。在经济全球化不断深入推进的背景下，为在区域乃至更大层面上获取利益，区域内的城市必须通过竞争与合作来提升自身的竞争力。也就是说，城市竞争力建设是塑造城市间竞合关系的桥梁，城市竞合则是提升城市竞争力的重要途径（线实、陈振光，2014）。从区域作为一个利益实体的角度来看，现行行政体制下的地方保护和市场分割等现象普遍存在。良性的区域竞合关系应在有效竞争的基础上开展，从而构建起完善的区域利益协调机制（陆玉麒、董平，2013；贺灿飞，2021；杨开忠、李国平，2021）。

第2章　京津冀城市群产业协同创新的实证研究

京津冀协同发展已成为国家重点战略之一。我国已从经济高速发展向高质量发展转变，京津冀地区也已步入高质量发展阶段。要贯彻和推进京津冀地区的高质量发展战略，必须充分认识到协同创新的重要性。京津冀地区具有较好的创新资源和高科技产业基础，但囿于空间障碍、行政区划壁垒等因素，京津冀城市群中各城市的创新能力极不均衡，区域内部创新资源流动效率较低，创新资源配置率不高，且北京、天津两市的发展水平和创新能力远高于河北省。在这一大背景下，促进京津冀地区协同创新能力的提升具有重要意义，提升的关键则在于京津冀各地区之间的良好协同与配合。为此，要树立全局利益观和系统观，消除行政壁垒，引导资源要素高效组合与自由流动，进行跨区域合作，克服各地发展劣势，弥补短板，产生1加1大于2的协同效果，从而促进京津冀地区的可持续发展和高质量发展。

京津冀城市群产业协同创新实证研究以2010—2018年京津冀地区产业为研究对象，基于区域经济学、产业经济学等学科理论，立足文献研究，在分析京津冀地区经济发展现状特征的基础上，构建起京津冀地区的协同创新指标体系；运用统计产品与服务解决方案（statistical product and service solutions，SPSS）软件进行主成分分析，对京津冀地区城市群的创新能力相似性、耦合性进行研究；使用京津冀城市群中13个主要城市的面板数据，利用Arcmap软件进行可视化分析，研究京津冀城市群制造业的空间格局演化特征与规律；建立多元回归面板数据模型，研究河北省的产业承接对产业结构高级化与合理化的影响；进行豪斯曼（Hausman）检验、ADF 检验（augmented dickey-fuller test）及格兰杰（Granger）检验，对实证结果进行分析并提出政策建议和展望。

本章的特色与创新之处包括以下两个方面。

第一，研究视角创新。对于城市创新能力的相似性、耦合性问题，现有研究大多只考虑区域间要素的影响，本章则从区域内原始创新能力和区域间客观差距因素相结合的视角出发，研究京津冀城市群中各城市创新能力的相似性和耦合性。

第二，研究方法独具特色。对于产业承接与产业结构关系的研究，现有文献中的定性分析往往多于定量分析，本章则综合运用 ArcGIS[①] 可视化分析和计量模型等方法，分析产业转移承接对产业结构优化升级的影响。

本章的研究框架和思路如图 2-1 所示。

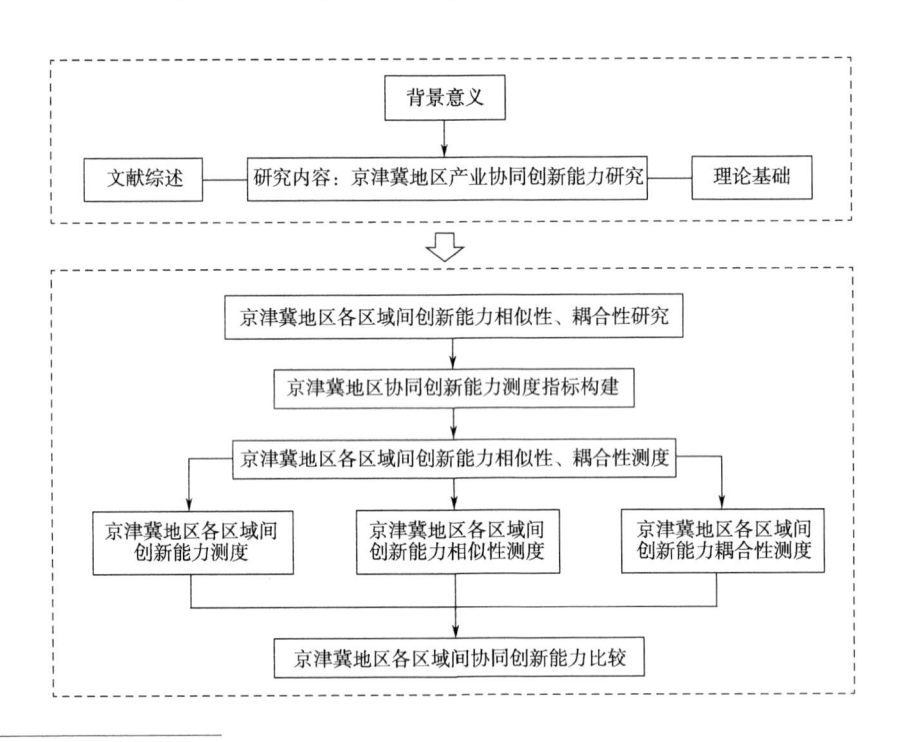

```
                    ┌──────────┐
                    │  背景意义  │
                    └──────────┘
┌────────┐  ┌──────────────────────────────────┐  ┌────────┐
│ 文献综述 │─│ 研究内容：京津冀地区产业协同创新能力研究 │─│ 理论基础 │
└────────┘  └──────────────────────────────────┘  └────────┘
                           ⇩
┌─────────────────────────────────────────────────────────┐
│        京津冀地区各区域间创新能力相似性、耦合性研究         │
│                                                         │
│          京津冀地区协同创新能力测度指标构建               │
│                                                         │
│       京津冀地区各区域间创新能力相似性、耦合性测度         │
│                                                         │
│  ┌──────────┐    ┌──────────────┐    ┌──────────────┐   │
│  │京津冀地区各│    │京津冀地区各区域间│    │京津冀地区各区域间│   │
│  │区域间创新 │    │创新能力相似性  │    │创新能力耦合性  │   │
│  │能力测度   │    │测度           │    │测度           │   │
│  └──────────┘    └──────────────┘    └──────────────┘   │
│                                                         │
│          京津冀地区各区域间协同创新能力比较               │
└─────────────────────────────────────────────────────────┘
```

---

① ArcGIS 产品线为用户提供了一个可伸缩的、全面的 GIS 平台。ArcObjects 包含许多可编程组件，从细粒度的对象（如单个的几何对象）到粗粒度的对象（如与现有 ArcMap 文档交互的地图对象），涉及面极广，这些对象为开发者集成了全面的 GIS 功能。

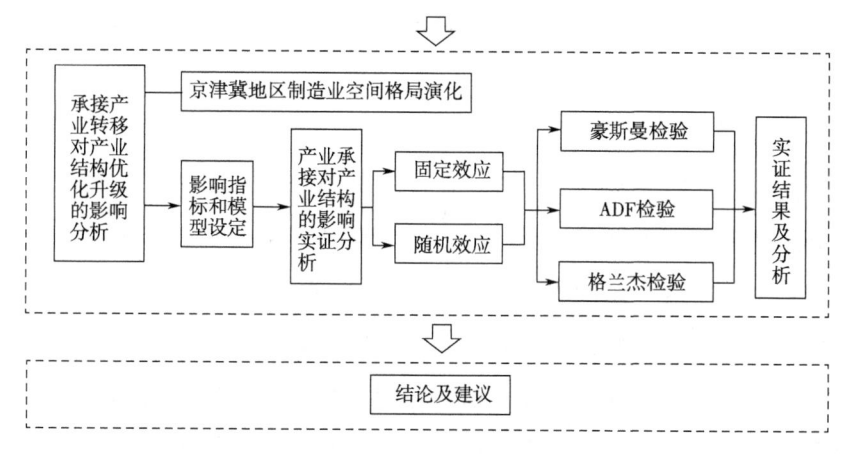

图 2-1 研究框架和思路

2.1 京津冀城市群产业协同创新的驱动因素与环境基础

2.1.1 产业协同创新的驱动因素

随着信息技术的飞速发展，传统的创新模式已经无法满足城市发展的需求，创新模式正不断向更高效、更高质的方向进化。区域内城市之间是紧密的互惠合作网络关系，以非线性、网络化、开放式为特征的多主体合作创新模式更有利于区域资源整合和再配置。区域一体化是京津冀地区打破现有行政区划桎梏的有效途径，协同创新是实现区域一体化发展的重要手段。学界在研究产业协同创新时，在聚焦于某几类产业或企业之间协同创新的同时，也关注"产学研"共同体之协同创新模式。产业是城市经济的重要组成部分，城市是产业孕育发展的主要载体，以城市群为主体大力推进区域产业协同发展具有重要意义。本章重点关注影响城市群产业协同创新的驱动因素，并对其进行系统梳理和研究。

1. 协同创新环境因素

协同创新环境是影响城市群产业协同创新的外部因素的总和。良好的协同创新环境有利于城市间形成稳定的创新合作关系，从而促进创新网络的形成和发展。城市基础设施、区域经济发展政策、区域历史文化传统、金融环境等，都是影响城市产业协同创新的环境因素。

(1) 城市基础设施。城市基础设施是创新资源流动的重要保证，也是城市开展协同创新活动的前提。京津冀城市群近年来致力于构建快捷、高效的交通网络，区域内部交通枢纽密集，交通网络渐趋完善。随着京津冀城市群整体产业与空间布局建设的不断推进，京秦高速、天津北方国际航运核心区等重大交通项目相继落地实施，京津冀地区海陆空立体化交通网络不断完善，区域内的交易成本、要素资源转移以及流动成本等也进一步降低。

(2) 区域经济发展政策。党的十八大提出创新驱动发展战略，党的十九大、二十大报告强调指出高质量发展。2015年出台的《京津冀协同发展规划纲要》对北京、天津、河北三地提出了明确定位：首都北京是全国"政治中心、文化中心、国际交往中心和科技创新中心"，天津市是"全国先进制造研发基地、北方国际航运核心区、金融创新运营示范区和改革开放先行区"，河北省是"全国现代商贸物流重要基地、产业转型升级试验区、新型城镇化与城乡统筹示范区以及京津冀生态环境支撑区"。在对上述三地进行定位时，都强调了创新在京津冀协同发展中的地位和重要作用，这为京津冀城市群的产业协同发展提出了方向指引。近年来，随着京津冀协同发展战略的深入推进，三地政府制定的财政补贴和转移支付制度、税收减免制度、知识产权保护制度等相关配套政策也不断得到完善。

(3) 区域历史文化传统。从历史人文环境来看，从春秋战国时期的燕赵文化，及至辽金元明清等历代变迁，京津冀在历史上早已形成了整体性的文化根基，三地自古民间往来频繁，道德信仰和风俗习惯基本相同，这些都为三地间的产业协同创新创造了良好的历史文化氛围。

（4）金融环境。金融机构为京津冀三地协同发展提供了必要的资金来源和周转渠道，从而通过降低交易成本来缩短产业创新周期。京津冀三地都对金融业的布局做出了顶层设计，不断完善金融支持政策。例如，通过激活雄安新区的金融创新要素，充分发挥北京城市副中心（通州区）的各项职能作用等，承接北京非首都功能，形成错位发展与优势互补的金融业发展格局。

2. 协同创新投入因素

创新是城市产业创新的物质基础和技术进步的主要推动力。任何经济活动都有赖于劳动力、资本和土地等资源要素的投入。一方面，城市R&D人员数量、R&D经费投入强度、用于技术开发或新产品开发的经费投入等反映了城市产业的创新实力和潜力；另一方面，各城市产业协同创新的强度和深度也有赖于城市间的产业创新方向、创新能力的匹配度和协调度。创新资源在城市群协同创新网络中流动。在市场规律和政府调控之双重作用力的引导下，创新要素以对城市群技术创新最有效率的方式得到使用，通过技术（知识）的溢出效应反作用于城市群协同创新网络，从而加速城市群释放创新动能。同时，协同创新投入的靶向性、时效性和有效性也是激励城市群产生协同创新效应的关键。

3. 协同创新产出与协同创新效益因素

创新产出是创新活动的直接产物，是科技进步的物化产品，对企业创新活动有着直接激励作用。创新要素资源经过一系列经济活动转化为创新产物，其中诸如技术市场成熟度、专利授权数、新开发产品数量等都可用于反映创新产出的情况。

创新效益是创新活动的间接产物。城市协同创新产物的落地和投入使用,加速了城市经济结构的优化和增长动力的转化,优化了城市群的创新环境,激活了创新主体的创新动力,增进了城市之间大力协同、攻克技术难关的意识,从而对城市协同创新活动的频率和效率产生积极影响。

2.1.2 京津冀城市群产业协同创新的环境基础

1. 经济基础

从这些年京津冀城市群的人均 GDP 变化情况来看,北京、天津、唐山三地的经济发展水平远高于河北省的其他地区。2010—2019 年,北京市的人均 GDP 表现为增加态势且增幅较大,天津市的人均 GDP 也持续攀升;河北省内各主要城市的人均 GDP 增幅则不大,2019 年还有下滑趋势,这可能与河北省正处于经济增长动力转型与经济结构调整的关键时期有关。从三地的人均 GDP 差值来看,北京、天津之间一度呈不相上下的状态,但两地在 2019 年的差距有所扩大;河北省内各主要城市则与京津两地的存在较大差距。详见表 2-1。

表 2-1 京津冀城市群中各城市的人均 GDP　　　　　单位:元

城　市	2010 年	2013 年	2015 年	2017 年	2019 年
北　京	75 943	148 181	106 497	128 994	164 220
天　津	72 994	143 129	107 960	119 238	90 371
石家庄	33 915	48 491	51 043	69 926	52 859
唐　山	59 389	82 831	78 398	89 233	86 667
秦皇岛	31 182	39 889	40 746	61 170	51 334
邯　郸	26 143	30 800	33 450	37 796	36 546
邢　台	17 189	21 030	24 256	38 163	28 707
保　定	18 451	24 951	29 067	44 917	31 856
张家口	22 517	28 201	30 840	41 038	35 025
承　德	25 699	33 653	38 505	60 575	41 080

续表

城 市	2010年	2013年	2015年	2017年	2019年
沧 州	31 091	39 960	44 819	50 688	47 663
廊 坊	31 844	46 046	54 460	91 067	65 512

数据来源：笔者根据相关年份的北京统计年鉴、天津统计年鉴、河北经济年鉴及河北省内各地级市的统计年鉴整理而得。

2. 产业结构

以三次产业结构表现京津冀三地产业结构后的数据显示：自2010年起进入后工业化阶段的北京，其第三产业增加值占GDP的比重远大于第二产业，2016年，北京第三产业的占比更是突破80%，服务经济占主导地位；2010年，津冀两地第二产业的占比都高于50%，其中天津的工业城市特征比较明显，处于工业化后期；反观河北，其一产和二产所占的比重都较高，说明其经济发展正处于"二三一"的工业化中后期阶段。近年来，津冀两地的三产比重不断增加，到2019年河北的三产占比首次过半，但与京津相比仍有较大距离。详见表2-2。

数据分析表明，京津冀三次产业构成差异较大，经济发展存在梯度差，发展阶段的差异与资源禀赋的不同使京津冀三地实现城市产业协同创新发展、优势互补与一体化发展具有现实基础和可能性。

表2-2 京津冀地区的三次产业结构　　　　　　　　　　　单位：%

地区	2010年	2013年	2015年	2017年	2019年
北京	0.88：24.01：75.11	0.76：19.72：79.52	0.57：17.84：81.60	0.43：18.96：80.60	0.30：15.83：83.87
天津	1.58：52.47：45.95	0.16：44.31：54.13	1.49：41.27：57.24	1.17：40.81：58.00	1.49：34.11：64.40
河北	12.57：52.50：34.93	12.95：46.08：40.97	11.70：43.64：44.64	9.75：48.42：41.83	10.72：37.55：51.73

数据来源：笔者根据相关年份的北京统计年鉴、天津统计年鉴、河北经济年鉴、中国科技统计年鉴等整理而得。

3. 技术创新水平

进入知识经济时代，科技创新是经济社会可持续发展的重要动力，技术进步的内涵不仅表现为技术活动规模的扩大和水平的提升，而且表现为技术进步对经济社会的影响力不断增强。对此，可用R&D经费投入强度（即R&D经费支出占地区GDP的比重）来衡量地区创新投入。一般而言，如果R&D经费投入的强度越大，地区创新投入越多，则说明该地区对科技创新的支持力度就越强劲。如图2-2所示，多年来京津冀三地的创新投入差异较大。中关村科技园作为我国首个高新技术开发区，其不仅是北京的科技创新高地，而且是北京、天津、石家庄三地高技术产业带的核心园区，在其中发挥着极其重要的创新引领作用。多年来，北京的R&D经费投入强度远高于津冀两地。以2018年为例，北京的R&D经费投入强度为6.17%，其研发经费支出分别是天津、河北的1.58倍和1.61倍。

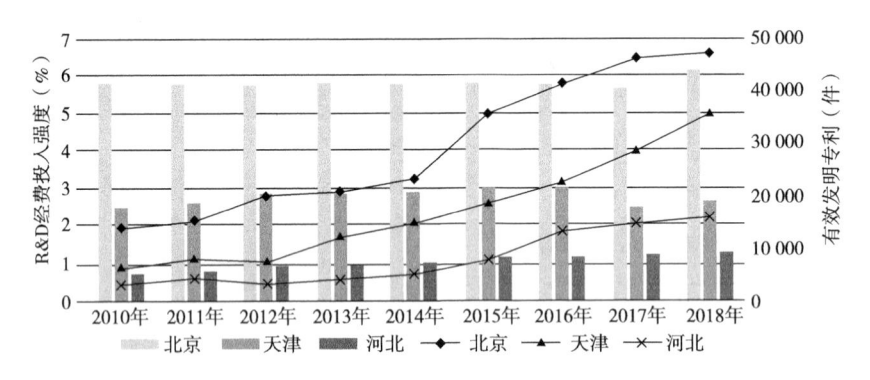

图2-2　京津冀R&D经费投入强度与有效发明专利件数

数据来源：笔者根据相关年份的北京统计年鉴、天津统计年鉴、河北经济年鉴等整理而得。

2.2　京津冀城市群产业协同创新能力测度

现代城市是具有智慧的特殊生命体，其能够通过模仿、学习和创新提高自身对有利资源的吸收、控制和转化能力，并与周围环境形成依存关系。技术（知识）是具有强溢出效应的要素，城市的协同创新能力不仅受其自身创新能力的影响，而且受到周围城市和外围环境的辐射。邻近性表示集群内部之经济活动主体的空间关系，主要是指地理上的邻近性；多维度邻近性包括认知邻近性、制度邻近性及地理邻近性等。党兴华、弓志刚（2013）认为，区域技术创新合作过程受多维邻近性的影响，区域间创新能力对区域间多维邻近性和跨区域技术创新合作关系有正向调节作用，这两位学者由此提出基于多维邻近性的跨区技术创新合作关系概念模型。

当然，知识的创造融合以及技术的传播过程非常复杂，城市间的协同创新仅依靠多维邻近性是无法实现的，城市自身的创新能力亦是影响城市间协同创新的重要因素。本书参考吴卫红等（2016）的研究，将城市自身创新能力因素和城市互动因素纳入考虑范围，并根据京津冀城市群各城市间创新能力的相似性、耦合性以及多维邻近性构建指标体系（见表2-3），用以测度2010—2018年京津冀城市群的协同创新能力。

表2-3 京津冀城市群协同创新能力指标体系

类型	一级指标	指标说明
协同创新能力	创新能力相似性	创新能力相近程度
	创新能力耦合性	创新能力耦合协调程度
	制度邻近性	地方保护相似度
	认知邻近性	产业结构相似性
	地理邻近性	区域间铁路运行时间倒数

2.2.1 京津冀城市群产业创新能力相似性

1. 京津冀城市群产业创新能力测度

全球创新指数（GII）将指标体系划分为创新投入与创新产出这两部

分。其中，创新投入由创新机构、创新人力、市场和业务复杂程度等4个指标加以衡量，创新产出涉及科创成果和环境健康这两个方面；欧盟新近发布的创新记分板（EIS）从10个维度中选取了27项指标，对欧盟及其以外国家的创新绩效进行比较研究；中国的创新指标体系（CII）采用环境、投入、产出、成效等4个维度21项指标，对国家综合创新能力进行评估；我国的创新型城市评价指标体系将基础条件、创新投入、创新绩效和创新环境作为一级指标，并细分出18项二级指标对城市创新能力指数进行测算。

本书在充分吸收国内外创新指标体系并借鉴相关学者研究成果的基础上，遵循科学性、可行性和目的性原则，从创新投入、创新产出、创新环境与创新效益等方面选取了18个二级指标，用以对京津冀城市群的产业创新能力进行测算和评价（见表2-4）。

表2-4 京津冀城市群产业创新能力指标体系

一级指标	二级指标	单位
创新投入	R&D人员折合全时当量	万人
	R&D经费投入强度	%
	新产品开发经费	万元
	有R&D活动的企业数量	个
	研发机构内部支出	万元
创新产出	专利申请数	件
	有效发明专利数	件
	新产品开发项目数	项
	技术创新的投入与产出	新产品销售收入/新产品开发经费
创新环境	人均GDP	元/人
	金融业发展水平	金融相关率
	科技拨款占财政拨款的比重	%
	普通本科生毕业人数	万人

续表

一级指标	二级指标	单位
创新效益	高技术产业主营业务收入占总收入的比重	%
	单位GDP能耗	吨标准煤/万元
	全社会劳动生产率	元/人
	新产品销售收入占主营业务收入的比重	%
	技术市场成交额	亿元

指标体系来源：笔者根据有关政府文件和相关学者的研究成果综合整理而成。

表2-5的数据来源为2011—2019年的中国城市年鉴、中国科技统计年鉴、中国统计年鉴、中国高新技术统计年鉴以及国家统计局和河北各主要城市统计局网站发布的数据。鉴于所选指标度量单位不一致，本书在使用主成分分析法前对数据进行了标准化处理，并剔除"技术市场成交额"和"全社会劳动生产率"这两个不符合保留标准的二级指标。主成分分析法的输出结果显示：研究样本的KMO（Kaiser-Meyer-Olkin）检验统计量为0.87（大于0.6），表明原数据适合做主成分分析；在预设特征值为1的条件下本次检验一共提取了两个主成分，其特征值分别为10.64和1.9，累积方差贡献率达到78.4%，大于75.0%，说明提取的这两个因子能较准确地体现京津冀地区各城市的整体创新能力；旋转后的主成分矩阵表明了所提取的两个因子对原变量的解释程度，成分I_1对X_1、X_2、X_3、X_4、X_5、X_6、X_7、X_8、X_{10}、X_{11}、X_{12}、X_{13}、X_{16}有较强的解释能力，成分I_2对X_9、X_{14}、X_{15}有较强的解释能力。根据各指标标准化结果（Z_i）和主成分载荷值（a_i），计算两个主成分分值I_1、I_2并计算综合得分I，其中λ_1、λ_2分别为两个主成分的方差贡献率。为测度单个城市综合得分的变化趋势，本书又对综合得分进行了标准化，当某个城市的标准化综合得分小于0时，说明该城市在该时间点上的产业创新能力低于区域平均水平，其标准化综合得分绝对值越大，则与平均值的偏离程度越大；当某个城市的标准化综合得分大于0时，表明该城市在该时间的产业创新能力高于区域

平均水平，且标准化综合得分数值越大，则产业创新能力越强。

表 2-5　旋转后因子载荷矩阵

变量	成分	
	I_1	I_2
R&D 人员折合全时当量 X_1	0.965	0.170
R&D 经费投入强度 X_2	0.899	0.325
新产品开发经费 X_3	0.938	0.278
有 R&D 活动企业数 X_4	0.952	0.170
研发经费内部支出 X_5	0.940	0.105
专利申请数 X_6	0.959	0.134
有效发明专利数 X_7	0.932	0.169
新产品开发项目数 X_8	0.864	0.305
技术创新投入产出 X_9	0.101	0.789
人均 GDP X_{10}	0.836	0.166
金融业发展水平 X_{11}	0.837	0.084
普通本科生毕业人数 X_{12}	0.732	0.460
科技拨款占财政拨款比重 X_{13}	0.607	-0.054
新产品销售收入占主营业务收入比重 X_{14}	0.453	0.785
高技术产业主营业务收入占总收入比重 X_{15}	-0.084	0.847
单位 GDP 能耗 X_{16}	-0.633	-0.223

数据来源：笔者经由 SPSS24.0 软件主成分分析法输出并整理。

$$I_1 = \sum a_{i1} Z_i, \ i = 1, 2, 3, \cdots, 16 \qquad (2-1)$$

$$I_2 = \sum a_{i2} Z_i, \ i = 1, 2, 3, \cdots, 16 \qquad (2-2)$$

$$I = \lambda_1 I_1 + \lambda_2 I_2 \qquad (2-3)$$

在本书研究期内，产业创新能力综合得分均值排名前三位和后三位的分别为北京、天津、石家庄和张家口、衡水、邢台。在北京、天津、石家庄这三个创新能力得分位居前三名的城市中，北京的产业创新能力发展速度一直处于领先状态，天津的产业创新能力紧随其后，石家庄的产业创新能力在2016年超过区域平均水平，但近年有回落趋势。张家口、衡水、邢台的产业创新能力始终低于区域平均水平，但差距正在不断缩小，这表明京津冀协同发展战略的实施对均衡各城市的创新发展起到了促进作用。唐山、保定、廊坊三地的产业创新能力在2015年后得到显著提升。秦皇岛、邯郸、承德、沧州等地的产业创新能力较弱，当然，虽然其综合得分目前仍低于京津冀地区的平均水平，但整体上已在不断向平均水平靠拢。

2. 京津冀城市群产业协同创新能力相似性测算

要考察城市间创新能力的相似性，需要先考察城市间创新能力的总体水平和差异。本书采用京津冀城市群中两两城市间创新能力之比值和均值的乘积，来衡量其创新能力的相似性。为使创新能力相似性的计算结果不受负值综合得分的影响，本书在各城市创新能力综合得分的基础上加1进行正向化处理，使之全部变为正数。考虑到篇幅有限，此处重点考察的是产业创新能力综合得分均值排名前三位和后三位城市之间的产业创新能力相似性。如表2-6所示，北京、天津两地的产业创新能力相似性指标较稳定，说明其开展产业协同创新的基础较好；北京与石家庄、张家口、衡水、邢台的创新能力相似性数值较大，但有缓慢下降趋势，说明北京的产业创新能力目前仍高于另外几个城市，但这种创新能力差距有缩小的迹象；天津与石家庄的产业创新能力相似性呈波动上升态势；石家庄作为河北的省会城市，其与张家口、衡水、邢台三地的产业创新能力均比较稳定，说明河北省内各城市间开展产业协同创新的阻力较小。

表2-6 京津冀城市群中重要城市的产业创新能力相似性

年 份	BJ-TJ	BJ-SJZ	BJ-ZJK	BJ-HS	BJ-XT	TJ-SJZ	TJ-ZJK	TJ-HS
2010	4.929 2	8.337 2	18.432 8	16.995 3	22.648 4	3.654 3	7.714 3	7.102 6
2011	4.759 1	9.820 2	16.465 5	19.682 4	22.631 9	4.458 1	7.137 3	8.519 5
2012	5.488 3	11.471 7	18.603 1	19.957 4	21.240 1	4.515 9	6.992 5	7.490 8
2013	5.373 4	10.916 9	18.212 5	19.140 9	20.176 7	4.389 4	6.992 1	7.338 0

续表

年份	BJ-TJ	BJ-SJZ	BJ-ZJK	BJ-HS	BJ-XT	TJ-SJZ	TJ-ZJK	TJ-HS
2014	5.216 9	10.455 3	17.697 9	17.905 0	19.444 1	4.329 9	6.998 3	7.070 1
2015	4.866 5	10.341 8	18.186 2	18.883 1	19.493 2	4.591 2	7.709 1	7.993 1
2016	5.088 3	9.839 7	17.724 0	17.695 6	18.669 0	4.177 9	7.185 7	7.163 9
2017	4.983 4	8.802 8	16.444 7	16.590 8	19.030 5	3.816 3	6.807 4	6.858 1
2018	5.501 5	12.413 8	17.070 4	16.418 6	17.125 8	4.875 0	6.401 0	6.147 8

年份	TJ-XT	SJZ-ZJK	SJZ-HS	SJZ-XT	ZJK-HS	ZJK-XT	HS-XT	
2010	9.413 3	1.711 5	4.918 6	2.044 6	3.215 5	2.711 9	0.610 0	
2011	9.742 6	1.298 0	4.836 0	1.734 6	3.161 5	3.033 7	0.526 4	
2012	7.928 7	1.255 4	4.197 7	1.393 6	2.744 2	2.520 0	0.487 2	
2013	7.692 8	1.291 5	4.230 5	1.391 1	2.765 6	2.445 1	0.482 5	
2014	7.635 9	1.310 4	4.132 1	1.399 8	2.701 3	2.424 9	0.497 1	
2015	8.206 0	1.361 3	4.405 6	1.418 7	2.880 1	2.365 7	0.472 6	
2016	7.516 7	1.394 4	4.339 3	1.428 0	2.836 7	2.324 8	0.482 9	
2017	7.823 6	1.446 2	4.547 6	1.627 2	2.972 9	2.554 2	0.525 1	
2018	6.377 5	1.064 5	3.191 3	1.038 4	2.086 2	2.214 3	0.477 5	

注：BJ 代表北京，TJ 代表天津，SJZ 代表石家庄，ZJK 代表张家口，HS 代表衡水，XT 代表邢台。下同。

2.2.2 京津冀城市群产业创新能力耦合性

耦合度概念源于物理学，后被引入社会科学领域，用于度量多个系统之间相互影响的程度，耦合度数值越大表示系统间的相互作用程度越大，反之则越小（丛晓男，2019）。本书借鉴范斐等（2015）的创新能力耦合度公式，计算京津冀地区任意两城市间的产业创新能力耦合度。在能力结构模型中，I 表示能力结构指数，I_{A_i} 和 I_{B_i} 的值分别表示 A 地区、B 地区的创新能力结构指数，W_i 表示城市创新能力评价指标体系权重，A_i 和 B_i 分别表示 A 地区、B 地区的创新能力指标值，i 表示变量个数；C_{AB} 表示 A 地区和 B 地区之间的创新能力结构耦合度。

$$I_{A_i} = \sum W_i A_i, \quad i = 1, 2, 3, 4 \quad (2-4)$$

$$I_{B_i} = \sum W_i B_i, \quad i = 1, 2, 3, 4 \quad (2-5)$$

$$C_{AB} = \sum \left| \frac{I_{A_i}}{I_{B_i}} - 1 \right| \bigg/ \sqrt{\prod \left| \frac{I_{A_i}}{I_{B_i}} - 1 \right|} \quad (2-6)$$

权重 W 是指权衡不同项目的重要性的数值,以下对京津冀三地间的创新能力指标确定权重。运用 SPSS 进行因子分析,输出成分矩阵 a 和解释的总方差,通过这两者计算主成分得分,再通过解释的总方差和主成分得分计算得分系数,在此基础上对数据进行归一化。由于原始数据计算出的权重有负值存在,本书采用数据平移的方法对数据进行标准化。在计算出京津冀地区的创新能力指标权重后,再计算北京、天津、河北的各项创新能力结构指数,然后计算 2010—2018 年京津冀三地间各项指标创新能力的耦合度。计算结果如表 2-7 所示。

表 2-7 京津冀地区各区域间的创新能力耦合度

年 份	北京-天津	北京-河北	天津-河北
2010	128.134 6	8.027 3	4.450 2
2011	15.351 7	8.168 1	4.127 0
2012	13.023 7	8.180 0	3.654 3
2013	13.363 4	8.586 1	3.716 4
2014	36.846 2	9.951 5	4.397 0
2015	17.305 0	10.366 8	3.182 5
2016	24.007 7	9.060 5	2.744 3
2017	26.848 0	7.922 0	4.375 5
2018	21.543 0	8.256 0	3.848 5

数据来源:笔者根据相关年份的北京统计年鉴、天津统计年鉴、河北经济年鉴等整理计算而得。

从表 2-7 可以看出,北京、天津、河北三地间各项指标的耦合度差异较大。其中,耦合度最大的是北京和天津,接下来是北京和河北,而天津与河北的耦合度最低。这说明北京和天津开展创新协同的可能性最大,而天津与河北开展创新协同的可能性最小。2010年到2018年,上述地区的创新能力耦合度变化较大,其中部分城市产业创新能力的耦合度有显著提升,如北京与天津、张家口与秦皇岛、张家口与衡水、石家庄与唐山等;河北省内大部分城市的产业创新能力耦合度没有明显变化,其中石家庄与其他省内地级市的创新能力耦合度较低;部分城市间的创新能力耦合度显著下滑,其中北京与唐山的创新耦合度下降尤为明显,此外河北省内一些地级市之间的创新耦合度也有较大幅度下降,如邢台与保定、邯郸与唐山、邯郸与秦皇岛、沧州与承德等。

京津冀地区有效的产业分工布局与合作是三地协同发展的重点内容之一,合理的产业结构能够更好地促进该地区的产业转型升级。如果区域内的产业趋同系数过高,会使上述各地相同产业之间的竞争加剧,并导致重复建设等资源浪费问题,从而阻碍区域经济一体化发展,可见合理的产业结构差异化是促进区域内产业分工合作的基础。

本书以产业结构相似系数作为衡量城市间认知邻近性的测度指标。具体来说,就是以某一经济区域的产业结构作为标准,通过计算相似系数 S_{ij},将两地的产业结构进行比较,相似系数越大,表明两地的产业结构越相似,产业趋同现象越严重;反之,相似系数越小,表明两地的产业结构差异越大,产业趋同现象越不明显。当 $S_{ij}=1$ 时,说明两地的产业结构完全相同;当 $S_{ij}=0$ 时,说明两地区的产业结构完全不同。计算公式如下:

$$S_{ij} = \frac{\sum_{k=1}^{n} x_{ik} \times x_{jk}}{\sqrt[2]{\sum_{k=1}^{n} x_{ik}^2 \times x_{jk}^2}} \tag{2-7}$$

式(2-7)中,x_{ik}、x_{jk} 分别表示三次产业在 i 区域和 j 区域产业结构中所占的比重,S_{ij} 的取值范围为 [0, 1]。

由于篇幅有限,此处重点考察产业创新能力综合得分均值排名前三位和后三位城市之间的产业结构相似系数。

如表 2-8 所示，北京、天津两地之间的产业结构系数较小，且在研究期间波动较小，说明其产业结构相似性适中，协同创新的产业结构基础良好；北京与石家庄、张家口、衡水、邢台四地之间的产业结构相似系数呈波动上升趋势，这可能与河北省内各地级市近年来第三产业在经济结构中的比重不断上升有关；天津与上述河北省内 4 个城市之间以及该河北省内 4 个城市之间的产业结构相似系数较高，但近年来有显著下降趋势，这表明随着京津冀协同发展战略的深入推进，该地区各城市之间的产业分工逐渐明晰，产业同构现象有所缓解。

表 2-8 京津冀城市群中重要城市的产业结构相似系数

年 份	BJ-TJ	BJ-SJZ	BJ-ZJK	BJ-HS	BJ-XT	TJ-SJZ	TJ-ZJK	TJ-HS
2010	0.529 8	0.489 9	0.479 8	0.423 6	0.430 3	0.667 6	0.635 0	0.666 2
2011	0.526 0	0.493 7	0.469 1	0.414 8	0.426 0	0.692 3	0.640 5	0.673 8
2012	0.526 7	0.483 3	0.468 6	0.416 7	0.427 0	0.668 2	0.628 6	0.663 3
2013	0.528 2	0.486 0	0.459 6	0.433 4	0.431 3	0.655 6	0.616 8	0.661 8
2014	0.527 7	0.491 1	0.456 0	0.455 0	0.443 0	0.641 2	0.612 3	0.638 4
2015	0.530 5	0.492 5	0.459 4	0.458 2	0.451 9	0.620 7	0.586 8	0.615 1
2016	0.542 9	0.494 6	0.467 3	0.457 2	0.453 7	0.602 7	0.559 1	0.592 4
2017	0.548 2	0.548 4	0.524 0	0.507 4	0.562 4	0.595 5	0.585 8	0.610 9
2018	0.527 8	0.528 1	0.499 6	0.481 7	0.485 9	0.564 1	0.539 3	0.557 4
年 份	TJ-XT	SJZ-ZJK	SJZ-HS	SJZ-XT	ZJK-HS	ZJK-XT	HS-XT	
2010	0.692 6	0.639 4	0.693 1	0.713 8	0.670 6	0.686 2	0.794 3	
2011	0.691 5	0.865 5	0.962 3	0.932 7	0.693 4	0.700 5	0.803 3	
2012	0.678 3	0.645 0	0.703 5	0.712 9	0.679 3	0.684 2	0.785 1	
2013	0.662 2	0.635 5	0.690 3	0.691 5	0.676 1	0.677 6	0.757 5	
2014	0.632 5	0.625 0	0.649 8	0.648 4	0.649 1	0.653 1	0.679 3	
2015	0.607 5	0.601 1	0.628 2	0.623 8	0.619 4	0.618 0	0.645 7	
2016	0.590 0	0.587 7	0.631 7	0.630 9	0.604 4	0.604 8	0.655 9	
2017	0.590 0	0.579 3	0.601 1	0.584 7	0.601 5	0.571 1	0.585 6	
2018	0.558 3	0.550 7	0.567 8	0.568 2	0.559 9	0.559 4	0.588 3	

数据来源：经笔者整理、计算而得。

2.2.3 京津冀城市群产业协同创新能力评价

根据前文可知，京津冀城市群各城市之间的创新能力相似性、创新能力耦合性、市场分割指数、产业结构相似系数以及地理邻近性指数等。接下来，本书采用主成分分析法测度京津冀城市群 2010—2018 年的协同创新能力大小。为测度两两城市间协同创新能力的得分变化趋势，本书对得分进行标准化操作：当标准化得分小于 0 时，表明两城市在该时间点上的产业协同创新能力低于区域平均水平，标准化得分的绝对值越大则说明与平均值的偏离程度越大；当标准化得分大于 0 时，表明两城市在该时间点上的产业协同创新能力高于区域平均水平，且标准化得分数值越大说明产业协同创新能力越强。

如表 2-9 所示，京津两地的产业协同创新能力得分在 2010—2018 年始终处于上升态势，这说明其产业协同创新能力的不断增强，形成了以创新为引领的产业协同格局并不断得到巩固。北京与石家庄、唐山之间的产业协同创新能力逐年上升；同时北京与秦皇岛、邢台、保定、张家口、承德、沧州之间的产业协同创新能力虽上升趋势明显，但在 2018 年时有小幅下滑，对此需要解决因经济结构转型而对产业协同创新带来的短暂冲击。北京与廊坊、衡水之间的产业协同创新能力呈波动上升态势，其产业协同创新能力始终高于区域平均值。天津与河北省内各地级市之间产业协同创新能力较低。在 2016 年以前，天津与河北省内大部分地级市之间的产业协同创新能力都低于区域平均值，自 2016 年起这一情况得到改善。石家庄与河北省内其他地级市之间的产业协同创新能力还有较大提升空间，这说明石家庄作为河北的省会城市，其产业创新活动对省内其他主要城市的辐射带动作用尚未得到充分发挥。

表 2-9　京津冀城市群产业协同创新能力一览

年　份	BJ-TJ	BJ-SJZ	BJ-TS	BJ-QHD	BJ-HD	BJ-XT	BJ-BD	BJ-ZJK	BJ-CD	BJ-CZ
2010	1.549 0	1.369 6	1.388 8	1.177 2	1.372 7	1.470 3	1.380 0	1.232 6	1.429 9	1.327 5
2011	1.770 1	1.432 3	1.595 9	1.297 7	1.537 8	1.608 9	1.601 1	1.425 6	1.657 4	1.501 0
2012	2.087 8	1.774 1	1.864 0	1.582 2	1.814 3	1.911 2	1.909 4	1.718 2	1.926 9	1.780 9
2013	2.238 8	1.888 6	1.994 7	1.718 4	1.882 9	2.000 1	2.043 7	1.864 5	2.022 8	1.883 2
2014	2.334 2	1.917 9	2.065 9	1.766 1	1.952 8	1.992 6	2.083 3	1.937 2	2.091 7	1.986 2
2015	2.496 2	1.997 9	2.212 9	1.817 4	2.022 7	2.008 6	2.088 5	2.092 9	2.142 0	1.968 5
2016	2.457 4	2.062 3	2.222 4	1.889 3	2.061 0	2.081 3	2.188 2	2.000 5	2.150 6	2.068 5
2017	2.540 2	1.897 3	2.303 6	1.735 6	1.852 5	1.532 5	2.123 5	1.772 4	1.747 8	1.897 8
2018	2.743 2	2.018 6	2.410 5	2.023 5	2.127 1	2.111 5	2.246 3	2.044 0	1.349 1	2.291 8

年　份	BJ-LF	BJ-HS	TJ-SJZ	TJ-TS	TJ-QHD	TJ-HD	TJ-XT	TJ-BD	TJ-ZJK	TJ-CD
2010	2.072 3	1.542 8	0.021 2	-0.340 6	0.166 7	-0.290 0	-0.328 1	-0.220 5	0.004 4	-0.166 8
2011	1.518 2	1.687 8	-0.037 8	-0.244 9	0.291 6	-0.175 4	-0.216 5	-0.147 2	0.100 5	-0.127 5
2012	1.816 1	1.977 3	0.153 4	-0.145 1	0.347 1	-0.051 7	-0.062 2	-0.051 1	0.228 0	0.008 1
2013	1.888 9	1.995 8	0.330 1	0.023 1	0.488 4	0.148 0	0.114 4	0.119 8	0.372 6	0.257 3
2014	1.952 4	1.935 5	0.478 1	0.172 8	0.597 8	0.393 6	0.355 5	0.330 4	0.500 4	0.322 7
2015	1.863 1	2.001 8	0.719 5	0.531 0	0.792 4	0.548 4	0.592 0	0.548 8	0.711 5	0.604 0
2016	1.915 8	2.052 5	0.826 3	0.643 9	0.883 9	0.680 6	0.673 6	0.758 3	0.849 3	0.747 4
2017	1.762 5	1.863 6	0.986 3	0.662 9	0.863 5	0.749 0	0.728 2	0.775 0	0.785 9	0.656 9
2018	2.257 0	2.163 3	1.008 0	0.855 7	1.041 8	0.849 8	0.916 4	1.052 0	1.013 8	1.079 6

年　份	TJ-CZ	TJ-LF	TJ-HS	SJZ-TS	SJZ-QHD	SJZ-HD	SJZ-XT	SJZ-BD	SJZ-ZJK	SJZ-CD
2010	-0.129 1	1.636 4	-0.151 0	-0.763 2	-0.194 9	-0.740 5	-0.830 3	1.217 3	-0.408 2	-0.635 9
2011	-0.078 7	-0.110 5	-0.101 9	-1.522 6	-1.090 0	-1.663 8	-2.006 4	-0.971 1	-1.603 1	-1.883 0
2012	-0.002 5	-0.021 0	0.028 8	-0.800 5	-0.194 1	-0.709 6	-0.787 2	0.027 1	-0.405 1	-0.704 3
2013	0.148 8	0.136 7	0.158 0	-0.652 1	-0.074 1	-0.547 5	-0.592 6	0.119 9	-0.304 5	-0.551 6
2014	0.304 7	0.355 5	0.320 3	-0.478 7	0.009 2	-0.389 8	-0.357 2	0.276 4	-0.211 5	-0.388 1
2015	0.499 8	0.632 3	0.552 9	-0.205 1	0.094 3	-0.216 4	-0.200 2	0.455 9	-0.065 3	-0.216 4
2016	0.696 8	0.741 2	0.671 6	-0.253 6	0.174 2	-0.172 9	-0.195 1	0.556 9	0.048 0	-0.148 1
2017	0.674 6	0.860 0	0.703 1	0.104 6	0.256 6	0.151 4	0.117 6	1.079 3	0.185 3	0.060 1
2018	0.933 9	1.065 2	0.924 0	0.099 3	0.268 3	0.092 7	0.130 2	0.243 6	0.536 6	0.251 7

续表

年 份	SJZ-CZ	SJZ-LF	SJZ-HS	TS-QHD	TS-HD	TS-XT	TS-BD	TS-ZJK	TS-CD	TS-CZ
2010	-0.529 3	0.253 3	-0.683 9	-0.481 0	-1.258 6	-1.399 4	-1.182 9	-0.782 0	-1.141 4	-0.973 2
2011	-1.494 0	-3.616 2	-2.146 2	-0.423 3	-1.272 0	-1.396 6	-1.280 1	-0.780 3	-1.303 8	-1.083 9
2012	-0.637 4	-2.299 5	-0.724 6	-0.431 8	-1.174 3	-1.297 4	-1.247 7	-0.744 7	-1.200 2	-1.066 6
2013	-0.493 8	-2.004 4	-0.601 4	-0.349 6	-1.015 8	-1.148 5	-1.108 8	-0.677 1	-1.072 1	-0.775 7
2014	-0.326 1	-1.503 6	-0.339 2	-0.244 2	-0.888 7	-0.859 1	-0.915 4	-0.630 1	-0.949 3	-0.810 6
2015	-0.240 0	-1.165 4	-0.217 6	-0.057 2	-0.582 4	-0.566 9	-0.629 8	-0.362 3	-0.654 9	-0.602 8
2016	-0.140 2	-1.059 1	-0.186 3	-0.046 1	-0.622 2	-0.657 2	-0.607 7	-0.284 3	-0.643 3	-0.571 1
2017	0.091 6	-0.794 5	0.065 0	0.009 4	-0.416 9	-0.015 8	-0.600 8	-0.223 8	-0.459 6	-0.594 8
2018	0.176 0	-0.732 0	0.145 3	0.143 5	-0.348 0	-0.233 5	-0.154 1	0.040 0	-0.088 5	-0.152 7
年 份	TS-LF	TS-HS	QHD-HD	QHD-XT	QHD-BD	QHD-ZJK	QHD-CD	QHD-CZ	QHD-LF	QHD-HS
2010	1.115 5	-1.236 1	-0.481 0	-0.529 2	-0.441 3	-0.237 2	-0.398 6	-0.332 7	1.070 1	-0.416 9
2011	-1.159 3	-1.344 2	-0.413 8	-0.466 0	-0.394 5	-0.337 3	-0.375 5	-0.326 3	-0.355 2	-0.381 8
2012	-1.077 6	-1.245 0	-0.396 7	-0.432 2	-0.401 0	0.029 7	-0.368 1	-0.345 5	-0.352 3	-0.372 4
2013	-0.948 8	-1.126 2	-0.318 8	-0.256 5	-0.324 5	0.138 2	-0.305 8	-0.264 0	-0.272 1	-0.345 2
2014	-0.646 6	-0.819 5	-0.229 6	-0.218 2	-0.194 2	-0.413 3	-0.217 8	-0.153 0	-0.122 1	-0.203 2
2015	-0.311 2	-0.579 8	-0.095 4	-0.108 5	-0.082 8	-0.420 7	-0.102 2	-0.112 5	0.002 7	-0.112 6
2016	-0.286 1	-0.640 5	0.077 1	-0.057 5	0.026 2	-0.351 9	-0.029 3	0.015 7	0.099 2	-0.051 6
2017	-0.012 0	-0.627 0	0.019 5	-0.013 6	0.064 5	-0.435 5	-0.053 2	-0.011 9	0.171 7	-0.052 7
2018	0.153 6	-0.237 6	0.101 8	0.125 8	0.240 0	-0.248 0	0.213 4	0.196 9	0.283 6	0.143 9
年 份	HD-XT	HD-BD	HD-ZJK	HD-CD	HD-CZ	HD-LF	HD-HS	XT-BD	XT-ZJK	XT-CD
2010	-1.390 8	-1.168 7	-0.779 1	-1.269 7	-0.950 2	1.036 7	-1.240 1	-1.313 3	-0.875 1	-1.285 5
2011	-1.353 4	-1.221 2	-0.799 6	-1.407 2	-1.025 9	-1.092 0	-1.290 2	-1.371 3	-0.895 7	-1.407 6
2012	-1.202 3	-1.151 1	-0.691 9	-1.284 2	-0.972 4	-1.006 1	-1.155 7	-1.277 0	-0.775 3	-1.229 4
2013	-1.007 4	-0.984 8	-0.605 2	-1.088 5	-0.808 1	-0.822 4	-0.884 7	-1.139 2	-0.708 6	-1.088 6
2014	-0.747 9	-0.780 3	-0.488 2	-1.021 7	-0.679 9	-0.537 6	-0.705 5	-0.495 9	-0.541 1	-0.815 0
2015	-0.509 7	-0.536 7	-0.309 8	-0.789 3	-0.525 2	-0.288 0	-0.506 7	-0.529 5	-0.359 9	-0.579 6
2016	-0.518 3	-0.454 1	-0.224 8	-0.734 3	-0.429 6	-0.208 7	-0.501 4	-0.485 1	-0.263 3	-0.542 4
2017	-0.070 6	-0.197 0	-0.097 5	-0.477 8	-0.251 0	0.027 7	-0.283 5	-0.008 4	-0.061 6	-0.168 1
2018	-0.156 4	-0.064 1	0.034 5	-0.296 8	-0.084 2	0.123 5	-0.151 9	0.016 0	0.051 1	0.018 7

续表

年份	XT-CZ	XT-LF	XT-HS	BD-ZJK	BD-CD	BD-CZ	BD-LF	BD-HS	ZJK-CD	ZJK-CZ
2010	-1.061 1	1.013 7	-1.438 5	-0.730 9	-1.065 1	-0.885 1	1.026 7	-1.177 2	-0.693 5	-0.570 8
2011	-1.147 3	-1.219 3	-1.483 3	-0.802 4	-1.261 4	-0.986 8	-1.099 1	-1.324 4	-0.807 7	-0.658 8
2012	-1.068 0	-1.112 9	-1.323 6	-0.709 0	-1.179 5	-1.024 9	-1.064 2	-1.252 6	-0.694 7	-0.606 0
2013	-0.908 5	-0.922 8	-1.139 2	-0.671 5	-1.063 3	-0.869 5	-0.903 5	-1.115 3	-0.647 0	-0.524 0
2014	-0.651 1	-0.496 9	-0.695 2	-0.559 2	-0.847 8	-0.688 1	-0.516 8	-0.718 3	-0.602 9	-0.460 5
2015	-0.510 7	-0.239 2	-0.515 2	-0.353 2	-0.602 4	-0.551 8	-0.292 2	-0.535 9	-0.408 1	-0.342 2
2016	-0.459 2	-0.227 8	-0.536 4	-0.188 2	-0.481 2	-0.393 2	-0.153 8	-0.474 9	-0.253 8	-0.158 1
2017	-0.115 1	-0.009 7	-0.140 0	-0.083 4	-0.255 0	-0.306 8	0.062 7	-0.337 1	-0.162 5	-0.150 1
2018	-0.012 9	0.169 4	-0.095 5	0.231 1	0.195 2	0.085 4	0.292 0	0.005 3	0.128 6	0.136 1

年份	ZJK-LF	ZJK-HS	CD-CZ	CD-LF	CD-HS	CZ-LF	CZ-HS	LF-HS
2010	0.993 8	-0.754 8	-0.839 3	1.127 9	-1.148 3	1.110 5	-0.911 7	1.021 7
2011	-0.708 8	-0.853 5	-1.038 1	-1.132 4	-1.355 2	-0.926 4	-1.076 0	-1.145 6
2012	-0.627 7	-0.736 1	-0.971 1	-1.023 0	-1.214 5	-0.905 9	-1.018 2	-1.063 3
2013	-0.535 8	-0.689 0	-0.837 6	-0.856 8	-1.005 9	-0.748 4	-0.889 6	-0.904 6
2014	-0.350 4	-0.512 2	-0.713 6	-0.563 0	-0.760 4	-0.479 2	-0.622 6	-0.495 5
2015	-0.140 5	-0.343 9	-0.563 0	-0.276 6	-0.577 1	-0.314 3	-0.524 8	-0.289 2
2016	-0.006 4	-0.244 0	-0.427 1	-0.185 6	-0.522 9	-0.176 5	-0.445 8	-0.221 6
2017	0.065 0	-0.189 7	-0.334 7	-0.095 4	-0.349 5	-0.026 6	-0.394 2	-0.057 8
2018	0.250 5	0.061 0	0.114 1	0.285 3	0.002 1	0.206 1	-0.007 7	0.178 5

数据来源：经笔者整理、计算而得。

2.3 京津冀产业转移的经济增长与产业结构优化效应

区域的重要特征是具有空间维度，经济变量在空间的分布具有不连续性，使区域内部或区际的经济特征存在显著非均衡特征，即存在区域空间分异现象。区域产业转移和产业承接促使资源要素流动和再分配，形成紧密的空间关联；对产业承接地而言，该过程产生的规模经济效应和要素优化配置效应有利于产业结构优化升级。京津冀产业转移与联动升级具有经济增长效应、产业结构高级化与合理化效应、技术溢出效应和人力资本提升效应等，接下来分别对这几种效应进行测算与分析。

2.3.1 模型构建、变量选取与数据来源

1. 模型建立

本书采用面板数据多元回归模型对京津冀产业转移的经济增长与产业结构升级效应进行定量分析。面板数据模型既有时间维度，也有截面维度，其相比单独使用时间序列数据或横截面数据进行分析而言具有以下优点：①可以解决由于不可观测的异质性而导致的遗漏变量问题；②可以从更多层面分析经济效应与产业结构升级效应；③能提高估计的精确度。根据经济增长理论，区域经济发展水平由劳动力、资本和技术等要素投入决定，所谓产业转移是指要素资源的转移，各种生产要素的投入会直接影响承接地的经济发展水平。在京津冀地区的产业转移过程中，北京是产业转移的主要转出地，天津、河北（尤其是河北）是产业转移的主要承接地，要素资源的转移必然会对地区经济发展与当地产业结构水平产生影响。本书借鉴胡新等（2015）的观点，侧重考察劳动力、资本和技术等要素在产业转移中的影响效应，并由此构建了以下京津冀产业转移效应的面板模型：

$$Y_{it} = \beta_0 + \beta_1 Invest_{it} + \beta_2 Innovate_{it} + \beta_3 Labour_{it} + \beta_4 FDI_{it} + \mu_{it} + \varepsilon_{it}$$

(2-8)

式（2-8）中，β_1、β_2、β_3、β_4 是各解释变量的回归系数，μ_{it} 表示个体异质性的截距项，ε_{it} 表示随个体与时间而改变的扰动项。

2. 变量选取

（1）被解释变量。产业协同创新发展是京津冀区域一体化发展的重要

组成部分，京津冀地区产业协同发展需要通过产业结构调整实现区域产业结构的优化升级。产业结构优化升级的过程就是推动产业结构合理化和产业结构高度化发展的过程。产业结构高度化表现为由第一产业在三次产业比重中具有优势逐渐演变为第二产业、第三产业在三次产业比重中占据优势的发展过程，也表现为产业结构从劳动力密集型产业拥有较大份额逐渐演变为资本密集型产业、技术密集型产业拥有较大份额的发展过程；产业结构合理化则是产业结构优化升级的内在体现，产业结构合理化是不同产业之间空间关联程度的提高，是产业要素禀赋资源的有效配置。产业结构高度化是通过各产业优势地位的演变而实现的，产业结构合理化则反映了各个产业之间生产规模关系和投入产出关系的耦合。

地区经济发展水平（gdp_{it}）用来表征京津冀各地区经济发展状况，可用地区 GDP 来衡量。产业结构高度化（TS_{it}）反映了产业结构从低层次水平向高层次水平持续演变的动态过程，同时表现为各部门劳动生产率的提高。在以往研究中，部分学者在测算产业结构高度化时通常以克拉克定律为基础，以地区非农产业产值比重来衡量；也有学者以资本与技术密集型产业所占比重、中间产品与最终产品产业的比例和高附加值产业的比重来测算产业结构高度化。近年来，信息服务业发展迅猛，信息技术的发展对产业结构产生了重要影响，目前第二、第三产业中已广泛应用信息技术。随着以信息服务业为重要内容的生产性服务业的崛起，传统的测算产业结构高度化的方法已不能全面地表征产业结构的高度化水平。有鉴于此，本书在考虑指标设计权威性和数据可获得性的基础上，借鉴了干春晖等（2011）的观点，侧重衡量第三产业在区域经济结构中的地位作用，并以第三产业产值与第二产业产值之比（TS）来衡量产业结构高度化，该比值越高，说明第三产业在地区经济结构中所占比重越大，产业结构高度化就越符合正确的发展方向，产业结构调整也就正处于升级路径之中。

产业结构合理化这一指标用以衡量地区产业之间的发展是否达到了协

调状态，并且资源配置是否实现了帕累托最优。目前，多数学者通常采用的方法主要有克鲁格曼产业结构差异系数、产业结构偏离度以及泰尔（Theiland）指数等。其中，克鲁格曼产业结构差异系数用以衡量某一地区的产业结构与其他地区均值的差异程度，具体公式如下：

$$KI_k = \sum_{j=1}^{n} |s_{kij} - s'_{kij}| \left| \frac{x_{kij}}{x_k} - \frac{\sum_{k^*} x_{ij}^{k^*}}{\sum_j \sum_{k^*} x_{ij}^{k^*}} \right| \tag{2-9}$$

式（2-9）中，k 表示地区，k^* 表示 k 地区以外的所有地区，n 表示行业总数，i 表示大类行业，j 表示小类行业，s_{kij} 表示 k 地区 i 大类 j 小类行业中的从业人数占 k 地区从业人数的份额，s'_{kij} 表示 k 地区以外所有地区中 i 大类 j 小类行业的从业人数占其他地区从业人数的份额。克鲁格曼产业结构差异系数值的范围是 [0，2]，KI 值越大，表明 k 地区的产业结构与全国整体的产业结构差异越大。

钱纳里从产业结构和就业结构的角度，提出了产业结构偏离度概念，其公式如下：

$$SDD = \sum_{i=1}^{n} \left| \frac{Y_i/L_i}{Y/L} - 1 \right| \tag{2-10}$$

式（2-10）中，Y 表示地区生产总值，L 表示地区劳动力数量，Y_i 表示第 i 产业产值，L_i 表示第 i 产业劳动力数量。产业结构偏离度（SDD）的值越大，说明产业结构越不合理。

泰尔（Theiland）应用了信息理论中相对信息熵的概念来衡量不同地区间的收入差距。泰尔指数的公式如下：

$$I = \frac{1}{n} \sum_{i=1}^{n} \frac{x_i}{\bar{x}} \log \frac{x_i}{\bar{x}} \tag{2-11}$$

式（2-11）中，x_i 表示第 i 个地区人均收入，$\bar{x}$ 表示地区人均收入的均值，n 表示地区数量。

本书借鉴杨丽君和邵军（2018）的研究，使用修正后的泰尔指数来表征产业结构合理化程度，公式如下：

$$T = \sum_{i=1}^{n} \frac{Y_i}{Y} \ln\left[\frac{Y_i}{L_i} \middle/ \frac{Y}{L}\right] \qquad (2\text{-}12)$$

式（2-12）中，Y表示地区生产总值，L表示地区劳动力数量，Y_i表示地区第i产业产值，L_i表示地区第i产业劳动力数量。

克鲁格曼的产业结构差异化系数和钱纳里的产业结构偏离度均将各产业同等看待，没有考虑各产业在经济发展中的重要程度不同，且其绝对值的计算给研究造成了一些不便。本书以重新定义的泰尔指数来衡量产业结构的合理化水平，不仅考虑了各产业在经济体中的重要程度，而且减少了克鲁格曼产业结构差异系数和产业结构偏离度中的绝对值在统计工作中所造成的不便和误差。基于偏离均衡思想而修正的泰尔指数参考了信息理论中相对熵的形式，该指标可以较好地体现地区三次产业间的聚合程度，也能清楚表明地区资源的配置是否高效。由于产业结构合理化T值是反向指标，因此需要对其进行正向化处理，如下所示：

$$TL = \frac{1}{T} \qquad (2\text{-}13)$$

由式（2-13）可知，经过正向化后，指标TL值越小，表明地区产业结构越不合理；反之，TL值越大，则说明地区产业结构越合理。通过观察TL值，可以更加直观地了解生产规模关系与投入产出关系的耦合质量情况。

（2）解释变量。国内投资水平（$Invest_{it}$）用以表征京津冀地区引入国内投资的情况，以固定资产投资金额衡量国内投资，其中，国内固定资产投资金额为全社会固定资产投资金额减去当年实际利用的国际直接投资金额（实际利用的国际直接投资金额以当年人民币兑换美元汇率的年平均价进行折算）。技术创新能力水平（$Innovate_{it}$）用以表征京津冀地区的技术创新能力水平，以地区专利申请授权数来衡量。劳动力投入水平（$Labour_{it}$）用以表征京津冀地区劳动力要素资源的变动情况，以地区年末从业人员数量来衡量。外商直接投资水平（FDI_{it}）用以表征京津冀各地区接受外商直接投资的情况，以地区实际利用外商直接投资金额来衡量。

(3) 控制变量。对外开放水平（$Open_{it}$）用以表征京津冀各地区的对外开放程度，对此本书参考张辽（2016）的研究，以地区进出口总额占全国进出口总额的比重来加以衡量。地区研发强度（$R\&D_{it}$）用以表征京津冀地区的研发投入水平，对此本书借鉴刘军等（2017）的观点，以地区R&D经费内部支出总额占地区生产总值的比重来加以衡量。

3. 数据来源

基于上述理论分析和研究目的，本书以北京市、天津市和河北省内的11个地级市作为研究对象，其中的原始数据主要来源于2014年至2019年的中国区域经济统计年鉴、北京统计年鉴、天津统计年鉴、河北经济年鉴以及河北省内11个地级市的统计年鉴。在数据处理上，本书对原始数据进行了对数变换。

2.3.2 河北承接产业转移的经济增长效应

本书以河北省内11个地级市为研究对象，以地区经济发展水平作为被解释变量，以国内投资水平、技术创新能力水平、劳动力投入水平和外商直接投资水平作为解释变量。在此基础上，本书对式（2-14）进行了对数化处理：

$$\ln gdp_{it} = \beta_0 + \beta_1 \ln Invest_{it} + \beta_2 \ln Innovate_{it} + \beta_3 \ln Labour_{it} + \beta_4 \ln FDI_{it} + \mu_{it} + \varepsilon_{it}$$

（2-14）

在此运用Stata15.1对式（2-14）的固定效应模型和随机效应模型进行豪斯曼检验，得出 p 值为0.086，倾向于在5%的显著性水平下接受原假设，误差项与解释变量均不相关，应使用随机效应模型对式（2-14）进行面板回归分析。为增强估计结果的稳健性，本书逐步增加控制变量，进行稳健性分析，回归结果如表2-10、表2-11、表2-12所示。

表2-10　式(2-14)的回归结果

被解释变量	lngdp	回归系数	标准误差	z值	p值	95%置信区间	
解释变量	ln*Invest*	0.782	0.057	13.81	0.000	0.668	0.895
	ln*Labour*	−0.832	0.071	−1.17	0.249	−0.226	0.060
	ln*Innovate*	0.085	0.034	2.46	0.017	0.015	0.154
	ln*FDI*	0.151	0.033	4.59	0.000	0.085	0.217
控制变量	常数项	1.338	0.304	4.40	0.000	0.728	1.950

数据来源：经笔者整理、计算而得。下同。

表2-11　控制变量加入地区研发强度后的模型回归结果

被解释变量	lngdp	回归系数	标准误差	z值	p值	95%置信区间	
解释变量	ln*Invest*	0.842	0.054	15.6	0.000	0.734	0.951
	ln*Labour*	−0.183	0.071	−2.60	0.012	−0.325	−0.416
	ln*Innovate*	0.175	0.365	0.48	0.633	−0.056	0.091
	ln*FDI*	0.150	0.030	5.06	0.000	0.091	0.210
控制变量	ln*R&D*	0.188	0.054	3.50	0.001	0.080	0.296
	常数项	2.892	0.522	5.54	0.000	1.843	3.940

表2-12　控制变量加入地区研发强度和对外开放水平的模型回归结果

被解释变量	lngdp	回归系数	标准误差	z值	p值	95%置信区间	
解释变量	ln*Invest*	0.878	0.049	17.86	0.000	0.779	0.977
	ln*Labour*	−0.102	0.067	−1.53	0.134	−0.236	0.324
	ln*Innovate*	−0.318	0.035	−0.90	0.372	−0.103	0.039
	ln*FDI*	0.104	0.029	3.52	0.001	0.044	0.163
控制变量	ln*R&D*	0.117	0.052	2.25	0.029	0.126	0.221
	ln*Open*	0.126	0.034	3.68	0.001	0.057	0.196
	常数项	2.576	0.473	5.44	0.000	1.624	3.528

对各个模型结果进行比较分析发现，逐步引入控制变量 ln*R&D* 和

lnopen 之后，核心解释变量 ln$Invest$、ln$Innovate$、ln$Labour$ 与 lnFDI 的回归系数的符号和显著性基本没有发生变化，其大小也没有大幅度波动，这表明式（2-14）的估计结果比较稳健。

河北省的经济效应面板数据回归模型［即式（2-14）］调整后的拟合优度为 0.965，模型的拟合优度较高，建立合理。从回归结果的显著性来看，ln$Invest$ 与 lnFDI 在 1% 的显著性水平上显著，ln$Labour$ 在 5% 的显著性水平上显著，而 ln$Innovate$、ln$labour$ 并不显著为负。具体而言，河北省的国内投资每增加 1 个百分点会带动经济增长 0.878 个百分点，FDI 每增加 1 个百分点会带动经济增长 0.104 个百分点。这两个变量反映了地区资本要素的情况，即国内投资与 FDI 对地区经济发展水平都具有正向影响，说明资本注入对促进河北省内各地经济发展水平的提高具有重要作用；劳动力资源的增加和技术创新能力对应的 p 值大于 0.05，变量不显著，说明年末就业人数增加和专利权申请授权数的增长对河北省地区经济发展水平的影响尚未体现，这与河北省的实际应用来自北京、天津两地的技术溢出有关。

2.3.3 京津冀地区产业转移与联动发展的经济增长效应

本书选取北京市、天津市及河北省内的 11 个地级市作为研究对象，将地区经济发展水平作为被解释变量，将国内投资水平、技术创新能力水平、劳动力投入水平和 FDI 水平作为解释变量。对式（2-15）进行了对数化处理，具体如下：

$$\ln gdp_{it} = \beta_0 + \beta_1 \ln Invest_{it} + \beta_2 \ln Innovate_{it} + \beta_3 \ln Labour_{it} + \beta_4 \ln FDI_{it} + \mu_{it} + \varepsilon_{it}$$

（2-15）

在此运用 Stata15.1 对式（2-15）的固定效应模型和随机效应模型进行了豪斯曼检验，得出 p 值等于 0.02，表明其倾向于在 5% 的显著性水平上拒绝原假设。由此可认为误差项与解释变量相关，并选择固定效应模型对式（2-15）进行回归分析。为检验估计结果的稳健性，本书采用对式（2-15）逐步增加控制变量的方法进行稳健性分析，回归结果如表2-13、表2-14、表2-15所示。

表2-13 式（2-15）的回归结果

被解释变量	lngdp	回归系数	标准误差	t值	p值	95%置信区间	
解释变量	ln*Invest*	0.150	0.021	7.17	0.000	0.108	0.192
	ln*Labour*	0.263	0.094	2.69	0.009	0.065	0.440
	ln*Innovate*	0.395	0.056	7.04	0.000	0.283	0.507
	ln*FDI*	0.168	0.030	5.62	0.000	0.108	0.227
控制变量	常数项	1.718	0.403	4.26	0.000	0.911	2.524

数据来源：经笔者整理、计算而得。下同。

表2-14 加入控制变量地区对外开放水平的模型回归结果

被解释变量	lngdp	回归系数	标准误差	t值	p值	95%置信区间	
解释变量	ln*Invest*	0.146	0.031	4.76	0.000	0.084 8	0.207 9
	ln*Labour*	0.259	0.101	2.57	0.013	0.057 5	0.460 0
	ln*Innovate*	0.394	0.568	6.94	0.000	0.281 0	0.508 0
	ln*FDI*	0.165	0.034	4.81	0.000	0.096 0	0.233 0
控制变量	ln*Open*	0.009	0.049	0.18	0.856	-0.089 0	0.108 0
	常数项	1.741	0.425	4.09	0.000	0.889 7	2.591 0

表2-15 加入控制变量地区研发强度和对外开放水平的模型回归结果

被解释变量	lngdp	回归系数	标准误差	t值	p值	95%置信区间	
解释变量	ln*Invest*	0.146	0.308	4.72	0.000	0.084	0.207
	ln*Labour*	0.301	0.112	2.69	0.009	0.076	0.524
	ln*Innovate*	0.398	0.057	6.98	0.000	0.284	0.513
	ln*FDI*	0.161	0.035	4.66	0.000	0.092	0.230
控制变量	ln*R&D*	-0.077	0.088	-0.87	0.390	-0.253	0.100
	ln*Open*	0.039	0.061	0.65	0.519	-0.082	0.161
	常数项	1.201	0.754	1.59	0.117	-0.308	2.711

对式（2-15）以及加入控制变量后的模型回归结果进行比较分析后发现，逐步引入控制变量 ln$R\&D$ 和 ln$Open$ 后，核心解释变量 ln$Invest$、ln$Innovate$、ln$Labour$ 与 lnFDI 的回归系数符号及显著性并没有显著变化，4 个解释变量的系数值变化波动也很小，这说明式（2-15）的估计结果比较稳健。

此外，京津冀地区经济增长效应的面板数据模型调整后的拟合优度为 0.95，说明模型建立合理。从回归结果的显著性来看，ln$Invest$、ln$Labour$、ln$Innovate$、lnFDI 均在 1% 的显著性水平上显著。可以看到，京津冀地区的国内投资每增加 1 个百分点会带动经济增长 0.146 个百分点，FDI 每增加 1 个百分点会带动经济增长 0.161 个百分点，即对于京津冀地区而言，国内投资与 FDI 均对其经济发展存在正向影响，表明资本要素在京津冀地区的经济联动发展过程中发挥了重要作用；劳动力转移每增加 1 个百分点会带动经济增长 0.301 个百分点，表明劳动力要素投入对京津冀地区的经济发展水平具有正向促进作用；技术创新能力每提升 1 个百分点会带动该地区经济增长 0.398 个百分点，表明京津冀地区中的技术要素正在逐步发挥其对经济发展的促进作用，这是由于北京市作为全国科技创新中心，技术创新力水平领先，其对津冀地区的技术溢出效应已初步显现，并逐步带动京津冀地区的经济发展迈向新高度。

2.3.4 京津冀产业转移与联动发展的产业结构高度化效应

产业结构高度化 TS 值测算结果如表 2-16 所示。

表 2-16 产业结构高度化的 TS 值测算结果

年　份	北京市	天津市	河北省
2014	3.671 5	0.992 3	0.724 0
2015	4.052 0	1.100 5	0.825 1
2016	4.165 3	1.333 7	0.873 1
2017	4.236 7	1.420 5	0.949 1
2018	4.536 5	1.528 3	0.984 2

从 TS 值的估算结果可知，由于各地的经济基础不同、功能定位不同，京津冀地区的产业结构高度化程度呈现明显的梯度分布。其中，北京市的产业结构高度化 TS 位于区间 [3.5, 4.6]，相比津冀两地而言处于较高梯度，天津市的产业结构高度化 TS 值位于区间 [1, 1.6]，河北省的产业结构高度化 TS 位于区间 [0.7, 1]。这些年来，京津冀地区整体的产业结构高度化水平处于上升阶段，自 2014 年至 2018 年，京津冀三地的产业结构高度化水平都有显著提高。其间，天津市的产业结构高度化水平增长了 54.0%，河北省的产业结构高度化程度增长了 35.9%，北京市的产业结构高度化程度增长了 23.6%。

本书在研究京津冀地区产业转移与联动升级对该地区产业结构的高度化效应过程中，以产业结构高度化（TS）作为被解释变量，以国内投资水平、技术创新能力水平、劳动力投入水平和外商直接投资（FDI）作为解释变量。对面板数据模型方程进行对数化处理如下。

$$\ln TS_{it} = \beta_0 + \beta_1 \ln Invest_{it} + \beta_2 \ln Innovate_{it} + \beta_3 \ln Labour_{it} + \beta_4 \ln FDI_{it} + \mu_{it} + \varepsilon_{it}$$

(2-16)

在此使用 Stata15.1 对式（2-16）的固定效应和随机效应模型进行了豪斯曼检验，p 值为 0.500 2，倾向于在 10% 的显著性水平上接受原假设，并选择随机效应模型对式（2-16）进行面板回归分析。为提高估计结果的稳健性，对式（2-16）逐步增加控制变量以进行稳健性分析，结果如表 2-17、表 2-18、表 2-19 所示。

表 2-17 式（2-16）的回归结果

被解释变量	$\ln TS$	回归系数	标准误差	z 值	p 值	95% 置信区间	
解释变量	$\ln Invest$	-1.016	0.235	-4.31	0.000	-1.498	-0.533
	$\ln Labour$	0.534	0.266	2.00	0.055	-0.013	1.080
	$\ln Innovate$	0.588	0.071	8.20	0.000	0.442	0.736
	$\ln FDI$	0.258	0.197	1.31	0.201	-0.145	0.662
控制变量	常数项	-1.877	1.472	-1.28	0.213	-4.892	1.138

数据来源：经笔者整理、计算而得。下同。

表2-18 加入控制变量后地区研发强度的模型回归结果

被解释变量	lnTS	回归系数	标准误差	z值	p值	95%置信区间	
解释变量	lnInvest	−0.509	0.099	−5.14	000	−0.713	−0.306
	lnLabour	1.141	0.113	10.07	0.000	0.908	1.375
	lnInnovate	0.387	0.106	3.65	0.001	0.169	0.604
	lnFDI	0.058	0.094	0.63	0.536	−0.134	0.252
控制变量	lnR&D	0.676	0.154	4.38	0.000	0.359	0.993
	常数项	−0.499	0.481	−0.14	0.308	−1.486	0.487

表2-19 加入控制变量后地区研发强度和对外开放水平的模型回归结果

被解释变量	lnTS	回归系数	标准误差	z值	p值	95%置信区间	
解释变量	lnInvest	−0.571	0.094	−6.04	0.000	−0.766	−0.376
	lnLabour	0.615	0.170	4.86	0.000	0.355	0.876
	lnInnovate	0.379	0.097	3.90	0.001	0.179	0.578
	lnFDI	−0.027	0.093	−0.29	0.776	−0.217	0.164
控制变量	lnR&D	0.607	0.144	4.22	0.000	0.311	0.904
	lnOpen	0.081	0.033	2.49	0.020	0.014	0.149
	常数项	−0.096	0.469	−0.20	0.839	−1.060	0.868

对式(2-16)以及加入控制变量后的模型回归结果进行比较分析得知，逐步引入控制变量 lnR&D 和 lnOpen 之后，核心解释变量 lnInvest、lnInnovate、lnLabour 与 lnFDI 回归系数的符号及系数值变化不显著，说明式(2-16)的估计结果相对稳健。

京津冀地区产业结构高度化效应面板数据模型调整后的拟合优度为 0.982，拟合值较高，说明模型建立合理。从回归结果的显著性可知，lnInvest、lnInnovate 和 lnLabour 均在 1% 的显著性水平上显著，而 lnFDI 则不显著。具体来看，资本注入对当前京津冀地区的产业结构高度化有抑制作用，国内投资每变动 1 个百分点会造成产业结构高度化程度降低 0.571 个百分点，可能的原因在于当前京津冀地区产业转移的对象主要为传统制造业，如纺织业、食品加工业、金属冶炼业等劳动力密集型、资本密集型产业，这些产业都属于第二产业，而衡量产业结构高度化所采用的指标为第三产业产值与第二产业产值之比，这说明京津冀地区对第二、第三产业的国内投资比例不均衡，国内投资主要分布于第二产业，且投资比例与产值比例并非正相关；劳动力转移每增加1个百分点会使得产业结构高度化程度提高0.615个百分点，说明劳动力要素投入对京津冀地区的产业结构高度化具有显著正向影响；创新要素投入每增加1个百分点，产业结构高度化程度提高0.379个百分点，说明京津冀地区的技术创新、制度创新等对产业结构优化具有正向影响。

2.3.5 京津冀地区产业转移与联动发展的产业结构合理化效应

由于需要对产业结构合理化指标进行正向化处理，本书计算了2008年至2018年京津冀地区的相关数据并进行分析，其中产业结构合理化 T 值和正向化处理 TL 值的测算结果如表2-20、表2-21所示。

表2-20 产业结构合理化的 T 值测算结果

年 份	北 京	天 津	河 北
2008	0.037 8	0.088 7	0.198 2
2009	0.037 6	0.081 3	0.180 3
2010	0.038 1	0.074 5	0.172 6
2011	0.033 1	0.073 9	0.173 5
2012	0.030 9	0.068 6	0.155 7
2013	0.028 9	0.059 0	0.146 5
2014	0.027 3	0.062 3	0.145 8
2015	0.027 0	0.063 4	0.141 9
2016	0.028 6	0.053 7	0.148 2
2017	0.029 1	0.052 9	0.153 9
2018	0.028 8	0.053 2	0.146 3

数据来源：经笔者整理、计算而得。下同。

表 2-21 产业结构合理化的正向化处理 TL 值测算结果

年 份	北 京	天 津	河 北
2008	26.464 1	11.279 2	5.046 6
2009	26.570 9	12.296 4	5.545 2
2010	26.275 9	13.430 9	5.795 4
2011	30.207 4	13.536 9	5.764 4
2012	32.352 5	14.568 0	6.422 3
2013	34.558 6	16.937 9	6.825 5
2014	36.598 5	16.040 6	6.856 5
2015	37.057 2	15.767 1	7.048 0
2016	35.014 7	18.605 7	6.748 2
2017	34.366 4	18.893 0	6.498 8
2018	35.358 3	18.638 2	7.335 1

根据表 2-21 的 TL 值估算结果可知，京津冀地区的产业结构合理化程度呈现明显的梯度分布。其中，北京的产业结构合理化 TL 值的区间是 [25, 40]，处于较高梯度；天津产业结构合理化 TL 值的区间是 [10, 20]，处于中间梯度；河北产业结构合理化 TL 的区间是 [5, 10]，处于较低梯度。此外，京津冀三地的产业结构合理化变化趋势不同：天津的产业结构合理化整体呈上升趋势，作为区域内主要转出地的北京与作为主要承接地的河北的产业结构合理化则有一定幅度的波动。研究京津冀产业转移与联动发展对区域产业结构的合理化效应，以产业结构合理化作为被解释变量，以国内投资水平、技术创新能力水平、劳动力投入水平和外商直接投资水平作为解释变量。对式（2-17）进行对数化处理，结果如下：

$$\ln TL_{it} = \beta_0 + \beta_1 \ln Invest_{it} + \beta_2 \ln Innovate_{it} + \beta_3 \ln Labour_{it} + \beta_4 \ln FDI_{it} + \mu_{it} + \varepsilon_{it}$$

（2-17）

本书应用 Stata15.1 对式（2-17）的固定效应模型和随机效应模型进行豪斯曼检验，p 值为 0.00，在 1% 的显著性水平上拒绝原假设，随即选择固定效应模型进行面板回归分析。为增强估计结果的稳健性，对式（2-17）逐步增加控制变量进行稳健性分析。回归结果如表 2-22、表 2-23、表 2-24 所示。

表 2-22 式（2-17）的回归结果

被解释变量	lnTL	回归系数	标准误差	t 值	p 值	95%置信区间	
解释变量	ln$Invest$	-.0573	0.166	-3.440	0.002	-0.913	-0.232
	ln$Labour$	-0.125	0.189	-0.066	0.512	-0.512	0.261
	ln$Innovate$	0.451	0.049	9.110	0.000	0.350	0.552
	lnFDI	0.162	0.140	1.150	0.259	-0.126	0.449
控制变量	常数项	3.246	1.038	3.130	0.004	1.120	5.372

资料来源：经笔者整理、计算而得。下同。

表 2-23 加入地区研发强度控制变量后的模型回归结果

被解释变量	lnTL	回归系数	标准误差	t 值	p 值	95%置信区间	
解释变量	ln$Invest$	-0.255	0.098	-2.60	0.015	-0.455	-0.054
	ln$Labour$	0.262	0.112	2.33	0.028	0.031	0.492
	ln$Innovate$	0.034	0.057	0.60	0.551	-0.082	0.151
	lnFDI	0.214	0.076	2.81	0.009	0.057	0.370
控制变量	ln$R\&D$	0.841	0.101	8.29	0.000	0.633	1.048
	常数项	4.475	0.581	7.71	0.000	3.284	5.667

表 2-24 加入地区研发强度和对外开放水平控制变量后的模型回归结果

被解释变量	lnTL	回归系数	标准误差	t 值	p 值	95%置信区间	
解释变量	ln$Invest$	-0.118	0.100 3	-1.18	0.025	-0.324	0.088
	ln$Labour$	0.196	0.163 0	1.59	0.042	0.031	0.239
	ln$Innovate$	0.186	0.075 0	2.49	0.019	0.033	0.339
	lnFDI	0.001	0.102 4	0.01	0.990	-0.209	0.212
控制变量	ln$R\&D$	0.454	0.166 0	2.74	0.011	0.114	0.795
	ln$Open$	0.148	0.053 0	2.78	0.010	0.038	0.258
	常数项	4.737	0.527 0	8.98	0.000	3.653	5.823

对式（2-17）以及加入控制变量后的模型回归结果进行比较分析发现，逐步引入控制变量 ln$R\&D$ 和 ln$Open$ 之后，核心解释变量 ln$Invest$、ln$Innovate$、ln$Labour$ 与 lnFDI 的回归系数的符号及显著性基本没有发生变化，核心解释变量的系数值变化范围也很小，这说明式（2-17）的估计结果相对稳健。

京津冀地区产业结构合理化面板回归模型调整后的拟合优度为 0.974 6，模型建立合理。从回归结果的显著性来看，ln$Innovate$、ln$Invest$、ln$Labour$ 都在 5% 的显著性水平上显著，lnFDI 则不显著。当前京津冀地区投资对产业结构合理化表现为负效应，每变动 1 个百分点会使得产业结构合理化程度降低 0.118 个百分点。其原因在于尽管京津冀三地同属一个区域整体，但分属不同的行政区划，各地间的行政关系纵横交错，条块分割严重，行政壁垒的存在制约了京津冀地区资本要素的跨区域高效流动和优化配置，从而对区域产业结构合理化造成阻碍。京津冀地区的劳动力要素对产业结构合理化则具有正影响，劳动力转移每变动 1 个百分点可带动产业结构合理化程度提高 0.196 个百分点，这说明劳动力要素在区域内的流动得到了优化配置。技术要素对产业结构合理化也存在正效应，技术创新能力每提高 1 个百分点会带动产业结构合理化程度提高 0.186 个百分点，这表明在京津冀地区中，北京的技术扩散效应已经显现，从而带动了区域整体技术创新能力和水平的提高，以及技术集约程度和生产效率的提高。此外，创新投入的增加有利于产业结构从资源依赖型向创新驱动型转变，进而加快京津冀地区产业结构合理化的进程和产业联动升级的步伐。

2.4 产业承接对产业结构的影响

2.4.1 变量选择、指标设计与模型设定

本书以区际产业转移作为核心解释变量。作为承接产业转移的主要衡

量指标，区际产业转移一般是指产业从发达地区转移到落后地区，具体以区域工业产值与全国工业总产值之比进行测算（马林等，2014；贾妮莎等，2014）。

产业结构升级优化的含义是通过对产业结构进行调整，使产业健康、快速发展。产业结构的优化升级就是产业在满足整体需求的过程中逐渐实现高级化和合理化（周伟，2018），因此可用产业结构高级化和产业结构合理化作为被解释变量（周伟，2021；邓慧慧，2020），用第二产业与第三产业总产值的比值来计算高级化；用泰尔指数来计算合理化，具体公式如下：

$$TL = \sum_{i=1}^{n}\left(\frac{Y_i}{Y}\right)\ln\left(\frac{Y_i/L_i}{Y/L}\right),\ n = 1,\ 2,\ 3 \quad (2\text{-}18)$$

式（2-18）中，Y 表示产业产值，L 表示人口数量，则 Y/L 表示人均产值；i 表示产业，则 Y_i/Y、L_i/L 分别表示产业和就业结构，n 为总产业数。综上所述，本书参考相关文献（韩永辉等，2017；刘满凤等，2020），选取度量指标（见表2-25）。

表 2-25 变量指标设计

类型	变量	指标
被解释变量	产业结构高级化（HIS）	第三产业产值与第二产业产值的比值
	产业结构合理化（RIS）	泰尔（TL）指数
核心解释变量	区际产业转移（TR）	地区工业产值与地区总产值的比值
控制变量	政府干预程度（DGI）	国有单位从业人员与就业人员的比值
	对外开放程度（DO）	进出口额与地区总产值的比值
	人力资本水平（HC）	（小学人数×6+初中人数×9+高中人数×12+大专及以上人数×16）/总人数

接下来，使用京津冀2010—2018年的统计数据构建多元回归面板数据模型并进行实证研究，具体如下：

$$\ln HIS_{it} = \beta_0 + \beta_1 \ln TR_{it} + \beta_2 \ln DO_{it} + \beta_3 \ln HC_{it} + \beta_4 \ln DGI_{it} + \varepsilon_{it} \quad (2\text{-}19)$$

$$\ln RIS_{it} = \beta_0 + \beta_1 \ln TR_{it} + \beta_2 \ln DO_{it} + \beta_3 \ln HC_{it} + \beta_4 \ln DGI_{it} + \varepsilon_{it} \quad (2\text{-}20)$$

式（2-19）和式（2-20）中，i 表示省市（$i=1,2,3$），t 表示年份（$t=2010,\cdots,2018$），HIS、RIS、TR、DO 代表的含义如表 2-25 所示，ε 为随机干扰项。

2.4.2 豪斯曼检验、ADF 检验与格兰杰因果关系检验

1. 豪斯曼检验

为客观评价产业承接对产业结构的影响，需要研究产业承接对产业结构高级化、合理化的固定效应（FE）和随机效应（RE），通过豪斯曼检验对两种模型进行选择（见表 2-26）。

表 2-26 变量豪斯曼检验结果

变量	lnHIS				lnRIS			
	FE		RE		FE		RE	
	估计系数	p 值	估计系数	p 值	估计系数	p 值	估计系数	p 值
lnTR	0.225 9	0.148	2.152 8***	0.000	-0.187 6	0.462	1.708 4***	0.000
lnDO	0.269 5**	0.001	0.496 8**	0.022	0.043 9	0.696	-0.221 3**	0.012
lnDGI	0.739 2***	0.000	-0.607 4	0.126	0.510 1**	0.001	0.343 9**	0.033
lnHC	-0.934 8***	0.000	-0.034 2	0.979	0.667 6**	0.048	1.221 1**	0.022
Constant	2.103 9***	0.000	3.157 4**	0.030	-1.951 8***	0.003	-0.008 5	0.988
R^2	0.640 8		0.849 4		0.727 6		0.973 4	
豪斯曼检验（p 值）	0.000 0				0.189 6			

注：** 表示在5%的检验水平下显著，*** 表示在1%的检验水平下显著。

通过分析表 2-26 中的豪斯曼检验的结果可以得知，对于 lnHIS，伴随概率值为 0.00 小于 0.05，拒绝原假设，选择 FE 模型更准确；而对于 lnRIS，

p 值为 0.189 6（大于 0.05），不拒绝原假设，可见选择 RE 模型更好。因此，在下文的分析中，对产业结构高级化的研究将使用固定效应模型 FE，对产业结构合理化的研究则使用随机效应模型 RE。

对于产业结构高级化（HIS），分析其固定效应模型结果可知：TR、DO、DGI、HC 的估计系数分别为 0.225 9、0.269 5、0.739 2、-0.934 8。其中，区际产业转移（TR）不显著，对外开放度（DO）在 5% 的水平下显著，政府干预水平（DGI）和人力资本水平（HC）则在 1% 的水平下显著。由此可知，对于产业结构高级化的提升与发展，区际产业转移尚未在其中发挥作用，而对外开放程度和政府干预水平在一定程度上具有促进作用，人力资本水平则起到了阻碍作用。

对于产业结构合理化（RIS），采用随机效应模型分析其结果可知：TR、DO、DGI、HC 的估计系数分别为 1.708 4、-0.221 3、0.343 9、1.221 1。其中，区际产业转移（TR）在 1% 的水平下显著，对外开放度（DO）、政府干预水平（DGI）、人力资本水平（HC）则在 5% 的水平下显著。计算结果表明，对于产业结构合理化，区际产业转移具有明显的推动作用，政府干预程度和人力资本水平也有较大的促进作用，而对外开放程度则有一定的阻碍作用。

2. ADF 检验

在进行单位根检验与平稳性检验时，若时间序列存在单位根，则为非平稳序列，将造成两个独立的时间序列数据产生伪回归。本书对 $\ln HIS$、$\ln RIS$、$\ln TR$、$\ln DGI$、$\ln DO$、$\ln HC$ 进行 ADF 检验，结果如表 2-27 所示。

表 2-27 变量的 ADF 检验结果

变量	ADF 统计量	1% 临界值	5% 临界值	p 值	是否平稳
$\ln HIS$	-6.062	-4.371	-3.596	0.000 0	是
$\ln RIS$	-6.880	-4.371	-3.596	0.000 0	是
$\ln TR$	-7.444	-4.371	-3.596	0.000 0	是

续表

变　量	ADF 统计量	1%临界值	5%临界值	p 值	是否平稳
lnDO	-7.276	-4.371	-3.596	0.000 0	是
lnDGI	-5.969	-4.371	-3.596	0.000 0	是
lnHC	-7.459	-4.371	-3.596	0.000 0	是

在表 2-27 的基础上，将 ADF 统计值与 1%临界值进行比较，由原始数据可知：lnHIS、lnRIS、lnTR、lnDGI、lnDO、lnHC 的 ADF 统计量均小于 1%临界值，拒绝迪基-富勒（Dickey-Fuller）检验的原假设，即不存在单位根，可以认为时间序列平稳。

3. 格兰杰因果关系检验

格兰杰检验用于对各变量之间的因果关系，即研究 X、Y 两个变量，是 X 影响了 Y，Y 影响了 X；还是 X、Y 相互影响，互为因果关系。计算所得结果见表 2-28。

表 2-28　格兰杰检验结果

被解释变量	原假设	p 值	检验结果
HIS	lnTR does not Granger Cause lnHIS	0.052	接受
	lnHIS does not Granger Cause lnTR	0.046	拒绝
	lnDO does not Granger Cause lnHIS	0.039	拒绝
	lnHIS does not Granger Cause lnDO	0.786	接受
	lnDGI does not Granger Cause lnHIS	0.000	拒绝
	lnHIS does not Granger Cause lnDGI	0.036	拒绝
	lnHC does not Granger Cause lnHIS	0.000	拒绝
	lnHIS does not Granger Cause lnHC	0.000	拒绝
RIS	lnTR does not Granger Cause lnRIS	0.067	接受
	lnRIS does not Granger Cause lnTR	0.498	接受
	lnDO does not Granger Cause lnRIS	0.122	接受
	lnRIS does not Granger Cause lnDO	0.713	接受

续表

被解释变量	原假设	p 值	检验结果
RIS	ln*DGI* does not Granger Cause ln*RIS*	0.040	拒绝
	ln*RIS* does not Granger Cause ln*DGI*	0.553	接受
	ln*HC* does not Granger Cause ln*RIS*	0.000	拒绝
	ln*RIS* does not Granger Cause ln*HC*	0.000	拒绝

由表 2-28 可知，在 5% 的显著性水平下，当被解释变量为产业结构高级化 HIS 时，ln*DO*、ln*DGI*、ln*HC* 的格兰杰检验概率值分别为 0.039、0.000、0.000，均小于 5%，即拒绝原假设，此结果说明 DO、DGI、HC 都是引起产业结构高级化的原因；而 ln*TR* 的格兰杰检验概率为 0.052，接受原假设，说明区际产业转移不是引起产业结构高级化的原因。此外，ln*HIS* 不是造成 ln*DGI*、ln*HC* 的格兰杰检验概率为 0.036、0.000，拒绝原假设，说明产业结构高级化可以从反向角度影响政府干预程度和人力资本水平。

综上，政府干预程度、人力资本水平与产业结构高级化都呈互为因果的关系。当被解释变量为产业结构合理化 RIS 时，通过计算分析可知，ln*DGI*、ln*HC* 都拒绝原假设，即政府干预程度和人力资本水平不满足这两个因素构成了产业结构合理化的原假设，二者均是产业结构合理化的变动原因。

2.4.3 研究结论与政策启示

1. 研究结论

（1）对京津冀城市群各城市创新能力的研究表明，京津冀三地的创新能力参差不齐。从各项创新指标来看，北京与天津的发展良好，而河北与北京、天津两地相比存在一定的差距；京津两地的协创新能力较强，而京冀、津冀区域的创新能力较低；此外，北京与河北之间的创新能力差距也在拉大。

（2）根据产业承接对产业结构优化升级影响的实证研究可知，区域产业转移（即转移产业承接）对产业结构合理化具有促进作用，而对产业结构高级化具有一定的抑制作用；承接产业转移的实质是调整产业结构，使产业健康、快速发展，以促进产业结构的优化升级。从上文对京津冀制造业产业布局的分析可知，目前，京津冀地区的产业转移主要体现为劳动密集型产业和资本密集型产业的转移承接，短时间内的产业转移承接无法对整个区域的产业结构升级产生正效应。

2. 京津冀城市群优化产业功能空间布局的政策启示

第一，要统筹建设平台支撑体系。京津冀三地应在现有的合作基础上共建新型产业园区，以产业园区为基础建设平台支撑体系，实施由生产要素到企业再到产业链的新型合作网络模式，加强区域间的产业合作。当前，京津冀地区已建设了一些产业园区，主要是较大的战略性产业功能区，如雄安新区、天津滨海新区、北京新机场临空经济区等；三地也合作建设了产业示范园区，如京津合作示范区、滨海-中关村科技园等，但数量较少。京津冀协同发展应以此为基础，合作新建一批现代化制造业承接合作平台，推动三地建立基于产业链的创新联动链条体系，从而促进三地产业的联动发展，使三地产业的融合更加深入。例如，京津冀三地的科研人员、高校人才等可以共同开展国家重大课题研究项目，集思广益，实现对三地具体问题的精准分析。此外，京津冀三地不仅可以在科研上合作互助，而且可以共同促进科研成果的转化，如合作共建科研成果转化项目库，开设重点科研实验室等协作创新平台，从而为产业创新和联动发展提供保障。

第二，将产业链嵌入全球产业链。产业集群优势的提升要依靠集群升级来实现。京津冀地区具有较强的产业集群优势，为此应将京津冀地区的产业链嵌入全球产业链之中，进而促进其产业向更高层次的升级。当前，国内产业发展的重点也正是加快将国内产业链融入全球产业链，而通过产业集群可以使核心企业更容易嵌入全球产业链之中，从而实现国际和国内两个市场在全球产业链、价值链、供应链体系中的高度整合。对此，京津冀地区可以利用其独特的地理优势和市场优势，在全球化的生产网络中与世界各国（地区）建立广泛的交流和合作，从而降低企业生产成本，推动产品的创新和研发，实现产业链的升级。京津冀地区的企业融入全球产业链后，将与全球企业展开合作，这有助于该地区的企业学习创新型管理技术、品牌营销策略等，从而促进企业的转型升级，并进而实现产业聚集区的跨越式升级。

第三，充分发挥政府和市场的合力作用。一个区域的产业要想发展得兴旺，不仅需要区域政府政策的支撑和扶持，而且要发挥市场在资源配置中的决定性作用，二者相辅相成，才能促进区域内产业的健康发展。借鉴各世界级城市群处理政府与市场关系的经验可知，在区域产业发展中，政府主要负责宏观政策的制定，如颁布区域产业发展规划、出台相关引资引才政策、为企业营造优质的生产环境等；企业则要根据市场需求调整产品生产数量和进行产业结构调整，从而使产业结构不断优化升级。在京津冀城市群的发展过程中，政府已经出台了大量有关促进京津冀协同发展的规划方案，并配套出台了相关政策作为支撑，为三地间的协同发展创造了良好氛围。在政府相关规划和政策的引导下，应充分发挥市场对资源配置的决定性作用，通过市场和政府这两只手协同推进京津冀城市群的建设。当前，"十四五"规划正在稳步推进，三地政府应当对京津冀的产业发展状况和产业升级优化成果开展详细而有重点的分析，站在新起点上统筹规划京津冀地区 13 个主要城市的产业发展目标和方向，优化京津冀地区的整体布局和协调机制，从而使京津冀地区的产业分工布局更加合理。

第3章 京津冀区域经济协同发展度的空间分异研究

3.1 京津冀城市群协同发展度分析

通过计算2007—2018年京津冀城市群区域的经济协同发展度，本书研究了京津冀城市群的协同发展状况，并在此基础上进行空间分异研究，评价空间演化特征；对京津冀地区13个主要城市的相关指标运用扩展DEA方法，使用Deap2.1软件对2007—2018年京津冀地区各个主要城市的协同发展度进行测算，并运用GeoDa软件（一款用于空间统计分析的地理信息图形界面软件）进行空间变动分析。研究发现，京津冀地区协同发展度的总体水平和协同发展度均值都有所下降；同时，京津冀地区各城市协同发展度间的差距有上升趋势；此外，京津冀地区变异系数的变动幅度不大，但整体看有上升态势。从空间上看，京津冀地区的协同发展度呈北高南低、由内向外依次递减的态势。本章拟从时间和空间两个维度对京津冀地区的经济协同发展情况进行评估和考察，以直观展示并客观分析其空间分异和自相关程度。本章研究的价值在于通过横向比对京津冀城市群各城市间的协同发展度状况，纵向探究该地区在2007—2018年的空间演化特征，指出京津冀协同发展中存在的问题并提出对策建议，目的是提升京津冀城市群的整体协同发展度和发展质量。

3.1.1　研究背景与意义

在新冠疫情将长期存在、各地经济不断遭受冲击的背景下，科技创新在短期内难以有质的突破。因此，如果能够在既定科技水平下充分发挥各地自身的比较优势，则可以进一步提高既定的资源配置效率，从而实现区域经济增长的最大化。区域经济协同发展的概念与本书的研究目标相吻合，但目前对其的研究大多基于概念与理论上的界定，针对实证分析的研究较少，且实证分析大多关注的是区域内子系统之间的协同发展，而较少从时间和空间这两个维度上动态考察区域的协同发展度。基于此，笔者认为不能只关注和研究某一个单独区域的经济协同发展程度，而是更应注重区域与区域间的合作与联系。本章通过对京津冀地区 13 个主要城市的区域经济协同发展度进行动态比较分析，研究京津冀城市群中各主要城市间的协同发展状况，并进行空间分异与自相关测度，从而分析其空间分布与聚类特征，进而揭示京津冀地区 13 个主要城市协同发展度的演化过程。

3.1.2　文献综述及相关概念解析

1. 区域经济协同发展的基本含义

刘英基（2012）认为，区域经济协同发展是一种具有自组织特征的行为机制，在存在一定差异的情况下，子系统间彼此优化合作，在不断相互促进中实现整体有机整合的状态。张可云和蔡之兵（2014）将区域经济协同发展定义为一种过程，即通过政府的有效调控，某一地区内部或者不同地区之间的发展逐渐合理化。程皓和阳国亮（2019）认为，区域经济协同发展是不同区域之间为实现某个目标而相互合作，以达到共赢的效果。尹向来（2019）提出，区域协同发展是在某个特定的区域内，两个或两个以上的子区域基于一致的发展规划和目标，共同克服外界的负面影响，在开放和平等的基础上，子区域之间相互协作互补，形成有序与共生的增长机制，打破行政壁垒，逐步实现子区域之间协同发展，从而推动整体区域逐渐由无序向有序、由低效向高效转变的过程。李海东等（2014）认为，协同发展既是可持续发展的前提、基础和手段，也是区域能够快速、协调发展的前提与条件。

2. 区域经济协同发展相关研究

（1）区域一体化。全毅（2015）将区域经济一体化定义为，主权国家之间为实现区域内部和外部经济之间的合作、融合而进行的制度安排。罗贞礼（2019）认为，区域一体化是根据不同经济社会环境和资源禀赋以及不同区位优势而进行分工配置的有机协调过程，其特点包括差异化、高效率、可持续和共享一体化发展等。李雪松等（2017）将区域一体化定义为，突破贸易壁垒和行政壁垒，促进生产要素流动，最终使区域内在生产要素、商品要素和居民收入水平等方面相一致，从而实现区域整合的状态和过程。黄文和张羽瑶（2019）认为，区域一体化是多个地区经济体之间进行经济与政治协同合作的过程，在这个过程中行政壁垒逐渐削弱，生产要素得以自由流动。李健等（2017）认为，区域一体化是经济发展的趋势和目的，对此应通过地方政府间的有效合作，努力提高资源配置效率，使总效益最大化。

（2）区域协调发展。刘月（2016）将区域经济协调发展定义为这样一个优化过程：某个区域内有合理的产业布局和不断优化的产业结构，通过空间结构的不断完善，促进区域内生产要素快速流动以及区域内的产业聚集协同发展，最终实现区域内居民收入和生产效率差距不断缩小的目的。罗富政（2019）认为，地方政府的竞争和区域市场的聚集会影响区域经济的协调发展，即地方政府的适度竞争和区域扩散效应能够促进协调发展，过度竞争和区域极化效应则会抑制协调发展。曾鹏等（2020）研究了中心城市首位度变化对区域整体经济增长及协调发展的影响,认为中心城市首位度对经济增长起着倒"U"形作用,而对区域经济的协调发展呈正"U"形作用;虽然行政分割并未影响到城市群整体的经济增长,但会造成城市群内部不同省域间城市的发展差距扩大;区域协调发展存在最优规模。

(3)区域实证分析。刘莹(2018)以中国285个地级及以上城市为例,通过比对子系统及子系统间(两两相比)的运行效率,借鉴传统的协同发展度测度模型(包括拓展的DEA模型、哈肯模型等),构建了区域经济协同发展度效率增值模型;运用MaxDEA软件(一款功能强大的数据包络分析软件),通过对我国2003—2015年的面板数据进行测算而得出的区域协同发展序参量,提出我国城市发展呈现以城市群为核心、向外辐射的空间格局。杨朝均(2020)使用面板数据,通过协同距离模型,对绿色创新和经济开放的协同发展度进行评价,并采用重心理论研究协同演化规律。冯怡康(2018)以京津冀地区内各区域为例,运用距离协同模型对其协同发展度进行了测算与评价,涉及交通、产业、生态环境、区域协调发展机制及其相互作用关系;运用ArcGIS软件分析京津冀地区各个区域的动态发展变化,构建距离协同模型,最终得出京津冀地区的交通、环境和区域发展存在紧密协同性的结论。有学者(Jianwan Ji and Shixin Wang,2021)将区域协同发展定义为"在一定地理空间内的人口、社会、经济、资源、生态以及环境等发展水平逐渐改善,相互之间差异逐步缩小,从而整体水平得到发展的态势",并围绕人口、社会、经济、资源、生态和环境等6个子系统构建指标体系,通过层次分析法(AHP)和熵权法(EM)分配每个子系统的权重,引入新的协调指数(CI)并计算协调发展指数(CDI),分析了2000—2015年京津冀城市群的发展变化。常森、曹海青(2022)通过距离协同模型测算了京津冀城市群的协同发展水平,并在此基础上计算了协同度的重心坐标,从而体现出历年的重心变化路径,以凸显城市定位。有学者(Liu,2020)针对城市经济、社会、生态系统,利用空间分析方法和空间计量经济学模型进行计算并分析其空间演化趋势。

该学者的研究结论认为，城市协调发展具有明显的空间异质性（其中华东地区的发展要好于西部地区），且具有明显的空间依赖性。骆琪、何喜军（2021）运用灰色关联分析法，建立了区域高技术产业技术供需协同发展模型，对京津冀高技术产业供需协同水平进行了实证分析。

（4）文献述评。通过文献梳理发现，国内相关研究大多为理论探讨，如区域经济协同发展、区域一体化等，而实证研究涉及较少；已采用的测度方法主要有 DEA、距离协同模型、哈肯模型等，学界目前尚没有就统一测算协同发展度达成共识。通过文献研究可知，区域协同发展的概念有其近似提法，如区域协同发展与区域协调发展、区域经济一体化等概念，容易混淆，为此笔者对相关概念进行了辨析。

3.1.3　研究方法、内容、技术路线及创新点

1. 研究思路与方法

首先，对题目的意义与背景做出解释，明确研究目的与方向；通过阅读文献，对区域经济协同发展做出理论与实证综述，并进行文献评价，认识协同发展度的重要意义及其研究方法；对于理论综述中的相关近似概念进行解释和澄清，厘清近似概念的含义。

其次，探讨区域经济协同发展的测度模型及原理，明确区域经济协同发展评价模型的指标体系及其评价机制，从而为区域经济协同发展度的实证分析奠定完善的理论模型基础。

再次，在理论分析的基础上，通过对京津冀城市群的相关数据进行搜集预处理，运用扩展 DEA 方法，使用 Deap2.1 软件测算 2007—2018 年京津冀地区各个城市的协同发展度。根据测算出来的协同发展度，运用 GeoDa 软件计算莫兰指数（Moran's I），同时绘制协同发展度分位图和空间聚类图，进而对京津冀地区中的 13 个主要城市进行空间分异研究、自

相关分析，从而揭示 2007—2018 年京津冀地区 13 个主要城市的协同发展度空间演变特点。

最后，根据理论与实证分析，指出京津冀地区 13 个主要城市在协同发展度上存在的问题，并给出政策建议。

本章技术路线如图 3-1 所示。

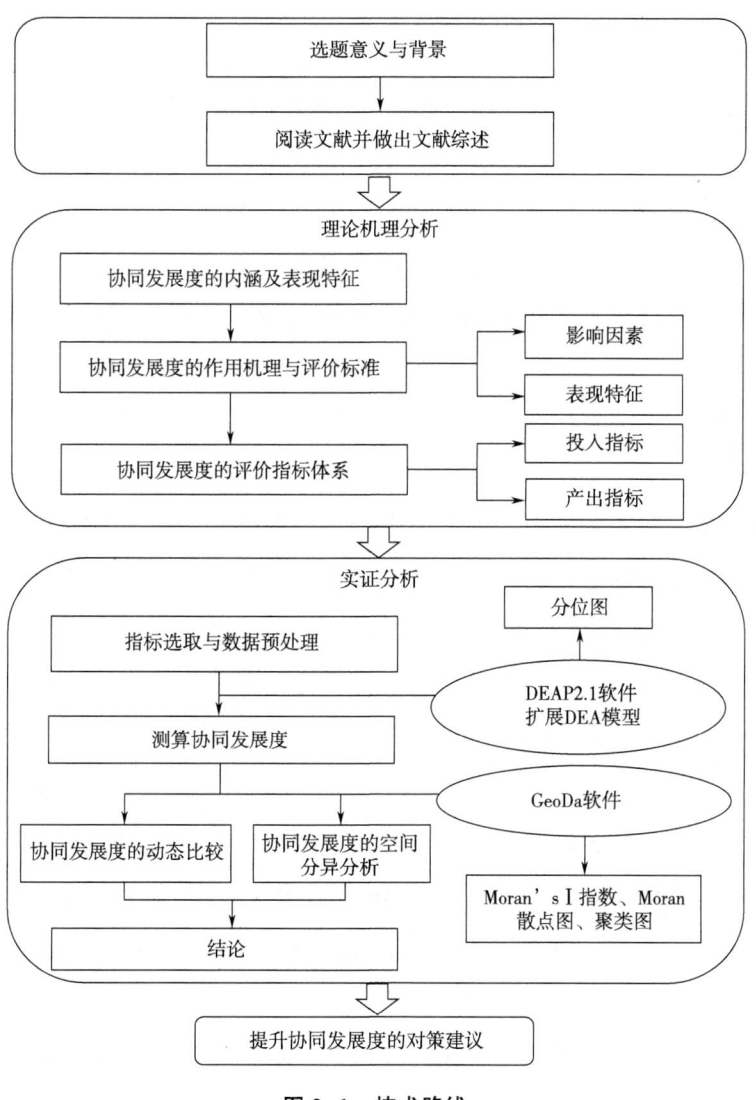

图 3-1 技术路线

2. 主要内容

(1) 从题目入手,分析选题的意义与背景,明确本章的研究目的与方向;通过阅读文献,对区域经济协同发展及相近概念进行文献综述,对学术界关于区域经济协同发展度的研究进行实证综述。

(2) 研究区域经济协同发展度的评价机制。根据构建的指标体系搜集相关数据并进行相关指标计算,围绕京津冀地区中13个主要城市的相关指标运用扩展DEA方法,使用Deap2.1软件测算2007—2018年上述各个城市的协同发展度,并进行比较分析。

(3) 根据测算出的协同发展度,运用GeoDa软件计算Moran's I,绘制分位图以及空间聚类图,进而对京津冀地区中的13个主要城市进行空间分异和自相关分析,从而揭示2007—2018年京津冀城市群协同发展的空间演化特征。

3. 创新点

(1) 研究视角创新。当前文献中的相关理论大多是围绕定义研究而开展的,而实证研究主要是有关某个区域内不同子系统之间的协同发展研究(如某个区域内的经济、教育、文化等子系统之间的协同发展程度等),针对两个或两个以上区域之间的协同发展度研究则较少。为此,本章重点研究的是京津冀地区中13个主要城市之间的协同发展度,以弥补现有研究的不足。

(2) 研究方法创新。现有文献大多是从时间维度对区域经济协同发展进行的比较评估,而鲜有从时间和空间两个维度来对区域经济协同发展进行评估、考察。为此,本章拟从时间和空间两个维度,运用扩展的DEA方法以及Deap2.1、GeoDa软件,对京津冀地区13个主要城市的协同发展度进行比较分析,并从空间视角上直观地展示空间分异和自相关程度。

3.1.4 区域经济协同发展的理论机理

1. 区域经济协同发展的内涵及表现特征

区域经济协同发展表现为两个及两个以上区域经济间的协作、合作，由此持续推进整体区域的经济由无序、低效向有序、高效转化的过程。区域经济之间的目标方向一致，共同合作发展，各区域通过有效利用自身的比较优势，从而形成更深层次的经济合作，实现更高质量的经济发展。

区域经济协同发展有以下三个重要特征。

（1）子系统的共生性。区域经济系统的共生性是指子系统之间的合作与竞争，由此使区域内的资源得到优化配置；子系统共生性的前提是区域间处于一种开放的状态。

（2）全系统的高效性。区域经济协同发展不主张为了个别区域的快速发展而牺牲其他区域，而是强调整体效益大于局部效益的简单加总。

（3）过程的动态性。在区域经济协同发展的过程中，系统内的各个要素都在不断流动，并于长期不断的发展中逐渐由无序、低效向有序、高效转化。

2. 区域经济协同发展的作用机理与评价标准

区域经济系统在某些因素的作用下，促使子系统之间进行相互竞争与合作，并通过加强彼此的联系，逐步形成协同发展的格局。详见表3-1。

表3-1 影响因素之作用机理

影响因素	评价标准	评价指标	相关性	关系解释
地方保护水平	市场分割程度	市场分割指数	负相关	地方保护水平通过市场分割程度（即市场分割指数）来体现。其与区域经济协同发展度呈负相关关系，即地方保护水平越低，行政边界程度越低，区域开放性程度更高，因此更有利于区域之间资源、信息等的交换，区域间的协同发展度也越高

续表

影响因素	评价标准	评价指标	相关性	关系解释
区域比较优势	区域比较优势度	比较劳动生产率	正相关	区域比较优势可以衡量远离平衡的程度,从而判断是否处于非平衡状态。区域所拥有的人才、科技、资本等自身比较优势可以用区域比较优势度来衡量。如果区域比较优势与协同发展呈正相关,则说明各区域都是从各自的比较优势出发来谋求发展的,分配资源的效率和程度越高,协同发展度也越高
要素自由流动水平	省际贸易依存度	省际贸易依存度	正相关	要素自由流动水平可以用来衡量非线性作用的强度,其与协同发展呈正相关,即流动水平越高,资源、商品等交换成本越低,效率也越高,从而促进区域间的竞争、合作;并使非线性作用加强,从而促进协同发展

资料来源:经笔者整理而成。

根据耗散结构理论,区域经济系统通过影响因素的作用放大涨落现象,使表现特征发生变化,如表3-2所示。

表3-2 表现特征作用机理

表现特征	评价标准	评价指标	协同发展相关性	关系解释
共生性	区域经济联系水平	区域经济联系度	正相关	协同发展度越高,区域合作程度越高,区域经济联系水平越高,共生性越强
高效性(量)	区域经济总体水平	人均GDP	正相关	协同发展度越高,越容易与其他区域开展合作;通常而言人均GDP越高,说明区域经济总体水平越高,高效性(量)越明显
高效性(质)	区域经济总体效率	全社会劳动生产率	正相关	协同发展度越高,越容易与较高效率的区域发生联系。经济总体效率高,利于发展;劳动生产率高,体现高效性(质)

资料来源:经笔者整理而成。

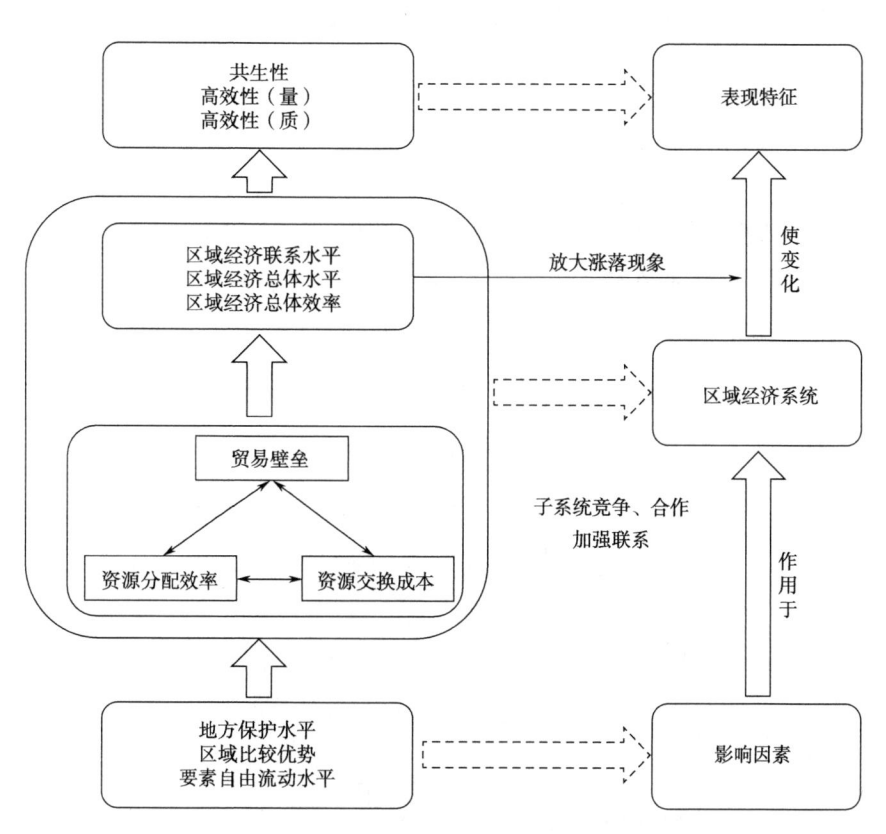

根据表 3-2 可知，区域经济协同发展作用机理如图 3-2 所示。

图 3-2　区域经济协同发展的作用机理

综上，区域经济协同发展度的评价指标体系如表 3-3 所示。

表 3-3　区域经济协同发展度评价指标体系

一级指标	二级指标	三级指标
区域经济协同发展度	影响因素（投入）	X_1 区域比较劳动生产率
		X_2 省际贸易依存度
		X_3 市场分割指数
	表现特征（产出）	X_4 人均 GDP
		X_5 全社会劳动生产率
		X_6 区域经济联系度

3.1.5 区域经济协同发展度模型构建

1. DEA 数据包络方法基本理论模型

CCR 模型[①]：假设有 n 个决策单元（decision making unit，DMU），每个 DMU 都有 m 种输入和 s 种输出，如下所示：

$$\begin{array}{c} \quad\quad 1 \quad 2 \quad \cdots \quad j \quad \cdots \quad n \\ \begin{matrix} v_1 \\ v_2 \\ \vdots \\ v_m \end{matrix} \begin{matrix} 1 \\ 2 \\ \vdots \\ m \end{matrix} \begin{matrix} \to \\ \to \\ \\ \to \end{matrix} \begin{pmatrix} x_{11} & x_{12} & \cdots & x_{1j} & \cdots & x_{1n} \\ x_{21} & x_{22} & \cdots & x_{2j} & \cdots & x_{2n} \\ \vdots & \vdots & & \vdots & & \vdots \\ x_{m1} & x_{m2} & \cdots & x_{mj} & \cdots & x_{mm} \end{pmatrix} \end{array}$$

$$\begin{pmatrix} y_{11} & y_{12} & \cdots & y_{1j} & \cdots & y_{1n} \\ y_{21} & y_{22} & \cdots & y_{2j} & \cdots & y_{2n} \\ \vdots & \vdots & & \vdots & & \vdots \\ y_{s1} & y_{s2} & \cdots & y_{sj} & \cdots & y_{sn} \end{pmatrix} \begin{matrix} \to \\ \to \\ \vdots \\ \to \end{matrix} \begin{matrix} 1 \\ 2 \\ \vdots \\ s \end{matrix} \begin{matrix} u_1 \\ u_2 \\ \vdots \\ u_s \end{matrix}$$

其中，x_{ij} 表示第 j 个 DMU 对第 i 种输入量，$x_{ij}>0$；y_{rj} 表示第 j 个 DMU 对第 r 种输出量，$y_{rj}>0$；v_i 表示对第 i 种输入的权重；u_r 表示对第 r 种输入的权重；$i=1,2,\cdots,m$；$j=1,2,\cdots,n$；$r=1,2,\cdots,s$

$$x_j = (x_{1j}, x_{2j}, \cdots, x_{mj})^T, j=1, 2, \cdots, n$$
$$y_j = (y_{1j}, y_{2j}, \cdots, y_{sj})^T, j=1, 2, \cdots, n$$
$$v = (v_1, v_2, \cdots, v_m)^T$$
$$u = (u_1, u_2, \cdots, u_s)^T$$

其中，x_j 和 y_j 分别为第 j 个 DMU 的输入、输出向量，$j=1,2,\cdots,n$

[①] CCR 是三位运筹学家（Charnes，Cooper，Rhodes）名字的缩写。

为已知数据；对于权系数 v 和 u，DMU_j 的效率评价指数为：

$$h_j = \frac{u^T y_j}{v^T x_j} \leqslant 1 \quad j = 1, 2, \cdots, n \tag{3-1}$$

2. 区域经济协同发展度的动态评价

（1）协同发展度的概念。DEA 模型中包括"技术有效"和"规模有效"，二者相乘为"综合有效"。当投入、产出达到最优配比时，系统实现"技术有效"，系统较为协同。本书将"技术有效"定义为协同有效度，将"规模有效"定义为发展有效度，将"综合有效"定义为协同发展有效度（协同发展度）。

（2）子系统间协同发展度的计算。A 系统（输入）对 B 系统（输出）的协同有效度公式如下：

$$\text{Max } h_e(A/B) = \frac{u^T Y_B}{v^T X_A} \tag{3-2}$$

$$\text{s.t. } \frac{U^T Y_B}{V^T X_A} \leqslant 1$$

$$v \geqslant 0; \; u \geqslant 0$$

系统 A 对系统 B 的发展有效度为：

$$f_e(A/B) = \frac{1}{\sum_{j=1}^{n} \lambda_{A/B_j}} \tag{3-3}$$

$h_e(A/B)$ 越接近于 1，A、B 系统协同效果越好。若 $h_e(A/B) = 0$，表明系统 A、系统 B 之间是完全不协调的，系统 A 的投入与系统 B 的产出是无关的；若 $h_e(A/B) = 1$，则表明系统 A 的输入对系统 B 输出的效率最优，协同发展效果也最好。

（3）区域经济协同发展度的评价结构。本章研究京津冀城市间的协同发展情况，故只涉及两个子系统间的组合情况。

首先，子系统 A 对子系统 B 的协同发展度计算：$h_e(A/B)$ 表示子系

统 A 对子系统 B 的协同有效程度，$f_e(A/B)$ 表示子系统 A 对子系统 B 的发展有效程度，则 A 对 B 的协同发展度 zh_e 的计算公式为：

$$zh_e(A/B) = h_e(A/B) \times f_e(A/B) \tag{3-4}$$

并且，$zh_e(A/B) \neq zh_e(B/A)$。

其次，上述两个系统之间协同发展度的计算公式为：

$$h_e(A, B) = \{\min[h_e(A/B), h_e(B/A)]\}/\{\max[h_e(A/B), h_e(B/A)]\} \tag{3-5}$$

$$h_e(A, B) = \{\min[f_e(A/B), f_e(B/A)]\}/\{\max[f_e(A/B), f_e(B/A)]\} \tag{3-6}$$

$$zh_e(A, B) = h_e(A, B) \times f_e(A, B) \tag{3-7}$$

3.1.6 数据来源、指标构建与选取

本章的研究对象为京津冀地区的 13 个主要城市，数据来源于 2007—2018 年的北京统计年鉴、天津统计年鉴以及河北经济年鉴等。主要指标计算公式如下。

1. 产出指标

（1）人均地区生产总值（GDP per capita，GDPC）。人均地区生产总值是衡量经济发展状况的重要指标之一，用地区生产总值除以常住人口数量：

$$GDPC_i = \frac{GDP_i}{Capita_i} \tag{3-8}$$

式（3-8）中，GDP_i 表示 i 地区的生产总值，$Capita_i$ 表示 i 地区的总人口。

（2）社会劳动生产率（social labor productivity，SLP）：

$$SLP_i = \frac{GDP_i}{Labor_i} \tag{3-9}$$

式(3-9)中，$Labor_i$ 表示 i 地区的城镇非私营在岗就业人员人数。

(3) 区域经济联系度(regional economic relation intensity，RERI)。

$$RERI_{ij} = \frac{\sqrt{P_i G_i} \times \sqrt{P_j G_j}}{D_{ij}} \qquad (3-10)$$

式(3-10)中，$RERI_{ij}$ 为 i 城市和 j 城市的经济联系强度；P_i、P_j 为 i 城市和 j 城市的人口数量；G_i、G_j 为 i 城市和 j 城市的生产总值；D_{ij} 为 i 城市和 j 城市之间的最短距离。

2. 投入指标

(1) 区域比较劳动生产率(regional comparative labor productivity，RCLP)。

$$RCLP_i = \frac{GDP_i/GDP}{Labor_i/Labor} \qquad (3-11)$$

式(3-11)中，GDP、$Labor$ 分别表示所有地区生产总值之和与城镇非私营在岗就业人员人数之和。

(2) 省际(国内)贸易依存度(domestic trade dependence，DTD)。

$$DTD = \frac{B_r}{GDP} = \frac{N - B_i}{GDP} \qquad (3-12)$$

式(3-12)中，B_r 为省际贸易，N 为货物和劳务的净出口，B_i 表示国际贸易差额。货物和劳务的净出口等于省际贸易与国际贸易差额之和，该指标数值越大表明区域间合作水平越高。

(3) 市场分割指数(market segmentation index，MSI)。

$$\Delta Q_{ijt}^k = \ln(PI_{it}^k) - \ln(PI_{jt}^k) \qquad (3-13)$$

$$\mathrm{Var}(Q_{ijt}^k) = \mathrm{Var}(/\Delta Q_{ijt}^k/ - \overline{/\Delta Q_t^k/}) \qquad (3-14)$$

式(3-13)、式(3-14)中，PI 表示商品价格指数，i、j 表示不同地区，k 表示第 k 种商品，ΔQ_{ijt}^k 表示 i 地区和 j 地区之间在 t 年内商品价格指数对数之差，$\overline{\Delta Q_t^k}$ 表示所有地区第 t 年内商品的价格指数的均值；对 ΔQ_{ijt}^k 与 $\overline{\Delta Q_t^k}$ 求方差，$\mathrm{Var}(Q_{ijt}^k)$ 表示在 t 年内，i 地区与 j 地区之间的市场分割

程度。市场分割程度数值越小，说明 i 地区与 j 地区之间的市场一体化程度越高，进而说明该区域间的协同发展度也越高。

3. 实际指标选取

以下运用 Deap2.1 软件进行 DEA 数据包络分析。在已构建的模型中，为保证数据有效，对决策单元 DMU 的数量与投入、产出变量的数量等加以一定的限制，即决策单元 DMU 的数量要大于等于投入、产出变量数量之和的 3 倍。由于本章研究的是京津冀地区 13 个主要城市的协同发展度，决策单元 DMU 数量为 13 个，因此，投入、产出变量的数量之和不能超过 4 个。基于此，本章在指标选取的方面做了一定调整：在实际指标的选取中，将投入指标更改为 2 个——比较劳动生产率和市场分割指数；将产出指标更改为 2 个——人均 GDP 和区域联系强度。

3.1.7 京津冀地区 13 个主要城市区域经济协同发展度的比较分析

1. 2007—2018 年京津冀地区 13 个主要城市协同发展度的动态比较（见表 3-4、表 3-5、表 3-6、表 3-7）

表 3-4 2007—2009 年京津冀城市群协同发展度及排名

城 市	2007 年	排 名	2008 年	排 名	2009 年	排 名	12 年均值	排 名
北 京	1.000	1	1.000	1	1.000	1	1.000	1
天 津	0.719	2	0.977	3	0.607	2	0.685	2
石家庄	0.376	5	0.443	8	0.300	6	0.382	5
承 德	0.259	11	0.526	6	0.265	8	0.323	7
张家口	0.331	7	0.292	11	0.276	7	0.272	10
秦皇岛	0.344	6	0.508	7	0.380	4	0.367	6
唐 山	0.670	3	0.729	4	0.607	2	0.606	3

续表

城 市	2007年	排 名	2008年	排 名	2009年	排 名	12年均值	排 名
廊 坊	0.613	4	1.000	1	0.336	5	0.506	4
保 定	0.296	10	0.270	13	0.224	9	0.250	11
沧 州	0.326	8	0.617	5	0.190	11	0.295	8
衡 水	0.233	12	0.271	12	0.169	12	0.198	13
邢 台	0.227	13	0.374	10	0.165	13	0.201	12
邯 郸	0.324	9	0.414	9	0.224	9	0.272	9
均 值	0.440	—	0.571	—	0.365	—	0.412	—

数据来源：经由 DEAP2.1 软件测算得出，下同。

表3-5　2010—2012年京津冀城市群协同发展度及排名

城 市	2010年	排 名	2011年	排 名	2012年	排 名	12年均值	排 名
北 京	1.000	1	1.000	1	1.000	1	1.000	1
天 津	0.529	3	0.743	3	0.651	3	0.685	2
石家庄	0.313	6	0.460	5	0.510	4	0.382	5
承 德	0.311	8	0.346	8	0.353	7	0.323	7
张家口	0.271	9	0.268	10	0.277	10	0.272	10
秦皇岛	0.378	5	0.389	7	0.356	6	0.367	6
唐 山	0.598	2	0.827	2	0.760	2	0.606	3
廊 坊	0.507	4	0.523	4	0.375	5	0.506	4
保 定	0.210	11	0.205	12	0.273	11	0.250	11
沧 州	0.313	6	0.454	6	0.280	9	0.295	8
衡 水	0.171	13	0.189	13	0.203	12	0.198	13
邢 台	0.175	12	0.236	11	0.191	13	0.201	12
邯 郸	0.215	10	0.330	9	0.332	8	0.272	9
均 值	0.384	—	0.459	—	0.428	—	0.412	—

表 3-6 2013—2015 年京津冀城市群协同发展度及排名

城市	2013年	排名	2014年	排名	2015年	排名	12年均值	排名
北京	1.000	1	1.000	1	1.000	1	1.000	1
天津	0.658	3	0.795	2	0.618	2	0.685	2
石家庄	0.427	5	0.456	5	0.311	6	0.382	5
承德	0.315	7	0.404	6	0.255	9	0.323	7
张家口	0.275	10	0.286	8	0.256	8	0.272	10
秦皇岛	0.354	6	0.335	7	0.321	5	0.367	6
唐山	0.732	2	0.563	4	0.367	4	0.606	3
廊坊	0.430	4	0.647	3	0.392	3	0.506	4
保定	0.277	9	0.279	9	0.273	7	0.250	11
沧州	0.309	8	0.265	10	0.212	11	0.295	8
衡水	0.203	12	0.202	12	0.200	12	0.198	13
邢台	0.191	13	0.192	13	0.185	13	0.201	12
邯郸	0.268	11	0.260	11	0.246	10	0.272	9
均值	0.418	—	0.437	—	0.357	—	0.412	—

表 3-7 2016—2018 年京津冀城市群协同发展度及排名

城市	2016年	排名	2017年	排名	2018年	排名	12年均值	排名
北京	1.000	1	1.000	1	1.000	1	1.000	1
天津	0.597	2	0.548	2	0.773	2	0.685	2
石家庄	0.276	6	0.245	5	0.461	5	0.382	5
承德	0.251	7	0.216	7	0.370	7	0.323	7
张家口	0.250	8	0.208	8	0.271	10	0.272	10
秦皇岛	0.314	5	0.273	6	0.452	6	0.367	6
唐山	0.335	4	0.357	3	0.729	3	0.606	3
廊坊	0.346	3	0.374	4	0.529	4	0.506	4
保定	0.271	8	0.208	10	0.217	11	0.250	11

续表

城 市	2016年	排 名	2017年	排 名	2018年	排 名	12年均值	排 名
沧 州	0.207	11	0.167	11	0.196	8	0.295	8
衡 水	0.192	12	0.152	12	0.186	13	0.198	13
邢 台	0.183	13	0.138	13	0.155	12	0.201	12
邯 郸	0.240	10	0.184	9	0.230	9	0.272	9
均 值	0.343	—	0.313	—	0.428	—	0.412	—

（1）协同发展度的均值。京津冀13个主要城市2007—2018年12年间的协同发展度平均值为0.412，尚未达到DEA有效水平，还有较大改进空间。

（2）协同发展度均值排名。协同发展度均值排在前四位的城市是第一梯队，排在后四位的城市是第三梯队，排在中间的城市为第二梯队。按2007—2018年12年间协同发展度均值排名，第一梯队的城市包括北京、天津、唐山和廊坊，第二梯队为石家庄、承德、秦皇岛、沧州和邯郸，第三梯队有张家口、保定、衡水和邢台。

（3）协同发展度排名变化。从排名变动情况来看，承德由第三梯队（2007年）上升至第二梯队（2018年），沧州由第二梯队（2007年）下降至第三梯队（2018年）；12年中有11个城市排名稳定，其中，北京、天津、唐山和廊坊稳定处于第一梯队，石家庄、秦皇岛、张家口和邯郸稳定处于第二梯队，保定、衡水和邢台稳定处于第三梯队。

（4）协同发展度的变化轨迹。京津冀地区13个主要城市2007—2018年的协同发展度情况的变化轨迹为：2007—2008年显著上升，随后急剧下降；2009—2011年有所上升，自2011年起逐年下降；2014年有小幅反弹，2017—2018年出现大幅上升。整体来看，京津冀地区13个主要城市2007—2018年的协同发展度情况的变化轨迹呈波浪形，见图3-3。

整体来看，2007—2018年京津冀地区的协同发展度在合理区间范围内

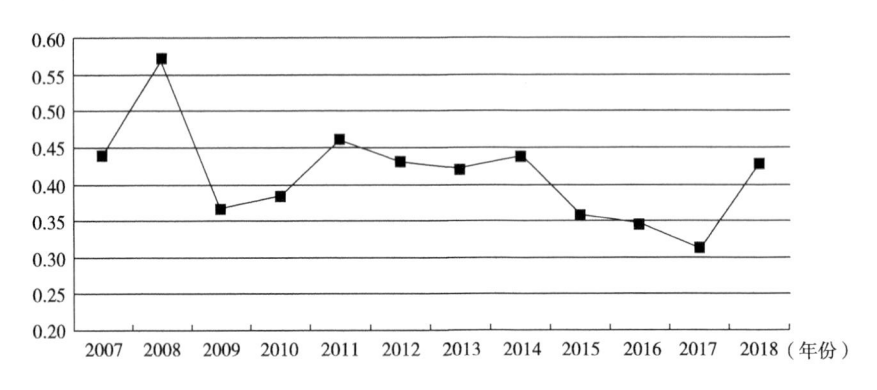

图 3-3　2007—2018 年京津冀城市群协同发展度均值

数据来源：由笔者计算、绘制而成。

有所波动，可能的原因如下。2006 年底至 2007 年年初，京津冀协同发展开始受到学术界的广泛关注，研究主要围绕区域经济、区域协调发展等问题展开。2006 年 10 月，吴良镛院士主持《京津冀地区城乡空间发展规划研究》，提出"一轴三带"空间发展骨架，并提出推进京津冀空间协调发展的建议；京冀两地政府签署了《北京市人民政府、河北省人民政府关于加强经济与社会发展合作备忘录》，涉及多方面项目，京冀合作意愿较高（因此本章研究的时间线也主要从 2007 年开始）。2008 年全球金融危机爆发后，我国各城市也遭受严重冲击，京津冀地区金融市场亦遭受冲击，其工业生产与经济增长速度迅速降低，就业形势恶化，严重阻碍了京津冀地区经济协同发展，具体表现为 2008—2009 年该地区的协同发展度水平下降；此后几年，京津冀地区经济慢慢有所恢复，协同发展度也逐渐回复平稳；2014 年，京津冀协同发展战略上升为国家战略，同年的北京市政府工作报告提出，要落实国家区域发展战略，加强京津冀地区的经济合作；2015 年，中央政治局审议通过《京津冀协同发展规划纲要》，提出以创新驱动和产业协同发展为切入点，以有序疏解北京非首都功能为核心，此举推动了对京津冀协同发展研究的逐步兴起。2016 年，京津冀三地政府相继出台政策、规划，大批项目签约落地，但政策的制定、实施存在滞后期，政策效果的显现也需要时间，所以自 2014 年以后该地区的协同发展度表面上看有所下降，但是仍然处在合理的区间范围内。2017年起，京津冀地区协同发展度的战略和政策制定的效果开始显现，其协同发展度数值处于上升态势（周伟，2020）。

2. 京津冀地区13个主要城市协同发展度差距比较

（1）京津冀城市群协同发展度的最高值和最低值的差距。2007—2018年12年间的协同发展度均值最高的是北京（1.000），最低的是衡水（0.198），它们之间的相对差距是5.050（均值比），绝对差距是0.802（均值差）。2018年，协同发展度的最高值北京（1.000）与最低值邢台（0.155）之间的相对差距为（6.452），较2007年的最高值北京（1.000）与最低值衡水（0.233）之间的相对差距（4.292）总体上升了2.16；2018年该最高值与最低值之间的绝对差距（0.845）较2007年（0.767）总体上升了7.8%，说明京津冀城市群协同发展度之最高值与最低值城市之间的差距有所扩大。2017年，协同发展度的最高值和最低值之间的差距为12年中最大，此时协同发展度最高的城市为北京（1.000），最低的城市为邢台（0.138）；最高值和最低值城市之间的相对差距为7.246，绝对差距为0.862。

（2）京津冀城市群协同发展度的变异系数比较。变异系数即标准差率，为标准差与平均值之比，用以体现整体数据的离散程度，12年间变异系数的变化趋势如图3-4所示。2007—2009年的变异系数出现了明显波动，其中2008年的变异系数达到最低值，说明此时京津冀地区13个主要城市之间的区域经济发展差距最小；随后几年的变异系数变化较为平稳，并于2017年达到最大值，说明此时京津冀地区13个主要城市之间的区域经济发展差距最大；2018年的变异系数有较为明显的下降，说明该区域的经济发展差距在一定程度上有所缩小。整体来看，京津冀地区协同发展度之间的差距变化较为平稳，且呈上升趋势，即变异系数的变动幅度不大，但在数值方面有上升趋势。

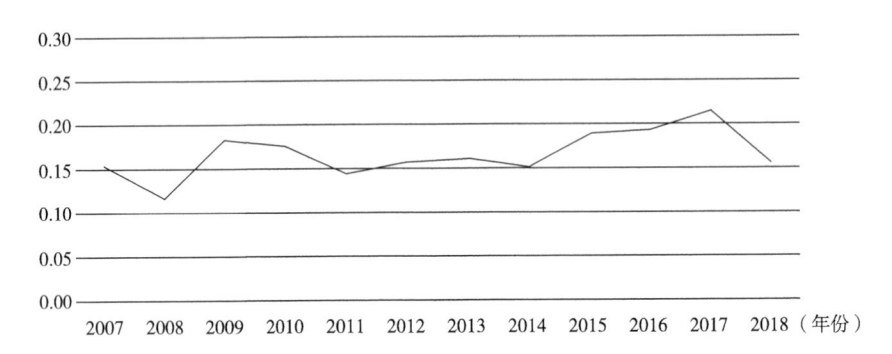

图 3-4　2007—2018 年京津冀城市群协同发展度变异系数

数据来源：由笔者计算、绘制而成。

3.1.8　京津冀地区 13 个主要城市区域经济协同发展度的空间分异

利用前文计算出的京津冀地区 13 个主要城市 2007—2018 年的协同发展度，通过 GeoDa 软件得出全局莫兰指数定量分析，并采用分位图、Moran 散点图以及聚类图定性分析空间分异情况。

1. 2007—2018 年京津冀区域经济协同发展的空间分异测度

根据 GeoDa 计算结果，协同发展度排在前四位的城市是第一类，排在后四位的城市是第三类，排在中间的城市为第二类，如表 3-8 所示。

表 3-8　2007—2018 年京津冀城市群协同发展度分位类别

年份	北京	天津	石家庄	承德	张家口	秦皇岛	唐山	廊坊	保定	沧州	衡水	邢台	邯郸
2007	1	1	2	3	2	2	1	1	3	2	3	3	2
2008	1	1	2	2	3	2	1	1	3	2	3	3	2
2009	1	1	2	2	2	1	1	2	3	3	3	3	2
2010	1	1	2	2	2	1	1	3	3	3	3	3	3
2011	1	1	2	2	3	2	1	1	3	3	3	3	2
2012	1	1	1	2	3	2	1	2	3	2	3	3	2

续表

年份	北京	天津	石家庄	承德	张家口	秦皇岛	唐山	廊坊	保定	沧州	衡水	邢台	邯郸
2013	1	1	2	2	3	2	1	1	2	2	3	3	3
2014	1	1	2	2	2	2	1	1	2	3	3	3	3
2015	1	1	2	2	2	2	1	1	2	3	3	3	3
2016	1	1	2	2	2	2	1	1	2	3	3	3	3
2017	1	1	2	2	2	2	1	1	2	3	3	3	3
2018	1	1	2	2	2	2	1	1	3	3	3	3	2

数据来源：经由笔者分类得出。

从表3-8可知，北京、天津、唐山在12年间均位于第一类，衡水、邢台12年间均处在第三类；廊坊仅在2009年、2012年处在第二类，其余年份中均位于第一类；秦皇岛仅在2009年位于第一类，承德仅在2007年位于第三类，石家庄仅2012年位于第一类，其余年份中上述三地均为第二类；张家口于2008年、2011—2013年处在第三类，其余年份中均为第二类；保定于2007—2008年、2010—2012年和2018年处在第三类，其余年份中均为第二类；邯郸于2010年、2013—2017年处在第三类，其余年份中均为第二类；沧州于2009年、2014—2018年处在第三类，其余年份中均为第二类。

从空间上可以看出，2007—2018年，北京、天津、唐山和廊坊等协同发展度较高的城市排位基本没有变化，基本稳定在第一类；秦皇岛、承德、石家庄稳定在第二类，张家口、保定在第二类和第三类之间徘徊，邯郸、沧州的协同发展度下降显著（从第二类下降到第三类）；衡水、邢台稳定在第三类。

2007—2018年，京津冀地区区域经济协同发展状况表现出明显的空间集聚特征，呈现出由北向南，由内向外依次梯度递减的趋势。其协同发展度最高的地区主要集中在京津冀的中东部地区，以北京、天津、廊坊和唐山为主；西北部多数城市处在第二类；南部城市多为第三类，表明京津冀南部城市的协同发展度较低。

整体上看,随着时间的推移,京津冀中东部城市经济协同发展度进一步走高,整体集聚态势越发明显;京津冀南部城市的协同发展度尽管相对较低,但个别城市仍有突破既定格局的可能。

2. 基于GeoDa的2007—2018年京津冀经济协同发展度的空间自相关测度

(1) 空间自相关测度方法。空间自相关可以度量不同区域数据间的关联程度,分为全局、局部空间自相关。全局Moran's I表达式为:

$$I = \frac{\sum_{i=1}^{n} \sum_{j \neq 1}^{n} w_{ij}(x_i - \bar{x})(x_j - \bar{x})}{S^2 \sum_{i=1}^{n} \sum_{j=1}^{n} w_{ij}} \quad (3-15)$$

其中,$S^2 = \frac{1}{n}\sum_{i=1}^{n}(x_i - \bar{x})$,$\bar{x} = \frac{1}{n}\sum_{i=1}^{n} x_i$,$x_i$表示第$i$地区的观测值,$n$为地区总数,$w_{ij}$为二进制的邻近空间权值矩阵。邻接标准的$w_{ij}$为:

$$w_{ij} = \begin{cases} 1, & \text{当区域}i\text{和}j\text{相邻} \\ 0, & \text{当区域}i\text{和}j\text{不相邻} \end{cases}$$

式(3-15)中,$i = 1, 2, \cdots, n$;$j = 1, 2, \cdots, m$;$m = 2$或$m \neq n$。两区域相邻取值为1,否则为0。

表3-9为全局Moran's I的范围及空间含义。

表3-9 全局Moran's I 的范围及空间含义

Moran's I 范围	空间自相关性	空间分布
Moran's I >0 且显著	正	越趋于1越集聚
Moran's I =0 且显著	不存在	随机
Moran's I <0 且显著	负	越趋于-1越分散

局部Moran's I的公式如下:

$$I_i = \frac{(x_i - \bar{x})\sum_{j \neq 1} w_{ij}(x_i - \bar{x})}{S^2} \quad (3-16)$$

局部 Moran 散点图体现了相邻区域关联情况，具体可划分 4 种类型（见表 3-10）。

表 3-10　局部 Moran's I 的空间关联性质划分及空间含义

空间关联性质划分	象　限	局部相关性	空间含义
High-High（HH）	一	正相关	高值被同是高值的区域所包围
Low-High（LH）	二	负相关	低值被高值的区域所包围
Low-Low（LL）	三	正相关	低值被同是低值的区域所包围
High-Low（HL）	四	负相关	高值被低值的区域所包围

（2）2007—2018 年区域经济协同发展度的空间自相关测度。根据前文所述 2007—2018 年京津冀经济的协同发展度，本章运用 GeoDa 软件得出 Moran's I 值（12 年间的 Moran's I 均值大于 0，为 0.148）。该结果表明，京津冀地区中 13 个主要城市的空间分布呈明显的正相关性，即区域间的协同发展度高低存在空间上的集聚，即较高协同发展度的城市之间彼此邻近，较低协同发展度的城市之间彼此邻近。表 3-11 为 2007—2018 年京津冀城市群的 Moran's I 值。

表 3-11　2007—2018 年京津冀城市群的 Moran's I 值

年　份	Moran's I 值
2007	0.158
2008	0.337
2009	0.128
2010	0.171
2011	0.118
2012	0.032
2013	0.101
2014	0.239
2015	0.094
2016	0.080

续表

年　份	Moran's I 值
2017	0.108
2018	0.207
均值	0.148

数据来源：表中数据经由 GeoDa 软件测算得出。

Moran's I 表明，京津冀地区中的 13 个主要城市存在空间集聚现象。图 3-5 与图 3-6 为 2007 年、2018 年京津冀地区上述城市的 Moran 散点图，用于分析空间的自相关性。由表 3-11 和图 3-6 可知，2018 年京津冀地区中 13 个主要城市协同发展度的 Moran's I = 0.207，这表明京津冀地区 13 个主要城市的整体协同发展呈现正的空间相关性。

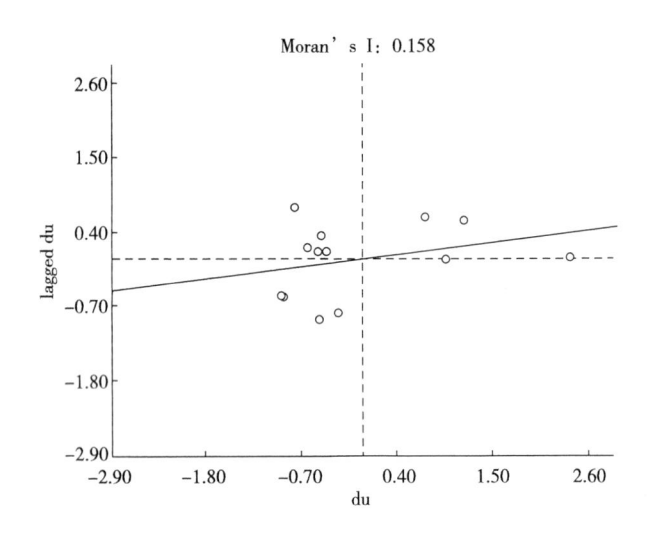

图 3-5　2007 年京津冀城市群协同发展度的 Moran 散点图

上述 Moran 散点图的四个象限代表空间自相关的类聚。第一象限（HH）表示高协同发展度的地区被高协同发展度的其他地区所包围，由此可相应得出第二象限（LH）、第三象限（LL）、第四象限（HL）的情况。此外，第一象限、第三象限是正自相关，而第二象限、第四象限为

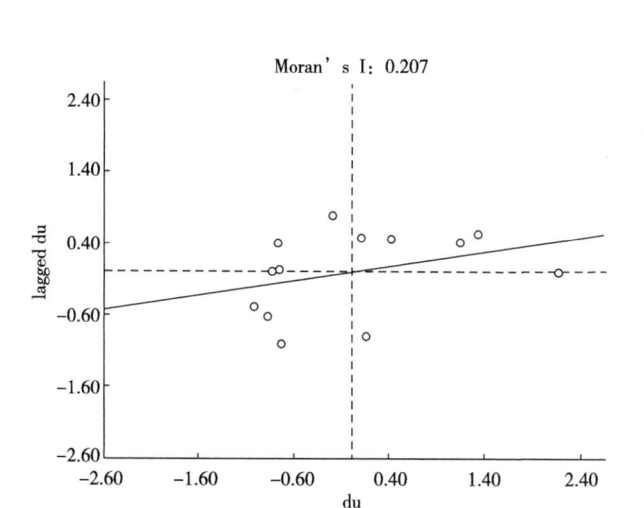

图 3-6　2018 年京津冀城市群协同发展度的 Moran 散点图

负自相关，如果观测值均匀分布在四个象限，则表明上述各地之间不存在空间自相关性。

通过 12 年间的 Moran 散点图，可以明显看出观测值并没有均匀分布在四个象限，这表明上述各地之间存在空间自相关性。同时，观测值大多落在第一象限、第二象限、第三象限，可见京津冀地区中的 13 个主要城市之间表现了正的空间自相关性和一定程度的负的空间自相关性。2007—2018 年空间自相关类聚如表 3-12 所示。

表 3-12　2007—2018 年京津冀城市群空间自相关类聚关系

年份	第一象限（HH）	第二象限（LH）	第三象限（LL）	第四象限（HL）
2007	北京、廊坊、唐山、天津	保定、沧州、承德、秦皇岛、张家口	邯郸、衡水、石家庄、邢台	
2008	北京、沧州、廊坊、唐山、天津	保定、承德、秦皇岛、张家口	邯郸、衡水、石家庄、邢台	
2009	秦皇岛、唐山、天津	保定、承德、廊坊、张家口	邯郸、衡水、石家庄、邢台、沧州	北京
2010	廊坊、唐山、天津	保定、承德、秦皇岛、张家口	沧州、邯郸、衡水、石家庄、邢台	北京

续表

年份	第一象限（HH）	第二象限（LH）	第三象限（LL）	第四象限（HL）
2011	廊坊、唐山、天津	保定、承德、秦皇岛、张家口	沧州、邯郸、衡水、邢台	北京、石家庄
2012	唐山、天津	保定、承德、廊坊、秦皇岛、张家口	沧州、邯郸、衡水、邢台	北京、石家庄
2013	廊坊、唐山、天津	保定、承德、秦皇岛、张家口	沧州、邯郸、衡水、邢台	北京、石家庄
2014	北京、廊坊、唐山、天津	保定、沧州、承德、秦皇岛、张家口	邯郸、衡水、邢台	石家庄
2015	北京、廊坊、唐山、天津	保定、沧州、承德、张家口	邯郸、衡水、秦皇岛、石家庄、邢台	
2016	廊坊、天津	唐山、保定、沧州、承德、张家口	邯郸、衡水、秦皇岛、石家庄、邢台	北京
2017	廊坊、唐山、天津	保定、沧州、承德、张家口	邯郸、衡水、秦皇岛、石家庄、邢台	北京
2018	廊坊、秦皇岛、唐山、天津	保定、沧州、承德、张家口	邯郸、衡水、邢台	北京、石家庄

数据来源：由笔者根据 Moran 散点图整理得出。

由表3-12可总结出京津冀城市群2007—2018年12年间的Moran散点图，各象限分布情况如表3-13所示。

表3-13 京津冀城市群象限分布情况

年份	北京	天津	石家庄	承德	张家口	秦皇岛	唐山	廊坊	保定	沧州	衡水	邢台	邯郸
2007	1	1	3	2	2	2	1	1	2	2	3	3	3
2008	1	1	3	2	2	2	1	1	2	1	3	3	3
2009	4	1	3	2	2	1	1	2	2	3	3	3	3
2010	4	1	3	2	2	2	1	1	2	3	3	3	3
2011	4	1	4	2	2	2	1	1	2	3	3	3	3
2012	4	1	4	2	2	2	1	2	2	3	3	3	3

续表

年份	北京	天津	石家庄	承德	张家口	秦皇岛	唐山	廊坊	保定	沧州	衡水	邢台	邯郸
2013	4	1	4	2	2	2	1	1	2	3	3	3	3
2014	1	1	4	2	2	2	1	1	2	2	3	3	3
2015	1	1	3	2	2	3	1	1	2	2	3	3	3
2016	4	1	3	2	2	3	2	1	2	2	3	3	3
2017	4	1	3	2	2	3	1	1	2	2	3	3	3
2018	4	1	4	2	2	1	1	1	2	2	3	3	3

数据来源：表3-13中的数据经由表3-12得出。

由表3-13可知，天津、唐山、廊坊三地12年间基本处在第一象限（HH），说明这三地的协同发展水平相对较高，且其周边城市的协同发展水平同样高；承德、张家口、保定三地12年间均处在第二象限（LH），说明这三地的协同发展水平相对较低，而其周边城市的协同发展水平相对较高；衡水、邢台、邯郸12年间均在第三象限（LL），说明这三地的协同发展水平相对较低，且其周边城市的协同发展水平同样低；北京于2009—2013年、2016—2018年处在第四象限（HL），其余年份则为第一象限（HH），说明与其周边城市相比较而言，北京的协同发展水平均为高，其周边城市的协同发展相对水平则由高变低；石家庄于2011—2014年、2018年处在第四象限（HL），其余年份则为第三象限（LL），说明与其周边城市相比较而言，石家庄的协同发展水平呈由低到高再到低的趋势，其周边城市的协同发展相对水平则较低；秦皇岛2015年以前基本处在第二象限（LH），之后则基本为第三象限（LL），说明与其周边城市相比较而言，秦皇岛的协同发展水平较低，其周边城市的协同发展相对水平则由高变低；沧州2014年以前基本处在第三象限（LL），之后均为第二象限（LH），说明与其周边城市相比较而言，沧州的协同发展水平较低，其周边城市的协同发展相对水平则由低变高。

2018年，我国京津冀地区的协同关系聚类为：天津、廊坊、秦皇岛、唐山等4个城市位于第一象限，是"高高"的正自相关聚类（HH）；保定、沧州、承德、张家口等4个城市位于第二象限，是"低高"的负自相关聚类（LH）；邯郸、衡水、邢台等3个城市位于第三象限，是"低低"的正自相关聚类（LL）；北京、石家庄等2个城市位于第四象限，是"高低"的负自相关聚类（HL）。

3.1.9 结论及政策建议

1. 主要结论

整体来看，京津冀地区中13个主要城市2007—2018年的协同发展度情况的变化轨迹呈波浪形，协同发展度水平略有下降趋势（即协同发展度均值略呈下降趋势）；京津冀地区协同发展度之间的差距较为平稳，但差距呈上升的趋势（即变异系数变动幅度不大，但呈上升的趋势）。同时，京津冀地区区域经济协同发展情况呈由北向南、由内向外依次梯度递减趋势。协同发展度高的地区主要集中在中东部地区，以北京、天津、廊坊和唐山为主；西北部多数城市为第二梯队，具中等协同发展水平；南部城市多为第三梯队，少数城市在第二等级与第三等级之间徘徊，相比而言处于较低的协同发展度之中。此外，京津冀地区13个主要城市的整体区域经济协同发展存在正的空间相关性，且正自相关聚类有所加强。目前，应保持中部地区既有发展态势，并致力于提升京津冀地区南部城市的协同发展度。

2. 政策建议

第一，提高协同发展度。从区域经济协同发展度的影响因素和表现特征来看，可通过提高影响因素的指标水平来提升京津冀城市群的区域经济协同发展度。对此，京津冀城市群应加强城市间交通、信息联系等建设，完善京津冀地区的公路交通网和铁路运输网；降低区域间的地方保护水平，打破贸易壁垒，促进资源自由流动；建立地方政府间公平合理的对话协商会议机制，在平等协商的基础上协调各个区域间的利益冲突，并利用各自在人才、科技、资本等方面的比较优势，进行分工与合作，提高资源配置效率；加大区域之间的合作与沟通，使地方政府树立整体意识与长远发展的大局观，消除通过对抗获得短期利益的观念，同时提高区域要素自由流动的水平，增强非线性作用的强度；应重视地区经济发展，对此可通过加大创新投入、培育当地特色产业等方式促进经济发展，以提高区域内的整体经济水平和全社会劳动生产率，从而使区域间的合作意愿得到提升，进一步提高协同发展度。

第二，缩小协同发展度差距。就目前而言，如何保持京津冀地区之中东部区域的现有发展态势，并谋求南部区域协同发展度的整体提升，是缩小京津冀协同发展度差距过程中所面临的重大挑战。京津冀地区之中东部区域城市如北京、天津、廊坊和唐山的协同发展度较高，其应在保持现有发展态势的同时发挥自身区位、资本、人才等优势，带动周边地区发展。京津冀南部区域城市，如保定、衡水和邢台等的协同发展度低，其应注重自身发展，提升区域内的投资环境，做好交通、基础设施等的建设，提高公共服务水平，在由大城市带动的同时做好对大城市优质产业的承接工作，从而增加本区域就业，更好吸引资金、人才等，进一步提高区域经济发展。同时，当地政府应该重视提高本地的创新发展能力，对不同区位、人才、资金优势的地区设立差异化目标，合理加大创新等项目的资金与投入，这样才能实现本区域经济的长远和高质量发展。此外，北京、天津应起到带头作用，更加主动地与周边区域进行沟通、合作，减少行政壁垒与贸易壁垒，通过将优质企业向周边地区转移、设立分公司等做法，引导企业和各类组织等参与区域间合作，从而逐步缩小区域间协同发展度的差距。

3.2 京津冀产业转移的空间分布特征

3.2.1 产业类别选择及划分

目前，在京津冀地区内不同区域间进行转移的主要产业仍是制造业。通过分析京津冀制造业的结构变迁，可以大致判断其产业转移的基本态势。本章以京津冀地区中13个主要城市的主要制造业为研究对象，数据主要来源于第四次全国经济普查资料、2015年与2019年的北京统计年鉴、天津统计年鉴、河北经济年鉴以及河北省内11个地级市的统计年鉴或经济年鉴，并选择京津冀地区规模以上制造业的工业总产值作为截面数据。由于相关年鉴中缺失部分制造业的行业数据，为确保数据的连续性与可得性，本章依据《国民经济行业分类》（GB/T 4754—2017）中的制造业行业分类，共选择京津冀地区中13个主要城市、29个制造业的相关统计数据进行分析，行业类别与名称见表3-14。

表3-14 制造业行业类别

行业类别	行业名称
劳动力密集型制造业	13 农副食品加工业
	14 食品制造业
	15 酒、饮料和精制茶制造业
	16 烟草制品业
	17 纺织业
	18 纺织服装、服饰业
	19 皮革、毛皮、羽毛及其制品和制鞋业
	20 木材加工和木、竹、藤、棕、草制品业
	21 家具制造业

续表

行业类别	行业名称
劳动力密集型制造业	22 造纸和纸制品业
	23 印刷和记录媒介复制业
	24 文教、工美、体育和娱乐用品制造业
	29 橡胶和塑料制品业
	41 其他制造业
资本密集型制造业	25 石油、煤炭及其他燃料加工业
	30 非金属矿物制品业
	31 黑色金属冶炼和压延加工业
	32 有色金属冶炼和压延加工业
	33 金属制品业
	34 通用设备制造业
	35 专用设备制造业
	40 仪器仪表制造业
技术密集型制造业	26 化学原料和化学制品制造业
	27 医药制造业
	28 化学纤维制造业
	36 汽车制造业
	37 铁路、船舶、航空航天和其他运输设备制造业
	38 电气机械和器材制造业
	39 计算机、通信和其他电子设备制造业

注：三种密集型制造业的分类参照李国平等著《产业转移与中国区域空间结构优化》（科学出版社 2016 年版）。

3.2.2 制造业产值比重及其变化

2014 年，京津冀协同发展上升为国家战略。本章通过整理北京、天津、河北等地统计年鉴中的数据，结合数据可得性，计算京津冀 2014 年与2018年29个制造业的工业总产值及其增长率（见表3-15）。

表3-15 京津冀地区制造业分行业工业总产值及增长率

行业代码	2014年（亿元）	2018年（亿元）	增长率（%）
13	3 451.832 0	3 285.925 1	−4.806 3
14	2 495.122 0	3 156.568 6	26.509 6
15	852.344 1	1 004.682 9	17.872 9
16	—	—	—
17	1 838.287 5	1 398.533 8	−23.921 9
18	889.221 4	883.478 9	−0.645 8
19	1 355.866 7	1 339.276 2	−1.223 6
20	290.585 3	242.083 3	−16.691 1
21	403.527 5	455.972 8	12.996 7
22	818.422 2	641.795 8	−21.581 3
23	542.498 5	574.590 5	5.915 6
24	823.602 5	1 039.770 7	26.246 7
25	3 895.908 6	3 756.886 7	−3.568 4
26	4 341.434 8	4 116.851 6	−5.173 0
27	1 925.783 6	2 722.463 8	41.369 1
28	—	—	—
29	1 915.416 9	1 726.700 0	−9.852 5
30	2 858.931 8	2 678.215 4	−6.321 1
31	16 094.118 9	14 862.124 8	−7.654 9
32	1 488.291 5	1 484.391 1	−0.262 1
33	4 278.772 2	4 685.759 8	9.511 8
34	3 036.799 9	3 047.695 0	0.358 8
35	3 142.893 7	2 970.416 7	−5.487 8
36	7 520.316 0	9 768.746 1	29.898 1
37	1 882.886 7	2 570.086 6	36.497 1
38	3 850.363 5	4 097.257 6	6.412 2
39	5 852.246 9	4 643.841 6	−20.648 6
40	403.193 6	437.641 6	8.543 8
41	199.509 0	426.995 1	114.023 0

注：表中"—"表示数据缺失，下同。

数据来源：笔者根据2015—2019年的北京统计年鉴、天津统计年鉴、河北经济年鉴等整理、计算而得。

下面进一步测算京津冀地城市群中 13 个主要城市 29 个制造业的工业总产值比重及其变化：

$$E_{ij} = \frac{Y_{ij}}{\sum_{j=1}^{13} Y_{ij}} \quad (3-17)$$

式（3-17）中，E_{ij} 表示 j 地区 i 行业的产值在京津冀地区该行业总产值中的比重，Y_{ij} 表示 j 地区 i 行业的产值，测算结果如表 3-16 至表 3-20 所示。

表 3-16 北京制造业分行业在工业总产值中的比重及变化   单位：%

行业代码	2014 年	2018 年	变化
13	11.081	8.365	-2.716
14	11.178	10.326	-0.852
15	22.521	26.739	4.218
16	—	—	—
17	1.121	0.611	-0.510
18	15.511	12.484	-3.027
19	0.820	0.413	-0.407
20	4.646	2.686	-1.960
21	19.787	19.235	-0.552
22	7.874	9.172	1.298
23	22.686	22.522	-0.164
24	10.079	13.304	3.225
25	21.699	16.995	-4.704
26	8.110	7.370	-0.740
27	34.741	41.973	7.232
28	—	—	—
29	5.891	4.482	-1.409
30	17.071	17.343	0.272
31	0.832	0.696	-0.136
32	4.615	4.729	0.114

续表

行业代码	2014 年	2018 年	变化
33	7.157	6.040	-1.117
34	18.131	17.455	-0.676
35	18.783	23.390	4.607
36	48.504	40.387	-8.117
37	20.264	16.917	-3.347
38	19.156	16.233	-2.923
39	41.428	53.663	12.235
40	63.826	55.275	-8.551
41	26.236	26.749	0.513

数据来源：笔者根据 2015—2019 年的北京统计年鉴整理、计算而得。

表 3-17　天津、承德、张家口制造业分行业工业总产值比重及其变化　　单位:%

行业代码	天津			承德			张家口		
	2014 年	2018 年	变化	2014 年	2018 年	变化	2014 年	2018 年	变化
13	24.423	38.206	13.783	1.583	1.065	-0.518	1.645	1.040	-0.605
14	52.341	52.936	0.595	1.471	0.449	-1.022	4.150	2.353	-1.797
15	20.968	25.235	4.267	7.535	4.233	-3.302	1.959	1.055	-0.904
16	—	—							
17	5.515	5.833	0.318	0.083	0.026	-0.057	—	0.039	—
18	36.826	12.536	-24.290	0.128	0.073	-0.055	0.209	0.039	-0.170
19	4.088	23.354	19.266				0.252		
20	5.870	12.368	6.498	2.377	0.668	-1.709	0.095		
21	21.989	36.046	14.057	—	—		0.221	0.215	-0.006
22	28.577	41.313	12.736	—	—		0.304	0.169	-0.135
23	17.199	21.455	4.256	0.231	0.293	0.062	2.313	0.300	-2.013
24	51.605	30.081	-21.524	0.276	0.087	-0.189	0.026	0.229	0.203
25	29.621	35.609	5.988	0.655	0.938	0.283	0.259	0.020	-0.239

续表

行业代码	天津			承德			张家口		
	2014年	2018年	变化	2014年	2018年	变化	2014年	2018年	变化
26	33.461	36.748	3.287	0.500	0.596	0.096	1.241	0.764	-0.477
27	25.575	23.335	-2.240	0.694	0.527	-0.167	—	—	—
28	—	—	—	—	—	—	—	—	—
29	28.221	35.358	7.137	0.063	0.052	-0.011	0.179	0.079	-0.100
30	12.915	19.156	6.241	1.280	2.413	1.133	1.357	1.789	0.432
31	27.340	28.714	1.374	3.258	3.890	0.632	2.268	1.468	-0.800
32	58.142	69.932	11.790	1.533	1.360	-0.173	1.750	0.486	-1.264
33	29.249	38.093	8.844	0.171	0.161	-0.010	0.393	0.208	-0.185
34	35.887	45.483	9.596	0.416	1.074	0.658	0.639	0.693	0.054
35	36.117	35.474	-0.643	0.088	0.041	-0.047	3.326	2.711	-0.615
36	26.485	30.940	4.455	0.193	0.105	-0.088	0.326	1.678	1.352
37	52.211	51.173	-1.038	—	—	—	—	—	—
38	29.435	40.790	11.355	0.914	0.076	-0.838	0.611	0.371	-0.240
39	50.637	40.085	-10.552	—	0.012	—	0.042	0.064	0.022
40	14.826	16.160	1.334	—	2.001	—	0.062	0.139	0.077
41	49.757	73.251	23.494	—	—	—	—	—	—

数据来源：笔者根据2015—2019年的天津统计年鉴、承德统计年鉴、张家口经济年鉴整理、计算而得。

表3-18　秦皇岛、唐山、保定制造业分行业工业总产值比重及其变化　　单位：%

行业代码	秦皇岛			唐山			保定		
	2014年	2018年	变化	2014年	2018年	变化	2014年	2018年	变化
13	6.747	7.049	0.302	4.161	5.256	1.095	2.795	1.909	-0.886
14	0.215	0.217	0.002	2.847	2.177	-0.670	3.331	2.291	-1.040
15	1.365	12.307	10.942	3.740	2.410	-1.330	4.175	3.165	-1.010
16	—	—	—	—	—	—	11.667	—	—

续表

行业代码	秦皇岛 2014年	秦皇岛 2018年	变化	唐山 2014年	唐山 2018年	变化	保定 2014年	保定 2018年	变化
17	0.192	0.551	0.359	0.952	1.290	0.338	25.256	7.521	-17.735
18	0.140	0.451	0.311	0.738	0.216	-0.522	7.220	0.288	-6.932
19	0.245	0.000	-0.245	—	0.032	—	7.771	1.031	-6.740
20	0.640	0.000	-0.640	1.731	12.170	10.439	2.363	4.378	2.015
21	0.393	0.000	-0.393	5.262	7.667	2.405	0.548	0.130	-0.418
22	1.566	15.095	13.529	6.893	7.227	0.334	22.169	16.668	-5.501
23	0.173	0.000	-0.173	2.227	3.341	1.114	12.633	2.076	-10.557
24	—	0.000	—	0.364	1.692	1.328	4.277	1.781	-2.496
25	1.510	0.000	-1.510	6.902	9.532	2.630	0.150	0.080	-0.070
26	0.972	0.725	-0.247	6.358	5.452	-0.906	1.870	2.066	0.196
27	0.573	0.426	-0.147	0.918	0.364	-0.554	3.726	4.115	0.389
28	0.279	—	—	—	—	—	12.535	—	—
29	0.645	1.037	0.392	4.326	3.116	-1.210	12.722	2.967	-9.755
30	2.390	3.522	1.132	14.753	11.390	-3.363	4.478	3.266	-1.212
31	2.442	3.875	1.433	29.630	39.775	10.145	0.562	0.051	-0.511
32	3.254	4.488	1.234	1.299	4.739	3.440	16.268	5.003	-11.265
33	0.468	1.028	0.560	19.487	16.249	-3.238	2.911	1.345	-1.566
34	0.722	0.305	-0.417	3.708	2.792	-0.916	6.443	1.675	-4.768
35	2.229	2.479	0.250	6.269	5.077	-1.192	1.259	0.812	-0.447
36	2.016	3.415	1.399	1.152	1.407	0.255	12.751	11.983	-0.768
37	5.053	2.063	-2.990	12.877	8.744	-4.133	0.428	0.084	-0.344
38	0.773	0.785	0.012	2.644	2.423	-0.221	11.734	4.826	-6.908
39	0.642	1.679	1.037	0.083	0.124	0.041	0.100	0.113	0.013
40	0.168	0.000	-0.168	3.330	4.133	0.803	2.565	2.357	-0.208
41	0.341	0.000	-0.341	0.675	0.428	-0.247	1.850	0.364	-1.486

数据来源：笔者根据2015—2019年的秦皇岛统计年鉴、唐山统计年鉴、保定经济统计年鉴整理、计算而得。

表 3-19　廊坊、沧州、石家庄制造业分行业工业总产值比重及其变化　　单位:%

行业代码	廊坊			沧州			石家庄		
	2014年	2018年	变化	2014年	2018年	变化	2014年	2018年	变化
13	8.310	4.591	-3.719	3.553	3.318	-0.235	19.473	16.064	-3.409
14	2.622	2.188	-0.434	2.586	1.989	-0.597	7.162	7.973	0.811
15	2.968	2.503	-0.465	3.149	2.069	-1.080	11.555	9.123	-2.432
16	—	—	—	—	—	—	29.851	—	—
17	1.308	0.003	-1.305	4.052	2.973	-1.079	39.548	51.828	12.280
18	1.359	0.106	-1.253	1.743	1.941	0.198	21.418	18.323	-3.095
19	0.282	4.513	4.231	12.246	3.204	-9.042	66.014	72.063	6.049
20	21.593	25.862	4.269	1.424	2.356	0.932	48.759	52.355	3.596
21	26.488	2.655	-23.833	4.524	3.378	-1.146	15.193	11.369	-3.824
22	12.766	2.773	-9.993	1.548	1.626	0.078	15.334	21.266	5.932
23	16.208	1.144	-15.064	1.163	1.660	0.497	19.103	23.952	4.849
24	2.941	0.227	-2.714	8.179	6.907	-1.272	9.702	7.055	-2.647
25	0.047	2.909	2.862	24.405	20.781	-3.624	5.987	10.661	4.674
26	6.636	0.141	-6.495	6.800	9.563	2.763	23.154	27.356	4.202
27	0.737	0.201	-0.536	1.648	1.627	-0.021	26.823	23.523	-3.300
28	—	—	—	4.694	—	—	46.776	—	—
29	5.200	8.586	3.386	10.718	14.604	3.886	13.813	14.063	0.250
30	5.192	19.338	14.146	7.265	9.576	2.311	18.337	19.463	1.126
31	5.931	0.304	-5.627	4.310	1.780	-2.530	5.005	4.565	-0.440
32	2.983	8.662	5.679	3.340	5.174	1.834	2.500	2.437	-0.063
33	5.012	1.282	-3.730	18.242	18.824	0.582	8.145	9.241	1.096
34	6.354	2.491	-3.863	5.854	5.294	-0.560	9.430	9.202	-0.228
35	3.669	6.332	2.663	14.939	12.524	-2.415	7.422	9.337	1.915
36	3.000	0.172	-2.828	2.138	5.043	2.905	1.040	0.910	-0.130
37	0.872	2.190	1.318	3.746	2.635	-1.111	2.112	2.314	0.202
38	1.468	3.083	1.615	8.494	8.108	-0.386	10.997	11.158	0.161
39	2.599	0.932	-1.667	1.895	1.617	-0.278	2.238	2.720	0.482
40	1.271	1.228	-0.043	7.406	4.866	-2.540	3.278	15.853	12.575
41	7.886	2.436	-5.450	6.509	3.640	-2.869	3.471	5.517	2.046

数据来源:根据2015—2019年的廊坊经济统计年鉴、沧州年鉴、石家庄统计年鉴整理、计算而得。

表 3-20 衡水、邢台、邯郸制造业分行业工业总产值比重及其变化　　　单位:%

行业代码	衡水 2014年	衡水 2018年	衡水 变化	邢台 2014年	邢台 2018年	邢台 变化	邯郸 2014年	邯郸 2018年	邯郸 变化
13	2.455	2.435	-0.020	4.807	4.994	0.187	8.964	8.125	-0.839
14	1.502	0.693	-0.809	5.678	3.676	-2.002	4.918	3.254	-1.664
15	13.987	11.004	-2.983	0.775	1.073	0.298	5.304	3.964	-1.340
16	—	—	—	—	—	—	—	—	—
17	1.571	0.811	-0.760	10.463	8.574	-1.889	9.939	9.676	-0.263
18	3.606	0.814	-2.792	6.297	4.848	-1.449	4.806	4.691	-0.115
19	6.623	1.972	-4.651	1.606	1.282	-0.324	0.053	0.208	0.155
20	2.258	2.043	-0.215	0.220	1.771	1.551	8.025	4.273	-3.752
21	1.048	1.320	0.272	1.107	1.364	0.257	3.362	2.613	-0.749
22	0.639	0.349	-0.290	1.393	2.700	1.307	0.909	1.964	1.055
23	1.362	0.652	-0.710	2.728	1.943	-0.785	1.973	0.585	-1.388
24	5.241	1.376	-3.865	5.093	5.793	0.700	2.216	3.167	0.951
25	—	—	—	5.416	3.974	-1.442	3.328	5.661	2.333
26	4.083	4.656	0.573	3.448	4.283	0.835	3.368	3.082	-0.286
27	0.659	0.457	-0.202	2.236	1.366	-0.870	1.455	1.705	0.250
28	0.706	—	—	0.718	—	—	14.923	—	—
29	10.284	6.801	-3.483	4.242	3.476	-0.766	3.695	3.592	-0.103
30	3.357	2.096	-1.261	6.218	5.239	-0.979	5.388	6.540	1.152
31	0.901	0.286	-0.615	1.602	1.623	0.021	15.918	15.774	-0.144
32	0.887	0.700	-0.187	1.755	0.859	-0.896	1.672	0.792	-0.880
33	5.177	3.978	-1.199	1.201	1.298	0.097	2.385	7.039	4.654
34	2.837	1.446	-1.391	4.023	3.925	-0.098	5.557	5.848	0.291
35	1.218	0.483	-0.735	2.194	2.520	0.326	2.485	4.385	1.900
36	0.818	0.177	-0.641	1.058	0.785	-0.273	0.519	0.367	-0.152
37	0.282	0.484	0.202	1.601	3.463	1.862	0.555	1.024	0.469
38	1.933	0.714	-1.219	8.282	10.443	2.161	3.558	5.063	1.505
39	0.274	0.316	0.042	0.027	0.032	0.005	0.035	0.121	0.086
40	1.032	1.470	0.438	—	—	—	1.244	1.616	0.372
41	1.013	0.056	-0.957	1.855	1.124	-0.731	0.176	—	—

数据来源:笔者根据 2015—2019 年的衡水统计年鉴、邢台统计年鉴、邯郸统计年鉴整理、计算而得。

3.2.3 京津冀城市群中各城市制造业的变化趋势分析

通过对2014年至2018年京津冀地区各城市制造业工业总产值及其变化情况的计算分析（见表3-15）可知，京津冀地区的29个制造业行业中有13个行业的工业总产值呈上升趋势，14个行业总产值呈下降趋势。其中，医药制造业（行业代码27）、运输设备制造业行业（行业代码37）产值增长趋势显著，分别增长了41.3691%、36.4971%，这两个产业为技术密集型产业，说明京津冀地区的整体创新能力已有一定程度的提高。纺织业（行业代码17）、造纸和纸制品业（行业代码22）这两个产业的下降幅度较大，分别降低了23.9219%、21.5813%，说明劳动密集型行业的产值呈下降趋势。

1. 北京的大部分制造业行业产值比重下降，转出趋势明显

在北京的29个制造业中（缺少烟草制造业与化学纤维制造业的相关数据），有27个细分行业中的18个行业产值比重呈下降趋势，有9个行业的产值份额呈上升趋势。其中，变化幅度较大的行业有计算机、通信和其他电子设备制造业（行业代码39），其产值比重增加12.235%，医药制造业（行业代码27）的产值比重增加7.232%。如前所述，在北京的29个制造业中，仅有9个产业的工业总产值上涨，且除去计算机、通信和其他电子设备制造业外，其他产业的产值上涨程度有限。这说明北京的制造业产业总体呈转出趋势，而产值上涨的主要为技术密集型产业，表明北京的高技术产业有所发展，该类型的产业转移比较明显。

2. 天津的大部分制造业行业产值比重上升，是部分工业行业的产业转移承接地

天津有21个行业的产值比重呈上升趋势，且变化显著。其中，皮革、毛皮、羽毛及其制品和制鞋业（行业代码19）的产值比重增加19.266%，

家具制造业（行业代码 21）的产值比重增加 14.057%，造纸和纸制品业（行业代码 22）的产值比重增加 12.736%，通用设备制造业（行业代码 34）的产值比重增加 9.596%，电气机械和器材制造业（行业代码 38）的产值比重增加 11.355%。天津仅有纺织服装、服饰业，文教、工美、体育和娱乐用品制造业，医药制造业，专用设备制造业，铁路、船舶、航空航天和其他运输设备制造业，以及计算机、通信和其他电子设备制造业等 6 个行业产值比重呈现下降趋势，其余产业的工业总产值都有一定上涨，这说明天津是京津冀地区重要的产业转移承接地，承接了较多的制造业转移。当然，天津承接的多为劳动力密集型和资本密集型产业，对于技术密集型产业而言，则仅有化学制品（行业代码 26）、汽车制造（行业代码 36）、电气制造（行业代码 38）三个产业的产值有所提升。

3. 河北省内各地级市的制造业行业产值份额变化不尽相同

石家庄作为河北省省会，是河北省最主要的产业承接地之一。石家庄有 17 个行业的产值比重呈上升趋势，其中变化幅度较大的包括：仪器仪表制造业（行业代码 40）的产值比重增加 12.575%，纺织业（行业代码 17）的产值比重增加 12.280%，皮革、毛皮、羽毛及其制品和制鞋业（行业代码 19）的产值比重增加 6.049%，印刷和记录媒介复制业（行业代码 23）的产值比重增加 4.849%，造纸和纸制品业（行业代码 22）的产值比重增加 5.932%。

廊坊位于北京、天津这两座大城市之间，其在《京津冀产业转移指南》中被定位为京津走廊高新技术及生产性服务业产业带，主要承接来自京津地区的技术密集型行业。廊坊的大部分劳动密集型行业与资本密集型行业的产值比重呈下降趋势，而技术密集型行业总体上呈上升趋势，如铁路、船舶、航空航天和其他运输设备制造业（行业代码 37）的产值比重增长 1.318%，电气机械和器材制造业（行业代码 38）产值比重增长 1.615%。

在河北东部沿海区域中，秦皇岛有15个行业的产值比重呈上升趋势，但上升幅度有限。秦皇岛当地产值增加和减少的产业个数比较平均，并且除了造纸和纸制品业（行业代码22）的产值上升13.529%，酒、饮料和精制茶制造业（行业代码15）的产值上升10.942%外，其他产业的产值变化幅度极小，这应该与秦皇岛临海且是著名的旅游地，当地旅游业比较发达有关。唐山有13个行业的产值比重呈上升趋势，其黑色金属冶炼和压延加工业（行业代码31）在京津冀地区优势显著，产值比重从29.630%上升到了39.775%，增加了10.145%；木材加工业（行业代码20）的产值上涨了10.439%。值得说明的是，这两个产值增加值较多的行业特点为劳动力密集型和资本密集型。沧州有10个行业的产值呈上涨趋势，另有17个行业的产值下降。其中，橡胶和塑料制品业（行业代码29）的产值增加了3.886%，其余行业的产值增加则都未超过3%。

河北省内环石家庄地区的制造业行业整体呈下降趋势。其中，保定有23个行业的产值比重呈下降趋势，仅有4个行业的产值增加（其中有3个为技术密集型产业）。衡水有21个行业的产值比重呈现下降趋势，仅有5个行业的产值呈增加趋势（涉及劳动力、资本、技术密集型等产业，但增加值均小于1%）。邢台有13个行业的产值比重呈现下降趋势，但技术密集型行业的产值在缓慢增加中。邯郸是重型工业资源型城市，有13个行业的产值比重呈上升趋势，其中大部分是劳动密集型行业与资本密集型行业，如金属制品业（行业代码33）的产值比重增加了4.654%，非金属制品业（行业代码30）的产值比重增加了1.152%，通用设备制造业（行业代码34）的产值比重增加了0.291%，专用设备制造业（行业代码35）的产值比重增加了1.900%。张家口与承德在《京津冀产业转移指南》中的定位是张承绿色生态产业带，应重点发展绿色低碳行业，这两个城市的制造业各行业在京津冀地区中所占产值比重较低，且没有显著的产值比重变化趋势。在其29个制造业中，承德有6个行业的产值上升，14个行业的产值下降；张家口有6个行业的产值上升，15个行业的产值降低。此外，这两个城市行业产值的上升及下降大多在1%以内，说明这两个城市既不是主要的产业转出地，也不是主要的产业承接地，其在京津冀城市群规划中应大力发展绿色生态产业。

3.2.4 京津冀城市群制造业空间格局演进分析

本章使用Arcmap10.7软件，对京津冀地区中13个主要城市的劳动密集型、资本密集型和技术密集型制造业的空间结构变化进行了分析。具体而言，选取了2014年、2018年北京、天津与河北省内11个地级市的29个制造业的总值进行整理分析，通过测算三大类制造业的产值份额，可以更加直观地反映京津冀地区制造业转移的基本趋势。

1. 劳动密集型制造业整体呈现由北京和河北大部分地区向天津转移的趋势

从2014年至2018年，京津冀地区劳动密集型制造业产值比重变化最大的是天津、保定和廊坊。其中，保定与廊坊的劳动密集型制造业产值份额下降幅度显著，分别下降了5.42%和2.11%；而天津的劳动力密集型产值份额上升幅度明显，上升了7.98%。2014年到2018年，劳动密集型制造业产值份额上升的有天津、秦皇岛等地，产值份额下降的有保定、廊坊、衡水等地，其余城市的比重变化均不超过1%。这说明，天津已成为劳动密集型制造业的主要承接地。

2. 资本密集型制造业整体呈现向区域东北部转移的趋势

2014年到2018年，在京津冀地区资本密集型制造业产值份额上升幅度较大的区域主要是该地区东北部的天津、唐山、秦皇岛等地。其中，天津的产值比重增加了2.69%，唐山增加了2.57%。京津冀地区资本密集型制造业产值份额下降幅度明显的区域有廊坊、沧州和北京等地。其中，廊坊的产值比重下降了1.604%，沧州下降了1.672%，北京下降了0.734%。

3. 技术密集型制造业转移趋势不显著

自 2014 年到 2018 年，京津冀地区有 11 个城市的技术密集型制造业产值比重变化在 1% 以下，变化幅度最大的是廊坊与沧州。其中，廊坊的技术密集型制造业产值比重下降了 1.829%，而沧州的技术密集型制造业产值比重上升了 1.084%。由于北京高技术制造业高度集聚，易于形成以北京为核心、与京津冀其他区域相关的产业外围，因此当集聚效应大于扩散效应时，其核心稳固，区域之间技术密集型行业的差距缩小趋势不明显。目前，京津冀地区技术密集型行业的结构空间布局表明，其区域经济发展存在地区"锁定效应"，高技术行业的集聚效应仍大于扩散效应。

3.3 京津冀城市群共生关系分析

3.3.1 城市群共生关系分析的意义

城市是经济活动集聚的空间载体，自然条件、规模经济、行政等级等的共同作用力，将影响城市的发展水平和质量（王垚等，2021）。改革开放以来，我国依托"政府主导+市场推动"的模式不断推进城镇化进程，由国家统计局发布的《中华人民共和国 2020 年国民经济和社会发展统计公报》可知，2020 年底我国年末常住人口城镇化率已超过 60%。城市群是国家工业化和城镇化转型发展到高级阶段的产物，城市群的形成和发育过程是一个各城市之间由竞争转变为竞合的一体化过程和同城化过程（方创琳等，2018）。但目前，我国城市群的成长演化面临着发育不平衡不均衡、环境资源保障形势严峻、区域一体化过程缺乏统筹协调机制等问题，核心城市环境污染问题严重、雾霾灾害频发、交通拥堵、房价过高等"大城市病"反映出城市群系统功能的紊乱与不健全。《中共中央关于制定国民经济和社会发展第十四个五年规划和二〇三五年远景目标的建议》明确指出,要发挥中心城市和城市群的带动作用,建设现代化都市圈,推进以人为本的新型城镇化和区域协调发展战略。

规划和培育城市群是落实区域协调发展战略的核心抓手,城市群中心城市的发育水平及其与外围城市的相互作用模式成为影响城市群协同发展的重要因素。城市群中的中心城市是参与全球竞争和分工体系的新兴地域单元,也是建立更加行之有效的协调发展新机制、构建高质量发展的国土空间布局和支撑体系的政策切入点、先行点。以往经济中追求数量型增长的方式已难以为继,我国区域经济发展不均衡不充分、资源过度利用及其利用效率低等问题正在逐渐暴露。推动经济高质量发展已然成为我国顺利跨越中等收入陷阱、满足人民对美好生活的需要、在百年未有之大变局中抢占制高点的必然要求(张军扩,2019)。

高质量发展概念内涵丰富,覆盖维度广泛,其在不同领域、不同发展阶段的应用和具体要求都存在一定差异。城市群共生是实现城市群区域多中心协调与可持续发展的基础,城市群作为资源要素的主要集聚地和经济创新活动的载体,推动其发展有利于促进城乡区域协调发展,防治"大城市病",进一步提高资源配置效率,加快形成"双循环"的发展格局(范恒山,2021)。中心城市是城市群中最重要的单元,是城市群的资源集聚地、创新增长极和发展动力源,发挥好城市群中心城市的支撑引领功能,处理好中心城市与外围城市的共生关系,对于遵循城市群和区域经济发展的客观规律,找到破除区域发展不平衡桎梏的关键点,实现城市群的协同创新发展,增强城市群的整体竞争力等具有重要意义。

3.3.2 文献评述

以共生理论为视角,探讨城市群城市之间的相互作用关系,分析城市群城市间相互作用关系形成和演化的原因与路径，可为京津冀城市群整合协调区域要素资源、加快形成良性互动的城市间相互作用关系等提供新的思路。

1. 城市间的相互作用和关系

（1）城市间的竞合关系。城市竞合是指两个或两个以上的城市在创造共同利益时进行合作，在划分利益时竞争，其最终目的是实现可持续发展以及不断提高居民的生活质量。在经济全球化不断深入推进的大背景下，为在区域甚至更大层面上获取利益，区域内各城市必须通过竞争与合作提升竞争力，即城市竞争力建设已成为城市间塑造竞合关系的桥梁，城市竞合已成为城市提升竞争力的途径。程运鸿等（2014）以大珠江三角洲为例，研究了竞合视角下城市竞争力的源泉及其变动影响因素，认为城市竞争力由内部和外部竞争力共同构成，制度安排、体制机制完善程度、产业结构、区域基础设施建设等因素都将影响城市竞争力。

有学者将生态学理论引入城市问题分析，将城市区域及城市群视为自组织性生态环境，并用城市生态位的概念解释城市在时间和空间上的特定位置及其与环境之间的功能关系（秦立春等，2013）。马勇（2018）基于生态位理论探索长江中游城市群旅游业发展的"态"与"势"，并根据其特点，提出构建"一核引领、两极驱动、三轴串联、四区支撑"的长江中游城市群旅游发展空间体系。城市是具有生命特征的区域经济主体，城市的形成发展、繁荣衰落以及重建复兴等过程无不体现了城市生命周期的轮换和变动。城市作为一类复杂的生命系统，具有新陈代谢、生长发育、遗传变异、自适应和应激性等生命特征，区域内城市之间为争夺发展优势，将不断与周边城市竞争更具优势的生态位（施建刚等，2018）。

关于城市竞合与经济联系之间的关系。周友良等（2018）基于珠三角地区制造业数据，研究了城市间的经济关联度与城市竞合之间的关联，发现城市间的经济联系越强，其制造业的竞合异构性就越大，因此更趋向于合作，反之则更倾向于竞争。同时，必须持续加强城市间的经济联系，才有更大可能将城市间的竞争关系修正为良性的合作关系。

（2）城市空间的相互作用。随着新经济地理学理论的发展和成熟，空间概念被引入区域及城市相关问题的研究中，学界从理论探讨、测度方法等方面开展了对城市空间相互作用的研究。城市之间相互作用的概念，把空间上彼此分离的城市结合为具有一定结构和功能的城镇体系（许学强等，2003）。城市空间的相互作用极其复杂。就其主体作用而言，宏观视角下为一定区域内的各城市，微观视角下则还应当包括区域内的基础设施节点、城市商业网点、园林绿地及其他服务设施；在作用内容上，包括区域内城市间生产和生活各方面所涉及的物质、能量、人员、技术和信息等的交换；在作用形式上，表现为交换、联系和互动关系。

城市是具有生命特征的区域经济主体，城市的形成发展、繁荣衰落以及重建复兴等过程无一不体现着城市生命周期的轮换和变动。城市作为一类复杂的生命系统，具有新陈代谢、生长发育、遗传变异、自适应和应激性等生命特征，区域内各城市之间为争夺发展优势，将不断与周边城市竞争更具优势的生态位。由于区域的存在依赖于自然生态系统，而人类的经济社会活动又是区域承载的主要内容，因此区域内的人类、其他各类生物与自然生态系统共同构成了一个有机生态系统。尽管人类位于生物链的顶端，但其与其他生物一样，都是有生命的物种。换言之，区域系统是人类聚落的形式，自然生态系统是生物的聚落形式，因此，将"区域空间系统"视为"自然生态系统"并在此基础上开展研究是可行的。

2. 共生视角下城市的相互作用和关系

城市与城市之间的复杂关系与生物群落内部的各种群竞争、互助关系等极为相似，在20世纪初经济发展模式大转型的背景下，有关学者开始着手尝试用生物学理论解释城市间的复杂关系，以探索城市共生关系的演化路径。

现代城市是具有智慧的特殊生命体，能够通过模仿、学习和创新来提高自身对有利资源的吸收、控制和转化能力，并与周围环境构成依存关系。陈绍愿等（2005）利用生态学概念，解释了城市群、城市间关系与自然界物种及其相互关系的相似性，指出这些都属于某种"生态关系"，并在此基础上借鉴生物群落的概念提出了"城市群落"的概念。城市群落是指城市群内多样复杂的相互关系，其将不同性质、规模、等级、职能的城市联结成更高一级的有机体；不同城市群落有不同的城市共生关系和空间结构，使得群落内的城市个体间存在竞争、捕食、寄生和共生等生态行为，共同构成了城市群落的自然选择、协同进化、群落演替等生态功能。在其他空间尺度上，张艺璇（2021）借鉴共生理论剖析了临空经济区的发展机理：区域内的共生单元遵循互利互惠的原则配合发展，关联越强、依存度越高，则共生关系也就越稳定。该学者还用互动机制、进化机制、媒介机制、组织学习机制、利益驱动机制等分析了临空经济区的发展特点。

目前，基于共生理论的城市间互动关系相关研究已经总结出了一系列认可度较高的研究方法。罗守贵等（2012）分别构建了封闭条件和开放条件下的都市圈城市间共生模型，发现封闭条件下的"中心-外围"型城市结构与"多中心网状"型城市结构在实现共生均衡状态的路径和结果等方面均存在差异，其中开放条件下 FDI 对城市间共生关系的影响集中体现在强度和方向上。张怀志等（2016）将城市群落分为平等型和依托型两类，其利用 Logistic 共生函数模型分析了两种群落的均衡状态并提出了相应的演化策略。王绍博等（2019）将共生理论运用到城市跨界融合发展中，对临京、临沪地区跨界的共生环境、共生界面等做了详细分析，其同样基于 Logistic 共生函数模型探究了两地区共生单元之前的共生关系。安虎森（2007）则认为，相邻城市间的竞争、合作关系与区域经济发展水平、区域产业分工程度等密切相关，正确处理好市场规模的合理分配及分工合作等问题有利于城市间协调好利益关系，避免恶性竞争，从而形成相邻城市的双赢局面。

根据经济学关于资源稀缺性的定理，有限区域内的地方政府都追求利润最大化，因此各城市间的竞争与合作是常态性关系，同时也是区域经济研究的重要内容。

3. 文献述评

区域内城市间的发展冲突、竞争合作及其空间之间的相互作用现象普遍存在。"阿罗不可能定理"说明，城市群共生体系内的各单元无法达到利益完全一致的目标，加之各共生单元的内生属性差异巨大、各单元之间的共生行为大相径庭、外在共生环境复杂多变等因素的存在，使得错位发展、优势互补、利益共享、风险共担等成为共生体系追求的最终目标。不论是共生发展理论还是其他区域发展相关理论，都强调弱化个体固有特征，重视区域内各子系统的成长和区域整体演化，关注区域整体功能和效率提升之有序、有效。

城市间的相互作用问题始终是区域经济领域关注的焦点，共生理论在社会科学领域的应用已形成了比较成熟的研究范式，但从共生理论角度研究城市群中核心城市相互作用关系的研究仍然鲜少，且基于共生理论视角的区域发展研究大多尚未以城市群作为研究对象（其多数研究都聚焦于都市圈和城市圈）。因此，利用共生理论解释城市群中核心城市的相互作用，其优势在于从共生模式、共生界面、共生环境这三个基本方面反映城市群中的核心城市与其他城市之间的互动关系，为反思当下城市群中存在的区域割据和行政干预、要素流动成本高企和贸易壁垒、利益分配协调机制和风险共担机制构建等问题并探寻其解决方案提供新思路。

3.3.3　构建京津冀城市群共生模型

1. 模型设计及变量选取

本章引入共生函数模型，选取中心城市，考察中心城市和其他城市之间的共生关系，研究时间段设定为 2010—2018 年，所涉及数据均来源于中国城市统计年鉴、中国科技统计年鉴及国家统计局网站公布的数据。假设自然环境中只有一种生物，Logistic 模型可以用于描述这个种群数量的演变过程，即：

$$\frac{\mathrm{d}N(t)}{\mathrm{d}t} = rN\left(1 - \frac{N}{k}\right) \tag{3-18}$$

其中，$N(t)$ 是该种群在 t 时刻的数量，r 表示该种群的自然增长率，k 表示在最大环境资源容量 $\mathrm{d}N(t)/\mathrm{d}t=0$ 时，$N(t)=k$ 是一个稳定的平衡点。同自然界中生物种群共生协同进化的过程类似，城市群内部城市间的空间相互作用演化同样经历着从初步形成到发展再到稳定共生的过程。基于此，本章将相关模型运用于描述城市群的空间演化现象，具体如下：

$$\frac{\mathrm{d}N_1(t)}{\mathrm{d}t} = r_1\left[1 - \frac{N_1(t)}{k_1} + \alpha_{12} \times N_2(t)\right]N_1(t) \tag{3-19}$$

$$\frac{\mathrm{d}N_2(t)}{\mathrm{d}t} = r_2\left[1 - \frac{N_2(t)}{k_2} + \alpha_{21} \times N_1(t)\right]N_2(t) \tag{3-20}$$

式（3-19）和式（3-20）中，N_1 和 N_2 分别表示两共生单元的 t 时刻的种群密度，r_1 和 r_2 分别为两者自然增长率，k_1 和 k_2 分别为一定物质、资本、劳动力、技术条件、市场规模和政策安排等外在因素影响下该两个共生单元所后达到的最大容量，$1-\frac{N_1(t)}{k_1}$ 和 $\frac{N_2(t)}{k_2}$ 分别表示该两个共生单元发展中由于资源有限性而产生的阻滞因子，α_{12} 和 α_{21} 分别为该两个共生单元的共生作用系数，t 为相应年份。其中，共生作用 α_{12} 和 α_{21} 的相对大小决定了城市之间的共生模式。本章以两个城市的生产总值作为衡量种群密度的指标。由于 r 表示某城市的内禀增长率，因而需要从地区生产总值中剔除通货膨胀的影响，因此本章选用了以 1978 年为基期计算而来的实际地区生产总值。

2. 以 NLS 法估计 K 和 r

本章采用非线性最小二乘法（NLS 法）估计最大环境容量 K 和城市自

然增长率 r。非线性最小二乘法的原理基于高斯-牛顿迭代法。设定计量模型方程表达式为 $y_i = f(x_i, \beta) + \varepsilon_i$，其中 f 是 y 关于解释变量 x_i 和参数 β 的函数。其与传统最小二乘法的区别在于，如果函数 f 关于参数 β 的导数不依赖 β，称模型关于参数线性，则采用线性最小二乘法；如果函数 f 关于参数 β 的导数是 β 的函数，称模型关于参数非线性，应采用非线性最小二乘法（NLS）。

$$y_1(t_{T+1}) = \frac{K_1^{T+1}}{1 + \left[\dfrac{K_1^{T+1}}{y_1(t_T)} - 1\right] e^{-r_2 \Delta t}} \quad (3-21)$$

$$y_2(t_{T+1}) = \frac{K_2^{T+1}}{1 + \left[\dfrac{K_2^{T+1}}{y_2(t_T)} - 1\right] e^{-r_2 \Delta t}} \quad (3-22)$$

先确定一组初始估计值 K_i^0、r_i^0。初始值的确定越接近真实值越好，迭代次数越少越好。再运用 SPSS 软件进行 NLS 估计，先确定参数 r_i，根据以 1978 年为基期计算而来的实际 GDP，计算 2010—2019 年的内禀增长率，由此求出历年最大环境容量 K 值（见表 3-21，表 3-22）。

表 3-21 京津冀城市群 2010—2019 年内禀增长率　　　　　　　　单位：%

城　市	北　京	天　津	石家庄	唐　山	秦皇岛	邯　郸	邢　台
内禀增长率	7.447	7.185	8.621	7.721	8.596	8.319	8.082
城　市	保　定	张家口	承　德	沧　州	廊　坊	衡　水	
内禀增长率	8.124	6.538	7.577	8.318	7.78	8.458	

数据来源：由笔者根据 2011 年至 2020 年京津冀地区各主要城市统计年鉴或经济年鉴整理、计算而得。下同。

表 3-22 京津冀城市群 2010—2019 年最大环境容量　　　　　　　　单位：亿元

城　市	2010 年	2011 年	2012 年	2013 年	2014 年	2015 年
北　京	16 058.96	17 925.97	19 541.73	21 380.41	23 058.65	25 760.23
天　津	10 515.86	169 785.30	14 064.52	15 766.86	16 561.82	17 933.78
石家庄	1 462.75	32 501.04	4 818.89	5 174.32	5 445.30	5 937.06

续表

城 市	2010年	2011年	2012年	2013年	2014年	2015年
唐 山	2 731.66	4 553.46	6 168.30	6 227.60	6 100.65	6 364.32
秦皇岛	587.29	6 562.17	1 155.64	1 200.46	1 251.18	1 351.00
邯 郸	659.89	1 150.43	3 147.42	3 080.30	3 146.53	3 341.94
邢 台	269.41	3 608.52	1 589.77	1 647.82	1 767.64	1 982.90
保 定	678.87	1 561.52	2 948.36	3 037.92	2 999.80	3 487.63
张家口	390.71	3 288.04	1 294.41	1 350.18	1 364.16	1 472.33
承 德	245.72	1 287.60	1 274.91	1 344.88	1 359.19	1 441.44
沧 州	534.39	2 968.65	3 016.26	3 135.22	3 323.31	3 549.33
廊 坊	385.93	1 899.07	1 946.18	2 180.86	2 479.22	2 713.43
衡 水	605.96	1 060.57	1 071.07	1 150.49	1 221.48	1 426.18

城 市	2016年	2017年	2018年	2019年		
北 京	28 093.66	30 395.87	35 537.31	34 272.14		
天 津	18 573.61	18 818.95	13 995.54	16 353.58		
石家庄	3 374.00	6 158.30	5 803.44	5 859.29		
唐 山	3 156.64	7 215.08	6 887.89	7 273.30		
秦皇岛	1 010.85	1 648.10	1 611.40	1 277.28		
邯 郸	1 334.39	3 557.28	3 486.74	3 179.47		
邢 台	361.99	2 290.26	2 119.52	2 283.37		
保 定	1 341.54	3 682.95	3 777.70	4 012.69		
张家口	686.55	1 626.08	1 551.80	1 535.35		
承 德	395.13	1 561.03	1 470.81	1 529.09		
沧 州	854.62	3 860.65	3 586.35	3 685.48		
廊 坊	848.71	3 400.42	3 199.02	3 537.25		
衡 水	545.02	1 603.71	1 503.93	1 452.97		

3. 共生模式分析

本章分别以北京、天津、石家庄为中心，进行 Logistic 回归分析，研究北京与京津冀地区其他城市、天津与河北各地级市、河北省内各地级市之间的共生模式。其中，α_{12}、α_{21} 分别为中心城市与其他城市的共生作用系数，基于共生系数大小可将共生模式分为以下 6 种情况。

（1）$\alpha_{12}<0$，$\alpha_{21}<0$ 时，两个共生单元呈反向共生关系，即可能存在恶意竞争，从而导致两共生单元受到不同程度的伤害。如果二者共生系数相等，则表明其共同退化，即反向共生；如果二者系数不相等，则称其为反向非对称共生。

（2）$\alpha_{12}=0$，$\alpha_{21}=0$ 时，表明两个共生单元之间不存在共生关系，属于独立并生模式。

（3）$\alpha_{12}<0$，$\alpha_{21}>0$ 或 $\alpha_{12}>0$，$\alpha_{21}<0$ 时，表明两个共生单元之间为寄生关系，其中系数为正的是受益方，系数为负的是损失方。

（4）α_{12}、α_{21} 中有一方等于 0 而另一方大于 0 时，表明两个共生单元之间为正向偏利共生，其中系数为正的是受益方，系数为 0 的不受益。

（5）α_{12}、α_{21} 中有一方等于 0 而另一方小于 0 时，表示两个共生单元之间为反向偏利共生，其中系数为负的是受害方，系数为 0 的不受益。

（6）$\alpha_{12}>0$，$\alpha_{21}>0$ 时，表示两个共生单元之间为互利共生。如果两个系数不相等，表明两个共生单元在共生演化中的获益不相等，称正向非对称互惠共生；当两个系数相等时，则表明两个共生单元在共生演化中的利益分配对等，称正向对称互惠共生。

本章以北京为中心城市测度其与京津冀其他城市的共生系数，结果如表 3-23 所示。北京与京津冀其他城市之间主要存在两种共生模式，即寄生模式和正向非对称互惠共生模式。其中，石家庄、秦皇岛、承德在与北京的合作发展中处于被动地位，北京对这三个城市的影响主要以"虹吸效应"为主；京、津两地的互动发展呈互惠共生状态，其中天津在此过程中的获益远高于北京，可能的原因在于，天津作为北京"非首都功能"疏解的承载地以及众多科技园区、产业合作区的落户地，在与北京协同发展进程中的积极性和活跃度较高，因而两地之间的协同发展态势良好；存在相同情况的还包括唐山、邯郸、邢台、沧州、廊坊、衡水等六个城市，这在一定程度上说明了北京经济社会的发展对京津冀城市群的部分城市起到了辐射带动作用；廊坊作为与北京相接的城市，二者在经济社会各方面的联系更为紧密，双方从各自的发展中也最为受益。

表 3-23　以北京为中心城市的 Logistic 模型回归结果

中心城市	其他城市	α_{12}	α_{21}
北　京	天　津	0.006	0.107
北　京	石家庄	0.013	-0.047
北　京	唐　山	0.017	0.027
北　京	秦皇岛	0.013	-0.023
北　京	邯　郸	0.006	0.035
北　京	邢　台	0.028	0.047
北　京	保　定	0.033	0.024
北　京	张家口	0.023	-0.015
北　京	承　德	0.028	0.018
北　京	沧　州	0.012	0.034
北　京	廊　坊	0.056	0.078
北　京	衡　水	0.008	0.012

数据来源：由笔者整理、计算而得。

以天津为中心城市测度其与河北各城市共生系数，结果如表 3-24 所示。总体而言，天津与河北省内各地级市之间主要存在三种共生模式，即寄生、正向非对称互惠共生、反向非对称共生。其中，天津与石家庄、秦皇岛、邢台、张家口属于正向非对称互惠共生关系，其城市之间联系频繁，天津也初步展现出桥头堡的优势和对河北腹地的支撑作用；天津与保定呈现寄生关系，但天津在两地的竞合发展中为损失方，两地可能在城市功能、产业链分工等方面存在冲突或重合；天津与邯郸、承德、沧州、廊坊、衡水等五地处于反向非对称共生关系，说明天津与这些城市之间尚未形成良好的协同发展模式,即天津作为京津冀城市群的"次中心",尚未充分发挥其辐射带动作用。

表3-24 以天津为中心城市的Logistic模型回归结果

中心城市	其他城市	α_{12}	α_{21}
天　津	石家庄	0.008	0.007
天　津	唐　山	−0.004	−0.001
天　津	秦皇岛	0.010	0.004
天　津	邯　郸	−0.008	−0.001
天　津	邢　台	0.006	0.038
天　津	保　定	−0.005	0.001
天　津	张家口	0.023	0.013
天　津	承　德	−0.004	−0.002
天　津	沧　州	−0.005	−0.003
天　津	廊　坊	−0.020	−0.013
天　津	衡　水	−0.008	−0.001

数据来源:由笔者整理、计算而得。

以石家庄为中心城市测度其与河北其他城市共生系数,结果如表3-25所示。总体而言,石家庄与河北省内其他地级市之间主要存在两种共生模式,即正向非对称互惠共生、反向非对称共生。石家庄与唐山、邯郸、保定、廊坊、衡水等五个城市之间呈现反向非对称共生关系,与秦皇岛、邢台、张家口、承德、沧州则呈现正向非对称互惠共生关系。河北省会城市石家庄与河北省内其他城市之间的共生模式比较简单,但存在两极分化趋势。对此可重点搭建该省会城市与其他城市之间友好往来的关系网络,避免出现经济结构雷同、产业结构同质问题,同时更新制度观念,转变政府职能,从而充分发挥省会城市的带动作用。

表 3-25 以石家庄为中心城市的 Logistic 模型回归结果

中心城市	其他城市	α_{12}	α_{21}
石家庄	唐　山	-0.029	-0.019
石家庄	秦皇岛	0.046	0.021
石家庄	邯　郸	-0.066	-0.71
石家庄	邢　台	0.074	0.063
石家庄	保　定	-0.051	-0.036
石家庄	张家口	0.011	0.069
石家庄	承　德	0.018	0.004
石家庄	沧　州	0.011	0.067
石家庄	廊　坊	-0.023	-0.014
石家庄	衡　水	-0.003	-0.006

数据来源：由笔者整理、计算而得。

第4章 京津冀城市群产业演化与空间绩效研究

4.1 京津冀城市群产业结构与空间结构的耦合协调性研究

良好的产业与空间结构耦合关系能够有效发挥城市群的功能。城市群的产业结构和空间结构是两个相互影响、相互促进、相辅相成并具有明显耦合性的子系统，二者的相互作用可产生远大于单独一方的作用和效果。本章在对京津冀城市群的产业和空间结构现状特征进行分析，并构建与之相应的产业与空间结构耦合协调指标体系的基础上，计算其耦合度与空间响应度并测算其相互作用的强度；通过构建灰色关联度模型，深入分析产业和空间结构各要素间的关联性；用计量模型方法对耦合度与经济增长的相关性进行 ADF 检验和格兰杰因果关系检验。

本章研究认为，京津冀城市群的产业结构发展与空间结构演变具有较强的内在逻辑关联性；其产业结构正在向合理化与高级化的方向演进，其空间结构向多中心方向演变的趋势则越发明显。京津冀城市群的产业结构与空间结构的关系正进入高度耦合阶段；空间结构对产业结构合理化的响应度与耦合度的变化具有显著的正相关性；人口规模和空间相互作用对产业结构高极化也有积极响应，但与耦合度的变化方向相反。同时，城市规模与城市间的紧密联系能够推动产业结构的健康发展，京津冀城市群的产业与空间结构之间良好的耦合协调性对经济增长有着积极的促进作用。

4.1.1 研究背景和意义

信息化与全球化背景下的城市群已成为现代城市发展的主流,其正以全新的姿态参与全球产业分工与交流。随着我国城镇化进程的深入推进,城镇人口不断增加,由于资本、劳动力和技术等资源要素流动而产生的经济与技术创新活动也不断集中于城市,从而使城市群成为重要的增长极。目前,我国长三角、珠三角与京津冀城市群,同国内其他城市群一起,以占全国五分之二的人口和十分之一的土地面积,贡献着全国三分之二的经济总量,成为我国名副其实的区域经济核心增长极。

城市群发展对我国的重要性,早在国家"十一五"规划中就已得到阐述,该规划提出要把城市群发展作为推进城镇化的主体形态。接下来,国家"十二五"规划和党的十七大、十八大、十九大报告中也都相继论述了城市群发展的重要性。国家"十三五"规划中,则明确提出京津冀城市群是未来中国城市群框架体系的重要组成部分。这在"十四五"规划中得到了进一步的确认,指出京津冀城市群将与长三角和珠三角城市群一起对国家经济发展起到支撑作用。

京津冀城市群作为以首都为核心的地区经济增长极,以其相对完备的基础设施和优惠的产业政策,吸引着优质人力资源的大量流入,其雄厚的科技创新能力则对区域经济发展有着显著的带动作用。与此同时,国家相关经济发展政策的出台也为京津冀城市群的发展提供了强有力的支撑,其对我国新型城镇化所起的重要的作用和意义正日益凸显。

产业结构与空间结构的耦合协调对城市群的有序发展和产业空间布局的合理化具有重要意义,城市群产业间的有效竞争能够促进产业资源的优化配置。科技进步是产业结构演进的根本动力,产业结构的优化升级能推动产业的合理化布局与专业化分工,加快产业资源要素在城市群中的自由流动。产业结构与空间结构之间良好的耦合关系则可以推动城市群的健康有序发展。可见，研究京津冀城市群中产业与空间的耦合协调性，对激发区域创新活力、打造以首都为核心的世界级城市群具有重要的现实意义。

4.1.2 文献综述与述评

1. 产业结构相关研究

英国学者克拉克（Clark，1940）基于40个国家的经济数据对产业结构演变进行了实证分析，并从中发现了劳动力流动与经济发展过程的关系，进而揭示了产业结构演变的基本规律。刘易斯（Lewis，1954）发表了著名论文《劳动无限供给条件下的经济发展》，提出了用以解释发展中国家经济问题的理论模型——二元经济结构模型；此后其又于1958年出版了《经济增长理论》一书，全面分析了影响经济发展的经济因素和非经济因素并指出，要促进经济发展，就要扩大现代资本主义部门，缩小传统农业经济部门。1986年，钱纳里和赛尔奎因（Syrquin）对低收入发展中国家的产业结构进行了研究并认为，国际贸易、市场需求和生产技术等因素都会对产业结构的优化产生影响。

国内学者杨治（1985）、周振华（1992）等也对产业结构的概念进行了研究，谷书堂（1993）等则提出了科技水平在产业结构优化方面的重要性。此后，何诚颖（1997）从生产技术角度出发定义了产业结构，认为产业间的相互联系和相互作用构成了产业结构。李永禄（2002）认为，产业结构体现为各个产业的产值、劳动力以及资产等的比例，是各产业在第一、第二、第三产业中的数量比例关系，并对三大产业进行了细化分析。

关于产业结构合理化和高级化的研究，国外的代表性理论有霍夫曼的工业化法则和筱原三代平（Shinohara Miyohei）的《产业构造论》等。基于国外的产业结构优化理论，国内学者陈征（2003）认为，不合理的产业结构以及低科技水平是我国目前地区经济发展失衡的主要原因，为此应大力发展高新技术产业;郭克莎(2004)也认为,应通过加快高技术产业发展推动产业结构的转型升级。

许多学者应用实证方法对产业结构进行了研究。于春晖和郑若谷(2009)使用偏离份额法进行分析后发现,产业内部的劳动力和资本流动会影响生产率的增长。邱灵和方创琳(2010)以北京市为研究对象,使用数据包络法和因子分析法,对其产业结构的优化情况进行了研究。有学者(Vries,2012)等以金砖四国为研究对象,发现劳动力的重新配置会带来结构转型。何天祥等(2012)以珠三角城市群为参照,采用相对熵距离法对我国中部五大城市群进行了对比研究。其研究表明,中部城市群虽然工业产值高,且有较丰富的劳动力资源,但是产业结构内部差异大,就业结构也不尽合理。有学者(Wang,2015)等通过建立灰色相对关联模型,运用改进熵方法分析了我国对外直接投资对产业结构的影响。张亚明等(2015)使用 More 值[①]来测度产业结构的变化程度。段禄峰(2016)通过面板数据对我国产业结构偏离度进行了分析,发现我国的产业结构正趋于合理,但第三产业的发展仍相对落后。

2. 空间结构相关研究

国外城市空间结构研究的代表人物霍华德(Howard,1898)的田园城市理论描绘了理想的城市模式;赫德(Hurd,1903)出版了专著《城市土地价值原理》(*Principles of City Land Values*)。20 世纪 20 年代至 50 年代,虽然工业革命使经济获得了巨大发展,但随之而来的是城市环境的日益恶化,为此学者们开始努力探索与经济环境相适应的城市空间结构模式。其中,伯吉斯(Burgess,1923)提出了同心圆城市空间结构理论,霍伊特(Hoyt,1939)研究了扇形城市空间结构理论,哈里斯(Harris,1945)与

---

① More 结构变动值测定法是运用空间向量的原理,以向量空间中夹角为基础,将经济中的研究对象(一般是产业)分为 N 个部门,构成一组 n 维向量,把两组向量在两个时期间的夹角,作为象征产业结构变化程度的指标,该指标即为 More 结构变化值,简称 More 值。

厄尔曼（Ullman，1945）提出了多中心城市空间结构理论，等等。20 世纪 50 年代至 90 年代，学者们在理论研究的基础上，注重通过建立数学模型进行量化分析。其中，贝利（Berry）开启了利用数理统计方法构建动态城市空间结构模型，定量研究城市空间问题的先河；劳瑞（Lowry，1964）使用劳瑞模型，分析了城市人口、就业和交通网络的空间互动关系。同年，阿朗索（Alonso）通过地租竞价曲线，深入分析了城市空间结构模型。随后，学者们主要关注城市群和大都市带等问题的研究，其代表人物是戈特曼（Gottanman，1961）和穆勒（Muller，1981）。

国内学者对城市空间的研究最开始集中于总结城市空间结构的演化规律和特征。其中，胡俊（1995）对城市发展的理论框架进行提炼，总结了其空间结构的发展规律；吴启焰（1999）研究了改革开放后我国城市地域演变和重构的规律和特征；赵燕青（2001）提出城市空间从"单中心"到"多中心"转变所需要的条件；朱喜钢（2002）则将城市发展过程进行了划分，研究了城市由开始的集中发展到分散发展再到实现整合发展的整个过程。关于城市空间结构演化的影响因素，张庭伟（2001）认为，政府力、市场力与社区力是城市空间演变的动力；胡军、孙莉（2005）分析认为，制度不同将影响城市的空间布局；崔宁（2007）则强调了重大事件对城市空间调整的影响；洪世键、张京祥（2009）认为，土地开发模式的改变影响了城市空间的调整。

3. 产业结构与空间结构的相互关系

与其他区域发展相比，城市群发展更强调各城市间的内部联系，其子系统之间的相互作用可以达到一加一大于二的经济效果，本章重点研究的是城市群中产业结构与空间结构这两个子系统及其相互关系。影响产业结构与空间结构的因素既有劳动力、资本、技术进步与创新和制度政策等，也有单中心、多中心、城市规模和城市间的相互作用等。产业结构与空间结构之间存在相互制约和相互影响的关系：一方面，城市聚集度、规模及其职能等空间结构因素对产业结构的转型升级有制约作用；另一方面，产业结构的优化升级也促进了城市要素资源的流动，从而对城市空间结构产生了联动效应。

关于空间结构对产业结构的影响，有学者（Lucas，1988）认为，增加城市数量能降低交易成本并产生集聚经济效应；有学者（Henderson，2003）认为，城市规模大小与产业结构具有相关性，服务业的发展程度与城市规模成正比，制造业的发展则与城市规模呈反向关系。李培祥（2003）认为，城市空间的扩展、人口的增加应与产业结构的变化相符合：城市化早期阶段主要发展的是传统产业；在城市化中期阶段，应形成以"二三一"为主的产业结构；待进入城市化后期阶段，则应形成"三二一"的产业结构。此外，朱政等（2011）研究珠三角城市群多中心空间结构与产业结构升级的关系；张学良等（2014）认为，城市群更易获得集聚经济效应与正外部性；李琳（2015）研究珠三角城市群内部的经济联系后发现，城市群内部的经济联系强度存在地区差异性，地区经济增长与区域一体化程度则具有相关性。有学者（Tan，2016）等通过对武汉城市群的研究发现，商品流通与信息交换对各城市发展及二、三产业的就业有促进作用，并认为应将空间相互作用因素纳入城市群规划。

关于产业结构对空间结构影响，有学者（Mills，1986）认为，城市规模扩大的主要原因是工业化引发的大量企业聚集。张祥建（2003）认为，产业关联、产业转移以及产业聚集效应是城市群空间结构演变的动力源。李丽萍等（2006）认为，产业结构的转型升级是通过规模经济和集聚经济进行的，城市群是城市化不断发展的产物。苗洪亮等（2017）基于对京津冀、长三角和珠三角等城市群内部经济联系强度的测算，认为城市群各城市间经济联系强度弱的原因在于城市群内部存在结构断层以及次中心城市发展不均衡等。李学鑫等（2006）在对中原城市群内部经济联系强度测算的基础上提出，合理的产业分工是加强城市群内部经济联系的主要途径。

在产业与空间结构相互影响的研究中，姚士谋等（1988）认为，由产业结构调整所引起的空间结构变化是都市圈发展所必然会经历的过程。朱玉明（2001）研究了山东济南的产业结构与空间结构的内在关联机制，发现联系二者之间的纽带是土地使用机制。朱英明等（2002）分析了上海都市圈中的大城市辐射范围，发现大城市通过对第三产业的辐射作用能够影响其他城市的产业结构。李诚固等（2004）探讨了不同地域类型的城市化与区域产业结构演变的相互作用特点、模式及变化趋势；陈跃刚等（2008）认为，集聚经济对产业发展有影响作用，其在超过临界点后出现的负面效应会使中心城市的经济活动向周边地区转移。王丰岐等（2009）认为，产业经济的发展会影响空间结构的演化，在技术进步促进生产效率提高的作用下，中心城市形成了以第三产业为主的产业结构，制造产业也逐步由中心城市转移到一般城市。李文强和罗守贵（2011）则探讨了都市圈产业结构演化与城市空间结构演变的耦合机理。此外，有学者以长三角为例，分析了产业、人口与空间的相互关系（朱江丽等，2015）；并有学者以安徽省淮南市为例，研究了煤炭资源型城市的产业结构与空间结构之间的关系（焦华富等，2016）。上述研究均发现城市群的产业结构与空间结构存在耦合关联关系。

4. 研究述评

笔者通过梳理相关文献资料，发现上述学者大都将产业结构或空间结构作为独立的研究对象，或侧重分析城市空间规模对产业结构的作用，或侧重分析城市产业结构对空间结构的影响；即使是将二者结合起来的研究，也多是探讨其相互作用的机理，而缺少对其互动关系进行实证研究。本章在充分借鉴已有研究的基础上，建立了灰色关联度模型与耦合度模型，构建了较为全面的京津冀城市群产业结构与空间结构指标体系，用以系统分析两者间的耦联关系，以期对京津冀城市群的产业转型升级与空间布局合理化提出有效的政策建议。

4.1.3　研究内容、研究方法与创新之处

1. 研究内容

（1）研究背景与文献综述。阐述研究背景和意义，对选题文献中所体现的研究现状进行归纳和总结，从而明确本章研究的内容以及需要运用的理论和方法，并提出创新点。

（2）概念界定与理论基础。明确研究对象并进行概念界定，并阐释产业结构和空间结构的相关理论，从而为后续研究奠定理论基础。

（3）京津冀城市群产业结构的现状特征分析。分别对京津冀城市群中各城市的第一、第二、第三产业现状特征进行分析，进而分析京津冀城市群中13个主要城市的产业结构演化趋势。

（4）从首位度、人口规模、城市规模基尼系数、分散度和空间相互作用等方面分析京津冀城市群的空间结构特征；计算京津冀城市群中各主要城市的相对发展率，探究京津冀城市群的空间结构演变规律。

（5）模型构建与实证分析。介绍数据来源、京津冀城市群产业结构和空间结构指标选取的理论与文献依据等，构建耦合度模型和灰色关联度模型；根据模型测算结果分析京津冀城市群之产业结构与空间结构的相关性；通过ADF单位根检验和格兰杰因果关系检验，探讨京津冀城市群产业结构与空间结构的耦合度对经济增长的影响。

（6）结论和政策建议。针对前文分析，归纳主要结论，并提出政策建议。

2. 研究方法

（1）文献梳理。通过对国内外文献进行归纳和总结，了解相关领域的研究状况，对理论基础及相关概念进行阐述。

(2) 描述统计与空间经济分析。对京津冀城市群的产业与空间结构现状特征进行描述和分析，并运用 ArcGIS 软件分析京津冀城市群的空间结构变化特征与规律。

(3) 实证分析。建立京津冀城市群产业与空间结构耦合关系的评价指标体系，对产业与空间结构的耦合协调度进行测算，并检验耦合度与经济增长的相关性。

3. 创新之处

(1) 选题视角方面的创新。对城市产业结构与空间结构关系的研究具有重要学术价值，但目前相关文献大多集中于单独研究产业结构或空间结构，将二者结合起来的研究则较少。本章将产业结构与空间结构有机结合起来，置于统一的研究框架中，从而深入探究京津冀城市群之产业结构和空间结构的耦合过程，这对进一步开展京津冀城市群协同发展研究有着比较重要的意义。

(2) 研究方法与指标体系方面的创新。本章构建了耦合度与灰色关联度模型，而研究京津冀城市群之产业结构与空间结构的关联性尚属首次；相关实证研究大多以土地利用作为空间结构指标，本章则侧重从城市集聚扩散的视角来构建空间结构指标体系。

4.1.4 概念界定与理论基础

1. 空间结构的内涵

城市是集合了各种自然要素和人文要素的复杂综合体，地理学视角下的空间结构被看作是用来组织空间并涉及社会和自然过程运行的结构模式（Johnston，2004）。20 世纪 60 年代，费利（Fely）提出城市空间结构包括城市要素空间分布与空间作用模式这两个方面；20 世纪 70 年代，鲍瑞纳（Borina）基于系统论指出，城市空间结构是城市各要素相互作用所形成的子系统的集合。李晓莉（2008）认为，城市群空间结构是各种物质要素的集聚与配置在区域空间中的相互关联、相互位置的分布及其相互作用所构成的空间网络分布格局。本章研究认为，城市群空间结构的内涵是人类主体以城市化区域为载体，在城市群内各城市间呈现的空间分布状态和聚集分散程度。

2. 产业结构的内涵

产业结构作为重要的经济学概念之一，主要反映三次产业之间的关系，在数量上表现为不同产业之产值的比例，在动态上表现为产业由低级向高级的演变过程，是产业间的技术经济联系及其联系方式，主要从"量"和"质"两方面来反映地区资源配置和经济结构状况，产业结构被看作是各种类型的资源在产业部门之间的配置比例（党耀国，2011）。本章从大多数学者对产业结构的定义出发，对京津冀城市群三次产业的变动规律与发展趋势进行了系统分析。

3. 耦合度

现已广泛运用于经济学等领域的耦合概念源自物理学，指反映两个或两个以上的系统或运动形式所具有的各种相互影响与相互作用的现象（叶玉瑶等，2011；马丽等，2012；张文龙等，2012）；系统各要素在时空间范围内通过协同促进的耦合作用，由无序发展为有序。本章研究认为，产业结构与空间结构的耦合是城市群产业结构系统中的产业结构高级化子系统、产业结构合理化子系统与产业结构高效化子系统中的各要素，是其在政治、经济与环境等因素的复杂作用下，与城市群空间结构系统中的城市规模子系统、城市集聚与扩散子系统之诸要素所产生的相互作用和影响；受各种要素变动的影响，城市群内的产业结构不断发生变化，其空间结构也必然发生改变，二者之间具有内在的有机联系。

4. 产业结构理论基础

(1) 配第-克拉克定理。著名英国古典政治经济学创始人配第于17世纪发现，造成各国国民收入水平差异和经济发展不同阶段的关键原因在于产业结构的不同，他同时指出工业比农业、商业比工业的附加值高。配第认为，收入差异会促使劳动力转向高收入产业，农业产值比重也由此自然下降。克拉克在配第定律的基础上，通过深入进行数据挖掘和分析，发现劳动力的流动主要取决于收入水平的高低，即随着收入水平的提高，劳动力会先由第一产业向第二产业转移，进而向第三产业转移。

(2) 霍夫曼定理。德国经济学家霍夫曼基在20多个国家的统计数据研究基础上，提出了消费资料工业净产值与资本资料工业净产值的比例（霍夫曼比例）。他认为，消费资料工业包括纺织、制鞋、服装、食品和家具等行业，资本资料工业包括冶金及金属制品、一般机械、运输机械和化学工业等行业，其他产业主要包括木材加工、造纸、橡胶和印刷业等。霍夫曼将产品用途有75%以上属于资本资料的产业划分为资本资料工业，同时将难以用以上标准划分的产业列入其他工业，并认为工业化的第一阶段是消费品工业占主导地位，霍夫曼比例为（5±1）；在工业化第二阶段，资本品工业的增长快于消费品工业，消费品工业降到工业总产值的50%或以下，霍夫曼比例为（2.5±0.5）；在第三阶段，资本品工业继续快速增长，并已达到与消费品工业相平衡的状态，霍夫曼比例为（1±0.5）；在第四阶段，资本品工业占主导地位，这一阶段被认为实现了工业化，霍夫曼比例为1以下。

5. 空间结构理论基础

(1) 区位论。区位论包括农业与工业区位论、中心地理论和市场区位论等。其中，杜能（Thunen，1826）提出了农业区位论。该理论认为，农业经济活动的空间分布以中心城市为核心并受土地租金的影响。韦伯

(Weber,1909)所著《工业区位论》(Industrial Location Theory)认为，运费、劳动费和产业集聚等因素综合决定了工业场所的区位选择。克里斯塔勒（Christaller,1933）依据市场、交通和行政等原则确定了正六边形中心地城市聚落的网络体系。廖什（Losch,1939）根据利润最大化原则，以市场需求为选择变量，提出企业区位选择和产业结构调整受消费需求结构和市场规模等的影响。

（2）空间相互作用理论。厄尔曼（Ullman,1957）提出的空间相互作用理论认为，城市间的空间相互作用处于不断变动之中，并主要表现为城市与城市、区域与区域间进行资本、劳动力、技术、信息等生产要素和商品的传递过程；通过加强城市群中各城市间的关联互动，可为空间结构演化提供源动力，从而促进城市群空间结构的演变和发展。

（3）增长极理论。佩鲁（Perroux,1995）提出的增长极理论指出，均衡发展不会在一个国家的所有部门或地区同时出现，即必然会出现带动并先于其他经济部门发展的领导部门。布德维尔（Boudeville,1966）以此为基础加入了"区域增长极"的地理空间概念，认为增长中心将率先带动地区经济发展，并通过辐射扩散等方式使周边地区获得经济增长。赫希曼（Hischman）认为，只有当某地区具有绝对的产业优势、各种资源向该地区倾斜并能够快速推动该地区经济发展时，才会使这一地区成为增长极。缪尔达尔（Myrdal,1957）认为，增长极有极化和扩散这两种效应，在区域经济发展中，增长极会促使周边地区的生产要素持续向增长极集聚，从而使增长极获得进一步发展，产生极化效应；增长极在自身发展的同时也会与周边地区进行生产要素交换，辐射、带动周边地区的经济发展，产生扩散效应。

（4）核心-边缘理论。弗里德曼（Friedman,1966）提出的核心-边缘理论阐述了空间结构的演化过程。随着工业化进程的不断深化，空间结构将由均质无序状态向非均衡低级有序状态演化，进而再发展到高水平的动态均衡。该理论认为，核心与边缘是社会地域组织的基本成分，核心区一般指城市或城市集聚区，边缘区则是经济较为落后的地区，核心与边缘区之间的极化与扩散效应是产生演化的本质。

以上论述是支撑本章有关城市群产业结构与空间结构研究的重要基础理论。

4.1.5 京津冀城市群产业结构分析

1. 京津冀城市群三次产业现状

（1）第一产业现状特征。由图 4-1 可知，京津两地的第一产业增加值低于河北，并在 2005—2019 年总体处于平稳增长态势且变化较小；河北的第一产业增加值在 2005—2013 年呈平稳增长态势，2014 年增速放缓，到 2017 年有所下降，之后又反弹上升，由于河北的农业在京津冀地区占据重要地位，其第一产业增加值基数较大，因此变化也较为明显。

由图 4-2 可知，京津两地的第一产业增加值在 2005—2019 年的增加幅度分别为 15.7 亿元、72.85 亿元，河北在 2005—2019 年的第一产业增加值增长幅度为 2 015.37 亿元，说明其农业的增幅最大。目前，京津冀地区的第一产业增加值及其比例状况，基本符合"京津双城"与河北的产业功能定位。

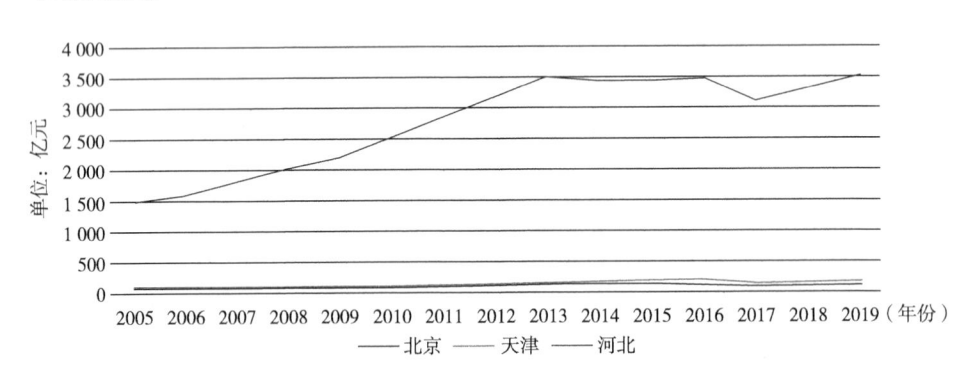

图 4-1 京津冀地区的第一产业增加值（折线图）

资料来源：2005—2019 年的北京统计年鉴、天津统计年鉴、河北经济年鉴等。

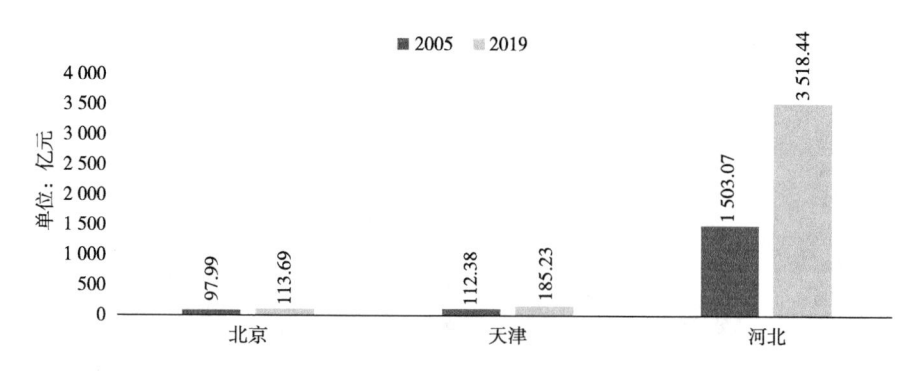

图 4-2 京津冀地区 2005—2019 年的第一产业增加值（柱状图）

资料来源：2005—2019 年的北京统计年鉴、天津统计年鉴、河北经济年鉴等。

（2）第二产业现状特征。第二产业主要包括工业和建筑业等。如图 4-3 所示，北京的工业产业增加值在 2005—2019 年间处于上升态势，2015 年以后的增速有小幅增加；天津的工业产业增加值在 2005—2018 年间整体呈上升态势，2018 年出现大幅下降；河北的工业产业增加值在 2005—2014 年间一直呈上升态势，2014 年有明显下降，2015—2018 年重新上升，2018 年又大幅下降。同时，北京的工业增加值曲线相对平稳，天津与河北的工业增加值所占比例则较高，曲线变化波动也较大，这与津冀两地近年来的工业转型升级有关。

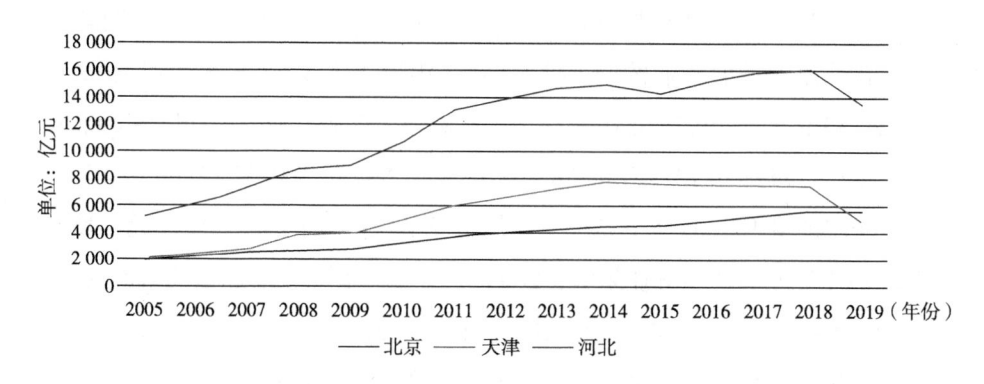

图 4-3 京津冀地区的工业产业增加值

资料来源：2005—2019 年的北京统计年鉴、天津统计年鉴、河北经济年鉴等。

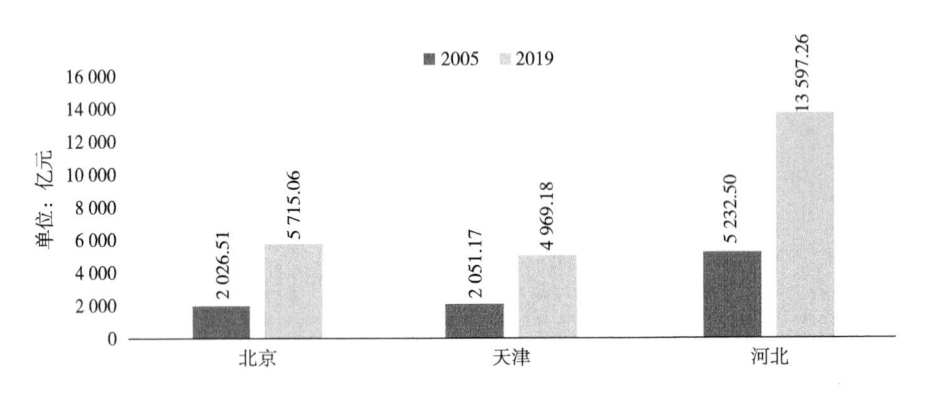

图 4-4　京津冀地区 2005—2019 年工业产业增加值

资料来源：2005—2019 年的北京统计年鉴、天津统计年鉴、河北经济年鉴等。

由图 4-4 可知，北京和天津的工业产业增加值在 2005—2019 年的增长幅度分别为 3 688.55 亿元、2 918.01 亿元，河北第二产业增加值在 2005—2019 年的增长幅度为 8 364.76 亿元。从增长幅度看，河北远大于京津两地，这是因为河北的第二产业基数大，所以增长幅度遥遥领先。

（3）第三产业现状特征。根据统计数据可得性，本章在第三产业中选取的细分行业包括批发零售、住宿餐饮、房地产、交通运输业、仓储和邮政和金融业等。

以交通运输、仓储和邮政业为例，图 4-5、图 4-6、图 4-7、图 4-8 表明：在北京，该服务业的增加值由 2005 年的 404.66 亿元增加到 2019 年的 1 025.33 亿元，增加了 620.67 亿元。在天津，该服务业的增加值由 2005 年的 227.16 亿元增加到 2019 年的 787.73 亿元，增加了 560.57 亿元。在河北，该服务业增加值由 2005 年的 702 亿元增加到 2019 年的 2 916.01 亿元，增加了 2 214.01 亿元。从金融业来看，2005 年北京的金融业增加值为 836.62 亿元，远超天津与河北。2019 年北京的金融业增加值高达 6 544.77 亿元，增长幅度为 5 708.15 亿元，北京的金融业增长幅度约为河北的两倍。

2005 年，北京的房地产业增加值为 455.31 亿元，超过天津的 128.77 亿元和河北的 291.51 亿元。2019 年，北京的房地产业增加值高达 2 620.79 亿元，天津和河北的房地产业增加值分别为 1 238.45 亿元和 2 310.00 亿元；北京的增长幅度为 2 165.48 亿元，天津、河北分别为 1 109.68 亿元、2 018.49 亿元。

2005 年，北京的批发与零售业增加值为 654.09 亿元，超过天津的 436.14 亿元和河北的 598.56 亿元。2019 年，北京的批发与零售业增加值高达 2 856.89 亿元，天津和河北的批发与零售业增加值分别为 1 372.27 亿元和 2 947.53 亿元；北京的增长幅度为 2 202.8 亿元，天津、河北分别为 936.13 亿元、2 348.97 亿元，河北的增长幅度大于北京和天津。

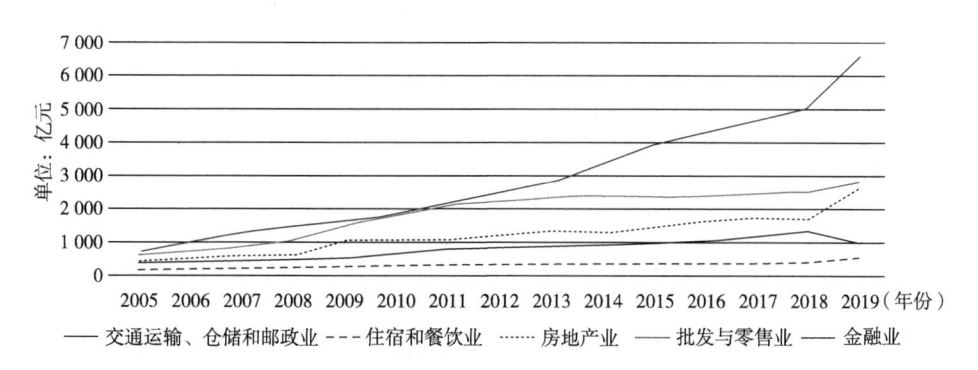

图 4-5　北京服务业增加值

资料来源：2005—2019 年的北京统计年鉴。

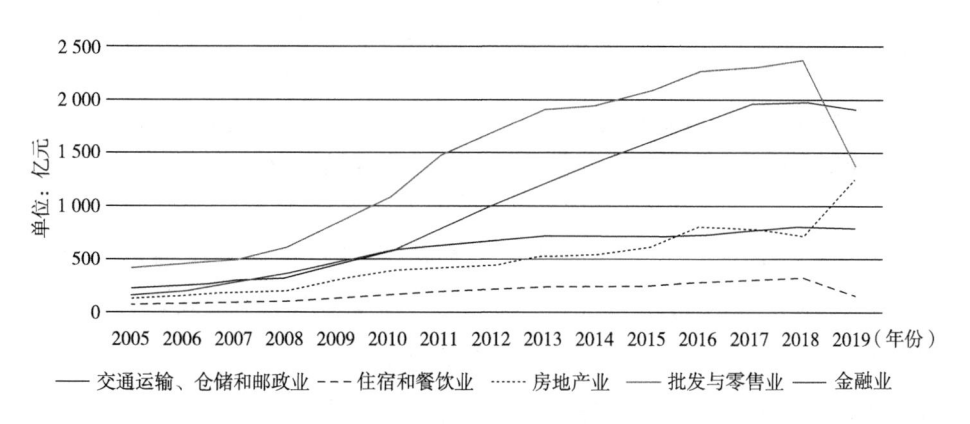

图 4-6　天津服务业增加值

资料来源：2005—2019 年的天津统计年鉴。

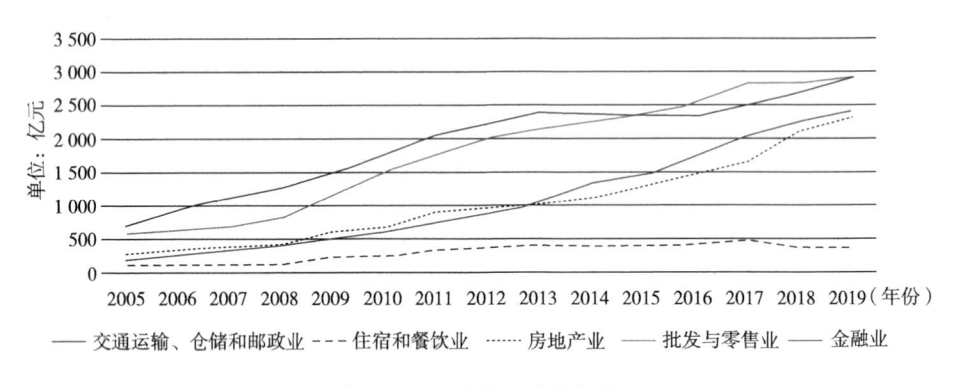

图 4-7 河北服务业增加值

资料来源：2005—2019 年的河北经济年鉴。

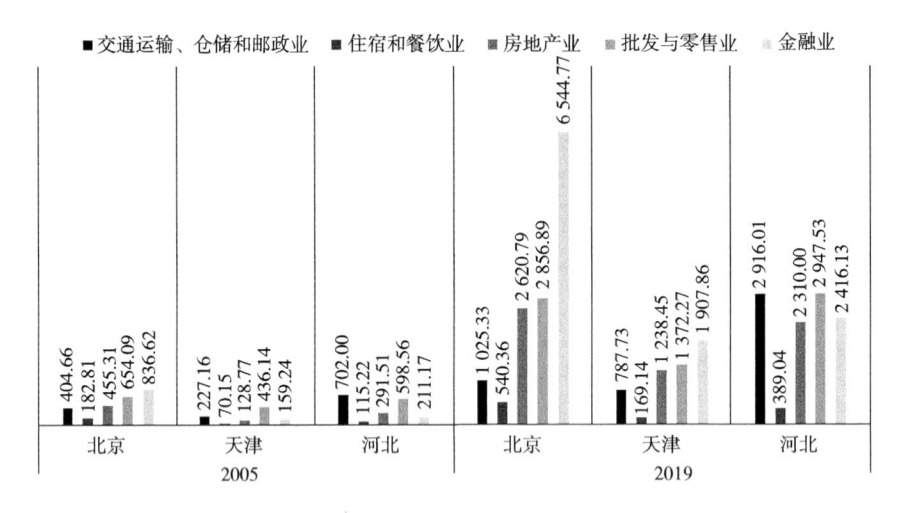

图 4-8 京津冀地区 2005 年、2019 年的服务业增加值（单位：亿元）

资料来源：2005 年、2019 年的北京统计年鉴、天津统计年鉴、河北经济年鉴。

2005 年，北京的住宿和餐饮业增加值为 182.81 亿元，超过天津的 70.15 亿元和河北的 115.22 亿元。2019 年，北京的住宿和餐饮业增加值为 540.36 亿元，天津和河北的住宿和餐饮业增加值分别为 169.14 亿元和 389.04 亿元；北京的增长幅度为 357.55 亿元，天津、河北分别为 98.99 亿元、273.82 亿元，北京的增长幅度大于河北和天津。

本章中，将上述五类细分行业按照辐射范围的大小分为地方性服务业和辐射性服务业。其中，批发与零售业、住宿和餐饮业、房地产业应当属于地方性服务业；交通运输、仓储和邮政业以及金融业属于辐射性服务业。由图4-9、图4-10可知，除房地产行业外，河北的地方性服务业增长速度最快，北京次之，天津的增长速度最慢。

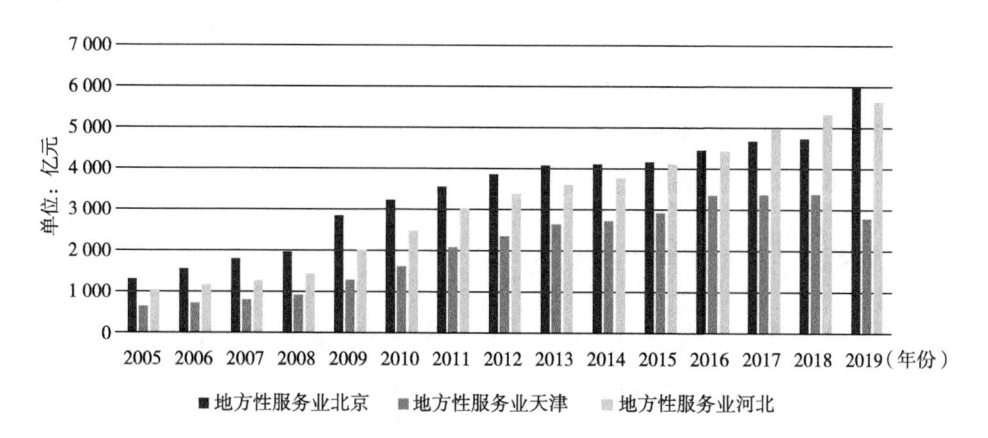

图4-9　京津冀地区地方性服务业增加值

资料来源：2005—2019年的北京统计年鉴、天津统计年鉴、河北经济年鉴。

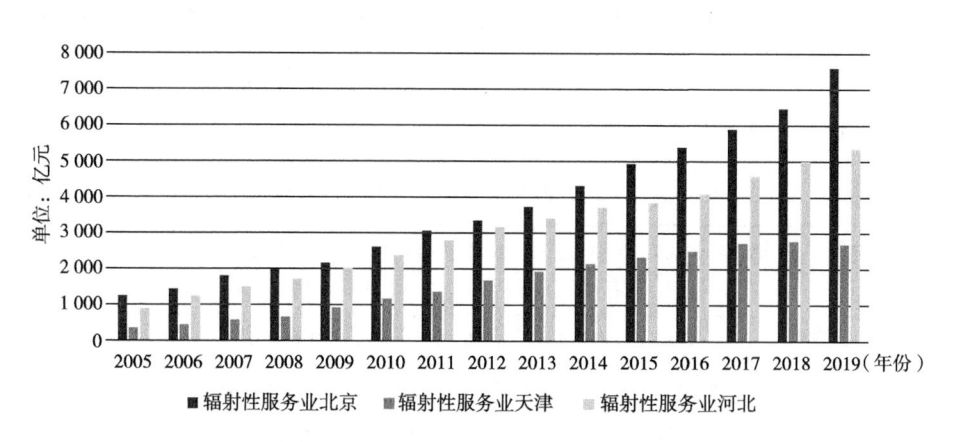

图4-10　京津冀地区辐射性服务业增加值

资料来源：2005—2019年的北京统计年鉴、天津统计年鉴、河北经济年鉴。

从辐射性服务业来看，北京的辐射性服务业的增加值远大于津冀。

其原因在于，北京是全国的金融决策与管理中心，金融服务业影响范围大，适合在中心城市发展。北京作为京津冀城市群中的核心城市，其金融业的发展不仅能够促进北京的经济繁荣，而且能带动周边地区的投资发展，并通过金融业的集聚实现金融资源在全国特别是京津冀地区的优化配置。

自2013年起，北京的地方性服务业增速变缓，至2016年低于河北。这表明，在中心城市与次中心城市的双重作用力下，城市群中的中心城市以外的城市主要发展面向本地的服务业以及同中心城市配套的一般加工业，而这些产业与当地居民的生活密切相关。

2. 京津冀城市群各城市三次产业结构演变

产业结构变化可用第一、第二、第三产业增加值占GDP比值的变化表示。本章根据数据的可得性以及样本城市的代表性，测算了京津冀城市群2008年至2019年第一、第二、第三产业GDP的比值，分别是中心城市北京、次中心城市天津（即"京津双城"）带动区域经济社会一体化发展的引擎作用，石家庄、唐山、保定、邯郸等区域性中心城市的产业和人口集聚功能，以及张家口、承德、廊坊、秦皇岛、邢台、衡水等节点城市的支撑作用。具体见表4-1。

表4-1 京津冀城市群各城市三次产业构成变化 单位：%

城市	产业	2008年	2009年	2010年	2011年	2012年	2013年	2014年	2015年	2016年	2017年	2018年	2019年
北京	第一产业	1.08	0.97	0.88	0.84	0.84	0.83	0.75	0.61	0.51	0.40	0.39	0.32
	第二产业	25.68	23.50	24.01	23.09	22.70	22.32	21.31	19.74	19.26	19.00	18.63	16.16
	第三产业	73.25	75.53	75.11	76.07	76.46	76.85	77.95	79.65	80.23	80.60	80.98	83.52
天津	第一产业	1.93	1.71	1.58	1.41	1.33	1.31	1.28	1.26	1.23	1.20	0.92	1.31
	第二产业	60.13	53.02	52.47	52.43	51.68	50.64	49.38	46.58	42.33	40.80	40.46	35.23
	第三产业	37.94	45.27	45.95	46.16	46.99	48.05	49.34	52.15	56.44	58.00	58.62	63.46

续表

城 市	产 业	2008年	2009年	2010年	2011年	2012年	2013年	2014年	2015年	2016年	2017年	2018年	2019年
石家庄	第一产业	10.91	10.27	10.87	10.16	10.05	10.05	9.43	9.09	8.11	7.40	6.91	7.74
	第二产业	50.19	49.58	48.63	49.77	49.79	48.51	46.96	45.08	45.45	45.10	37.57	31.53
	第三产业	38.90	40.15	40.51	40.07	40.16	41.44	43.81	45.84	46.44	47.50	55.51	60.74
唐 山	第一产业	9.55	9.45	9.44	8.94	9.02	9.03	8.97	9.32	9.43	8.50	7.09	7.71
	第二产业	59.34	57.76	58.14	60.08	59.26	58.70	57.75	55.13	55.07	57.40	54.89	52.44
	第三产业	31.11	32.80	32.42	30.98	31.72	32.27	33.27	35.55	35.50	34.10	38.02	39.85
秦皇岛	第一产业	11.26	12.72	13.62	13.08	13.38	14.67	14.55	14.21	14.52	13.30	12.43	12.80
	第二产业	40.54	38.74	39.53	39.20	39.29	38.29	37.44	35.59	34.73	34.60	33.14	32.89
	第三产业	48.19	48.53	46.86	47.72	47.33	47.03	48.01	50.20	50.75	52.10	54.43	54.31
邯 郸	第一产业	11.57	12.25	13.04	12.57	12.69	12.90	13.09	12.81	12.50	11.10	9.07	9.82
	第二产业	55.11	53.89	54.21	54.77	53.59	51.34	50.11	47.16	47.24	48.60	45.10	44.59
	第三产业	33.32	33.86	32.75	32.66	33.71	35.76	36.80	40.03	40.26	40.30	45.83	45.59
邢 台	第一产业	15.24	15.04	15.65	15.31	15.69	15.88	16.60	15.62	13.65	12.20	12.34	13.37
	第二产业	57.06	56.50	55.61	55.52	54.15	52.38	47.36	44.97	46.86	47.90	40.77	39.30
	第三产业	27.69	28.46	28.74	29.16	30.16	31.74	36.04	39.41	39.49	39.90	46.89	47.33
保 定	第一产业	15.62	15.35	14.81	14.00	13.90	14.09	14.01	11.78	13.02	11.70	11.54	11.75
	第二产业	48.30	50.37	51.60	54.63	54.98	54.36	51.50	50.02	48.37	45.70	42.19	34.95
	第三产业	36.07	34.29	33.59	31.36	31.12	31.54	34.48	38.20	38.61	42.60	46.27	53.30
张家口	第一产业	16.50	15.17	15.83	16.12	16.68	18.32	17.76	17.87	18.15	18.10	14.75	15.72
	第二产业	43.97	41.83	42.96	44.20	42.89	42.13	42.66	40.01	37.32	35.20	33.74	28.72
	第三产业	39.53	43.00	41.21	39.69	40.43	39.56	39.58	42.12	44.53	46.70	51.51	55.57
承 德	第一产业	15.00	14.91	15.68	14.99	15.67	16.54	16.81	17.34	16.53	15.60	18.05	20.26
	第二产业	60.17	51.61	51.04	54.83	52.91	51.08	49.98	46.84	45.79	46.10	36.27	33.21
	第三产业	24.83	33.48	33.28	30.18	31.42	32.38	33.20	35.82	37.68	38.30	45.68	46.53
沧 州	第一产业	11.74	12.01	11.47	11.44	11.35	10.39	10.14	9.62	8.71	8.10	7.50	8.16
	第二产业	50.52	48.24	50.62	52.56	52.59	52.57	51.97	49.58	49.59	49.90	42.98	39.86
	第三产业	37.75	39.75	37.91	36.00	36.06	37.34	37.89	40.80	41.70	42.00	49.52	51.98

续表

城市	产业	2008年	2009年	2010年	2011年	2012年	2013年	2014年	2015年	2016年	2017年	2018年	2019年
廊坊	第一产业	12.30	12.06	11.66	10.82	11.06	10.24	9.45	8.33	7.33	6.50	6.33	6.65
	第二产业	56.64	53.42	53.57	54.33	53.98	52.60	48.06	44.56	44.07	48.30	36.61	32.92
	第三产业	31.06	34.52	34.77	34.85	34.96	37.16	42.50	47.10	48.60	49.70	57.06	60.44
衡水	第一产业	17.41	18.85	19.72	18.79	18.70	15.72	14.49	13.84	12.98	11.90	12.86	14.40
	第二产业	48.91	50.80	50.65	52.56	51.72	52.18	47.86	46.15	47.06	46.20	41.02	32.70
	第三产业	33.68	30.35	29.43	28.65	29.58	32.10	37.65	40.00	39.96	41.90	46.12	52.90

资料来源：2008—2019年的北京统计年鉴、天津统计年鉴、河北经济年鉴。

从时间维度看，这些城市的三次产业变动状况如表4-1所示。2008—2019年，北京的第一、第二产业产值比重在京津冀城市群中最低，且继续呈下降趋势。第一、第二产业比重的不断下降意味着第三产业比重的不断上升：2008年，北京的第三产业占比为73.25%，2019年升至83.50%；12年间其第三产业比重上升了10.25个百分点，说明在此期间该产业的发展势头十分强劲。

天津的第一产业占比也较小，且呈持续下降态势；其第二产业在12年间的波动幅度较大，从2008年的60.13%下降至2019年的35.20%，下降了24.93个百分点；天津的第三产业强势发展，从2008年的37.94%上升到2019年的63.50%，上升了25.56个百分点，演变为"三二一"产业格局。

2008—2019年，石家庄的第一、第二产业占比略有下降，第三产业呈平稳上升趋势，呈现"三二一"产业格局。唐山的第一、第二、第三产业占比相对稳定，呈"二三一"产业格局。秦皇岛的第一、第三产业比重缓慢上升，第二产业比重下降，呈"三二一"产业格局。邯郸的第一产业占有小幅下降，第二产业从2008年的55.11%下降到2019年的44.59%，第三产业从2008年的33.32%上升到45.59%，初步形成了

"三二一"的产业格局。邢台第一、第二、第三产业的产值比例从2008年的15.24∶57.06∶27.69演变为2019年的13.37∶39.30∶47.33,说明其产业结构得到进一步优化。到2019年,保定已形成"三二一"的产业格局。2008—2019年,张家口在12年间的第三产业比重持续上升,第一、第二产业比重不断下降,已转变为"三二一"的产业格局。上述12年间,承德的第二产业下降幅度与第三产业上升幅度都比较大:第二产业下降了26.96个百分点,第三产业上升了21.7个百分点,但其产业结构仍有待进一步优化。沧州的第一、第二、第三产业占比在上述12年间有一定幅度变化,总体形成了"三二一"的产业结构。在此期间,廊坊的第一产业比重下降了5.65个百分点,幅度较大,其第一产业2019年的占比为6.65%;第三产业占比上升了29.38个百分点,已属于"三二一"产业结构。衡水的第一、第二产业占比分别下降了3.01个百分点和16.2个百分点,也已实现"三二一"产业结构。

从图4-11可以看出,2008—2019年间,京津冀地区的第三产业产值占比上升,第一产业和第二产业的产值占比下降。这表明,京津冀城市群的产业结构调整优化正在稳步进行,并逐步向以第三产业为主转变。2019年,北京的第三产业占比已达83.5%,天津的第三产业占比为63.46%,河北的第三产业占比已接近第二产业。

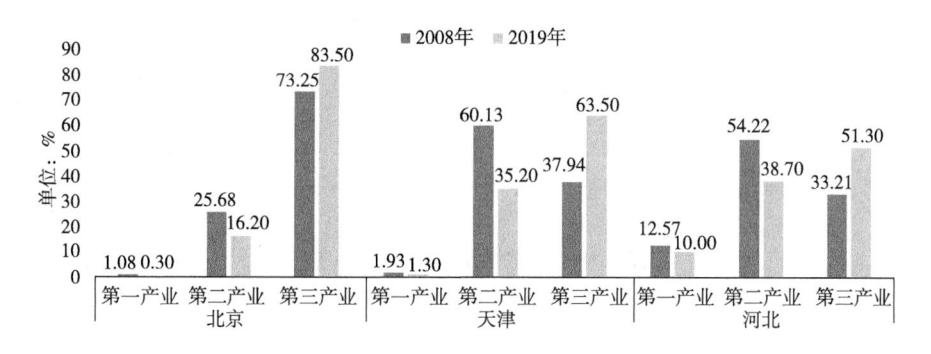

图4-11 京津冀地区2008—2019年的三次产业构成变化

资料来源:2008—2019年的北京统计年鉴、天津统计年鉴、河北经济年鉴。

通过对京津冀城市群13个主要城市三次产业占比的演化分析可知，河北省内各城市除承德、秦皇岛外，第一产业比重都处于降低状态；第二产业占比则基本稳定或处于下降趋势，其占比均高于北京；第三产业占比亦在不断上升，但该地区包括天津在内的第三产业占比均远低于北京。北京作为首都，以"四个中心"为统领，有其独特的城市功能定位：第一产业和第二产业逐步减少，以发展高精尖等第三产业为主。天津具有港口等独特地理优势，根据其功能定位，第一产业和第二产业的占比也趋于减少。河北有着丰富的劳动力资源和土地等资源，由此成为京津冀城市群的农业和重工业发展基地。

4.1.6 京津冀城市群空间结构分析

1. 空间结构特征

（1）人口规模。城市规模可以用人口规模进行衡量，本章选取市辖区人口总和对数值（lnpop）进行测度。图4-12显示，京津冀城市群的人口规模持续扩大，优质人口的增加能带来正外部性收益。

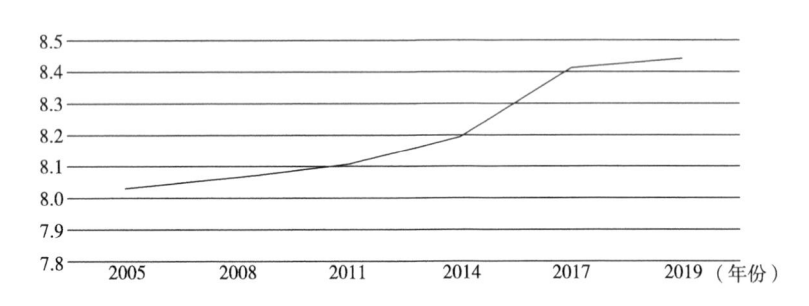

图4-12 京津冀城市群的人口规模

资料来源：2005年、2008年、2011年、2014年、2017年、2019年的北京统计年鉴、天津统计年鉴、河北经济年鉴。

（2）首位度。首位度表示城市群中第一大城市发展的集中程度，发育良好的城市群不能是首位城市的寡头式发展。城市群内部的资源分布是否合理可用首位度指标来衡量：首位度越低，表示城市群内各城市的资源分布越均衡；首位度越高，则表明城市群的内部分工越不合理，容易产生"城市病"并将制约整个城市群的发展，以致影响首位城市的健康发展。一般而言，城市首位度小于2，表示城市群集中度适当且发展均衡；若首位度大于2，则说明集聚过度发展失衡。具体计算公式如下：

$$首位度：S = P_1/P_2 \tag{4-1}$$

式（4-1）中，P_1是首位城市的人口规模，P_2为第二位城市的人口规模。

图4-13显示，京津冀城市群首位度在2005—2019年间都小于2，处于合理区间。其中，2005年到2014年该地区的首位度呈上升趋势；自2014年起逐年下降且比较明显，从1.52降至1.26。这说明近年来京津冀地区的协同发展效果显著，其城市群正向两个或多个中心方向发展。

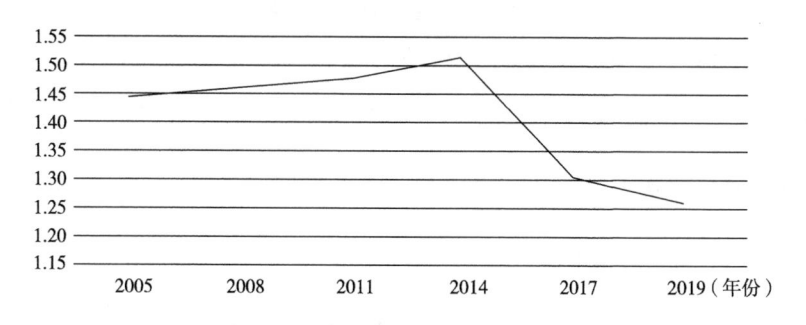

图4-13 京津冀城市群的首位度情况

资料来源：2005年、2008年、2011年、2014年、2017年、2019年的北京统计年鉴、天津统计年鉴、河北经济年鉴。

（3）分散度。如果城市群集聚达到一定程度并且超过最优点时，城市群内的产业发展因不能获取最大利益而出现收益递减，于是将选择向城市周边地区扩散。分散度计算公式如下：

$$分散度：D_i = 1 - \frac{\sum S_i}{S} \tag{4-2}$$

式（4-2）中，D_i 表示分散度，S_i 为城市群各城市人口规模，S 为总人口规模。

图 4-14 表示，京津冀城市群的分散度在 2005 年至 2017 年呈下降趋势，2017 年以后则有明显上升。这表明，2017 年前京津冀城市群的人口存在向一个或多个中心城市（如北京、天津、石家庄、唐山、保定等）聚集的特征，2017 年后则逐渐呈现分散趋势。

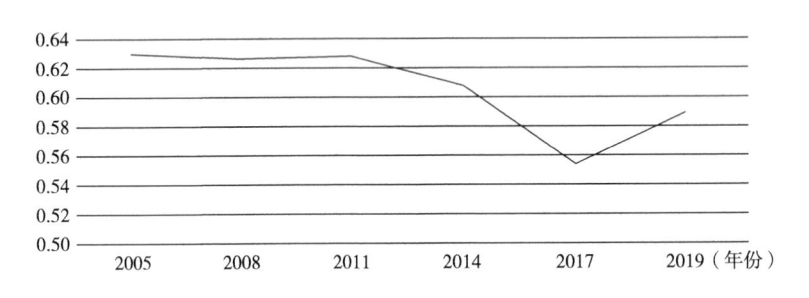

图 4-14 京津冀城市群的分散度

资料来源：2005 年、2008 年、2011 年、2014 年、2017 年、2019 年的北京统计年鉴、天津统计年鉴、河北经济年鉴。

（4）城市规模基尼系数。

$$城市规模基尼系数：G = \frac{T}{2S(n-1)} \quad (4-3)$$

式（4-3）中，n 是城市群内的城市个数，S 为城市群内总人口，T 表示 n 个城市间总人口之差的绝对值总和，$0<G<1$；当城市规模基尼指数大于 0.6 时，表示人口分布极不平衡。

由图 4-15 可知，2005 年、2008 年、2011 年和 2014 年这四个时间点的京津冀城市群基尼系数都大于 0.6，表明京津冀城市群的人口极化效应显著，城市规模分布非常不均衡。2019 年，该地区的城市规模基尼系数降至 0.58，小于 0.6，表明城市群中的城市规模分布趋于均衡。

（5）空间相互作用指数。城市群是一个动态开放的空间系统，其与其他城市群各城市间通过传导辐射与对流作用等形式发生较为复杂的空间关

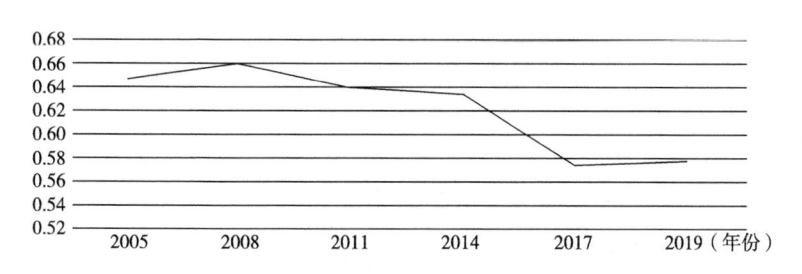

图 4-15　京津冀城市群的城市规模基尼系数

资料来源：2005 年、2008 年、2011 年、2014 年、2017 年、2019 年的北京统计年鉴、天津统计年鉴、河北经济年鉴。

联。其中的经济联系最容易反映各城市间生产要素的关系，其强弱程度和紧密度可用来表示城市群的发育度。具体计算公式如下：

$$I_{si} = \frac{\sum_{i,j=1}^{n} \frac{\sqrt{P_i \times GDP_i} \times \sqrt{P_j \times GDP_j}}{D_{ij}^2}}{1 + 2 + \cdots + (n-1)} \quad (4-4)$$

式（4-4）中，I_{si} 为空间相互作用指数；P_i、P_j 为城市群内第 i、j 城市市辖区总人口；GDP_i、GDP_j 为城市群内第 i、j 城市市辖区 GDP；D_{ij} 为 i、j 两城市之间的距离；n 为城市群内的城市个数。

由图 4-16 可知，京津冀城市群空间相互作用指数由 2005 年的 0.97 上升到 2019 年的 7.24，呈显著上升趋势，表明京津冀城市群城市间的关联性持续加强。

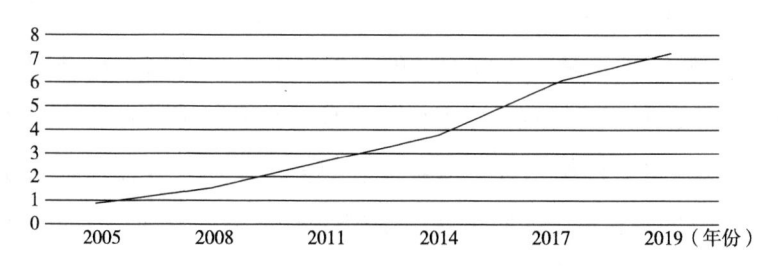

图 4-16　京津冀城市群的城市规模基尼系数

资料来源：2005 年、2008 年、2011 年、2014 年、2017 年、2019 年的北京统计年鉴、天津统计年鉴、河北经济年鉴。

2. 京津冀城市群空间结构演变过程

笔者通过测算 2005—2008 年、2008—2011 年、2011—2014 年、2014—2017 年以及 2017—2019 年这五个时期京津冀城市群内部各城市的相对发展率（Nich），以说明京津冀城市群空间结构的演化过程。本章借鉴田杰等（2014）的研究，使用如下相对发展率（Nich）计算公式：

$$Nich = \frac{Y_{2i} - Y_{1i}}{Y_2 - Y_1} \qquad (4-5)$$

式（4-5）中，Y_{2i} 和 Y_{1i} 分别表示城市 i 在第 2 时间和第 1 时间的人均 GDP，Y_2 和 Y_1 分别表示整个区域在第 2 时间和第 1 时间的人均生产总值。若相对发展率大于 1，则表示该城市人均 GDP 增量大于该区域人均 GDP 增量。

从发展速度来看，2005—2008 年，天津和唐山的城市相对发展率大于 2；北京、石家庄、秦皇岛、邯郸、承德和廊坊的相对发展率大于 1，邢台、保定、张家口、沧州以及衡水的相对发展率小于 1；2008—2011 年，仅北京、天津和唐山的相对发展率大于 1，其余城市的相对发展率都小于 1；2011—2014 年，北京、天津和廊坊的相对发展率大于 1，其余城市的相对发展率均小于 1；2014—2017 年，北京的相对发展率大于 2，天津和廊坊的相对发展率大于 1，其余城市相对发展率都小于 1；2017—2019 年，北京的相对发展率大于 4，沧州和唐山的相对发展率大于 1。

综上，北京和天津的城市相对发展率始终大于 1，说明京津双城的人均 GDP 持续稳定大于京津冀城市群的人均 GDP，即其城市经济的发展速度较快；邯郸、邢台、保定、张家口、衡水等 5 个城市的相对发展率始终小于 1，说明这些城市相比京津冀城市群而言发展速度较慢；石家庄、秦皇岛、邯郸、承德和廊坊的城市相对发展率由大于 1 变为小于 1，表明这些城市的经济发展速度由快变慢；秦皇岛、承德、衡水和廊坊的城市相对发展率在 2019 年均下降至小于 0，表明其发展相对滞后，应努力提高发展速度。

从空间结构变动看，2005—2008年天津与唐山的经济发展速度较快，北京位居第二，表现出京津冀城市群的多中心空间结构。2008—2011年，北京、天津与唐山的经济发展速度不相上下，也表现为该城市群的多中心空间结构。2011—2014年，北京与天津的发展速度基本相等，而周边的城市经济发展速度相对较低，表明京津冀城市群已形成"京津双核"的空间结构。2014—2017年，该地区中心城市北京的经济发展提速，次中心城市天津的城市经济发展速度虽快于京津冀城市群的整体发展速度但低于北京，加之周围其他城市的发展速度较慢（仅廊坊的发展速度优于京津冀城市群），表明北京处于领先地位，同时该地区的空间结构仍是多中心。综上，京津冀城市群的整体发展，需要津冀两地（尤其是河北）提高自身的技术水平和产业承接能力。

从京津冀城市群相对发展率的测算结果可知，目前北京的经济发展速度不仅高于京津冀城市群整体的发展水平，而且远超该城市群内其他城市的发展速度。尽管天津与廊坊的发展速度也高于京津冀城市群的总体发展速度，但与北京相比仍有较大差距，可见京津冀城市群应提高其均衡发展力度，否则北京有成为单中心的趋势和可能。

4.1.7 京津冀城市群产业结构与空间结构的耦合实证分析

1. 产业结构与空间结构的耦合机理

京津冀城市群的产业结构与空间结构之间存在着相互影响、互为因果的关系。地区产业结构与空间结构的耦合协调过程就是其各子系统产业结构与空间结构互相促进的过程，具体表现为空间结构所包含的城市规模、城市集聚与扩散，以及产业结构所包含的产业数量、产业质量、产业结构转换等互相作用的过程。京津冀城市群之城市空间规模的变化先是表现为人口数量的变化——人口增长可以为产业发展提供数量充足的劳动力。空间结构的变化将带来产业数量的增加及其规模的扩张,进而促进产业结构演变。产业数量的增加和规模的扩大又会吸引大量的劳动力和资本进入城市,从而促使周边地区的城市空间结构发生变化。

京津冀城市群中的空间结构的集聚与扩散反映了该城市群内城市的人口集中程度、城市分散度和城市间联系的紧密程度。随着空间结构的变化,城市规模持续增长,人口集聚带来的外部效应和规模效应将吸引更多的企业入驻,带来更多的资本和先进技术,从而使得城市向更高水平发展。经济发展水平差距较小的城市之间能够更好地实现产业的承接和技术的转化,从而进一步提高产业质量。产业质量的提升同样对促进空间结构的变化起着重要的作用:产业质量越好,技术水平越高,产业之间的联系越强,城市之间的紧密度也就越高。

随着技术的进步、生产效率的提高以及人们对生产服务产生的新需求,产业的规模和种类不断扩大,从而推动了空间结构的变化。京津冀城市群内各城市的自然禀赋、经济实力和区位条件决定了各城市所承担的不同功能。功能定位不同,则产业发展的侧重点也不尽相同,即城市功能对产业结构变化有很大的影响。产业结构转换通过重新配置生产要素,使衰退产业撤出、新兴产业得以发展。产业结构的转换会加强城市之间的联系,产业结构的演进也将带来城市功能的变化(见图4-17)。

2. 耦合度模型指标体系的构建

(1) 指标选择。在产业结构指标的选取中,先要考虑指标数据的代表性和可获取性,并从产业结构高级化、产业结构合理化和产业高效化等视角选取具体细分指标(曾繁清,2017)。衡量产业结构高级化的指标主要是产业科技含量,这里主要选取的是高新技术产业投入(R&D 经费)、有效发明专利数以及高新技术产业就业人口所占比重等;产业结构合理化指标选取第二、第三产业产值占比以及国有企业产值占比;产业结构高效化主要反映投入产出等情况,故选用第二、第三产业投入产出比和人均 GDP 指标等。

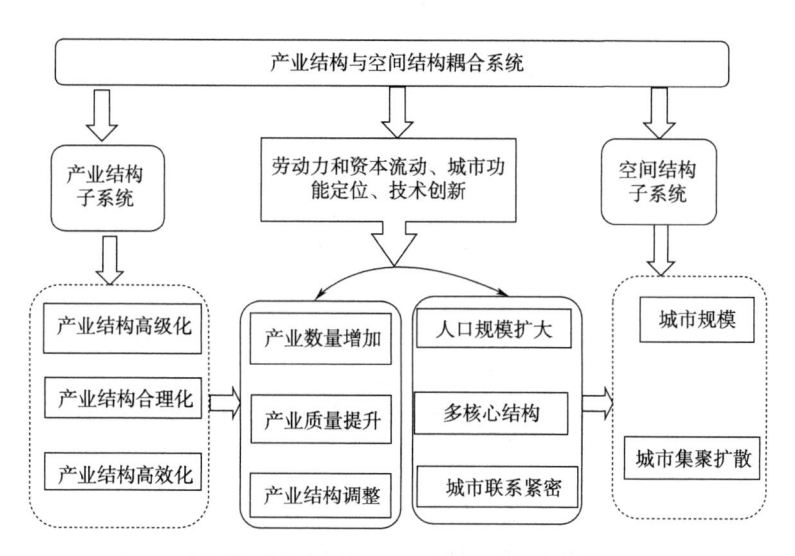

图 4-17　京津冀城市群中产业结构与空间结构的耦合过程

关于空间结构演化指标的选取，本章借鉴相关学者的研究（陈金英，2016；Meigers，2010；Tsai，2005；Lee，2007；吴玉鸣，2008；祝影，2019），从城市规模和集聚扩散度等方面选取具体分指标。其中，城市规模采用市辖区人口规模指标，集聚扩散度指标则以首位度、城市规模基尼系数、分散度以及空间相互作用指数等表示。

在时间维度方面，本章选取 2005 年、2008 年、2011 年、2014 年、2017 年和 2019 年等六个时间点进行研究。其中，2008 年出现的全球金融危机对产业结构造成了一定的影响；2014 年，京津冀协同发展上升为国家战略，每隔 2~3 年对其进行研究可考察政策的连续性及实施效果。本章数据主要来源于 2005—2019 年的北京统计年鉴、天津统计年鉴、河北经济年鉴等，具体评价指标体系的设计与计算见表 4-2 和表 4-3。

表 4-2　京津冀地区的产业结构评价指标体系及权重

一级指标	二级指标	三级指标	指标权重
产业结构	产业结构高级化	有效发明专利数（件）	0.180 5
		R&D 经费（万元）	0.107 1
		高技术产业就业人口比重（%）	0.055 1

续表

一级指标	二级指标	三级指标	指标权重
产业结构	产业结构合理化	第二、第三产业占比（%）	0.009 0
		国有企业产值占比（%）	0.071 6
	产业结构高效化	第二产业产出投入比（%）	0.081 9
		第三产业产出投入比（%）	0.155 1
		第二产业人均产值（万元/人）	0.064 3
		第三产业人均产值（万元/人）	0.275 4

资料来源：经由笔者整理、计算而得。下同。

表 4-3 京津冀空间结构评价指标及权重

一级指标	二级指标	三级指标	指标权重
空间结构	集聚-扩散程度	首位度	0.168 8
		分散度	0.066 3
		城市规模基尼指数	0.150 8
		空间相互作用指数	0.266 0
	城市规模	市辖区人口规模	0.348 1

（2）指标测度方法。指标权重的确定有主观赋权和客观赋权这两种方法，本章选用的是客观赋权的熵权法加权。因不同指标有不同的量纲和单位，为避免差异性并进行统一处理，本章采用 z-score 之方法[①]对数据进行标准化处理：

$$Y_{ij} = \frac{X_{ij} - \overline{X_j}}{S_j} \qquad (4-6)$$

式（4-6）中，i 和 j 分别为年份和指标，X_{ij} 表示第 i 年的第 j 项指标值；$\overline{X_j}$ 表示 j 指标均值，S_j 表示 j 指标的标准差。

---

① z-score 也叫 standard score，用于评估样本点到总体均值的距离。

信息熵计算公式为：

$$E_j = -\ln(n)^{-1} \sum_{i=1}^{t} p_{ij} \ln p_{ij}, \quad p_{ij} = Y_{ij} / \sum_{i=1}^{t} Y_{ij} \qquad (4-7)$$

权重系数：

$$W_j = \frac{1 - E_j}{k - \sum E_j} \qquad (4-8)$$

式（4-8）中，k 为指标个数。

（3）评价指数的计算。在对评价指标进行标准化和确定权重以后，再对标准化值乘以权重得到的值进行线性加权求系统得分：

$$F_m = \sum_{j=1}^{k} y_{ij} w_j \qquad (4-9)$$

$$F_n = \sum_{j=1}^{k} y_{ij} w_j \qquad (4-10)$$

式（4-9）中，F_m 代表京津冀城市群产业结构的系统评价得分；式（4-10）中，F_n 代表京津冀城市群空间结构的系统评价得分；其中 y_{ij} 为标准化值，w_j 为指标的权重。

（4）耦合度计算。

$$L = 2 \times \sqrt{\frac{F_m \times F_n}{F_m + F_n}} \qquad (4-11)$$

$$P = \alpha F_m + \beta F_n \qquad (4-12)$$

$$H = \sqrt{L \times P} \qquad (4-13)$$

式（4-11）至式（4-13）中，H 为产业结构与空间结构的耦合度，L 代表产业结构与空间结构的协调度，P 为产业结构与空间结构的综合评价指数，F_m、F_n 分别代表产业结构系统得分与空间结构的系统得分。考虑到产业结构与空间结构的相互作用，分别设定 $\alpha = 0.5$、$\beta = 0.5$；由于 $L \in [0, 1]$、$S \in [0, 1]$，H 取值为 $[0, 1]$，其值越大，表明产业结构演替与空间结构演化之间的耦合程度越高。此外，参照已有研究（吴玉鸣、张燕，2008），设定耦合度等级，见表4-4。

表 4-4　产业结构演替与空间结构演化之耦合协调划分

协调度（L）	协调关系与水平	耦合度（H）	耦合程度
$0<L\leq0.4$	失调	$0<H\leq0.3$	勉强耦合
$0.4<L\leq0.6$	低度协调	$0.3<H\leq0.5$	低度耦合
$0.6<L\leq0.8$	中度协调	$0.5<H\leq0.8$	中度耦合
$0.8<L\leq1$	良好协调	$0.8<H\leq1$	高度耦合

（5）评价结果划分。考虑到在现实的城市群结构体系中，产业结构与空间结构的发展水平不可能完全相同，故本章将两者之比近似 1（$F_m/F_n \approx 1$）作为产业结构与空间结构同步发展标准。为使误差最小化且提高可比性，选择 [1-0.1, 1+0.1] 作为判断是否同步的依据：当 $F_m/F_n>1.1$ 时，其为产业结构超前而空间结构滞后型；当 $0.9\leq F_m/F_n \leq 1.1$ 时，为同步型；当 $F_m/F_n<0.9$ 时，视其为产业结构滞后而空间结构超前型。

3. 京津冀城市群产业结构与空间结构耦合计算分析

（1）产业与空间结构系统评价得分测度。如前所述，对京津冀城市群 2005 年、2008 年、2011 年、2014 年、2017 年以及 2019 年六个时间点的产业结构和空间结构指标使用熵权法进行测算，可以得出各年份的具体三级指标权重（见表 4-2）；再依据式 4-7、式 4-8 对评价指数进行测算（见表 4-5），可以看到产业结构评分的持续上升。并且，在前五个时间点中，产业结构评价得分一直小于空间结构评价分值；空间结构评价得分在所选的六个时间点中一直属于上升态势，但 2019 年的空间系统评价得分低于产业结构的系统评价得分。

表 4-5　产业结构系统与空间结构系统的评价得分

	2005 年	2008 年	2011 年	2014 年	2017 年	2019 年
产业结构（F_m）	0.2820	0.3215	0.3413	0.3386	0.5320	0.6829
空间结构（F_n）	0.3124	0.4093	0.4547	0.5921	0.5653	0.6597

资料来源：经由笔者整理、计算而得。

根据计算结果（见图 4-18）可知，京津冀城市群的综合发展水平呈持续上升的态势，且其波动上升的情况符合城市群的客观发展规律。

（2）不同时期京津冀城市群之产业结构与空间结构的耦合过程。本章在综合分析京津冀城市群产业结构与空间结构发展发展水平的基础上，利用耦合度公式测算产业结构演替与空间结构演化之间的耦合度（见表 4-6、图 4-18）。各时间段之京津冀城市群的产业结构与空间结构总体处于良好协调状态，协调度数值为 0.9 以上。其中，2008 年与 2005 年的产业结构与空间结构协调水平处于良好状态，耦合度增强；2011 年与 2008 年相比，该协调度略有下降，耦合度上升，但京津冀城市群的产业结构与空间结构仍处于良好协调状态；2014 年与 2011 年相比，该协调度略有下降，耦合度进一步提高；2017 年与 2014 年相比，该协调度与耦合度都有所上升；2019 年与 2017 年相比，该协调度良好并已达到高度耦合。

表 4-6　对京津冀地区产业结构与空间结构耦合度的评价

年　份	协调度	协调水平	耦合度	耦合水平	F_m/F_n	类　型
2005	0.998 7	良好协调	0.544 8	中度耦合	0.69	产业结构滞后，空间结构超前
2008	0.992 7	良好协调	0.602 3	中度耦合	0.86	产业结构滞后，空间结构超前
2011	0.989 8	良好协调	0.627 6	中度耦合	0.73	产业结构滞后，空间结构超前
2014	0.962 2	良好协调	0.669 1	中度耦合	0.85	产业结构滞后，空间结构超前
2017	0.999 5	良好协调	0.740 5	高度耦合	1.28	产业结构超前，空间结构滞后
2019	0.987 9	良好协调	0.819 3	高度耦合	1.30	产业结构超前，空间结构滞后

资料来源：经由笔者整理、计算而得。

在这几个时间段中，产业结构与空间结构的变化均未达到同步。其中，2005—2014 年，一直处于产业结构滞后、空间结构超前的状态；2017—2019 年，处于产业结构超前、空间结构滞后状态。2019 年与 2017 年相比，协调度略有下降，耦合度值为 0.819 3，从而实现了高度耦合。不同时期京津冀城市群中产业结构与空间结构之间的耦合度有波动变化特征，其耦合度在 2014 年及以前一直稳步上升且处于中度耦合的状态；从 2017 年

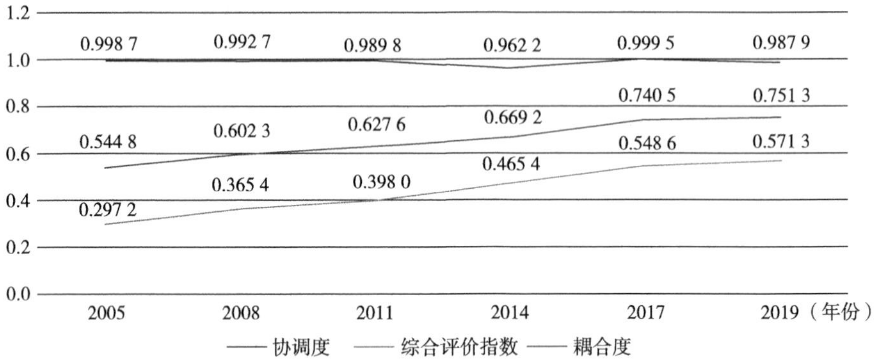

```
1.2
1.0  0.998 7    0.992 7    0.989 8    0.962 2    0.999 5    0.987 9
                                                  0.740 5    0.751 3
0.8         0.602 3   0.627 6   0.669 2
0.6  0.544 8                              0.548 6    0.571 3
              0.365 4   0.398 0   0.465 4
0.4  0.297 2
0.2
0.0
     2005    2008    2011    2014    2017    2019（年份）
           —— 协调度   —— 综合评价指数   —— 耦合度
```

图 4-18　京津冀城市群协调度、耦合度及综合评价指数

资料来源：经由笔者整理、计算而得。

开始，耦合度保持上升并达到了高度耦合。

4. 京津冀城市群空间结构对产业结构的响应

在测算京津冀城市群中产业结构与空间结构耦合协调度的基础上，本章深入研究了城市空间结构对产业结构的响应程度，通过构建相应的模型来表征不同发展时期城市空间结构对产业结构演替的响应度。

（1）产业结构合理化测度，采用泰尔指数：

$$T = \sum_{i=1}^{n} \frac{Y_i}{Y} \ln\left(\frac{Y_i}{L_i} \Big/ \frac{Y}{L}\right) \tag{4-14}$$

式（4-14）中，T 为结构偏离度；Y 为产值；L 为就业人数；$i=1$，2，$\cdots$，n 代表具体产业（$n=3$，为产业数量）。若 $T \neq 0$，表明产业发展不均衡；T 值越大，则产业结构不合理度越高。

（2）产业结构高级化的指标测度：

$$U = V_3 / V_2 \tag{4-15}$$

式（4-15）中，V_3 为第三产业产值，V_2 为第二产业产值，如果 U 值不断增大，就表明该地区的产业结构正在向服务化方向发展，即产业结构处于升级进程。

(3) 响应度：

$$\eta_i \left| \frac{\mathrm{d}S_i}{\mathrm{d}T} \times \frac{S_i}{T} \right| \tag{4-16}$$

$$\mu_i \left| \frac{\mathrm{d}S_i}{\mathrm{d}U} \times \frac{S_i}{U} \right| \tag{4-17}$$

上式中，η_i 为城市群空间结构各要素对产业结构合理化的响应指数；μ_i 为城市群空间结构各要素对产业结构高级化的响应指数；$\mathrm{d}S_i/\mathrm{d}T$ 为空间结构各要素对产业结构合理化的导数；$\mathrm{d}S_i/\mathrm{d}U$ 为空间结构各要素对产业结构高级化的导数；T、U 分别代表津冀城市群产业结构合理化和高级化的指数；S_i 表示空间结构各要素，$i=1、2、3、4、5$；S_1 为人口规模、S_2 为首位度、S_3 为分散度、S_4 为城市规模基尼系数、S_5 为空间相互作用。η 和 μ 的值越大，表明空间结构各要素对产业结构合理化和高级化的响应程度越大，反之则越小。

由表4-7可以看出，2014—2017年产业结构合理化指数 T 值（逆向指标）一直呈持续下降态势，说明京津冀城市群的产业结构一直在向合理化的方向转变；U 值越来越大，说明京津冀城市群的产业结构处于升级进程之中，正变得越来越高级。

表4-7 产业结构高级化、合理化指数

	2005年	2008年	2011年	2014年	2017年	2019年
T	0.05	0.37	0.04	0.10	0.08	0.03
U	1.04	1.10	1.14	1.30	1.68	1.98

资料来源：经由笔者计算而得。

(4) 京津冀城市群中空间结构对产业结构的响应分析。本章利用Spss统计分析软件对京津冀城市群2005年、2008年、2011年、2014年、2017年和2019年6个时点的产业结构合理化、高级化和空间结构等各要素进行了曲线估计与拟合，得到两者的最优响应函数方程（见表4-8）。

表 4-8　最优响应函数方程

合理化	$S_1 = 10.237 - 31.895T + 114.875T^2$	($R^2 = 0.999$, $P = 0.001$)
	$S_2 = -1.164 + 48.249T - 218.115T^2$	($R^2 = 0.895$, $P = 0.105$)
	$S_3 = -0.338 + 16.565T - 68.638T^2$	($R^2 = 0.999$, $P = 0.001$)
	$S_4 = 0.124 + 8.386T - 34.624T^2$	($R^2 = 0.982$, $P = 0.018$)
	$S_5 = 17.950 - 176.585T + 349.116T^2$	($R^2 = 0.998$, $P = 0.002$)
高级化	$S_1 = 7.152 + 0.996U - 0.144U^2$	($R^2 = 0.999$, $P = 0.001$)
	$S_2 = -0.810 + 3.625U - 1.414U^2$	($R^2 = 0.994$, $P = 0.006$)
	$S_3 = 0.466 + 0.410U - 0.215U^2$	($R^2 = 0.998$, $P = 0.002$)
	$S_4 = 0.536 + 0.202U - 0.107U^2$	($R^2 = 0.966$, $P = 0.034$)
	$S_5 = -24.068 + 34.281U - 9.747U^2$	($R^2 = 0.985$, $P = 0.015$)

资料来源：经由笔者计算而得。

由表 4-8 可知，人口规模 S_1、分散度 S_3、城市规模基尼系数 S_4、空间相互作用 S_5 与产业结构合理化的拟合函数可决系数 R^2 都大于 0.9，且 p 值都小于 0.05，表明曲线拟合效果良好，且二者具有显著的线性关系；首位度 S_2 与产业结构合理化的拟合优度值为 $R^2 = 0.895$，拟合较好，但 $p = 0.105 > 0.05$，说明二者不具有显著的线性关系。此外，人口规模 S_1、首位度 S_2、分散度 S_3、城市规模基尼系数 S_4、空间相互作用 S_5 与产业结构高级化的拟合函数可决系数 R^2 都大于 0.9，且 p 值都小于 0.05，表明曲线拟合效果良好，且二者具有显著的线性关系。通过函数方程，进一步计算响应度，得到表 4-9。

表 4-9　空间结构对产业结构的响应度

	年　份	η_1	η_2	η_3	η_4	η_5
合理化	2005	125.24	0	6.47	2.97	640.31
	2008	290.86	0	0.51	0.40	1 268.23
	2011	488.26	0	8.71	4.35	2 503.56
	2014	731.44	0	17.99	9.02	4 131.68
	2017	1 422.45	0	38.24	20.39	9 099.76
	2019	7 034.04	0	40.68	121.96	37 560.60

续表

	年 份	μ_1	μ_2	μ_3	μ_4	μ_5
高级化	2005	5.38	0.95	0.02	0.01	13.06
	2008	4.98	0.68	0.04	0.02	19.14
	2011	4.75	0.52	0.05	0.02	29.19
	2014	3.92	0.06	0.07	0.04	26.61
	2017	2.57	0.86	0.10	0.05	5.50
	2019	1.81	1.26	0.13	0.06	15.79

资料来源：经由笔者整理、计算而得。

由表4-9可知，人口规模和空间相互作用对产业结构合理化指数的响应指数越来越大，这说明合理的产业结构促进了人口规模的扩大且加强了城市之间的联系。产业结构合理化对分散度和城市规模基尼系数的响应指数在2008年有大幅下降，且与之相应的响应指数约等于0。由于2008年全球金融危机的爆发，故该响应指数不具有参考意义。忽略2008年响应指数的变化，在其他时间点，则响应指数一直处于上升态势，这说明合理的产业结构有利于城市群向多核心方向发展。

人口规模和空间相互作用对产业结构高级化的响应指数越来越小。20世纪初，由于我国产业转型的需求以及快速的城市化进程，第三产业的发展成为必然趋势；加之国家政策的支持，第三产业的快速发展使城市吸引了越来越多的人口流入。因此，早期高级的产业结构势必会促进城市规模的扩大，并且加强城市间的联系。然而，随着时间的推移，已有越来越多的城市产业结构向高级化发展，产业结构高级化对人口规模和空间相互作用的指数影响不再明显，因此响应指数也越来越小。具体而言，产业结构高级化对首位度、分散度和城市规模基尼系数的响应指数小于1，影响不显著。

5. 京津冀城市群产业结构与空间结构的关联度分析

（1）灰色关联度模型。首先，确定系统参考序列 Y_j 和比较序列 X_i；

其次，对原始数据进行无量纲化处理，得到数据 $X_i(t)$、$Y_j(t)$；再次，计算关联系数 $\xi_{ij}(t)$：

$$\xi_{ij}(t) = \frac{\Delta\min + \rho\Delta\max}{|X_i(t) - Y_j(t)| + \rho\Delta\max} \quad (4-18)$$

式（4-18）中，$\xi_{ij}(t)$ 表示 t 时刻空间结构 i 指标与产业结构 j 指标之间的关联系数；ρ 为分辨系数以控制 $\rho\Delta\max$ 对数据转化的影响，一般取值为 0.5。

最后，求关联度矩阵 γ_{ij}：

$$\gamma_{ij} = \frac{1}{k}\sum_{i=1}^{k}\xi_{ij}(t), \quad 0 < \gamma_{ij} \leq 1$$

γ_{ij} 越大表明指标的关联性越强。

（2）空间结构对产业结构发展影响分析。本章将产业结构作为被解释变量，将空间结构作为解释变量，分析空间结构对产业结构要素的影响。通过表 4-10 的指标平均值可知，对空间结构整体而言，空间相互作用（X_1）对产业结构发展的影响最为明显，其关联度为 0.77；人口规模（X_5）的关联度为 0.74；城市规模基尼系数（X_2）、分散度（X_3）和首位度（X_4）与产业结构的关联度分别为 0.63、0.62、0.65。

对空间结构具体指标而言，与有效发明专利数（Y_1）关联度较大的是空间相互作用（X_1）与人口规模（X_5），其关联度达到了 0.94 和 0.92。与 R&D 经费（Y_2）关联度最大的是空间相互作用（X_1），其关联度达到了 0.95；紧随其后的是人口规模（X_5），其关联度为 0.86。与 R&D 人员全时当量（Y_3）关联度较高的分别为空间相互作用（X_1）与人口规模（X_5），其关联度分别为 0.89 和 0.81。与第二、第三产业占比（Y_4）关联度最大的是空间相互作用（X_1），其关联度达到 0.86；紧随其后的是人口规模（X_5），其关联度为 0.80。与国有企业产值占比（Y_5）关联度较高的分别为城市规模基尼系数（X_2）、分散度（X_3）和首位度（X_4），其关联度分别为 0.75、0.75、0.73。与第二产业投入产出比（Y_6）和第三产业投入产出比（Y_7）关联度较高的分别为城市规模基尼系数（X_2）和分散度

(X_3),分别为0.70、0.71。与第二产业人均产值(Y_8)关联度较高的为空间相互作用(X_1)与人口规模(X_5),其关联度分别为0.80和0.75。与第三产业人均产值(Y_9)关联度较高的为空间相互作用(X_1)与人口规模(X_5),其关联度分别为0.91和0.83。

综上,空间相互作用(X_1)与有效发明专利数(Y_1)、R&D经费(Y_2)、第三产业人均产值(Y_9)的关联系数都达到0.9以上,这表明城市群各个城市间联系度的提高有利于促进第三产业的发展,也有利于提高技术创新。城市规模基尼系数(X_2)、分散度(X_3)和首位度(X_4)三者与国有企业产值占比(Y_5)的关联度较高,这表明城市规模分布、人口集聚度、城市群首位度城市对国有企业的发展有较大影响。人口规模(X_5)与发明专利数(Y_1)的关联度达到了0.92,其与R&D经费(Y_2)、R&D人员全时当量(Y_3)、第三产业人均产值(Y_9)的关联系数也都达到0.8以上,这表明人口对科学技术创新以及第三产业发展都有重要影响,应注重人口数量尤其是人力资源素质的提升。

表4-10 京津冀空间结构对产业结构发展影响的要素关联度矩阵

指标	X_1	X_2	X_3	X_4	X_5
Y_1	0.94	0.57	0.57	0.61	0.92
Y_2	0.95	0.57	0.57	0.63	0.86
Y_3	0.89	0.56	0.55	0.65	0.81
Y_4	0.86	0.63	0.63	0.67	0.80
Y_5	0.53	0.75	0.75	0.73	0.53
Y_6	0.58	0.70	0.71	0.67	0.59
Y_7	0.50	0.70	0.67	0.57	0.54
Y_8	0.80	0.58	0.57	0.65	0.75
Y_9	0.91	0.60	0.59	0.65	0.83
指标平均	0.77	0.63	0.62	0.65	0.74

资料来源:经由笔者整理、计算而得。

(3)产业结构对空间结构发展影响分析。本章将空间结构作为被解释变量,将产业结构作为解释变量,分析产业结构要素对空间结构要素的影响。由表4-11的指标平均数值可知,对空间结构而言,与空间结构关联度较大的因素是有效发明专利数(X_1)、R&D经费(X_2)和第三产业人均产值(X_9),其关联度分别为0.73、0.72、0.71。从对空间结构产生影响的产业结构细分指标来看,与空间相互作用(Y_1)关联度较高的是有效发明专利数(X_1)和R&D经费(X_2),关联度分别为0.93、0.92;随后是R&D人员全时当量(X_3)、第三产业人均产值(X_9)和第二、第三产业占比(X_4),其关联度分别为0.87、0.87、0.80,与第二产业人均产值(X_8)的关联度也达到了0.79,而与国有企业产值占比(X_5)、第二产业产出投入比(X_6)和第三产业产出投入比(X_7)的关联度分别为0.52、0.55、0.51。在产业结构的各指标与城市规模基尼系数(Y_2)、首位度(Y_3)和分散度(Y_4)的关系中,关联度较大的为国有企业产值占比(X_5),其关联度分别为0.77、0.79、0.76;与人口规模(Y_5)关联度最大的是有效发明专利数(X_1),其关联度为0.93,随后是R&D经费(X_2)、第三产业人均产值(X_9)和R&D人员全时当量(X_3),其关联度都达到0.80以上。

总之,从产业结构对空间结构的影响指标看,有效发明专利数(X_1)、R&D经费(X_2)、R&D人员全时当量(X_3)与空间结构的关联度相差不大。其中,有效发明专利数(X_1)与空间相互作用(Y_1)、人口规模(Y_5)的关联度数值达到0.90以上;R&D经费(X_2)与空间相互作用(Y_1)的关联度数值也高达0.92;R&D人员全时当量(X_3)与空间相互作用(Y_1)、人口规模(Y_5)之间的关联度分别为0.87、0.81,这表明科学技术的进步水平有利于促进城市之间联系的加强,也能够吸引更多人口的流入。从产业结构合理化指标来看,第二、第三产业占比(X_4)和国有企业产值占比(X_5)的关联度矩阵系数相差不大。其中,第二、第三产业占比(X_4)与空间相互作用(Y_1)的关联度较高,达到0.80,说明第二、第三产业越发达,城市间的联系度越紧密。从产业结构高效化指标来看,第三产业人均产值（X_9）与空间结构相互作用（Y_1）关联度最强，达到0.87，这表明第三产业的发展对加强城市间经济联系有促进作用；第三产业产出投入比（X_7）与空间结构关联度最弱，关联度数值为0.51。此外，第三产业人均产值（X_9）与人口规模（Y_5）的关联度较高，为0.82，这表明第三产业的发展对吸引人口流入有着促进作用。第三产业产出投入比（X_7）与基尼系数（Y_2）和首位度（Y_3）的关联度较高，分别为0.72、0.73，表明经济效果越好，越会促使城市规模分布趋于集中，加剧城市空间结构不均衡分布。

表4-11　京津冀产业结构对空间结构发展影响的要素关联度矩阵

指标	X_1	X_2	X_3	X_4	X_5	X_6	X_7	X_8	X_9
Y_1	0.93	0.92	0.87	0.80	0.52	0.55	0.51	0.79	0.87
Y_2	0.58	0.58	0.57	0.62	0.77	0.70	0.72	0.61	0.60
Y_3	0.59	0.60	0.58	0.63	0.79	0.73	0.73	0.62	0.61
Y_4	0.62	0.64	0.66	0.66	0.76	0.67	0.62	0.67	0.65
Y_5	0.93	0.86	0.81	0.77	0.54	0.58	0.57	0.77	0.82
指标平均	0.73	0.72	0.70	0.70	0.68	0.65	0.63	0.70	0.71

资料来源：经由笔者整理、计算而得。

6. 经济增长与耦合度的相关性检验

（1）相关性检验。良好的耦合度是否对京津冀城市群的经济增长有促进作用？它们之间具有何种因果关系？对此需要做进一步探讨。本章从量化研究的视角，通过斯皮尔曼（Spearman）相关性检验、肯德尔（kendall）相关性检验以及ADF单位根检验等多种方法进行相关性分析。

应用SPSS软件对相关数据进行Z标准化处理，选取GDP作为经济增长指标。由于未知耦合度和GDP总体满足何种分布，故选用非参数检验方法测算相关性，对2005—2019年京津冀城市群耦合度和京津冀三地的GDP

分别做简单相关分析、斯皮尔曼和肯德尔相关性检验。结果见表 4-12、表 4-13、表 4-14。

表 4-12　北京市的 GDP 与京津冀城市群产业结构和空间结构耦合度的相关性分析

变　量	北京 GDP
	京津冀城市群产业结构和空间结构的耦合度
Kendall's tau_b 相关系数	0.886
Sig.（2-tailed）	0.000
Spearman's 秩相关系数	0.964
Sig.（2-tailed）	0.000
Pearson 相关性	0.932
Sig.（2-tailed）	0.000
N	15

资料来源：经由笔者整理、计算而得。下同。

表 4-13　天津市的 GDP 与京津冀城市群产业结构和空间结构耦合度的相关性分析

变　量	天津 GDP
	京津冀城市群产业结构和空间结构的耦合度
Pearson 相关性	0.904
Sig.（2-tailed）	0.000
Spearman's 秩相关系数	0.889
Sig.（2-tailed）	0.000
Kendall's tau_b 相关系数	0.771
Sig.（2-tailed）	0.000
N	15

表 4-14　河北省的 GDP 与京津冀城市群产业结构和空间结构耦合度的相关性分析

变　量	河北 GDP
	京津冀城市群产业结构和空间结构的耦合度
Pearson 相关性	0.953
Sig.（2-tailed）	0.000

续表

变 量	河北 GDP
	京津冀城市群产业结构和空间结构的耦合度
Kendall's tau_ b 相关系数	0.867
Sig.（2-tailed）	0.000
Spearman's 秩相关系数	0.961
Sig.（2-tailed）	0.000
N	15

如果相关系数 $|R|<0.3$，表明两变量之间存在微弱相关；若 $0.3\leqslant|R|<0.5$，为低相关；$0.5\leqslant|R|<0.8$，为显著相关；$0.8\leqslant|R|\leqslant 1$ 属于高度相关。由相关性分析数值可知：京津冀城市群产业与空间结构的耦合度与京津冀三地的 GDP 都具有高度的正相关关系，因此可以认为京津冀城市群的良好耦合度有利于城市群的经济增长。

（2）平稳性检验。本章采用 ADF 对 G_1（北京 GDP）、G_2（天津 GDP）、G_3（河北 GDP）以及 OH（京津冀城市群产业结构和空间结构的耦合度）数据进行单位根平稳性检验。使用计量经济学软件包（E-views）进行二阶差分析后，四组数据均通过了 ADF 平稳性检验，可知满足协整检验的前提条件。具体见表 4-15。

表 4-15 ADF 单位根检验结果

变 量	D（G_1）	D（G_2）	D（G_3）	D（OH）
ADF 检验值	-4.34	-3.98	-3.52	-10.05
1%临界值	-5.30	-5.30	-5.12	-5.52
5%临界值	-4.01	-4.01	-3.93	-4.11
10%临界值	-3.46	-3.46	-3.42	-3.52
检验结果	平稳	平稳	平稳	平稳

资料来源：经由笔者整理、计算而得。

（3）协整性检验。该方法用以检验耦合度（OH）与京津冀三地 GDP 之间是否存在协整关系。具体而言，采用 OLS 普通最小二乘法，对方程 $G_{1t} = C + OH_t + \varepsilon_t$ 进行估计，并提取每个回归方程的残差，然后分别对这些残差进行 ADF 平稳性检验。$i = 1、2、3$，t 表示时间。见表 4-16、表 4-17、表 4-18。

表 4-16 G_1 与 OH 协整检验结果

$G_{1t} = C + OH_t + \varepsilon_t$				残差 ADF 平稳性检验				
	系数	标准差	T 检验	概率	变量	ADF 检验值	1%临界值	5%临界值	10%临界值
C	-5.83	8.37	-6.96	0.00	resid01	-4.49	-5.30	-4.00	-3.46
OH	1.08	1.17	9.23	0.00					

资料来源：经由笔者整理、计算而得。下同。

表 4-17 G_2 与 OH 协整检验结果

$G_{2t} = C + OH_t + \varepsilon_t$				残差 ADF 平稳性检验				
	系数	标准差	T 检验	概率	变量	ADF 检验值	1%临界值	5%临界值	10%临界值
C	-3.43	6.09	-5.63	0.00	resid02	-1.89	-5.52	-4.11	-3.52
OH	6.47	8.51	7.61	0.00					

表 4-18 G_3 与 OH 协整检验结果

$G_{3t} = C + OH_t + \varepsilon_t$				残差 ADF 平稳性检验				
	系数	标准差	T 检验	概率	变量	ADF 检验值	1%临界值	5%临界值	10%临界值
C	-5.71	7.24	-7.89	0.00	resid03	-2.845 422	-5.521 860	-4.107 833*	-3.515 047
OH	1.14	1.01	1.13	0.00					

协整检验结果显示，京津冀城市群之产业结构与空间结构的耦合度与北京、天津、河北的 GDP 存在协整关系，即良好的耦合度能够促进经济增长。

（4）因果关系检验。由于京津冀城市群之产业结构与空间结构的耦合度与北京、天津、河北三地的生产总值存在协整关系，本章继而对京津冀城市群之产业结构与空间结构的耦合度与北京、天津、河北之GDP的因果关系进行检验。结果显示：京津冀城市群之产业结构与空间结构的良好耦合是北京GDP增加的原因，即京津冀城市群之产业结构与空间结构的良好耦合可以加快北京的地区生产总值增长；天津GDP增加的原因是京津冀城市群产业结构与空间结构具有良好的耦合关系，即京津冀城市群产业结构与空间结构的良好耦合可以带动天津GDP的不断提高；京津冀城市群之产业结构与空间结构的耦合度与河北的GDP之间互为因果关系，即河北GDP的不断提高可以促进京津冀城市群产业结构与空间结构的耦合，同时京津冀城市群产业结构与空间结构的良好耦合也可以加快河北GDP增长。具体见表4-19、表4-20、表4-21。

表4-19　G_1与OH的格兰杰因果关系检验结果

零假设	F统计	概率	样本数	滞后期	结论
G_1 does not Granger Cause OH	0.88	0.45	13	2	接受
OH does not Granger Cause G_1	6.55	0.02	13	2	拒绝

资料来源：经由笔者整理、计算而得。下同。

表4-20　G_2与OH的格兰杰因果关系检验结果

零假设	F统计	概率	样本数	滞后期	结论
G_2 does not Granger Cause OH	1.29	0.33	13	2	接受
OH does not Granger Cause G_2	6.31	0.02	13	2	拒绝

表4-21　G_3与OH的格兰杰因果关系检验结果

零假设	F统计	概率	样本数	滞后期	结论
G_3 does not Granger Cause OH	13.64	0.00	13	2	拒绝
OH does not Granger Cause G_3	10.29	0.00	13	2	拒绝

4.1.8 研究结论与政策建议

1. 结论

本章通过构建耦合协调模型、灰色关联度模型和响应度模型,研究不同时间段京津冀城市群"京津双城"与河北省内 11 个地级城市的产业结构与空间结构的协调关系及其演变规律特征,得出以下结论。

第一,京津冀城市群产业结构的调整升级与空间结构的演化变动在理论机制与实践发展上具有内在一致的逻辑性。本章通过对京津冀城市群产业结构现状特征及其发展演变规律的研究,发现"京津双城"与河北省的第一、第二产业产值所占比例有趋于减少的态势,第三产业的 GDP 总量及占比则有渐趋增加的趋势。从产业结构组成来看,京津冀城市群目前有 6 个城市为"三二一"产业结构,有 7 个地级城市仍以第二产业为主;京津冀城市群内部各城市的产业结构存在较大差异,总体上都在向以第三产业为主的方向发展;通过实证测算京津冀城市群产业结构高级化、合理化和高效化指数可知,京津冀城市群的产业结构正处于优化升级的过程之中,其产业的高级化与合理化程度有待进一步提高。

通过对京津冀城市群空间结构要素特征及其发展演变规律的研究可知,京津冀城市群的劳动力流入不断增加并且人口规模持续扩大;京津冀城市群的首位度与城市规模基尼系数波动下降,分散度总体平稳,这意味着京津冀城市群正在由单中心向多中心为主的方向转变;空间相互作用指数增加,这表明京津冀城市群中各城市之间的关联度趋于加强。对京津冀城市群空间结构演变的进一步测算结果表明,京津冀城市群在 2005—2018 年期间,总体呈现出多核心的空间结构。

第二,京津冀城市群之产业结构与空间结构的耦合度已达到较高水平,城市规模和城市间的关联性对产业结构的特点具有重要影响。2019 年,京津冀城市群之产业结构与空间结构的耦合关系已实现高度耦合，这表明京津冀产业结构的调整变化对其空间结构的优化有着较强的推动作用，但产业结构与空间结构演变的同步性存在差异，主要表现为产业结构超前而空间结构滞后。此外，合理的产业结构有助于空间结构的优化布局。灰色关联度实证模型研究结果表明：空间相互作用指数和人口规模与产业结构存在较高的相关性；首位度、分散度和城市规模基尼系数与产业结构的相关性则不强。人口越集聚、京津冀城市群规模越大，则第二、第三产业越发达；劳动力集聚有助于高技术产业的发展；各城市间的联系度越高，越有利于实现产业结构的合理化；技术进步与产业分工的合理化也会提高城市间的关联度，从而促使更多人口的流入。

第三，京津冀城市群之产业结构与空间结构的耦合度与经济增长之间存在较强的正相关性。ADF平稳性检验、非参数相关性检验、协整检验以及格兰杰相关性检验表明：京津冀城市群之产业结构与空间结构的良好耦合可以促进北京GDP的增长；天津GDP的不断增长有利于京津冀城市群产业与空间结构耦合度的提高；河北GDP的不断提高有助于提高京津冀城市群产业结构与空间结构的耦合协调性，且京津冀城市群产业结构与空间结构的良好耦合也可以加快河北GDP的增长。

2. 政策建议

第一，优化调整京津冀城市群的产业分工和空间布局。改变产业结构超前而空间结构滞后的现状，使产业结构与空间结构同步发展。北京作为京津冀城市群的核心城市，要强化"四个中心"的首都功能定位，通过向外转移不符合首都功能定位的产业并积极发展高精尖产业，以实现北京产业的转型升级。天津高端先进制造业的快速发展应充分借助并发挥首都的创新能力优势与河北的自然资源禀赋优势，延伸产业链，强化创新链，提升价值链。河北则必须摒弃高污染、高能耗和高排放的重化工业特征的生产模式，走绿色低碳的可持续发展之路，发展战略性新兴产业。

第二，积极发展创新型产业，加强京津冀城市群中的内部城市间联系，从而提高城市群的整体竞争力。劳动力和城市群各城市间的生产要素紧密联系，既是影响第三产业发展的重要因素，也是提高技术创新的先决条件。换言之，产业结构合理化和科技进步能够增强城市间的经济联系度，为此应高度重视创新型产业的发展，充分发挥北京技术创新的空间溢出与辐射效应，加快北京的技术、人才、信息和知识等创新要素向津冀各地的转移输出；同时应大力提升并强化津冀两地的技术创新与技术转换承接能力，缩小京津冀城市群中各城市间的产业与经济技术梯度差，从而实现有效的产业转移与联动升级。

4.2 京津冀城市群产业空间集聚效应

产业空间集聚（以下简称"产业集聚"）是同一类型或不同类型的相关产业在一定地域范围内的有效集中与聚合，是产业从分散到集中的空间转变过程，是产业集群形成的基础。产业集聚是生产关系实现空间布局上的优化，是各种生产要素在一定地域的大量集聚和有效集中，包括指向性集聚和经济联系集聚两种类型。产业集聚是区域经济空间布局和世界经济格局重塑的重要途径，其功能如图4-19所示。

产业集聚的形成和发展主要取决于集聚效应、拥挤效应和运输成本。在产业发展初期，运输成本的降低和规模经济效应使得同类或相关产业不断集聚，当产业集聚程度达到某一拐点，运输成本和交易成本随之增加，规模不经济效应使得集聚在某地的产业纷纷外迁。因此学界一般认为，产业集聚的过程呈倒"U"形发展态势。高新技术产业的集聚对运输成本的变动并不敏感，且通信技术的进步使得运输成本普遍降低，从而使产业集聚成为知识经济时代世界范围内的产业联结模式。产业集聚是经济活动最突出的地理特征，但产业集聚不仅是单个产业的地理接近，而且是多个产业的空间集聚。发展京津冀城市群作为重大国家战略，已经成为学界研究的热点区域。京津冀城市群中包括众多经济实力雄厚、历史文化悠久的城市，其目标是建成以首都北京为核心的成为世界级城市群。

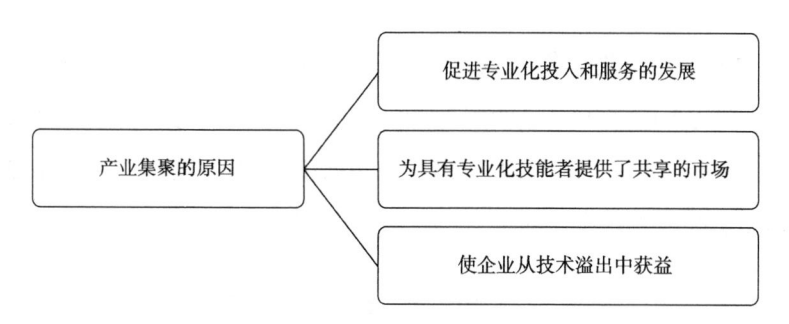

图 4-19　产业集聚的功能

4.2.1　京津冀城市群产业空间集聚主要测度方法

1. 标准差系数

标准差系数是各地区某产业占份额平均分布的偏离。本章采用各地区产业份额（S_i^k）的标准差除以平均份额（$1/N$）的方式来计算标准差系数，其中 N 是研究对象地区的数量。计算公式为：

$$VOC_k = \frac{STD_k}{1/N} \tag{4-19}$$

$$STD_k = \sqrt{\frac{N\sum(S_i^k)^2 - (\sum S_i^k)^2}{N(N-1)}} \tag{4-20}$$

$$S_i^k = \frac{x_{ik}}{\sum_{i=1}^{n} x_{ik}} \tag{4-21}$$

式（4-19）至式（4-21）中，STD_k 表示各城市产业份额的标准差，S_i^k 为 i 城市 k 产业在全国所占份额，x_{ik} 为 i 城市 k 产业的总产值、增加值或就业人数。标准差系数反映的是某产业的区域分布对平均分布的偏差，偏差越大说明产业分布越集中，偏差越小说明产业分布越分散。

2. 集中率

集中率是产业的区域空间集中度。如前所述，产业集聚表现为同一产业在地理空间上的集中，进而引起产业在特定区域中的专业化与规模化生产。在这之中，集中率用来表示集聚规模排名前几位地区中某产业在全国所占的总份额。计算公式为：

$$CR_{n,k} = \sum_{i=1}^{n} S_i^k \qquad (4-22)$$

式（4-22）中，n 为研究城市的数量，S_i^k 为 k 城市 i 产业在全部行业中所占份额。集中率可以直接指出规模最大的一个或几个地区中的产业所占的比重，用以反映产业的地理集中度，集中率越大表示该城市该产业的地理集中程度越高，即产业集聚规模越大。

3. 区位基尼系数

基尼系数是国际上通用的、用以衡量一个国家或地区居民收入差距的常用指标。区位基尼系数可以反映某产业在区域中的空间分布均衡程度，计算公式为：

$$C_i^k = \frac{1}{2n^2 \bar{S}_k} \sum_{i=1}^{n} \sum_{j=1}^{m} | S_i^k - S_j^k | \qquad (4-23)$$

式（4-23）中，C_i^k 为 i 城市 k 产业区域基尼系数；S_i^k 为 i 城市 k 产业所占份额；S_j^k 为 j 城市 k 产业所占份额；n 为城市数量，m 为产业数量；$\bar{S}_k$ 为全国 k 产业的平均份额。区位基尼系数的取值范围处于 [0，1] 区间：当区位基尼系数取 0 时，说明该行业在区域中的分布是完全均等的，即该行业的空间分布与整个产业的空间分布相匹配；当区位基尼系数为 1 时，说明该行业完全集中于区域中的某个城市，表示该行业的集聚程度高于其他行业；当区位基尼系数在区间［0，1］上时，表示区域内该行业既不完全集中在某个城市，又不均等分布在各个城市，其数值越接近1表示该行业的地理集中程度越高。一般认为，区域基尼系数在0.2以下为高度平均，0.2~0.3为相对平均，0.3~0.4为比较合理，0.4~0.5为差距较大，0.5以上为差距悬殊。区位基尼系数可以在一定程度上反映产业分布的集聚与分散情况。

4.2.2 京津冀城市群主要城市相关产业空间集聚度测算分析

1. 数据来源与处理

测算产业空间集聚程度的方法各有优缺点。例如，标准差系数法虽然计算方便，指标含义简洁直观，但该指标只能反映分布差，而不能解释造成这种偏差的本质原因；集中率计算方法也较为简便，但只能反映前n个最大企业的集聚情况，而不能反映其数量、规模以及空间分布，且计算结果受n的取值影响（Ying，2006）。由于本章研究的目的在于明晰京津冀城市群中的主要城市都集聚了哪些产业，研究重点在于探明产业的空间分布状况，故选择区位基尼系数作为产业空间集聚度的测度指标。

《京津冀协同发展规划纲要》明确指出，京津冀协同发展应以"一核、双城、三轴、四区、多节点"为骨架，其中"多节点"包括石家庄、唐山、保定、邯郸等区域性中心城市和张家口、承德、廊坊、秦皇岛、沧州、邢台、衡水等节点城市。因此，本章将研究对象界定为北京、天津、石家庄、唐山、保定、邯郸这6个城市。

经对比发现，京津冀地区各城市的统计年鉴或经济年鉴对工业行业的分类存在细微差别。例如，尽管该地区均按照国家统计局修订的《国民经济行业分类》（2017版），将工业行业分为采矿业、制造业、电力热力燃气及水生产和供应业这三大类，但在对采矿业的细分行业方面，北京和天津这两个直辖市与河北省内各地级市的分类不一致。

对此,本章经过筛选确定了上述6个城市的工业细分行业,分别为:煤炭开采和洗选业、石油和天然气开采业、黑色金属矿采选业、有色金属矿采选业、非金属矿采选业、其他采矿业、开采专业及辅助性活动、农副食品加工业、食品制造业、酒/饮料和精制茶制造业、烟草制品业、纺织业、纺织服装/鞋/帽制造业、皮革/毛皮/羽毛(绒)及其制品业、木材加工及竹/藤/棕/草制品业、家具制造业、造纸及纸制品业、印刷业和记录媒介的复制业、文教/工美/体育和娱乐用品制造业、石油加工/炼焦及核燃料加工业、化学原料及化学制品制造业、医药制造业、化学纤维制造业、橡胶制品业和塑料制品业、非金属矿物制品业、黑色金属冶炼及压延加工业、有色金属冶炼及压延加工业、金属制品业、通用设备制造业、专用设备制造业、汽车制造业、铁路/船舶/航空航天和其他运输设备制造业、电气机械及器材制造业、通信设备/计算机及其他电子设备制造业、仪器仪表制造业、其他制造业、废弃资源综合利用业、金属制品/机械和设备修理业、电力/热力的生产和供应业、燃气生产和供应业、水的生产和供应业。

考虑到工业行业的分类修订时间、年鉴发行时间和数据的可获得性,如天津等部分城市的统计数据中未公布工业细分行业的产值、增加值,河北及其省内一些地级市的经济年鉴发布滞后等,因此本章研究中主要采用的是国家统计局公布的中国统计年鉴、中国工业统计年鉴以及京津冀地区各城市2013年、2016年、2019年的统计年鉴(或经济年鉴)中细分工业行业从业人员的年平均数,并考察该地区主要城市工业细分行业在2012年、2015年、2018年的空间集聚情况。

2. 京津冀城市群主要城市的区位基尼系数分析

(1)北京的主要行业的区位基尼系数。从北京第二产业发展的总体趋势来看,2012年至2018年,北京的第二产业增加值占GDP的比重由22.1%降低到18.6%,第三产业占比则于2016年突破80%,其工业比重在京津冀城市群乃至全国特大城市中都处于较低水平。尽管工业占比较低，但北京的工业发展、选择和布局仍是政府和学界关注的重要议题。自京津冀协同发展上升为国家战略以来，北京"四个中心"的城市定位更加明确，构建高精尖产业结构成为北京经济发展的战略选择。2014年，北京市政府制定了《北京市新增产业的禁止和限制目录》；2015年，北京市政府发布《〈中国制造2025〉北京行动纲要》，进一步明确了北京高精尖产业的发展方向；2016年，北京市政府印发《关于进一步优化提升生产性服务业加快构建高精尖经济结构的意见》及《北京市鼓励发展的高精尖产品目录》；2020年，北京市政府公布《加快科技创新 发展新一代信息技术等十个高精尖产业的指导意见》，指明北京的高精尖产业类型包括新一代信息技术、集成电路、医药健康、智能装备产业、节能环保、新能源智能汽车、新材料、人工智能、软件和信息服务及科技服务业。

北京是国务院批复确定的全国政治中心、文化中心、国际交往中心和科技创新中心，是建设京津冀世界级城市群中的核心城市。北京的发展目标是打造以高端服务业为中心的全球核心城市，其在建设京津冀世界级城市群中发挥着无可替代的重要作用。北京各行业基尼系数的测算结果，具体如表4-22所示。

表4-22　2012—2018年北京各行业基尼系数

行　　业	2012年	2013年	2014年	2015年	2016年	2017年	2018年
制造业	0.055	0.051	0.053	0.064	0.074	0.083	0.090
建筑业	0.197	0.129	0.117	0.118	0.139	0.159	0.150
交通运输、仓储和邮政业	0.681	0.401	0.454	0.552	0.606	0.616	0.557
批发和零售业	0.028	0.025	0.024	0.026	0.029	0.029	0.030
住宿和餐饮业	0.123	0.221	0.214	0.212	0.203	0.187	0.157
租赁和商务服务业	0.135	0.104	0.085	0.070	0.079	0.076	0.068
居民服务和其他服务业	0.176	0.175	0.178	0.195	0.203	0.200	0.216

数据来源：笔者根据2013—2019年的北京统计年鉴、中国统计年鉴整理、计算而得。

由规模以上各类企业主要经济指标测算的基尼系数（见表4-22）可知：北京各主要行业的基尼系数总体保持平稳，没有显著变化。从2012年到2018年，北京建筑业基尼系数的变化范围是［0.117，0.197］，交通运输、仓储和邮政业的基尼系数变化范围是［0.401，0.681］，批发和零售业基尼系数范围是［0.024，0.030］，租赁和商务服务业的基尼系数范围是［0.068，0.135］，可见北京各行业的产业集聚度总体处于平均状态。在此基础上，将北京的工业行业加以进一步细分，根据各行业从业人员指标测算不同时点北京工业各细分行业的区位基尼系数，结果如表4-23所示。

表4-23　北京工业细分行业的区位基尼系数

行　业	2012年	2015年	2018年
煤炭开采和洗选业	0.011 3	0.000 5	0.000 7
石油和天然气开采业	0.175 1	0.000 0	0.000 3
黑色金属矿采选业	0.033 2	0.033 7	0.017 0
有色金属矿采选业	0.000 0	0.000 0	
非金属矿采选业	0.000 1	0.000 2	0.000 0
其他采矿业	0.000 1	0.093 4	0.092 6
开采专业及辅助性活动	0.039 1	0.000 1	0.000 2
农副食品加工业	0.050 9	0.029 1	0.026 8
食品制造业	0.166 1	0.063 3	0.095 2
酒/饮料和精制茶制造业	0.000 1	0.087 5	0.184 9
烟草制品业	0.000 1	0.001 9	0.000 0
纺织业	0.169 4	0.000 1	0.000 0
纺织服装/鞋/帽制造业	0.000 0	0.033 8	0.175 4
皮革/毛皮/羽毛（绒）及其制品业	0.003 1	0.000 0	0.000 0
木材加工及竹/藤/棕/草制品业	0.092 0	0.009 9	0.004 8
家具制造业	0.011 0	0.049 8	0.024 8
造纸及纸制品业	0.130 7	0.003 7	0.006 4
印刷业和记录媒介的复制业	0.006 6	0.081 5	0.083 4

续表

行　业	2012 年	2015 年	2018 年
文教/工美/体育和娱乐用品制造业	0.009 7	0.003 9	0.007 6
石油加工/炼焦及核燃料加工业	0.019 5	0.010 2	0.010 0
化学原料及化学制品制造业	0.142 6	0.008 1	0.005 7
医药制造业	0.000 1	0.074 6	0.093 8
化学纤维制造业	0.000 0	0.000 0	0.000 1
橡胶制品业和塑料制品业	0.049 9	0.004 7	0.001 8
非金属矿物制品业	0.000 7	0.018 9	0.014 5
黑色金属冶炼及压延加工业	0.000 6	0.008 6	0.007 2
有色金属冶炼及压延加工业	0.009 6	0.002 7	0.009 4
金属制品业	0.023 3	0.006 2	0.000 4
通用设备制造业	0.089 8	0.025 4	0.038 2
专用设备制造业	0.090 7	0.034 0	0.056 2
汽车制造业	0.000 0	0.057 6	0.055 2
铁路/船舶/航空航天和其他运输设备制造业	0.044 3	0.041 6	0.016 3
电气机械及器材制造业	0.100 9	0.035 9	0.037 9
通信设备/计算机及其他电子设备制造业	0.312 0	0.166 2	0.176 3
仪器仪表制造业	0.118 7	0.169 4	0.301 1
其他制造业	0.002 6	0.070 3	0.018 3
废弃资源综合利用业	0.000 0	0.005 3	0.004 2
金属制品/机械和设备修理业	0.076 7	0.328 0	0.072 3
电力/热力的生产和供应业	0.180 5	0.054 4	0.071 9
燃气生产和供应业	0.141 2	0.160 4	0.126 2
水的生产和供应业	0.011 3	0.120 8	0.148 7

数据来源：笔者根据 2013—2019 年的北京统计年鉴整理、计算而得。

由表 4-23 可知，北京工业细分行业的区位基尼系数基本在 0 到 0.35 之间，其工业行业集聚程度较低，基本符合北京工业占比较少、处于"后工业化"阶段的现状。在本章所选择的研究期间内，北京的资源密集型产业已经较少，因此其采矿业的集聚度很低；2012年，北京的通信设备/计算机及其他电子设备制造业、电力/热力的生产和供应业、石油和天然气开采业、纺织业、食品制造业、化学原料及化学制品制造业、燃气生产和供应业相对北京其他细分行业的集聚度较高；2018年，北京原集聚程度相对较高的产业集聚度都有所下降，酒/饮料和精制茶制造业、纺织服装/鞋/帽制造业、医药制造业、仪器仪表制造业、水的生产和供应业的集聚度则有所上升。总之，北京的工业产业的布局总体符合"能耗低、污染少、排放少、科技含量高"的基本要求，其高精尖产业布局已取得了一定的进展，同时还需要在关键核心技术与知识产权等方面尽快取得突破，以扭转北京的电子及通信设备制造业发展的弱化趋势；此外，北京的医药制造业发展较快，有可能成为未来北京经济发展的重要增长点。

（2）天津的主要行业基尼系数。天津主要发展钢铁、纺织、化工等产业，目前成为我国北方最大的贸易港口和工商业城市。天津的三次产业结构由2012年的1.1∶52.2∶46.7发展演变为2018年的0.9∶40.5∶58.6。2015年，天津的第三产业占比首次超过第二产业，步入"三二一"阶段，尽管如此，天津的工业比重依旧较高，其工业生产能力和工业产品的供应能力依然强劲。2021年，天津市政府印发《天津市制造业高质量发展"十四五"规划》，强调要坚持把创新作为推动制造业高质量发展的核心动力，构建"两带集聚、双城优化、智谷升级、组团联动"的市域产业空间结构，重点扶持人工智能、新一代信息技术、新型智能基础设施、生物医药和新能源新材料等新兴产业，同时将装备制造、汽车制造、石油化工、航空航天等优势制造产业做大做强。

目前，天津正不断强化其在京津冀协同发展中的"金融创新运营示范区"和"北方国际航运核心区"的核心功能定位。天津各行业的基尼系数测算结果如表4-24所示，从中可知其交通运输、仓储和邮政业的集聚程度较高，制造业则处于高度平均状态。

表 4-24　2012—2018 年天津各行业的基尼系数

行　业	2012 年	2013 年	2014 年	2015 年	2016 年	2017 年	2018 年
制造业	0.056	0.052	0.057	0.068	0.077	0.086	0.094
建筑业	0.359	0.274	0.383	0.355	0.362	0.381	0.370
交通运输、仓储和邮政业	0.763	0.631	0.838	0.968	0.990	0.976	0.851
批发和零售业	0.038	0.037	0.037	0.039	0.041	0.041	0.040
住宿和餐饮业	0.221	0.220	0.226	0.217	0.202	0.181	0.188
租赁和商务服务业	0.469	0.449	0.396	0.324	0.323	0.286	0.265
居民服务和其他服务业	0.241	0.232	0.222	0.237	0.235	0.223	0.239

数据来源：笔者根据 2013—2019 年的天津统计年鉴整理、计算而得。

从天津各工业细分行业的区位基尼系数来看（见表 4-25），在天津的采矿业中，除开采专业及辅助性活动外，其他行业的集聚度都有明显下降，说明天津近年来在产业结构转型升级方面的成效显著。2012 年，天津的有色金属矿采选业、医药制造业、化学纤维制造业、黑色金属冶炼及压延加工业、其他制造业的集聚程度较高，但到 2018 年均表现为下降趋势；而家具制造业、造纸及纸制品业、铁路/船舶/航空航天和其他运输设备制造业、通信设备/计算机及其他电子设备制造业的空间集聚度显著上升（后两个产业的空间集聚度在 2018 年有所下降），表明天津的这些产业发展势头良好；汽车制造业在 2012 年的集聚度为 0.135 1，到 2018 年下降到 0.037 2。未来，天津可围绕"三区一基地"的城市定位，优化提升传统工业，如重视汽车制造业的智能化建设，提高关键零部件的本地配套率，打造全国新能源汽车与智能网联车的发展高地。

表 4-25　天津工业行业的区位基尼系数

行　业	2012 年	2015 年	2018 年
煤炭开采和洗选业	0.014 4	0.000 6	0.000 5
石油和天然气开采业	0.066 0	0.040 8	0.066 0
黑色金属矿采选业	0.000 3	0.001 7	0.000 0

续表

行　业	2012 年	2015 年	2018 年
有色金属矿采选业	0.372 2	0.000 0	0.000 0
非金属矿采选业	0.145 2	0.129 8	0.097 4
其他采矿业	0.141 4	0.000 0	0.000 0
开采专业及辅助性活动	0.018 5	0.144 3	0.400 7
农副食品加工业	0.090 7	0.018 0	0.008 1
食品制造业	0.041 0	0.082 1	0.030 7
酒/饮料和精制茶制造业	0.125 7	0.018 7	0.014 9
烟草制品业	0.082 0	0.000 0	0.000 0
纺织业	0.008 1	0.003 1	0.003 2
纺织服装/鞋/帽制造业	0.000 2	0.238 2	0.008 6
皮革/毛皮/羽毛（绒）及其制品业	0.164 1	0.005 9	0.004 7
木材加工及竹/藤/棕/草制品业	0.172 0	0.007 4	0.005 5
家具制造业	0.029 9	0.098 6	0.122 3
造纸及纸制品业	0.091 3	0.067 1	0.102 4
印刷业和记录媒介的复制	0.085 6	0.027 5	0.014 1
文教/工美/体育和娱乐用品制造业	0.184 8	0.139 5	0.042 0
石油加工/炼焦及核燃料加工业	0.023 7	0.043 6	0.026 8
化学原料及化学制品制造业	0.000 3	0.032 6	0.035 5
医药制造业	0.349 4	0.024 5	0.020 6
化学纤维制造业	0.240 4	0.000 0	0.000 0
橡胶制品业和塑料制品业	0.000 9	0.089 4	0.062 2
非金属矿物制品业	0.032 2	0.008 8	0.006 5
黑色金属冶炼及压延加工业	0.417 5	0.015 3	0.007 3
有色金属冶炼及压延加工业	0.117 8	0.050 1	0.071 6
金属制品业	0.122 1	0.079 7	0.030 6
通用设备制造业	0.077 5	0.100 4	0.059 2
专用设备制造业	0.071 8	0.106 5	0.039 6
汽车制造业	0.135 1	0.051 1	0.037 2
铁路/船舶/航空航天和其他运输设备制造业	0.069 3	0.189 0	0.177 8

续表

行　业	2012年	2015年	2018年
电气机械及器材制造业	0.233 7	0.051 4	0.064 9
通信设备/计算机及其他电子设备制造业	0.041 1	0.156 0	0.101 6
仪器仪表制造业	0.075 3	0.022 3	0.022 1
其他制造业	0.563 1	0.221 3	0.103 1
废弃资源综合利用业	0.016 3	0.284 6	0.058 9
金属制品/机械和设备修理业	0.012 0	0.020 2	0.004 1
电力/热力的生产和供应业	0.064 2	0.013 7	0.011 1
燃气生产和供应业	0.033 2	0.041 3	0.029 7
水的生产和供应业	0.014 4	0.023 9	0.033 8

数据来源：笔者根据2013—2019年的天津统计年鉴整理、计算而得。

（3）河北省级层面的主要行业基尼系数。河北在京津冀协同发展中以承接北京非首都功能为主。《河北省建设全国现代商贸物流重要基地规划》提出，打造"一环、两通道、多节点"的商贸物流空间结构。河北各大类行业的基尼系数测算结果如表4-26所示。

表4-26　2012—2018年河北各行业的基尼系数

行　业	2012年	2013年	2014年	2015年	2016年	2017年	2018年
制造业	0.024	0.023	0.027	0.029	0.029	0.030	0.029
建筑业	0.263	0.231	0.343	0.308	0.298	0.296	0.266
交通运输、仓储和邮政业	0.176	0.329	0.499	0.563	0.534	0.507	0.430
批发和零售业	0.020	0.017	0.017	0.017	0.017	0.017	0.016
住宿和餐饮业	0.145	0.206	0.200	0.171	0.143	0.121	0.077
租赁和商务服务业	0.443	0.429	0.377	0.307	0.307	0.272	0.242
居民服务和其他服务业	0.113	0.109	0.094	0.095	0.086	0.078	0.078

资料来源：笔者根据2013—2019年的河北经济年鉴整理、计算而得。

由表4-26的数据可知，自2014年京津冀协同发展上升为国家战略以来,河北的交通运输、仓储和邮政业一直处于较高集聚水平,这对于其建设现代商贸物流重要基地具有重要意义。

以下对《京津冀协同发展规划纲要》所确定的石家庄、唐山、保定、邯郸等位于河北省内的区域性中心城市的工业细分行业基尼系数进行测算,以分析其产业集聚度。

(1)石家庄工业细分行业的基尼系数(见表4-27)。石家庄作为河北的省会城市,在推进京津冀协同发展的进程中发挥着重要的引领作用。近年来,石家庄不断优化产业结构,其2015年的第三产业比重突破50%,三次产业结构由2012年的10.0∶49.8∶40.2演变为2018年的6.9∶37.6∶55.5。目前,石家庄的主导产业包括汽车、石油、钢铁和耐用消费品工业等,其纺织业、医药制造业、食品制造加工业、皮革毛皮制品业等在工业行业中所占的比重较高。从工业细分行业的空间集聚度来看,2012年石家庄的其他采矿业集聚度较高,达0.367 1,2015年以后则几乎没有集聚现象;纺织服装/鞋/帽制造业(0.454 0)、废弃资源综合利用业(0.523 4)在2012年的集聚度较高,以后则呈逐年下降趋势;皮革/毛皮/羽毛(绒)及其制品业在2012年的集聚度较低,但2015年、2018年则分别达到0.423 5和0.431 6,呈现出较高的空间集聚度;纺织业集聚度由2012年的0.026 9上升到2015年的0.136 4,到2018年又下降到0.063 1,这表明石家庄的纺织业存在先集聚后分散的倒"U"形特征;农副食品加工业、医药制造业、汽车制造业、仪器仪表制造业、金属制品/机械和设备修理业等行业的集聚度,则都展现出逐年上升趋势。

表4-27 石家庄工业行业的区位基尼系数

行 业	2012年	2015年	2018年
煤炭开采和洗选业	0.002 7	0.000 2	0.000 7
石油和天然气开采业	0.000 1	0.000 2	0.000 3
黑色金属矿采选业	0.000 1	0.001 4	0.000 0
有色金属矿采选业	0.000 0	0.118 1	0.005 5

续表

行　业	2012年	2015年	2018年
非金属矿采选业	0.001 7	0.001 6	0.000 6
其他采矿业	0.367 1	0.000 0	0.000 0
开采专业及辅助性活动	0.030 8	0.000 1	0.000 2
农副食品加工业	0.002 4	0.024 2	0.033 8
食品制造业	0.005 6	0.005 3	0.008 2
酒/饮料和精制茶制造业	0.000 4	0.006 7	0.006 1
烟草制品业	0.035 7	0.004 3	0.002 8
纺织业	0.026 9	0.136 4	0.063 1
纺织服装/鞋/帽制造业	0.454 0	0.003 9	0.023 0
皮革/毛皮/羽毛（绒）及其制品业	0.027 9	0.423 5	0.431 6
木材加工及竹/藤/棕/草制品业	0.004 9	0.092 5	0.011 5
家具制造业	0.023 5	0.004 2	0.000 9
造纸及纸制品业	0.010 4	0.010 2	0.004 6
印刷业和记录媒介的复制	0.018 9	0.012 3	0.008 0
文教/工美/体育和娱乐用品制造业	0.000 9	0.007 9	0.000 7
石油加工/炼焦及核燃料加工业	0.087 3	0.003 3	0.014 9
化学原料及化学制品制造业	0.166 9	0.064 5	0.031 2
医药制造业	0.002 1	0.046 9	0.047 8
化学纤维制造业	0.000 0	0.011 7	0.007 2
橡胶制品业和塑料制品业	0.039 1	0.008 4	0.002 0
非金属矿物制品业	0.002 6	0.020 5	0.008 5
黑色金属冶炼及压延加工业	0.000 0	0.001 2	0.000 1
有色金属冶炼及压延加工业	0.001 6	0.000 6	0.001 1
金属制品业	0.001 6	0.001 1	0.000 2
通用设备制造业	0.002 8	0.003 4	0.002 5
专用设备制造业	0.002 2	0.000 8	0.000 6
汽车制造业	0.000 1	0.003 1	0.005 1
铁路/船舶/航空航天和其他运输设备制造业	0.007 8	0.000 4	0.000 4
电气机械及器材制造业	0.001 3	0.010 8	0.002 8

续表

行　业	2012 年	2015 年	2018 年
通信设备/计算机及其他电子设备制造业	0.003 4	0.001 0	0.001 7
仪器仪表制造业	0.000 0	0.000 9	0.008 2
其他制造业	0.000 3	0.000 2	0.000 5
废弃资源综合利用业	0.523 4	0.006 3	0.034 9
金属制品/机械和设备修理业	0.001 3	0.053 3	0.154 0
电力/热力的生产和供应业	0.002 0	0.001 3	0.000 9
燃气生产和供应业	0.029 0	0.001 0	0.001 4
水的生产和供应业	0.002 7	0.020 4	0.015 6

数据来源：经由笔者整理、计算而得。

（2）唐山工业细分行业的基尼系数（见表4-28）。唐山拥有丰富的矿产资源，其煤炭、钢铁、陶瓷、水泥等重工业一直占主导地位。"十二五"时期，唐山将产业调整升级作为主攻方向，培养战略性新兴产业，对高能耗产业提出提质增效的发展要求；2013年，在全国钢铁产能调控的背景下，唐山集中关停了一批高污染、高耗能企业。"十三五"时期，唐山制定了构建现代化产业新体系的发展目标，制定了以完善环渤海新兴工业基地为目标的发展战略，不断推进精品钢铁产业、先进装备制造业、绿色建材业、现代化工产业等的绿色集约发展。目前，唐山的传统工业行业已得到显著优化，"十四五"期间，当地将重点发展传统优势产业、先进制造业、生产性服务业和现代物流业，致力于融入国际国内"双循环"。

从工业细分行业的区位基尼系数来看，唐山采矿业的集聚程度明显高于其他城市，其2012年煤炭开采和洗选业、水的生产和供应业、黑色金属矿采选业的集聚度位居前三，显示了煤炭、钢铁在唐山工业中举足轻重的地位。在其他制造业中，当地非金属矿物制品业的集聚度较高，但在2015年和2018年有明显下降；农副食品加工业、石油加工/炼焦及核燃料加工业、医药制造业、化学纤维制造业、黑色金属冶炼及压延加工业、通信设备/计算机及其他电子设备制造业、仪器仪表制造业、废弃资源综合利用业等在2012年的产业集聚度虽不高,但在2015年和2018年却有明显上升,说明唐山产业转型升级的政策实施效果显著。

总之,唐山作为典型的资源型城市,在加快推进战略性新兴产业和高技术制造业高质量发展、积极承接京津产业转移、以创新驱动传统产业转型升级等方面大有可为。

表4-28 唐山市工业行业的区位基尼系数

行　业	2012年	2015年	2018年
煤炭开采和洗选业	0.547 9	0.123 5	0.202 2
石油和天然气开采业	0.013 3	0.004 2	0.006 0
黑色金属矿采选业	0.350 6	0.261 9	0.145 8
有色金属矿采选业	0.000 0	0.007 4	0.047 3
非金属矿采选业	0.092 7	0.116 3	0.121 3
其他采矿业	0.000 1	0.000 0	0.000 0
开采专业及辅助性活动	0.003 4	0.000 1	0.000 2
农副食品加工业	0.000 2	0.003 7	0.006 4
食品制造业	0.000 8	0.000 0	0.000 0
酒/饮料和精制茶制造业	0.000 1	0.000 8	0.001 0
烟草制品业	0.002 1		
纺织业	0.000 2	0.000 2	0.000 1
纺织服装/鞋/帽制造业	0.000 3	0.000 4	0.000 1
皮革/毛皮/羽毛（绒）及其制品业	0.000 0	0.000 3	0.000 2
木材加工及竹/藤/棕/草制品业	0.008 8	0.000 2	0.002 0
家具制造业	0.011 4	0.006 7	0.002 9
造纸及纸制品业	0.000 2	0.006 1	0.005 2
印刷业和记录媒介的复制	0.000 1	0.000 3	0.000 1
文教/工美/体育和娱乐用品制造业	0.015 4	0.000 0	0.002 5
石油加工/炼焦及核燃料加工业	0.004 1	0.013 2	0.013 2
化学原料及化学制品制造业	0.000 1	0.004 1	0.000 0

续表

行　业	2012 年	2015 年	2018 年
医药制造业	0.000 2	0.000 9	0.001 6
化学纤维制造业	0.001 2	0.000 0	0.267 1
橡胶制品业和塑料制品业	0.088 8	0.000 1	0.000 5
非金属矿物制品业	0.297 8	0.025 5	0.023 6
黑色金属冶炼及压延加工业	0.000 0	0.063 6	0.103 4
有色金属冶炼及压延加工业	0.004 4	0.000 0	0.002 6
金属制品业	0.000 0	0.007 7	0.003 0
通用设备制造业	0.004 5	0.000 1	0.000 0
专用设备制造业	0.001 8	0.000 8	0.000 6
汽车制造业	0.007 8	0.003 1	0.006 1
铁路/船舶/航空航天和其他运输设备制造业	0.000 4	0.016 4	0.007 3
电气机械及器材制造业	0.003 6	0.000 3	0.000 0
通信设备/计算机及其他电子设备制造业	0.000 9	0.003 2	0.003 6
仪器仪表制造业	0.000 0	0.001 7	0.001 7
其他制造业	0.003 7	0.000 0	0.000 2
废弃资源综合利用业	0.000 3	0.016 4	0.127 5
金属制品/机械和设备修理业	0.003 7	0.000 7	0.000 0
电力/热力的生产和供应业	0.011 5	0.003 4	0.000 7
燃气生产和供应业	0.011 9	0.009 0	0.010 3
水的生产和供应业	0.547 9	0.010 1	0.002 5

数据来源：经由笔者整理、计算而得。

（3）保定工业细分行业的基尼系数（见表4-29）。保定是我国著名的历史文化名城，其地处北京、天津、石家庄三个城市之间的中心位置，区位条件优越，经济社会发展水平也走在河北省内各地级市前列。从工业细分行业的区位基尼系数看，保定在2012年、2015年和2018年的工业各细分行业的集聚度并不高。其中，保定当地的有色金属矿采选业的产业集聚度呈先上升再下降的特征，这与保定的产业转型升级和发展重点转变有关；其家具制造业的区位基尼系数在2012年为0.1234，到2018年则下降为0.0046；食品制造业、酒/饮料和精制茶制造业、纺织业、木材加工及竹/藤/棕/草制品业、造纸及纸制品业、文教/工美/体育和娱乐用品制造业、黑色金属冶炼及压延加工业、有色金属冶炼及压延加工业、通信设备/计算机及其他电子设备制造业、仪器仪表制造业、水的生产和供应业虽然在本章研究期间的集聚程度不高，但总体来看上升趋势明显；专用设备制造业、汽车制造业、铁路/船舶/航空航天和其他运输设备制造业、电气机械及器材制造业的行业集聚程度波动较大，说明这几类行业易受经济环境和区域经济政策的影响。

因此，保定应充分发挥地理区位优越的优势，进一步明确其在京津冀城市群中的产业定位，稳定食品制造与农副食品加工业等的良好发展势头，打造环京津地区农副产品供应基地；强化与京津产业链、创新链的融合互动；与雄安新区紧密联系，依托产业转移和对接，壮大特色产业集群，以先进制造业为龙头，发展新一代信息技术、新材料和节能环保等三大新兴产业，强化产业集聚效应。

表4-29 保定工业行业的区位基尼系数

行　业	2012年	2015年	2018年
煤炭开采和洗选业	0.0013	0.0000	0.0004
石油和天然气开采业	0.0001	0.0002	0.0003
黑色金属矿采选业	0.0015	0.0001	0.0001
有色金属矿采选业	0.0143	0.0209	0.0000
非金属矿采选业	0.0007	0.0009	0.0012
其他采矿业	0.0001	0.0000	0.0000
开采专业及辅助性活动	0.0004	0.0001	0.0002
农副食品加工业	0.0019	0.0003	0.0046
食品制造业	0.0021	0.0016	0.0045
酒/饮料和精制茶制造业	0.0005	0.0006	0.0014
烟草制品业	0.0244	0.0061	0.0032

续表

行　业	2012 年	2015 年	2018 年
纺织业	0.008 1	0.078 5	0.083 3
纺织服装/鞋/帽制造业	0.003 2	0.000 5	0.000 3
皮革/毛皮/羽毛（绒）及其制品业	0.000 3	0.006 7	0.001 8
木材加工及竹/藤/棕/草制品业	0.000 0	0.001 2	0.002 9
家具制造业	0.123 4	0.005 6	0.004 6
造纸及纸制品业	0.003 6	0.058 7	0.074 5
印刷业和记录媒介的复制	0.008 9	0.003 7	0.004 7
文教/工美/体育和娱乐用品制造业	0.000 4	0.008 6	0.015 4
石油加工/炼焦及核燃料加工业	0.000 3	0.000 1	0.000 1
化学原料及化学制品制造业	0.000 4	0.000 2	0.000 0
医药制造业	0.002 1	0.000 1	0.000 1
化学纤维制造业	0.000 1	0.006 3	0.000 1
橡胶制品业和塑料制品业	0.000 8	0.003 7	0.000 7
非金属矿物制品业	0.001 8	0.000 0	0.000 2
黑色金属冶炼及压延加工业	0.001 5	0.007 3	0.007 8
有色金属冶炼及压延加工业	0.000 0	0.003 7	0.005 4
金属制品业	0.000 6	0.000 0	0.000 2
通用设备制造业	0.000 2	0.000 9	0.000 4
专用设备制造业	0.017 5	0.000 8	0.000 6
汽车制造业	0.025 5	0.017 8	0.015 4
铁路/船舶/航空航天和其他运输设备制造业	0.020 0	0.000 6	0.000 5
电气机械及器材制造业	0.003 6	0.021 7	0.006 7
通信设备/计算机及其他电子设备制造业	0.000 6	0.003 3	0.003 7
仪器仪表制造业	0.000 2	0.000 1	0.000 5
其他制造业	0.001 4	0.000 3	0.000 6
废弃资源综合利用业	0.000 0	0.002 0	0.000 0
金属制品/机械和设备修理业	0.003 2	0.000 0	0.000 1
电力/热力的生产和供应业	0.002 1	0.003 5	0.001 7
燃气生产和供应业	0.002 5	0.001 8	0.002 4
水的生产和供应业	0.001 3	0.001 4	0.001 6

数据来源：经由笔者整理、计算而得。

(4) 邯郸工业细分行业的基尼系数（见表4-30）。邯郸是晋冀鲁豫四省交界的重要交通和物流枢纽，也是京津冀地区重要的工业基地和京津两地联接中部其他城市的区域性中心城市。在工业发展方面，邯郸的钢铁、煤炭产业较突出，但高能耗传统产业面临节能减排和转型升级的压力也较大。近年来，邯郸先后引进了格力家电基地、中船重工军转民产业基地、邯钢特种钢制造基地等一批新兴产业项目，致力于将钢铁、煤炭、建材和电力等传统产业转变为精品钢材、装备制造、新材料、食品加工、现代物流和旅游文化等"新六强"产业。

从工业细分行业的区位基尼系数来看：2012年，邯郸当地的煤炭开采和洗选业、水的生产和供应业、非金属矿物制品业、黑色金属矿采选业等的集聚度相对较高，传统能耗产业在其第二产业中占有一定比例；煤炭开采和洗选业的集聚度呈先降后升的态势，表明邯郸的煤炭产业在2012—2015年经历了减量调整，到2018年煤炭产业作为邯郸的支柱产业和资源密集型产业，其转型升级的成效显著。此外，邯郸的农副食品加工业、纺织服装/鞋/帽制造业、木材加工及竹/藤/棕/草制品业、石油加工/炼焦及核燃料加工业、医药制造业、黑色金属冶炼及压延加工业、汽车制造业、通信设备/计算机及其他电子设备制造业等行业的集聚度，总体来看均有上升态势。

表4-30 邯郸工业行业的区位基尼系数

行 业	2012年	2015年	2018年
煤炭开采和洗选业	0.099 0	0.060 7	0.093 7
石油和天然气开采业	0.000 1	0.000 2	0.000 3
黑色金属矿采选业	0.011 2	0.007 3	0.028 2
有色金属矿采选业	0.000 0	0.000 0	0.000 0
非金属矿采选业	0.000 0	0.000 1	0.009 4
其他采矿业	0.000 1	0.000 0	0.000 0
开采专业及辅助性活动	0.003 7	0.000 1	0.000 2
农副食品加工业	0.000 0	0.003 4	0.006 5

续表

行　业	2012 年	2015 年	2018 年
食品制造业	0.000 2	0.000 1	0.000 1
酒/饮料和精制茶制造业	0.000 1	0.000 1	0.000 3
烟草制品业	0.001 0	0.000 0	0.000 0
纺织业	0.000 3	0.003 3	0.004 0
纺织服装/鞋/帽制造业	0.000 1	0.000 0	0.001 4
皮革/毛皮/羽毛（绒）及其制品业	0.000 6	0.000 2	0.000 0
木材加工及竹/藤/棕/草制品业	0.000 5	0.001 1	0.002 3
家具制造业	0.000 0	0.000 1	0.000 1
造纸及纸制品业	0.000 0	0.000 0	0.000 0
印刷业和记录媒介的复制	0.000 0	0.000 1	0.000 0
文教/工美/体育和娱乐用品制造业	0.006 1	0.000 1	0.000 6
石油加工/炼焦及核燃料加工业	0.000 0	0.010 0	0.007 0
化学原料及化学制品制造业	0.000 1	0.000 0	0.000 0
医药制造业	0.000 1	0.000 6	0.001 0
化学纤维制造业	0.002 2	0.000 0	0.000 0
橡胶制品业和塑料制品业	0.003 7	0.000 0	0.000 1
非金属矿物制品业	0.067 3	0.000 9	0.000 2
黑色金属冶炼及压延加工业	0.000 1	0.007 9	0.014 5
有色金属冶炼及压延加工业	0.000 6	0.000 0	0.000 3
金属制品业	0.000 1	0.002 4	0.000 1
通用设备制造业	0.000 1	0.000 0	0.000 2
专用设备制造业	0.003 4	0.000 1	0.000 1
汽车制造业	0.000 8	0.004 8	0.007 5
铁路/船舶/航空航天和其他运输设备制造业	0.000 2	0.000 3	0.000 4
电气机械及器材制造业	0.003 8	0.000 0	0.000 6
通信设备/计算机及其他电子设备制造业	0.000 3	0.003 4	0.003 7
仪器仪表制造业	0.000 0	0.000 0	0.000 0
其他制造业	0.000 3	0.000 0	0.000 0
废弃资源综合利用业	0.002 8	0.000 3	0.001 9

续表

行　业	2012 年	2015 年	2018 年
金属制品/机械和设备修理业	0.006 1	0.000 0	0.000 1
电力/热力的生产和供应业	0.003 7	0.005 9	0.005 7
燃气生产和供应业	0.001 9	0.004 5	0.003 1
水的生产和供应业	0.099 0	0.001 6	0.001 5

数据来源：经由笔者整理、计算而得。

对上述京津冀地区主要城市区位基尼系数的测算数据表明，京津冀城市群中各主要城市的产业集聚状况正在发生不同程度的改变。其中，北京、天津两地已逐渐将一般性制造业疏解至河北；北京的服务业集聚度较高，河北则仍以工业制造业为主。当然，北京的非首都功能疏解已初见成效，河北打造商贸物流基地的规划实施则有待进一步落实，其产业空间布局优化仍须深入推进，要适度调整各行业的产业集聚度，使之处于合理的区间和范围，努力形成各地各具特色的优势产业，并以此为重要抓手将京津冀打造成为世界级城市群。

3. 京津冀主要城市工业与服务业的赫芬达尔-赫希曼指数

测算京津冀各城市工业的空间集聚度，可以反映城市产业结构的集聚扩散效应，赫芬达尔-赫希曼指数（HHI）也是反映产业集聚度的重要指标之一，计算公式如下：

$$HHI_i - \sum S_{ij}^2 \tag{4-24}$$

式（4-24）中，i 为城市序号，j 为产业序号，S_{ij} 为第 i 个城市第 j 个产业产值占全部产业的产值比重。HHI 越大，说明产业集中度越高；HHI 越小，说明产业分布越均匀。表 4-31 为京津冀城市群中各主要城市 2011—2019 年的工业 HHI，表 4-32 为京津冀城市群中各主要城市 2011—2020 年的服务业 HHI。

表 4-31 京津冀城市群中各主要城市 2011—2019 年的工业 HHI

工业 HHI	2011 年	2013 年	2015 年	2016 年	2017 年	2018 年	2019 年
北 京	0.043	0.039	0.032	0.030	0.029	0.027	0.026
天 津	0.214	0.196	0.170	0.145	0.134	0.131	0.124
石家庄	0.248	0.234	0.203	0.203	0.203	0.104	0.099
唐 山	0.361	0.345	0.304	0.303	0.311	0.301	0.275
秦皇岛	0.154	0.145	0.127	0.121	0.117	0.114	0.108
邯 郸	0.300	0.264	0.222	0.227	0.230	0.203	0.199
邢 台	0.308	0.274	0.202	0.220	0.208	0.166	0.154
保 定	0.298	0.296	0.249	0.234	0.211	0.173	0.122
张家口	0.195	0.177	0.160	0.139	0.128	0.114	0.082
承 德	0.301	0.261	0.219	0.210	0.173	0.132	0.110
沧 州	0.276	0.273	0.246	0.246	0.237	0.185	0.159
廊 坊	0.295	0.277	0.199	0.196	0.191	0.134	0.108
衡 水	0.276	0.272	0.213	0.221	0.206	0.168	0.107

数据来源：笔者根据上述相关城市 2011—2019 年的统计年鉴整理、计算而得。下同。

表 4-32 京津冀城市群中各主要城市 2011—2020 年的服务业 HHI

服务业 HHI	2011 年	2013 年	2015 年	2016 年	2017 年	2018 年	2019 年	2020 年
北 京	0.616	0.632	0.666	0.677	0.684	0.690	0.700	0.703
天 津	0.270	0.293	0.328	0.366	0.384	0.391	0.403	0.415
石家庄	0.161	0.176	0.210	0.219	0.225	0.359	0.369	0.387
唐 山	0.096	0.104	0.126	0.126	0.138	0.145	0.159	0.149
秦皇岛	0.228	0.225	0.252	0.258	0.280	0.278	0.295	0.286
邯 郸	0.107	0.128	0.160	0.160	0.185	0.210	0.208	0.216
邢 台	0.085	0.101	0.155	0.156	0.181	0.220	0.224	0.235
保 定	0.098	0.099	0.137	0.149	0.183	0.230	0.284	0.305
张家口	0.158	0.160	0.177	0.198	0.251	0.265	0.309	0.317
承 德	0.091	0.105	0.128	0.142	0.179	0.209	0.217	0.214

续表

服务业 HHI	2011 年	2013 年	2015 年	2016 年	2017 年	2018 年	2019 年	2020 年
沧州	0.130	0.139	0.166	0.174	0.194	0.245	0.270	0.278
廊坊	0.121	0.138	0.222	0.235	0.247	0.326	0.365	0.389
衡水	0.082	0.103	0.160	0.160	0.179	0.213	0.280	0.287

从上述产业集中度的变化过程来看，京津冀城市群中各主要城市工业产业的 HHI 逐年降低，服务业的 HHI 则逐年升高。这表明工业产业正趋向于更均匀的空间分布，服务业的集中度则在不断增强，集聚效应明显，其中北京的服务产业集中度最高，达到 0.703。

4.3 京津冀城市群产业结构变动的空间回应机制

4.3.1 产业结构变动的空间回应系数

产业结构变动的空间回应是指在城市化进程中，因城市空间结构变动、区域城市规模等级调整等因素的改变而对产业结构转型升级做出的反馈（任晓，2015）。产业结构变动的空间回应弹性，表示的是产业结构变动得到空间格局回应与反馈的程度，评价模型为：

$$r = \frac{u}{U} \bigg/ \frac{f}{F} \tag{4-25}$$

式（4-25）中，r 为产业结构演变的空间回应系数，u 为城镇人口（非农人口），U 为总人口数量（常住人口数量），f 为非农产业产值，F 为地区生产总值 GDP。分子 u/U 表示人口的城乡构成，体现城市空间的综合发展水平；f/F 是非农产业产值结构，表示产业结构的升级状况。

产业结构变动的空间回应系数越大，表明城市空间结构变动对产业结构变动的影响强度越大；反之，则表示影响强度越小。在一定时期内，产业结构变动的空间回应系数增大，说明城市化率与非农化率比值增大，城市空间结构变化领先于产业结构变化，空间结构优化对产业结构转型升级的支撑力也更强劲；反之，如果产业结构变动的空间回应系数缩小，说明城市空间结构变化滞后于产业结构变化，产业结构升级得不到合理的空间结构支撑。

产业结构变动的空间回应系数即产业结构变动的空间回应弹性，是人口城市化水平与非农产业产值结构之比，其可以衡量空间结构变动对产业结构变动的影响强度。如表4-33所示，京津冀城市群的空间回应系数在2008—2019年的上升趋势明显，表明该城市群内部空间结构的调整速度较快，其空间结构的优化效应对产业结构转型升级的影响力增强；2014年以后，京津冀城市群的空间回应系数在达到0.6后仍持续提高，表明随着京津冀协同发展战略的实施，京津冀城市群中各城市的功能定位更加明确，产业转移效应日益增强，该城市群空间结构布局优化的作用进一步显现。

表4-33 京津冀城市群的空间回应系数

	2008年	2011年	2014年	2017年	2019年
空间回应系数	0.519	0.567	0.611	0.650	0.693

资料来源：经由笔者整理、计算而得。

根据式（4-25）计算京津冀地区各主要城市2008—2019年的区域城镇化率、非农化率及空间回应系数，结果如表4-34、表4-35、表4-36所示。

表4-34 京津冀地区各主要城市2008—2019年的区域城镇化率

u/U	2008年	2011年	2012年	2013年	2014年	2015年	2016年	2017年	2018年	2019年
北京	0.849	0.862	0.862	0.863	0.864	0.865	0.865	0.865	0.865	0.866
天津	0.752	0.743	0.721	0.712	0.711	0.714	0.724	0.745	0.782	0.800
石家庄	0.469	0.517	0.533	0.549	0.565	0.581	0.600	0.616	0.632	0.644

续表

u/U	2008年	2011年	2012年	2013年	2014年	2015年	2016年	2017年	2018年	2019年
唐山	0.478	0.523	0.538	0.553	0.568	0.583	0.604	0.616	0.631	0.643
秦皇岛	0.436	0.481	0.496	0.511	0.526	0.541	0.561	0.579	0.594	0.607
邯郸	0.396	0.456	0.466	0.480	0.494	0.514	0.535	0.553	0.569	0.643
邢台	0.358	0.409	0.426	0.443	0.460	0.477	0.498	0.516	0.529	0.542
保定	0.334	0.391	0.410	0.429	0.448	0.467	0.491	0.510	0.525	0.547
张家口	0.396	0.450	0.468	0.486	0.504	0.522	0.542	0.559	0.572	0.584
承德	0.342	0.396	0.414	0.432	0.450	0.468	0.490	0.507	0.521	0.533
沧州	0.374	0.422	0.438	0.454	0.470	0.486	0.506	0.523	0.536	0.549
廊坊	0.445	0.490	0.505	0.520	0.535	0.550	0.568	0.585	0.600	0.613
衡水	0.337	0.391	0.409	0.427	0.445	0.466	0.489	0.506	0.521	0.532
京津冀	0.459	0.502	0.514	0.528	0.542	0.556	0.575	0.591	0.606	0.623

数据来源：笔者根据上述相关城市或地区2008—2019年的统计年鉴、经济年鉴整理、计算而得。下同。

表4-35 京津冀地区主要城市2008—2019年产业非农化率

f/F	2008年	2011年	2012年	2013年	2014年	2015年	2016年	2017年	2018年	2019年
北京	0.990	0.992	0.992	0.992	0.993	0.994	0.995	0.996	0.996	0.997
天津	0.981	0.983	0.984	0.984	0.985	0.985	0.985	0.986	0.987	0.987
石家庄	0.891	0.898	0.900	0.903	0.906	0.909	0.918	0.926	0.922	0.923
唐山	0.905	0.911	0.910	0.910	0.910	0.907	0.906	0.929	0.929	0.923
秦皇岛	0.887	0.869	0.866	0.854	0.854	0.858	0.855	0.871	0.865	0.872
邯郸	0.884	0.874	0.873	0.871	0.869	0.872	0.876	0.909	0.909	0.902
邢台	0.847	0.847	0.843	0.841	0.834	0.844	0.863	0.881	0.877	0.866
保定	0.843	0.860	0.861	0.859	0.860	0.869	0.870	0.887	0.895	0.882
张家口	0.834	0.839	0.833	0.821	0.822	0.821	0.819	0.859	0.853	0.843
承德	0.850	0.850	0.843	0.835	0.832	0.827	0.835	0.840	0.819	0.797
沧州	0.882	0.886	0.887	0.896	0.899	0.904	0.913	0.928	0.925	0.918
廊坊	0.877	0.892	0.889	0.898	0.906	0.917	0.927	0.934	0.937	0.934
衡水	0.825	0.812	0.813	0.843	0.855	0.862	0.870	0.877	0.871	0.856
京津冀	0.884	0.886	0.884	0.885	0.887	0.890	0.895	0.909	0.907	0.900

表 4-36　京津冀地区主要城市 2008—2019 年空间回应系数

r	2008年	2011年	2012年	2013年	2014年	2015年	2016年	2017年	2018年	2019年
北　京	0.858	0.869	0.869	0.870	0.870	0.870	0.869	0.868	0.868	0.869
天　津	0.767	0.756	0.733	0.723	0.722	0.724	0.735	0.755	0.792	0.811
石家庄	0.526	0.575	0.593	0.608	0.624	0.639	0.653	0.666	0.685	0.698
唐　山	0.528	0.574	0.591	0.608	0.624	0.643	0.667	0.664	0.680	0.697
秦皇岛	0.492	0.553	0.573	0.598	0.616	0.630	0.657	0.664	0.687	0.696
邯　郸	0.448	0.521	0.534	0.551	0.568	0.589	0.611	0.608	0.625	0.713
邢　台	0.423	0.483	0.505	0.527	0.552	0.566	0.577	0.585	0.604	0.626
保　定	0.396	0.455	0.476	0.499	0.521	0.537	0.565	0.575	0.587	0.620
张家口	0.475	0.536	0.562	0.592	0.613	0.636	0.662	0.651	0.671	0.693
承　德	0.402	0.466	0.491	0.518	0.541	0.566	0.587	0.604	0.635	0.668
沧　州	0.424	0.477	0.494	0.507	0.523	0.537	0.554	0.564	0.580	0.598
廊　坊	0.507	0.549	0.568	0.579	0.591	0.600	0.613	0.626	0.641	0.657
衡　水	0.408	0.481	0.503	0.507	0.520	0.541	0.562	0.577	0.597	0.622
京津冀	0.519	0.567	0.582	0.596	0.611	0.625	0.642	0.650	0.668	0.693

2008—2019年，北京的城市空间回应系数在0.858至0.869范围内呈平稳上升趋势，表明北京的城市空间结构优化对产业结构优化的影响力呈稳定增强趋势。随着京津冀协同发展战略的深入推进，北京坚持和强化首都"四个中心"的核心功能定位，产业"腾笼换鸟"成效显著，大量不符合首都功能的产业外迁，产业结构调整优化步伐加快。2019年，北京市发展和改革委员会正式通过《北京市产业结构调整指导目录》，明确了北京鼓励、限制和淘汰的产业类型，并对重点产业和重点地区实施更严格的管制标准，仅2019年上半年，北京规模以上法人单位就减少了195家，其中制造业、批发零售和住宿餐饮业企业占减少企业的77.4%。同时，北京的新兴产业得到快速发展，高精尖产业的科技创新投入力度加大，产业发展全面对标高质量发展要求，产业结构调整相比同期城市空间结构变化的力度更大。2008年，北京的城镇化率已达84.9%，人口城镇化速率进入

"诺瑟姆（Northam）曲线"所称的缓慢增长期。近年来，北京的常住人口数有所下降。用人口衡量北京城市空间结构的变动状况虽不够全面，但由于城市空间回应系数为弹性概念，因此该指标仍有较强的解释力。

2008—2019 年，天津的城市空间回应系数值在京津冀城市群中仅次于北京，至 2019 年呈 "U" 形分布特征，表明天津的城市空间结构优化对其产业结构变化调整起到了良好的促进作用，城市空间与产业结构调整呈良性互动关系。近年来，天津以滨海新区为龙头，积极调整、优化产业结构，加快转变经济发展方式，逐步构建起了支撑先进制造业的现代服务业体系。例如，滨海新区以科技创新引领动能转换，着力发展大数据产业，并将产业链延伸到医疗、健康、交通、能源等领域，从而加强了大数据、人工智能等高新技术产业与实体经济的融合力度与深度。天津的城镇化率在京津冀城市群中仅次于北京，此外，天津聚焦打造特色小镇，不断推进新型城镇化，在城市土地利用率、城市空间布局等方面进行了积极的探索和实践。

2014 年以前，石家庄、唐山、秦皇岛、廊坊等 4 个城市的空间回应系数均在 0.4 以上，高于河北省内其他地级市。2014 年后，河北省内各地级市的空间回应系数上升较快，至 2019 年都达到了 0.5 以上，说明京津冀协同发展战略的推进落实对缓解京津冀城市群内部发展不平衡与不充分等问题卓有成效。具体来看，河北省会城市石家庄的空间回应系数由 2008 年的 0.526 提高到 2019 年的 0.698；唐山的空间回应系数与石家庄不相上下；秦皇岛是京津冀城市群中的重要沿海城市之一，其装备制造、农副食品加工、文化旅游和物流等产业发展较成熟，"十四五"时期秦皇岛的发展将重点汽车零部件制造、生命健康等产业延伸，其城市产业的空间结构不断向现代化方向进行调整，城市空间回应系数也持续上升；邯郸、邢台、保定、张家口、承德、沧州、衡水等 7 个城市在 2008 年的空间回应系数相差不大，至 2019 年邯郸的空间回应系数高于张家口、邢台、保定、承德、沧州、廊坊、衡水等 11 个地级市，表明邯郸的城市空间结构对产业结构的支撑能力更强；保定的空间回应系数从 2008 年的 0.396 增加到 2019 年的 0.620；沧州、衡水两地 2008 年的空间回应系数均在 0.45 以下，至 2019 年亦均有较大幅度增长，表明其城市空间结构的优化速率高于产业结构优化速率。

从静态视角来看，2019 年北京的空间回应系数最高，紧随其后的是天津，两地均在 0.800 以上，沧州最低（为 0.598），这表明北京和天津的空间结构对产业演变的回应效应更大。从 2008 年到 2019 年的动态演变视角来看，北京的空间回应系数基本保持稳定，无明显变化；其他城市则均有一定程度的增长，其中增长较快的是承德和邯郸，其回应系数分别提高了 0.286 和 0.265。总体而言，河北省内各地级市的静态空间回应系数远低于北京、天津这两座超大城市，但其动态空间回应系数逐年上升，说明河北已通过逐步调整区域空间结构布局而对产业发展产生了积极影响。

4.3.2　产业结构变动的空间回应机制与模型分析

1. 城市群产业结构变动的空间回应机制

区域空间格局变动与产业结构调整之间存在内在互动与联系机制。城市群中各城市之产业结构与空间结构的优化调整不仅受其所在地经济政策的影响，而且受周边其他城市的影响，可见城市群中的产业结构与空间结构变动是一个复杂的过程。城市产业结构与空间结构存在耦合关联关系。在诸多影响城市群产业结构变动的因素中，城市自身空间结构调整的作用力十分重要；同时，产业结构变动涉及相关资源的重新配置，也会作用于城市空间结构的变动。

在城市产业结构变动影响城市空间结构变动的过程中，存在以下几种情况。

第一,产业结构的变动伴随着技术升级或产业转移。当城市部分产业不符合城市规划的产业发展方向或与城市功能定位相悖时,首先,可以通过加大创新研发力度以促进产业技术升级,从而改造该行业在区域产业链条上的薄弱环节,加快同类或相关配套产业向该地区集聚,进而促进产业的转型升级。其次,可以通过产业转移,将这部分产业转移到城市群内的其他城市或地区,为朝阳产业和新兴产业腾挪空间,节省土地、人力和资金等资源;也可以承接技术水平更高的先进企业,带动本土企业不断完善管理制度,制定发展战略,吸引和培育技术创新人才,从而实现本地产业的优化升级。

第二,产业结构变动影响城市经济发展,进而影响城市空间结构。产业革命加速了城市的产生与发展,城市产业结构的优化对三次产业的产值及其占比有着直接影响。产业产值增加的背后体现了企业利润增加的逻辑,企业的发育和成熟能为地方政府带来财政收入,可以完善城市基础设施、提高公共服务水平,税收的增加对提高政府公共支出能力具有支撑作用,有利于提升城市的核心竞争力,促进城市经济社会的发展。城市经济效率的提高将影响城市的就业结构和就业水平。一方面,资源的高效利用使城市能够更好地满足居民多样化、个性化的需求,增加收入的动机也会促使人口向城镇流动,相应地改变城市就业结构;另一方面,城市的发展对就业人口的素质也提出了更高要求,城市经济社会的发展水平越高,对高素质专业化人才的需求量就越大,城市的就业水平也会相应得到提高。

在城市空间结构对产业结构的影响变动过程中,应注意以下几点。

第一,人力资源是城市产业发展的重要因素,城市人口空间分布的变化主要表现为人口的城镇化。人口城镇化率的提高,一方面可以为城市的产业结构调整提供更为充足的人力资源,从而刺激城市经济的增长和生产要素的优化配置,并进而对城市的基础设施、教育水平、医疗健康水平等产生积极影响,同时也能为城市产业结构的调整提供优质的外部环境;另一方面能够有效激发经济活力和潜能，刺激市场需求，新需求的种类和数量的增加又将不断促进和引导产业结构的优化升级，毕竟产业结构升级的内在动力源于市场利润的驱动与市场环境的良性循环。此外，如果城镇化发展与产业结构的调整相适应，则能充分发挥城镇化对产业结构升级的正向促进作用；如果城镇化与产业发展方式粗放，则会引发一系列负面影响和后果，从而导致城市物资和其他资源的浪费、城市环境问题恶化、城市经济发展不平衡和不可持续等各类问题。

第二，城市土地利用效率的变化会影响产业结构的优化。大面积征用有限的土地资源、扩大城市空间会导致城市土地的盲目扩张，造成土地资源利用效率低下。相反，如果城市的空间范围过于狭小，则土地价格的快速上升又将造成产业成本升高、利润下降，而这也不利于城市产业的可持续发展。只有当城市土地开发与经济社会发展相适应，城市空间范围的延伸能够引导资源与人口向城市合理流动、有利于缩小城乡发展差距时，才能促进城市化和产业结构的合理化与高级化进程。

2. 产业结构空间回应机理指标的构建与模型分析

本章在构建产业结构空间回应指标体系的基础上，采用多元逐步回归方法，选取2009—2018年京津冀地区的相关指标数据，建立计量经济模型，以分析空间结构和产业结构的关联作用。从系统性角度看，指标选取应先考虑产业发展的相关指标。由于每个地区的情况不同，空间和人口层面的指标应充分反映城市群发展的共性和差异性特征。从科学性的角度来看，指标体系的构建应尽可能反映客观事实，科学展现京津冀城市群之产业结构和空间结构耦合关联的主要特点，并具备良好的稳定性，以便进行纵向对比研究。从数据可得性角度来看，指标体系的构建要考虑数据是否易于获取，并尽可能使用少而精的指标来反映要素特点，从而减少数据处理的复杂性，降低选用指标的难度和工作量。本章借鉴相关学者的研究（曲立等，2021），构建如下指标体系（见表4-37）。

表 4-37 空间回应机理指标体系

变量	指标体系	解释说明
因变量	地区生产总值 Y_1	产业发展水平
	第三产业比重 Y_2	产业结构升级发展水平
自变量	地区城镇化率 X_1	城市化水平
	地区人口密度 X_2	人口承载能力
	地区人均生产总值 X_3	经济密度
	地区人口比重 X_4	人口集聚水平
	地区 GDP 比重 X_5	经济集聚水平
	城市建成区比重 X_6	空间集聚水平
	地区非农业人口数量 X_7	人口城市化水平
	区域城镇数量 X_8	城镇体系变化

在此基础上，建立多元线性回归模型：

$$Y = b_0 + b_1 X_1 + b_2 X_2 + \cdots + b_n X_n \qquad (4-26)$$

式（4-26）中，Y 为因变量，X 为自变量，b_0 为常数项，b_i 为对应的 X_i 的回归系数。本章中的样本数据主要来源于国家统计局官方网站和相关年份的北京统计年鉴、天津统计年鉴、河北经济年鉴等，在数据处理的过程中，本章针对部分缺失数据，采用线性回归赋值或插值法和类推法等进行了估计，表 4-38 为模型建立与回归分析的实证结果。

表 4-38 空间回应模型结果

地区	模型	编号
北京	$Y_1 = -14\,729.217 + 0.219 X_3 - 19\,065.404 X_5 + 19.291 X_7$ (0.883)　(-0.068)　(0.189)	1
	$Y_2 = 0.285 + 1.696 X_1 + 0.012 X_5 + 0.008 X_8$ (0.320)　(0.281)　(0.161)	2
天津	$Y_1 = -51\,555.216 + 0.041 X_3 - 75\,459.349 X_4 + 1\,086.025 X_7$ (0.242)　(-0.114)　(0.807)	3
	$Y_2 = -0.255 - 0.690 X_5 + 0.001 X_6$ (-0.353)　(0.460)	4

续表

地 区	模 型	编 号
河 北	$Y_1 = -121\ 795.654 + 3\ 464\ 790.230X_2 + 0.405X_3$ 　　　　　(0.604)　　　(0.423)	5
	$Y_2 = -1.293 + 37.263X_2 + 1.405X_4 - 1.571X_5$ 　　　　(0.731)　　(0.234)　　(-0.636)	6

注：以上模型均通过显著性 0.05 检验，括号内数值为标准化后的回归系数。

以上各回归方程拟合优度 R^2 值均大于 0.99，意味着各方程的自变量可以解释因变量 99% 以上的变化原因，括号内的数值是标准化以后的回归系数（即 beta 值为消除量纲的影响后，减均值除以标准差所得到的结果）。

模型 1 的结果表明：北京地区生产总值 GDP（Y_1）的变化有赖于其经济密度（X_3）、经济集聚水平（X_5）和人口城市化水平（X_7）。其中，经济密度和人口城市化水平的提升对该区域生产总值起到了正向促进作用，经济集聚水平则起的是负面作用；经济密度对生产总值的影响较大，其 beta 值（标准化的回归系数）为 0.883。

模型 2 的结果表明：产业结构升级（Y_2）有赖于该地区城镇化率（X_1）、地区人均生产总值（X_3）和区域城镇数量（X_8）的正面作用，其中城市化水平对产业升级的正面影响较大，其 beta 值为 0.32。该两个因变量都与经济密度呈显著正相关，说明北京要想进一步提高地区经济发展总量，加快产业结构升级水平，必须增加经济密度，不断提高人均地区生产总值，但同时其经济发展不能过度集中于城市中心而忽略郊区或边缘地区。

模型 3 的结果表明：天津地区的生产总值 GDP（Y_1）受其经济密度（X_3）、人口集聚水平（X_4）和人口城市化水平（X_7）的影响，其中人口集聚水平系数为负。实证结果表明，天津需要提高其经济密度和地区非农产业人口数量，降低人口集聚水平，建立多中心城市体系以加快提升经济总量。天津的人口城市化水平系数值为正，说明其对带动经济增长有显著效果，应进一步加快农业人口向非农人口的转化。

模型 4 的结果表明：产业升级受到经济集聚水平（X_5）和空间集聚水平（X_6）的正负作用影响，其 beta 值分别为 -0.353 和 0.460，表明经济的聚拢不能对整个地区的产业升级起到有利的作用，甚至还会在一定程度上抑制产业结构的健康发展，但空间上的集聚则可能对产业升级产生促进效应。

模型 5 的结果表明：河北的生产总值 GDP（Y_1）随其人口承载能力（X_2）和经济密度（X_3）而产生正向变化，其人口承载能力对产业发展的影响力较大，beta 值为 0.604。

模型 6 的结果表明：河北的产业升级发展水平（Y_2）主要随其人口承载能力（X_2）、人口集聚水平（X_4）和经济聚集能力（X_5）而变化。其中，经济集聚能力的 beta 值是 -0.636，对河北的经济发展存在负向影响；人口承载能力 beta 值为 0.731，则对河北的经济发展具有较强的正向促进作用。由此可知，在区域发展中应注重各城市经济要素的平衡配置，不能将资源要素集聚在少数几个"强大"的城市中，而是要充分发挥扩散效应。

引起京津冀三地经济增长的因素有所不同且各有侧重。例如，北京受城市功能定位及其总体规划的影响，应进一步加快人口城镇化的进程，提升整个地区的经济水平，同时打造多中心空间格局，注重地区经济均衡发展；天津要加快向非农人口转化，实现资源上的优化配置，提高城市经济总量，并建立多中心、网络状的城市体系，且应重点关注欠发达地区的经济水平；河北则应以人口因素为核心，提升人口承载能力，提高周边山区和边缘地带的经济发展水平。总体而言，应建立多经济中心，集聚资源要素，构造高效协调的城市体系；同时要关注经济较差地区，提高人口规模、经济规模等是推动京津冀城市群经济增长的有利实施点。

3. 研究结论

本章采用 HHI，对 2011—2020 年间京津冀地区中各主要城市工业和服务业的产业集聚度进行了测算。使用"产业结构变动的空间回应弹性"公式，测算了京津冀城市群2008—2019年的空间回应能力，分析了京津冀产业演化和空间结构的耦合关系，构建了空间回应指标体系、建立了回归方程，考察了京津冀地区产业发展升级与人口、空间等各个因素之间的因果关系和影响程度。在此提出以下几点研究结论。

第一，目前京津冀城市群中的各主要城市大多呈"三二一"的产业结构布局。其中，北京的服务业集聚水平较高，其他城市近年来的服务行业产业集中率也有一定程度的上升。但就整个京津冀地区来看，其产业集聚度则呈现明显的不均衡性。其中，天津和河北省内各城市处于劣势地位，长期来看，这种情况不利于京津冀地区产业的转型升级和经济增长。此外，在工业产业的集聚度上，北京的集聚度最低，天津与河北省内各地级市的产业集聚度则基本处于同一水平。这说明，整体来看京津冀地区的工业行业正处于转移和扩散之中。

第二，本章通过对京津冀城市群的空间回应系数进行测算，发现该地区的城市群整体与其中各城市空间之回应系数的变化趋势基本一致，且呈逐年稳定上升的趋势。总体而言，北京的空间回应效应相对较大，天津和河北省内各城市的空间结构对其产业升级的促进作用相对较弱，但整体呈良好稳定的同步发展趋势，其中承德和邯郸两地的增长速度较快，具有很好的发展前景。

第三，京津冀城市群空间回应机理的逐步回归方程结果表明，总体而言京津冀地区存在经济集聚与产业升级之间的负向关系。就目前的实际发展情况来看，经济集聚不仅未能促进京津冀地区产业结构的进一步优化，而且减缓了其产业结构的演化进程。此外，该地区的GDP受城市化进程、人口规模、空间集聚和经济密度等的正向影响，这意味着京津冀城市群普遍存在核心区域极化的现象。其中，北京作为首都，不论是经济总量还是产业结构都优于津冀两地。但是，尽管北京的服务业集聚度很高，却尚未充分发挥扩散效应，带动周边地区的发展，其"虹吸效应"反而拉大了区域间的经济差距。

第5章　基于哈肯模型的京津冀城市群产业协同创新机制研究

目前，京津冀城市群协同发展已成为我国区域发展战略的研究热点，其作为国家级重要发展战略，必将对经济社会发展产生的巨大作用。但是，同长江三角洲、珠江三角洲等城市群的产业协同创新相对比，京津冀城市群的发展还不完全不充分，产业协同创新能力也不均衡。因此，深入研究京津冀城市群产业协同创新的关键驱动要素，对促进京津冀城市群的健康有序发展、打造以首都北京为核心的世界级城市群具有重要意义。

本章在文献研究的基础上，运用热耗散结构和协同学原理，对京津冀城市群产业协同创新发展的驱动机制进行了剖析，并发现产业要素配置（industrial factor allocation，IFA）、产业结构优化（industrial structure optimization，ISO）、产业技术协作（industrial technical collaboration，ITC）、产业环境条件（industrial environmental conditions，IEC）构成了京津冀产业协同创新驱动因素的四大子系统。本章借助哈肯模型，以京津冀地区产业协同发展为主要研究对象，探讨城市群产业协同创新的主要动因，并计算得出京津冀城市群产业协同创新子系统状态的分值。

实证研究结果表明：2007—2018年，京津冀城市群产业协同创新系统的序参量是产业环境条件。通过进一步对京津冀城市群产业协同创新得分进行分析后发现，京津冀城市群内的发展环境还不够均衡、充分、完善，且河北省内部分地级市的产业协同创新能力偏弱；京津冀城市群内主要城市的产业协同创新水平均有一定程度的提高，但总体尚处在从初级过渡至中级环境要素驱动的阶段。可见，京津冀城市群的产业环境和相关条件有待进一步改善，区域间的产业技术协作亟待加强，产业结构优化升级亦需要加紧进行。对此，应积极构建多因子协同创新驱动力量，促进京津冀城市群之产业协同创新机制的健全与完善。

5.1　研究背景与文献综述

近年来，京津冀城市群协同发展受到社会各界的广泛关注，并成为众多学者的探讨焦点。2004年2月，国家发展和改革委员会在廊坊召开京津冀地区经济发展战略研讨会，就推进京津冀区域经济一体化进程、加强京津冀经济合作交流与合作达成共识。2014年2月，在北京召开的专题座谈会上，习近平总书记指出，京津冀协同发展是面向未来构建新的首都经济圈、推进区域发展体制机制创新的重要举措，是国家区域经济发展的重要战略。2015年4月，中央政治局审议通过《京津冀协同发展规划纲要》，京津冀协同发展进入实质性推进阶段。党的十九大报告强调指出，京津冀协同发展应以疏解北京非首都功能为着力点进行发展规划。2020年，国务院政府工作报告中明确提出，要进一步推动京津冀协同发展、粤港澳大湾区建设、长三角一体化发展，加快推进区域发展战略的落实。

当前，由于京津冀地区整体发展的活力尚未充分激活，城市群内各个城市间的相互联系还不够紧密，城市群之间的竞争多于合作，这在客观上造成了京津冀城市群发展的不平衡。为更好地推进京津冀协同发展战略，应加快推动京津冀城市群的产业协同创新发展，而深入探寻其创新发展的驱动要素则是实现这一目标的重要前提。

目前，已有越来越多的学者围绕京津冀城市群的协同发展问题展开研究。在此项研究的早期，学者们主要围绕的是京津冀城市群的功能定位以及协同发展的主要任务，继而又对京津冀地区协同发展的主要因素进行了探讨；后期研究则主要基于空间视角来探究京津冀地区的产业发展，通过构建京津冀城市群协同创新能力评价指标体系，对其协同创新发展水平进行测度。总体来看，以上研究主要聚焦于京津冀城市群协同发展的功能定位、评价体系、水平测度等方面。从现有文献来看，上述研究很少从产业协同创新的驱动要素等方面展开深度探讨，而是主要集中于理论体系层面。

本章以京津两地及河北省内的 11 个地级市（共 13 个主要城市）作为研究对象，先采用主成分分析法完成对产业要素配置、产业结构优化、产业技术协作、产业环境条件等四大子系统指标层权重的计算与赋值；然后运用哈肯模型分析了 2007—2018 年京津冀城市群产业协同创新发展的关键驱动要素；在此基础上计算出京津冀城市群产业协同创新子系统的分值，并进而分析京津冀城市群所处的系统状态。

5.1.1　国外研究综述

国外学者较早地对区域产业发展理论进行了研究，熊彼特（Schumpeter，1912）在其《经济发展理论》（*The Theory of Economic Development*）一书中，率先提出了"创新"的概念，即创新是指把不同的生产要素以新的生产功能结合在一起，并运用到生产体系中。弗里曼（Freeman，1982）和苏特（Soete，1982）在联合编著的《产业创新》（*Industrial Innovation*）一书中，系统地整理了不同产业的技术创新问题，并提出了具有代表性的国家创新理论。此外，有学者（Laruse and Salter，2004）对产学研之中的"产"与"学"的创新互动和彼此间的贡献进行了分析；有学者（Hsu，2005）针对产业创新的内生问题进行了深层次的剖析，并指明了其运作方式；另有学者（Breznitz，2006）立足产业相关政策，探讨了创新扩散的相关问题。

在协同创新理论方面，哈肯（Haken，1969）首次提出了协同学的基本理论架构，并在 1977 年对协同学理论进行了进一步的阐释：一个系统往往是由多个不同的子系统联合而成的，如果各子系统能够在整个系统的运作过程中相互协作、相互协调，则会达到"1+1>2"的协同发展效果，从而极大地提升系统的整体运行效率。此后，有学者（Gloor，2007）首次提出了协同创新的概念，指出协同创新是政府、企业和科研机构等在致力于达成相同目标的过程中，其资源与优势互相补充，并在此基础上对各个子系统进行资源整合，从而在协作系统中形成一个多元化的创新网络，促进技术创新和知识系统的深入合作，最终达到"1+1+1>3"的协同效应。此外，有学者（James，2010；Richard，2014）等就跨部门协作和团队协同创新进行了相关研究，并提出了协作创新体系的概念，即协作创新体系是一个多维度的交互网络，相关资源可在各子系统之间自由流通与扩散，从而达到基于区域协作创新体系的区域协同创新。

在研究方法方面，国外学者也进行了较为丰富的实证研究。施莫克勒（Schmookler，1966）对铁路、炼油、农业和造纸业等四大典型产业的投资、存量、发明活动和就业情况进行了较为系统的分析，随后有学者（Versluis，2005）进行了改进研究，并将其与创新理论相比较，用以描述商业与工业环境状况。

5.1.2 国内研究综述

20世纪80年代，协同理论被引入我国。该理论在我国的发展初期，主要是基于自然科学领域而展开的。随着改革开放的深入进行，我国经济总量不断提升，很多经济学家也意识到了协同理论的应用价值。20世纪末期，国内已有少量对协同理论的相关研究；及至21世纪初，协同理论在我国经济领域的应用研究有了大幅度的增加。

国内学者对京津冀城市群的产业协同发展也进行了不断探索。在理论研究层面，陆大道（2015）分析了京津冀城市群的功能定位及其协同发展的主要目标、任务，并就京津冀城市群产业集聚区的发展战略规划进行了探讨与研究，提出加强科技协同创新的重要意义和作用。面对京津冀地区发展严重不平衡，各类优质资源和产业活动高度集中于北京、天津等中心城市，而京津两地又与河北之间存在发展落差等一系列问题，魏后凯（2016）提出了推进京津冀协同发展的空间战略选择。张贵等（2014）分析了京津冀地区协调发展的主要影响因素，其中重点研究了区域产业结构融合与相似性、区域产业结构专业化等问题，从而对本章中评价指标体系的建立具有参考意义。

在研究内容方面，有学者提出了京津冀城市群产业协同发展的政策框架和工具方法。例如，刘建朝、李丰琴（2021）采用政策文本挖掘方法，对近年来国家和京津冀地方政府部门颁布的政策法规进行了词频分析和中心性分析，采用政策一致性（policy modeling consistency，PMC）指数模型构建政策量化评价框架，研究了京津冀地区产业协同发展的政策框架设计以及政策工具的运用情况等。此外，有学者对我国区域经济协同发展的驱动要素进行了研究。例如，李琳和刘莹（2014）采用哈肯模型，将中国区域经济发展格局的转变划分为两个阶段，并从动态角度对中国区域经济协同发展的主要驱动因子进行了实证分析。其研究发现，中国区域经济协同发展的驱动力量已由区域比较优势单一驱动因素向区域经济联系和区域产业分工双变量驱动因素转移。

另有一些专家学者就制造业和生产性服务业之间的产业关联和协同聚集等问题进行了深入研究。例如，江曼琦、席强敏（2014）运用产业间协同集聚度和投入产出分析等方法，对制造业和生产性服务业之间空间协同集聚的动因进行了分析，并针对制造业与生产性服务业的融合发展等问题提出了解决方案，从而为产业结构优化指标的构建提供了方法参考。还有学者对京津冀城市群各影响要素之间的协调发展问题进行了研究，如刘洁、姜丰（2021）等运用耦合协调度函数，对京津冀城市群的整体水平以及耦合协调发展的时序与空间特征等进行了研究，其针对京津冀城市群中的产业、人口与空间发展的不均衡性，建立了京津冀城市群"产业-人口-空间"之发展指标评价体系。此外，刘玉凤、高良谋（2019）从京津冀城市群经济和环境协调发展的角度出发，建立了经济与环境这两个子系统的综合评价指标体系，从时空角度探讨了经济与环境的耦合协调发展趋势。

在研究方法方面，鲁金萍等（2015）选取了京津冀两市一省的30个两位数制造业的产值份额等指标数据，创造性地利用独特的产业梯度系数，在制造业层面探讨了如何通过产业转移推动产业协同创新；吴卫红等（2019）考虑到省市内和省市间的不同因素，针对京津冀城市群协同创新能力的影响，构建了基于京津冀城市群协同创新能力的评价指标体系，从创新能力的相似性、耦合性以及制度邻近性等视角出发，采用主成分分析方法对其协同创新水平进行了测度；李昊等（2021）构建了京津冀城市群宜居宜业协同测度模型，以计算其生态宜居宜业协同发展水平，并主要采用收敛和绝对收敛的组合赋权方法测度、分析了京津冀城市的群宜居宜业水平。

5.1.3 文献评述

上述文献中所体现的研究现状，主要包括以下三个方面。

第一，在研究理论方面，国外的研究多侧重于区域产业发展理论；而我国有关城市群产业协同创新发展的理论研究尚处在起步阶段，对其协同创新机制、驱动因素和发展方式等还缺乏深入探讨，尚未形成完整的理论框架体系。

第二，在研究内容方面，有关学者主要聚焦于京津冀城市群产业协同发展的政策框架与工具、京津冀城市群内部的产业关联和协同集聚以及各种要素的协调发展等方面，而对京津冀地区城市群的产业协同创新发展机制则缺乏深入的研究。

第三，在研究方法方面，目前有关京津冀城市群产业协同创新发展的研究方法大多局限于主成分分析、多元回归分析和层次分析等较为传统的分析方法，缺乏多学科交叉方法和手段的应用，研究方法缺乏创新性；有学者借助哈肯模型研究了中国区域经济协同发展的驱动要素，研究范围较宽，但我国不同区域的发展差异较大，因而其适用性不强。

本章借鉴哈肯模型，以京津冀城市群产业发展为研究对象，探讨其协同创新的驱动因素。如前所述，目前关于京津冀城市群产业协同创新发展的理论研究尚不完善，实证方面的分析方法创新性不足，且目前的研究视角并没有从不同区域、不同空间尺度等层面对京津冀城市群的产业协同创新发展进行全面、深入的分析。同时，已有研究在视角上的聚焦和深度亦显不够，对决定京津冀产业协同创新发展的驱动要素及其影响机制尚未提供足够的理论支撑。近年来，跨学科研究已经发展成为现代学术讨论与科学探究的新范式，其中哈肯模型在经济学领域的应用也得到了越来越多的认可。本章基于不同空间尺度的产业视角，对京津冀地区协同创新发展的驱动因素进行了深入剖析，探讨了京津冀城市群在区域经济一体化发展背景下产业协同创新过程中的序参量，并对京津冀地区目前的产业协同创新发展状况进行了评估。

5.2 城市群产业协同创新作用机理

5.2.1 城市群产业协同创新原理

协同理论的主要内容包括协同效应、伺服原理、自组织原理等三个方面。哈肯的《协同学引论》一书提出，协同作用是指在一个复杂的开放性系统中，许多子系统之间的相互作用所造成的整体或集体的影响，这是由于协同作用而产生的结果。协同效应是一个系统内部的内在动力，任何一个自然系统或社会系统中都存在协同效应。在一个系统中，当外界的能源供给或物质的聚集状况达到某个临界点时，各个子系统就会发生协同效应。协同效应是在关键时刻造成系统质变的一种机制，它能够使体系在临界点上发生质变，并由此使得体系从无序变为有序，从混沌变为稳定。伺服原理的基本原则是：快变量服从慢变量，序参量则决定了系统的行为。哈肯模型描述了一个系统的自组织过程，其中包括了系统中之稳定与不稳定的相互影响，其最根本之处是在关键时刻定义了一个简单化的体系，即"迅速衰减的组别被迫跟随缓慢增长的组别"。也就是说，当一个体系在不稳定点或临界点附近时，它的动态和突发性结构常常是由一些共同的变量所组成的，即是由序参量决定的，同时系统中其他变量的行为也会被这些序参量所左右和支配。就像协同学的创建者哈肯所说的那样，这些序参量"雪崩"般地横扫了整个体系，并控制着整个体系的发展。自组织是一个与外部组织相对应的术语：外部组织是指组织的命令和能力来源于系统之外，自组织则是指各系统能够根据一定的规律，在不依赖外部命令的情况下，其内部子系统之间自动形成某种结构或功能，即自组织的特性是内在的、自生的。自组织原理认为，系统在外部能量流、信息流和物质流的共同作用下，会通过大量子系统之间的协同作用而产生新的时间、空间或功能秩序结构。

5.2.2 城市群产业协同创新驱动要素分析

自然界或社会系统往往由许多相互联系、相互依赖、相互作用的要素组合在一起，它们共同形成某种功能或组成某种结构，并在特定的条件下构成了一个有机的整体。综观整个城市群的产业协同创新机制可知，城市群是由多功能、不同的子系统联合构成的，为了达到提高城市群产业协同创新系统整体水平的目的，各个子系统在相互影响的状况下相互协作。相关理论研究指出，一个完整系统最重要的四个前提或条件分别是要素、相互联系、功能和环境。因此本章相应提出，以产业要素配置、产业结构优化、产业技术协作和产业环境条件作为研究京津冀城市群产业协同创新体系的四个主要驱动要素,接下来,笔者将其逐一对应于城市群产业协同创新的作用机理并进行深入分析。

1. 产业要素配置

产业要素配置作为城市群产业协同创新的驱动要素之一,从劳动、土地、政府和资本等多个层面体现了产业要素在京津冀城市群的经济结构子系统中的配置情况。林毅夫(2012)提出的新经济结构学理论,在研究产业结构优化和经济发展的过程中着重指出了政府在其中所起到的作用。在京津冀城市群协同创新发展过程中,政府的宏观调控决策对促进区域经济协调发展具有重要意义,同时还需要充分考虑到由土地、劳动力、资金等共同形成的产业要素配置构成。可见,城市产业要素配置比例的差异,在某种程度上反映了不同区域的产业协同创新发展模式。同时,在不同的发展阶段,京津冀城市群的产业要素配置结构对其经济体系的产业协同创新也会产生不同程度的影响。具体如图5-1所示。

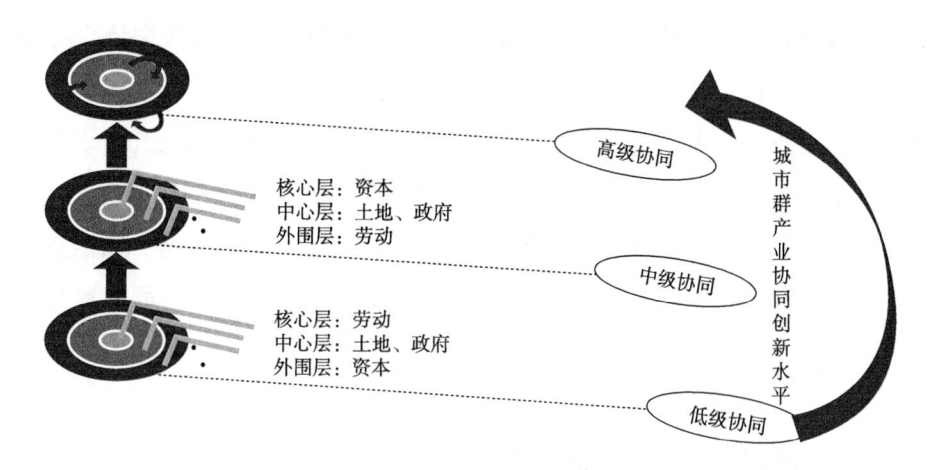

图5-1 产业要素配置与城市群产业协同创新水平的作用和机理

俄林(Ohlin, 1933)创造性地提出了要素禀赋学说,其把新古典经济学引入区际贸易中,以要素和商品自由流动、生产要素完全可分、完全竞争、规模报酬不变为假设之前提,分析了一国(地区)在区域分工中之地位和功能的决定因素；并认为要素禀赋的稀缺性在各国（地区）内的分布是非均质的，区域在区际分工中的地位和功能由其拥有的要素禀赋（即比较优势）决定，同时要素和商品的自由流动会带来区域之间要素价格与商品价格的平均化，并使区域发展趋同。

在城市群产业协同发展的初级阶段，城市群产业的协同创新主要以劳动力要素为支撑。在城市群发展的早期阶段，各个城市的劳动密集型产业占有很大比重，因此该阶段区域产业要素配置的核心是资源性的劳动、土地、资金和政府管理等要素，这些要素在区域产业协同和创新中的作用举足轻重，始终处于核心地位。

随着地区经济的发展，资本要素的协同提升作用逐步显现出来，并逐渐转移到核心层，而劳动力要素则向外围转移，各地区的资源优化配置也相应地提升了各地区的协同创新能力。在资本密集型产业中，产品的产出与其所需要的人力资源呈反比例关系，而技术、科研装备、资金的大量投入是资本密集型产业得以发展的根本基础。可见，在区域产业协同创新发展的初级阶段，资本作为反映产业协同创新能力核心要素的作用还没有得到显现，而是处于边缘水平。在高级阶段，要素的分配逐渐演化为一个动态结构，其核心层、中间层和外围层可以灵活地适应更大环境的变化，以最大限度地发挥各个因素的作用，从而最大限度地达到资源要素的优化配置。因此，在不同的区域发展阶段，应充分发挥各要素的区域比较优势，增强各子系统的产业协同与创新能力，逐步实现由低层次协同向高层次协同的发展。

2. 产业结构优化

产业结构优化作为城市群产业协同创新的驱动要素之一，通过对产业结构的调整与优化，使京津冀城市群内部各个部门得到合理发展，以适应不断增加的社会需要。其实质在于各个产业的技术与经济之间存在着一定的比例关系，并按照一定的比例要求促进各产业之间的协调发展，从而实现宏观国民经济各产业的整体协调发展。这是一种以技术进步为基础，以提高产业结构总体质量和效率为目的的动态过程,并在一定程度上改变了京津冀城市群整体的产业结构。产业结构优化体现在城市群各个产业以及各个产业间的构成(即产业结构的合理化和工业结构的高度化)之中,其中产业结构合理化是指以现有技术为基础的工业部门间的合作,如京津冀城市群各产业部门间的相互依赖程度、京津冀城市群的产业集聚发展程度等;城市群产业结构的高度化发展要以合理的产业结构为基础,而这种产业结构合理化的发展必然会推进产业结构的高度化。产业结构高度化是遵循经济发展规律,产业结构由低级阶段向高级阶段的发展,如城市群内的产业结构由以第一产业为主向以第二、第三产业为主转移,同时表明地区产业综合国际竞争力的指标、进出口产业产值所占的比重也在不断提高。京津冀地区的产业结构调整与优化是提升区域产业协同创新能力的关键所在,各发展阶段的产业结构优化程度对各地区产业协同创新的影响是不同的,具体如图5-2所示。

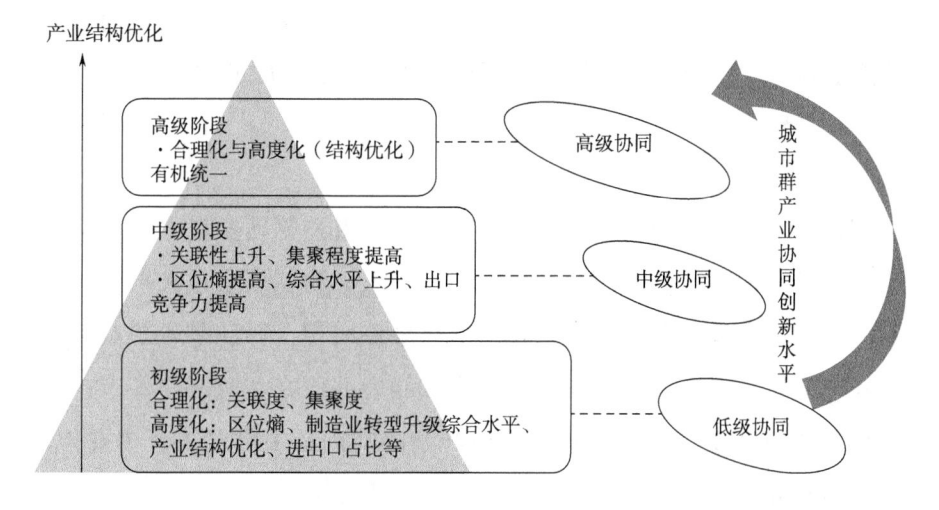

图5-2 产业结构优化与城市群产业协同创新水平的作用和机理

在低级协同阶段,产业关联度和产业集聚度是城市群产业协同创新合理化发展的具体表现;在城市群产业协同创新的高度化方面,产业转型升级综合水平、产业结构比例和产业国际竞争力则充分体现了城市群内部产业协同创新的高度化。在中级协同阶段，产业关联性提高、产业集聚程度上升，同时产业整体综合水平与产业国际竞争力也得到提高。在高级协同阶段，产业结构合理和产业结构优化得到有机统一，城市群的产业协调和创新水平得到极大提高（周振华，2014）。

创新是促进区域经济发展和优化产业结构的重要因素，主要体现在以下两个方面。

一方面，科技革命促进了新兴产业的产生。例如，蒸汽机的普及带动了钢铁机械产业的迅猛发展，电力的大量使用催生了"弱电"行业，而电子信息技术的应用又促进了一大批高新技术产业的产生和快速发展等，这不仅意味着一个新产业的出现，而且体现出高技术产业在区域发展的各个阶段以及区域主导产业结构所发生的改变。

另一方面，科学技术创新推动着产业由低级向高级发展。科学技术是推动生产力发展的根本，从理论知识到生产技术运用都是科技产业化和成果转化的表现。只有通过持续的技术创新，才能不断优化产业结构，不断完善产业体系，才能使一个地区的产业得到持续、健康的发展。

3. 产业技术协作

产业技术协作作为城市群产业协同创新的重要驱动要素之一，反映了城市群中不同创新主体之间的技术应用协作水平和互动联系水平，它主要涉及城市群中产业研究开发投入和产出成果等内容，特别是涉及对区域产业创新绩效以及对区域间知识流动与协作能力的研究。城市群各产业间技术协作的紧密程度，在各发展阶段的产业协同创新中都发挥着重要作用，如图5-3所示。

在产业技术协作的低级阶段，由于各城市间认知资源禀赋存在差异，高等教育与科研机构的发展程度及其空间分布不均衡，不同城市存在技术落后、科技资源不足、科技创新投入欠缺以及创新产出绩效欠佳等问题。在城市群发展初期，由于"马太效应"的作用，导致城市群之间的技术发展处于

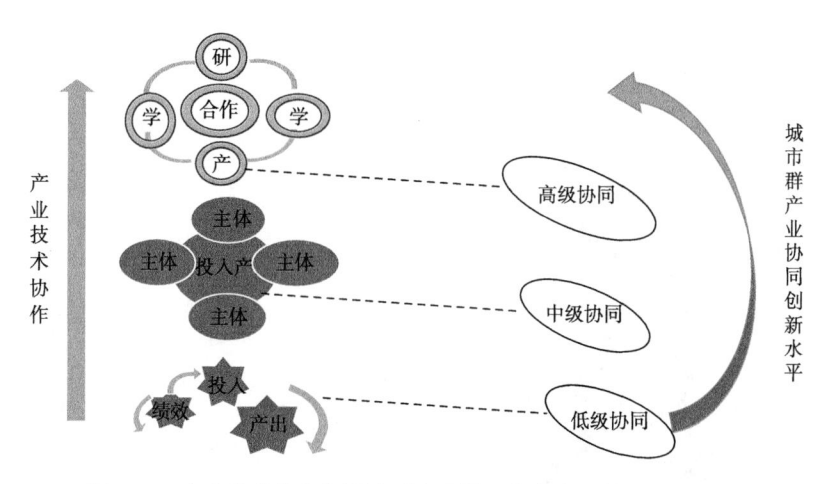

图 5-3　产业技术协作与城市群产业协同创新水平的作用和机理

比较封闭的环境中，缺少必要的开放协作和沟通，城市群的产业创新还处在初步合作阶段。随着经济的持续发展和京津冀地区区域协调发展战略的实施，人们逐渐认识到城市群空间存在技术溢出的正外部性，产业间的技术合作变得越来越重要，城市群产业创新的协同能力也由此得到有效提高。

4. 产业环境条件

"产业环境条件"是城市群产业协同创新的重要驱动因素之一，其反映了产业组织的环境因素，包括生态环境、金融环境、区位环境、人文环境和市场环境等。要研究城市群产业协同发展，就需要对产业的环境影响进行分析。区域产业环境在产业协同创新发展的不同时期，其优势和劣势以及所起的作用是不同的，如图 5-4 所示。

城市群产业协同创新发展的前提是具有良好的产业环境条件。在城市群产业发展的早期，往往会忽略对区域生态环境的保护，过分追求经济发展所带来的利益，从而导致严重的生态环境损害，并为恢复自然环境而付出更多的成本；在区位选择条件上，由于城市群产业结构分工布局不合理，导致产业交易成本大幅上升，从而不能有效发挥产业集群的规模效应。同时，因缺乏相关金融机构的支持与协作，存在资金短缺和资金分配

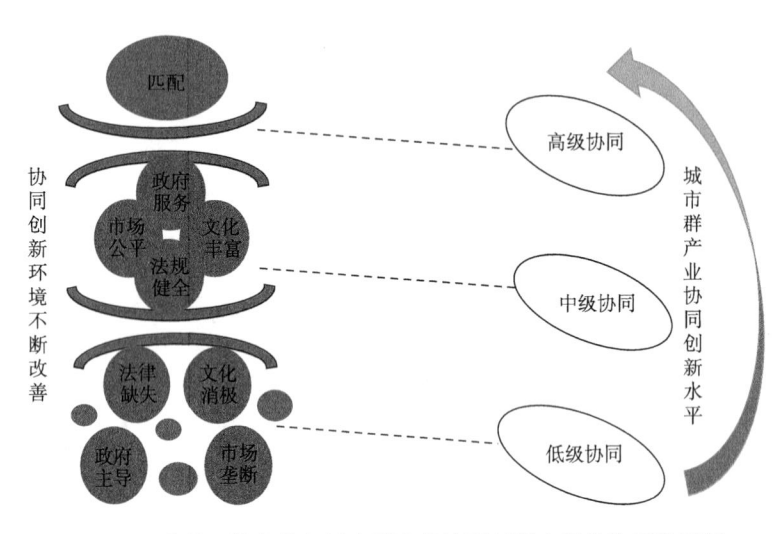

图 5-4 产业环境条件与城市群产业协同创新水平的作用和机理

不均衡等问题，城市群各区域的企业往往缺乏资金来支撑自身的发展。高发展潜力的消费市场往往能够快速吸引大量资金，但在产业发展的早期阶段一般很难形成庞大的消费市场。在全球经济形势日益严峻、人们生活节奏日益加快的今天，城市群发展中"人"的重要性日益凸显。随着城市地区经济的发展，人们逐渐增强了环境保护意识，产业结构的空间布局也向着合理化方向发展，金融环境的支持力度逐步加强，城市群产业大的市场逐步形成，人文精神得以体现，产业环境状况持续改善，等等。这些都将有效提高城市群产业的协同创新发展能力。

5.2.3 城市群产业协同创新驱动要素间的交互作用

京津冀城市群产业协同创新的主要驱动因素有产业要素配置、产业结构优化、产业技术协作以及产业环境条件等，这四大因素相互影响、共同作用于城市群产业协同创新的整个体系。正是由于京津冀城市群产业驱动要素之间存在较强的相互作用关系及密切的协同运作机制，使得京津冀城市群的产业协同创新体系从无序向有序发展。

新结构经济学理论（林毅夫，2012）对城市群资源禀赋与要素结构的研究，可以作为分析京津冀城市群产业协同发展规律的切入点。一般而言，某一地区产业结构的最优形态取决于其自身的资源禀赋与要素构成。地区资源禀赋是该地区产业经济发展的基础，在一定意义上能够体现出这个区域的特色与比较优势。在土地资源、劳动力资源和资本资源的分配中，要素禀赋的结构关系决定着各要素的价格，进而影响着各要素的技术结构与生产成本。其中，技术结构是指在某一特定时期内，以实物和知识形态存在的各要素比例关系，其可以反映某产业在一定时期内的技术创新水平。如果区域产业能够充分发挥当地资源的比较优势，将发展重点放在先进、高质量的核心技术及优化产业技术结构等方面，则能够不断推动当地的产业技术创新，进而推动地区间的技术合作。随着城市群比较优势的不断累积，会形成一定的规模经济效应，产业的生产成本也会相应下降，从而有利于优化产业结构，实现产业的现代化与产业结构的合理化、高度化，并推动城市群之间的技术经济合作。

产业结构调整的实质，就是以技术创新推动产业结构合理化并实现产业结构高级化的过程。技术创新与协作是促进产业结构优化、推动地区经济发展的重要力量，尤其是在促进产业结构优化调整的过程中，其始终发挥着主导和关键作用。新经济增长理论认为，区域经济发展要更多依赖技术创新，而非产业要素的资源禀赋和区域分布。因此，在促进区域经济发展、优化产业结构的过程中，必须充分发挥技术创新的引领作用，逐步实现从要素驱动到创新驱动的转换。同时，优化产业结构也会促进产业技术创新与合作，调整并改善产业结构，使之更快适应当前发展的需要。对此，应利用地区发展和经济增长的机会，为相关研究开发部门提供充足的经费，以提高研究开发的水平。

产业环境条件一般指产业发展所面对的金融环境、生态环境、区位环境和人文环境等。良好的产业环境条件是实现区域协同创新的重要基础，它直接或间接地影响着产业要素配置、产业结构优化和产业技术协作等三大要素。当某产业的发展环境与产业结构优化、产业要素配置和产业技术协作等要素相互协调运作时,城市群产业间的交易成本与生产成本就会大幅度下降,生产剩余、资本积累与投资回报率就会增加,产业的要素配置状况以及产业结构水平亦将趋于合理化和高度化,经济技术的交流与发展也会因资金充裕而得以加快步伐。

5.3 基于哈肯模型的实证研究

本章从京津冀城市群产业协同创新体系的现状和特点出发,通过构建哈肯模型,对整个系统的驱动要素进行深入分析和探讨,以找出影响京津冀城市群产业协同创新系统有序演化的序参量,为进一步提升该系统的整体协同创新水平提供借鉴和指引。哈肯模型主要是通过构建两个协变量之间的运动方程来快速识别系统序参量,然后评估整个系统的协同创新水平。本章经过文献整理与理论分析,探寻京津冀城市群产业协同创新发展的影响因素,最终确定了在这之中起重要作用的序参量,即产业要素配置、产业结构优化、产业技术协作、产业环境条件;建立各参量之间(两两之间)的运动方程,然后对这些方程进行求解,从而确定京津冀城市群产业协同创新发展的主要序参量,并据此从产业角度来评价京津冀城市群的协同创新发展水平,进而探寻京津冀城市群产业协同创新发展的关键驱动要素。

5.3.1 哈肯模型原理

1. 哈肯模型

由协同学理论创始人哈肯提出的哈肯模型是衡量系统有序度的重要模型。通过哈肯模型,可以找到系统结构演化路径中的突变点,区分出快变量和慢变量，然后消除快变量，让快变量的行为受慢变量的支配和役使。慢变量即是系统演化的序参量，在整个系统中起主导作用，用来描述系统的宏观有序度。根据哈肯的自组织原理，当系统中的控制参量发生变化时，其线性突变点也会随之变动，慢变量控制着快变量，即慢变量是支配整个系统的序参量，对整个系统的演化路径与过程起决定作用。

城市群产业系统的非线性、开放性和非平衡性特征决定了快慢参量的不同配置作用，要计算并找到产业系统的线性失稳点。如果产业系统超过了线性失稳点，则产业协同创新系统就会形成新的产业结构并再次恢复到均衡状态。哈肯在对系统参数进行较复杂的数学演算和处理后提出了绝热消去法，即通过建立运动方程进行求解。通过数学推导得出各子系统对照比较（两两之间对照比较）的快变量和慢变量，检验方程各参数是否满足绝热近似假设，从而确定影响和控制系统演化的关键序参量，然后求解势函数，并最终得出京津冀城市群各自的协同发展得分值。

2. 绝热近似原理

通常假定：在时间 t 的系统行为对 $q(t)$ 的作用只依赖于当时的外力 $F(t)$，而不依赖于其他时刻的外力；外力 $F(t)$ 随着时间的推移而衰减，即 $F(t)=ae^{-\delta t}$，其中，a 是常量，δ 是阻尼系数。在这种情况下，方程 $\dot{q}(t)=\gamma q+F(t)$ 的解为：

$$q(t)=\frac{a}{\gamma-\delta}(e^{-\delta t}-e^{-\gamma t}) \qquad (5-1)$$

假定系统的性能影响随着时间的推移而逐渐衰减，其衰减速度要比外力衰减得更快，也就是说系统的阻尼要远远超过外部的压力，则：

$$q(t)=\frac{a}{\gamma}e-\delta t=\frac{1}{\gamma}F(t) \qquad (5-2)$$

$\gamma \gg \delta$ 通常是消除快变量的前提，此即绝热近似原理。

3. 序参量演化方程

在哈肯模型中，假定一个子系统和参数为内力，用 q_1 表示；另一个子系统和参量由这个内力控制，用 q_2 表示。系统所满足的方程为：

$$\dot{q}_1 = -\gamma_1 q_1 - a q_1 q_2 \tag{5-3}$$

$$\dot{q}_2 = -\gamma_2 q_2 - b q_1^2 \tag{5-4}$$

式（5-3）和式（5-4）中，a、b 为参数，r_1、r_2 代表了该体系的演变过程。在这两种方程式的情况下，a 表示在发展的过程中，q_1 和 q_2 两个状态变量的协同作用对慢变量发展的影响：当 $a<0$ 时，q_2 就会对 q_1 产生推力，并且其绝对值越大，其推动力就越大；而 $a>0$ 时，q_2 就会对 q_1 产生阻力，并且其绝对值越大，其阻力就越大。b 也反映了 q_2 对 q_1 协同作用的影响，当 $b<0$ 时，q_1 对 q_2 产生阻碍作用；当 $b>0$ 时，q_1 对 q_2 产生推动作用。根据上述绝热近似原则，用 r_1、r_2 将两个子系统的阻尼系数分别表示出来，其数值的大小反映了系统演化中各参数的变化速率。

如果内力 q_1 不存在或被移除时，则该子系统 q_2 会处于静止状态，而由于阻尼作用，系统又会恢复固定的状态 $q_2=0$，这就意味着 $|\gamma_2|\gg|\gamma_1|$，即子系统的变化和衰减要比内力的改变和衰减快。因此，$|\gamma_2|\gg|\gamma_1|$ 且 $\gamma_2>0$ 就是所谓的"绝热近似假设"。若"绝热近似假设"成立，即 q_2 为迅速耗尽的快变量，突然移走 q_2，q_1 来不及改变，令 $\dot{q}_2=0$，求出：

$$q_2 = \frac{b}{\gamma_2} q_1^2 \tag{5-5}$$

式（5-5）正好表明子系统和参量 q_2 之间的关系：q_2 是系统的快变量，q_1 是系统的慢变量，q_2 跟随 q_1 的改变而改变，由作为内力的系统 q_1 所控制和支配。因此，q_1 作为系统的序参量决定了整个系统的秩序和有序度的变化。将得出的式（5-5）代入式（5-3），可解得序参量演化方程，即整个系统的演化方程：

$$\dot{q}_1 = -\gamma_1 q_1 \frac{ab}{\gamma_2} q_1^3 \tag{5-6}$$

由于物理方程是针对连续型随机变量设定的，将其运用至经济分析时通常要做离散化处理：

$$q_1(t) = (1 - \gamma_1)q_1(t-1) - aq_1(t-1)q_2(t-1) \qquad (5-7)$$

$$q_2(t) = (1 - \gamma_2)q_2(t-1) + q_1^2(t-1) \qquad (5-8)$$

4. 系统势函数

势函数反映了原子（分子）之间的相互作用关系，可以在一定程度上对系统的稳定性进行判定。

通过对 q_1 的相反数进行积分，可以得到一个系统的势函数：

$$v = \frac{1}{2}\gamma_1 q_1^2 + \frac{ab}{4\gamma_2}q_1^4 \qquad (5-9)$$

式 (5-9) 中，势的平衡点由 $\dot{q}_1 = 0$ 来确定，当 $\gamma_1 \times \gamma_2 \times a \times b$ 符号为正时，那么方程有一个稳定点 $q_1 = 0$，其为唯一的稳定点，相应于图 5-5 (1) 的势函数，任意一点 X 的状态由其与 A 点之间的距离决定。当且仅当 $\gamma_1 \times \gamma_2 \times a \times b$ 符号为负时，方程有三个解：

$$q_1^* = 0; \quad q_1^{**} = \sqrt{\left|\frac{\gamma_1\gamma_2}{ab}\right|}; \quad q_1^{***} = -\sqrt{\left|\frac{\gamma_1\gamma_2}{ab}\right|}$$

。此时，q_1^* 是不稳定点，而 q_1^{**} 与 q_1^{***} 属于系统的平衡点，对应图 5-5 (2) 中的势函数，C 点是不稳定点，粒子最终将返回到平衡点 B 和 D，而任意一点 X 的状态则由其与 B 或 D 点的距离决定。在物理运动中，粒子从不稳定点向稳定点的运动过程中存在着"分歧"，同时也说明该体系的进化可能与发展趋势。

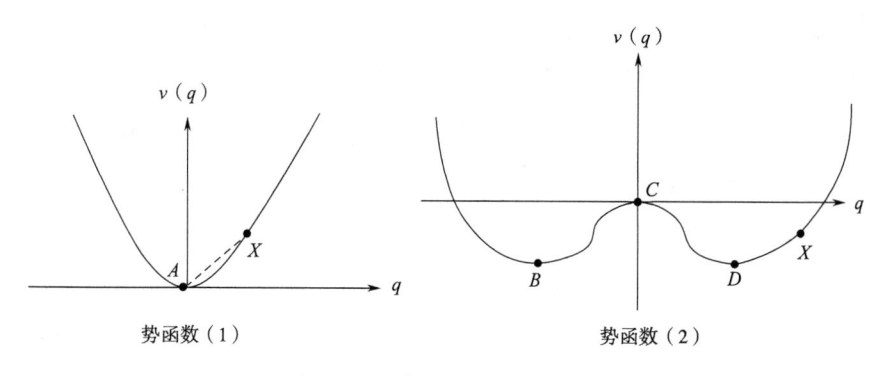

图 5-5 哈肯模型的系统势函数

5.3.2 指标体系的构建

根据前文论述的产业要素配置、产业结构优化、产业技术协作和产业环境条件等四大指标,分别构建准则层的指标体系,再根据主成分分析法对指标层进行加权。

第一,在李嘉图(Ricardo)比较优势原理的基础上,要素禀赋学说提出除劳动外,各区域间的要素禀赋还需要考虑资本、土地等生产要素。新经济结构学尤其强调政府在生产过程中的作用(林毅夫,2012)。因此,本章将土地、劳动、资本和政府纳入产业要素配置的研究范围,以研究京津冀城市群中各经济子系统的产业要素配置作用。

第二,产业结构优化包括产业结构高度化与合理化这两方面。其中,产业结构高度化是产业结构由第一产业向第二、第三产业发展转变的过程,用产业结构优化、产业国际竞争力、制造业转型升级综合水平等来表示,以衡量区域经济发展水平的高低、发展阶段以及发展方向。产业结构合理化是提高产业之间有机联系的聚合质量,用区位熵表示其产业集聚程度,进而反映产业结构合理化的程度(周振华,2014)。

第三,产业技术协作体现了区域不同创新主体间的技术应用水平和互动程度,主要表现在知识创新能力、知识流动与协作能力这两方面。其以知识创新投入、创新直接成果和创新绩效等来衡量知识创新能力,以实际利用外资、从事科学研究和技术服务人员等来衡量知识流动与协作能力。

第四,产业环境条件是对处于同一产业内的组织产生影响的环境要素,重点强调各区域的生态环境、区位环境、金融环境、市场环境和人文环境等方面。

根据上述变量构建指标体系(见表5-1),研究产业要素配置、产业结构优化、产业技术协作和产业环境条件这四个子系统对京津冀城市群产业协同创新系统的综合影响。

表 5-1 京津冀产业协同创新测度指标体系

总系统	子系统	准则层	指标层	指标含义	权重
京津冀城市群产业协同创新水平测度指标	产业要素配置（IFA）	土地	城市建设用地面积	城市建设用地面积	0.218 7
		劳动	劳动生产率	第二产业增加值/从业人员	0.213 7
			劳动力平均工资	劳动力平均工资	0.212 3
		资本	固定资产投资总额	固定资产投资总额	0.197 1
		政府	政府干预度	一般公共预算支出	0.158 1
	产业结构优化（ISO）	产业升级能力	产业结构优化	第三产业增加值/第二产业增加值	0.193 0
			产业国际竞争力	货物出口额	0.327 0
		产业转型升级水平	制造业转型升级综合水平	制造业转型升级综合水平	0.142 2
		产业集聚程度	区位熵	区位熵	0.337 8
	产业技术协作（ITC）	知识创新能力	知识创新投入	一般公共预算投入（科学技术）	0.212 3
			创新直接成果	专利申请授权量	0.202 0
			创新绩效	新产品销售收入	0.198 2
		知识流动与协作能力	实际利用外资	实际利用外资	0.196 0
			从事科学研究和技术服务的人员	从事科学研究和技术服务的人员	0.191 4
	产业环境条件（IEC）	生态环境	建成区绿化面积	建成区绿化面积	0.246 0
		区位环境	公路货物运输量	公路货物运输量	0.248 8
		金融环境	金融利率	金融机构存款余额/GDP	0.139 0
		市场环境	购买力	社会消费品零售额	0.154 5
		人文环境	人均可支配收入	人均可支配收入	0.211 7

注：为评估京津冀城市群制造业转型升级的整体水平，将制造业的转型升级划分为三方面：良好的生产效率，先进的产业结构和良好的生态环境进行综合评价，其中生产效率通过劳动生产率指标衡量，先进的产业结构水平由投入水平［一般公共预算支出（科学技术）/GDP］和创新能力（专利申请授权量）两个指标来衡量，生态环境保护水平则由建成区绿化覆盖率和工业固体废物综合利用率两个指标来衡量，通过主成分分析方法分别对这五个指标赋予不同的权重（0.258 8、0.264 8、0.058 8、0.167 2、0.250 4），从而构建综合指标评价体系，进而计算得出制造业转型升级综合水平。

5.3.3 数据来源与选取说明

2004年2月，国家发展和改革委员会就加快京津冀地区经济一体化进程、加强京津冀地区交流合作等内容进行部署，并着手制定京津冀地区发展总体规划和重点专项规划的编制工作。2006年，国家发展和改革委员会正式启动京津冀都市圈规划的编制：该都市圈地跨北京、天津两个直辖市和河北省内的石家庄、保定、唐山、秦皇岛、廊坊、沧州、张家口、承德等8个地级市，即"2+8"模式，标志着京津冀区域一体化进入了一个新的阶段。2006年10月，吴良镛院士在《京津冀地区城乡空间发展规划二期报告》中提出构建"畿辅新区"和"一轴三带"的空间发展格局思路，这对健全京津冀区域综合交通运输系统，促进京津冀空间的协调发展有着重要的指导作用（周伟等，2020）。2010年10月，河北省政府与北京市政府在规划体制等各方面进行了对接，随着《关于加快河北省首都经济圈产业发展的实施意见》发布，河北省"环首都绿色经济圈"正式启动建立。2015年4月，中共中央政治局会议审议通过《京津冀协同发展规划纲要》，指出要有序推进北京非首都功能疏解，此举标志着京津冀协同发展的顶层设计已经完成。2018年11月，中共中央和国务院明确提出以北京和天津为核心的京津冀城市群的发展，并指出要推进环渤海区域的协同发展，京津冀城市群的协调发展步入新的发展时期。目前，京津冀城市群除拥北京、天津这两大直辖市外，还囊括河北省内的保定、唐山、廊坊、石家庄、秦皇岛、张家口、承德、沧州、衡水、邢台和邯郸等地，其中，北京、天津、保定、廊坊属于中部核心功能区，京津保地区率先联动发展。

由此，本章将研究时间划为2007—2018年，以北京、天津和河北省内的11个地级市为研究对象，基于产业协同发展视角，对京津冀协同发展的驱动要素进行了研究。选取数据主要来自相关年份的北京统计年鉴、天津统计年鉴、河北经济年鉴、河北经济普查年鉴、中国城市统计年鉴以及石家庄、唐山、秦皇岛等河北省内11个地级市的统计年鉴。

5.3.4 序参量识别与势函数求解

1. 序参量识别（见表5-2）

表 5-2 2007—2018 年变量间的两两分析结果

序号	模型假设	运动方程	结　论
①	q_1 = IFA q_2 = ISO	$q_1(t) = 1.1173q_1(t-1) - 0.6915q_1(t-1)q_2(t-1)$ 　　　　(0.000)　　　　　(0.094) $q_2(t) = 0.9822q_1(t-1) + 0.0012q_1(t-1)q_2(t-1)$ 　　　　(0.000)　　　　　(0.346) $\gamma_1 = -0.1173$; $\gamma_2 = 0.0178$; $a = 0.6915$; $b = 0.0012$	1）运动方程不成立； 2）不满足绝热近似假设； 3）模型假设不成立
②	q_1 = ISO q_2 = IFA	$q_1(t) = 0.9774q_1(t-1) + 0.0131q_1(t-1)q_2(t-1)$ 　　　　(0.000)　　　　　(0.104) $q_2(t) = 0.8599q_1(t-1) - 0.2217q_1(t-1)q_2(t-1)$ 　　　　(0.000)　　　　　(0.642) $\gamma_1 = 0.0226$; $\gamma_2 = 0.1401$; $a = 0.0131$; $b = -0.2217$	1）运动方程不成立； 2）满足绝热近似假设； 3）模型假设不成立
③	q_1 = IFA q_2 = ITC	$q_1(t) = 0.8583q_1(t-1) - 0.0027q_1(t-1)q_2(t-1)$ 　　　　(0.000)　　　　　(0.944) $q_2(t) = 1.0930q_1(t-1) + 0.0084q_1(t-1)q_2(t-1)$ 　　　　(0.000)　　　　　(0.051) $\gamma_1 = 0.1417$; $\gamma_1 = -0.0930$; $a = 0.0027$; $b = 0.0084$	1）运动方程不成立； 2）不满足绝热近似假设； 3）模型假设不成立
④	q_1 = ITC q_2 = IFA	$q_1(t) = 1.0603q_1(t-1) + 0.0422q_1(t-1)q_2(t-1)$ 　　　　(0.000)　　　　　(0.000) $q_2(t) = 0.8419q_1(t-1) + 0.0281q_1(t-1)q_2(t-1)$ 　　　　(0.000)　　　　　(0.118) $\gamma_1 = -0.0603$; $\gamma_1 = 0.1581$; $a = 0.1581$; $b = 0.0281$	1）运动方程不成立； 2）满足绝热近似假设； 3）模型假设不成立

续表

序号	模型假设	运动方程	结论
⑤	q_1 = IFA q_2 = IEC	$q_1(t) = 0.8448q_1(t-1) + 0.0718q_1(t-1)q_2(t-1)$ 　　　　(0.000)　　　　　　(0.179) $q_2(t) = 1.0688q_1(t-1) + 0.0041q_1(t-1)q_2(t-1)$ 　　　　(0.000)　　　　　　(0.409) $\gamma_1 = 0.1552$; $\gamma_1 = -0.0688$; $a = -0.0688$; $b = 0.0041$	1) 运动方程不成立； 2) 不满足绝热近似假设； 3) 模型假设不成立
⑥	q_1 = IEC q_2 = IFA	$q_1(t) = 1.0366q_1(t-1) + 0.0440q_1(t-1)q_2(t-1)$ 　　　　(0.000)　　　　　　(0.051) $q_2(t) = 0.8412q_1(t-1) + 0.0580q_1(t-1)q_2(t-1)$ 　　　　(0.000)　　　　　　(0.036) $\gamma_1 = -0.0366$; $\gamma_1 = 0.1588$; $a = 0.0440$; $b = 0.0580$	1) 运动方程成立； 2) 满足绝热近似假设； 3) 模型假设成立，系统序参量为 IEC
⑦	q_1 = ISO q_2 = ITC	$q_1(t) = 0.9831q_1(t-1) + 0.0069q_1(t-1)q_2(t-1)$ 　　　　(0.000)　　　　　　(0.427) $q_2(t) = 1.1003q_1(t-1) - 0.0052q_1(t-1)q_2(t-1)$ 　　　　(0.000)　　　　　　(0.966) $\gamma_1 = 0.0169$; $\gamma_1 = -0.1003$; $a = 0.0069$; $b = -0.0052$	1) 运动方程不成立； 2) 不满足绝热近似假设； 3) 模型假设不成立
⑧	q_1 = ITC q_2 = ISO	$q_1(t) = 1.1377q_1(t-1) - 0.091 1q_1(t-1)q_2(t-1)$ 　　　　(0.000)　　　　　　(0.500) $q_2(t) = 0.9814q_1(t-1) + 0.0011q_1(t-1)q_2(t-1)$ 　　　　(0.000)　　　　　　(0.415) $\gamma_1 = -0.1377$; $\gamma_1 = 0.0186$; $a = 0.0911$; $b = 0.0011$	1) 运动方程不成立； 2) 不满足绝热近似假设； 3) 模型假设不成立
⑨	q_1 = ISO q_2 = IEC	$q_1(t) = 0.9773q_1(t-1) + 0.0164q_1(t-1)q_2(t-1)$ 　　　　(0.000)　　　　　　(0.148) $q_2(t) = 1.0726q_1(t-1) - 0.0518q_1(t-1)q_2(t-1)$ 　　　　(0.000)　　　　　　(0.731) $\gamma_1 = 0.0227$; $\gamma_1 = -0.0726$; $a = 0.0164$; $b = 0.0518$	1) 运动方程不成立； 2) 不满足绝热近似假设； 3) 模型假设不成立
⑩	q_1 = IEC q_2 = ISO	$q_1(t) = 0.9542q_1(t-1) + 0.2974q_1(t-1)q_2(t-1)$ 　　　　(0.000)　　　　　　(0.076) $q_2(t) = 0.9819q_1(t-1) + 0.0022q_1(t-1)q_2(t-1)$ 　　　　(0.000)　　　　　　(0.307) $\gamma_1 = 0.0458$; $\gamma_1 = 0.0181$; $a = 0.0181$; $b = 0.0022$	1) 运动方程不成立； 2) 不满足绝热近似假设； 3) 模型假设不成立

续表

序号	模型假设	运动方程	结　论
⑪	q_1=ITC q_2=IEC	$q_1(t) = 1.0959q_1(t-1) + 0.0025q_1(t-1)q_2(t-1)$ 　　　　　(0.000)　　　　　　(0.812) $q_2(t) = 1.0138q_1(t-1) + 0.0212q_1(t-1)q_2(t-1)$ 　　　　　(0.000)　　　　　　(0.022) $\gamma_1=-0.0959$；$\gamma_1=-0.0138$；$a=0.0025$；$b=0.0212$	1）运动方程成立； 2）不满足绝热近似假设； 3）模型假设不成立
⑫	q_1=IEC q_2=ITC	$q_1(t) = 1.0093q_1(t-1) + 0.0292q_1(t-1)q_2(t-1)$ 　　　　　(0.000)　　　　　　(0.011) $q_2(t) = 1.0889q_1(t-1) + 0.0082q_1(t-1)q_2(t-1)$ 　　　　　(0.000)　　　　　　(0.486) $\gamma_1=-0.0093$；$\gamma_1=-0.0889$；$a=0.0292$；$b=0.0082$	1）运动方程不成立； 2）不满足绝热近似假设； 3）模型假设不成立

资料来源：经由笔者整理、计算而得。

2. 势函数求解

表5-2中运动方程⑥显示：$\gamma_1=-0.0366$；$\gamma_2=0.1588$；$a=-0.0440$；$b=0.0580$。

系统演化方程为：

$$\dot{q}_1 = \frac{366}{10\,000}q_1 + \frac{161}{10\,000}q_1^3 \qquad (5-10)$$

系统势函数为：

$$V = -\frac{366}{20\,000}q_1^2 - \frac{40}{10\,000}q_1^4 \qquad (5-11)$$

令$\dot{q}_1=0$，解得势函数的三个解为：$q_1^*=0$；$q_1^{**}=-1.5091$；$q_1^{***}=1.5091$。

势函数图像如图5-6所示。

由三个不同的函数解可知，当$q<0$时，系统的稳定点为A（-1.5091，-0.0624）；而当$q>0$时，系统的稳定点为C（1.5091，-0.0624）；任意

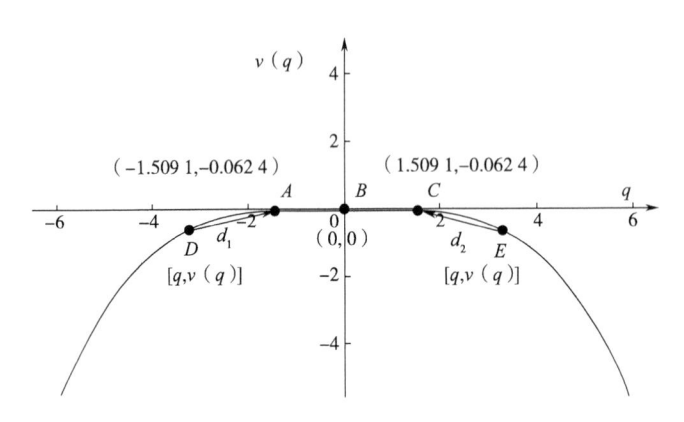

图 5-6　2007—2018 年京津冀城市群产业协同创新发展势函数曲线

点 D 和稳定点 A 或任意点 E 与稳定点 C 之间的距离决定了系统的协同创新状态，其状态评价函数为：

$$d = \begin{cases} \sqrt{(q+1.509\ 1)^2 + [v(q)+0.062\ 4]^2}, & q > 0 \\ \sqrt{(q-1.509\ 1)^2 + [v(q)+0.062\ 4]^2}, & q < 0 \end{cases} \quad (5-12)$$

随着状态点与稳定点的距离增大，d 增大，说明系统的协同效应程度降低。为了使分数的对比更加直观、清晰，必须对原始得分值进行标准化处理。最常见的方法是最小-最大标准化法，也叫离差标准化，即通过对数据线性变换，将数据进行归一化处理，在此基础上将数据统一映射到区间 [0，1] 内，在此 min 是最小的采样数据，max 是最大的采样数据。协同创新的最终得分值（collaborative innovation score，CIS）如下：

$$\text{CIS} = \frac{d_{\max} - d}{d_{\max} - d_{\min}} \quad (5-13)$$

经过指标统一的正向化处理后，所有数值将被转换至 [0，1] 之间，将得分值平均划分为三个等级：[0，0.333] 为初级协同阶段，[0.334，0.666] 为中级协同阶段，[0.667，1] 为高级协同阶段。京津冀城市群产业协同创新的得分值范围也是 [0，1]，据此得出 2007—2018 年京津冀城市群产业协同创新子系统状态得分值（见表 5-3）。

表 5-3 2007—2018 年京津冀城市群产业协同创新子系统状态得分值

	2007年	2008年	2009年	2010年	2011年	2012年	2013年	2014年	2015年	2016年	2017年	2018年	平均
北京	0.424	0.476	0.669	0.830	0.737	0.793	0.837	0.905	0.887	0.922	0.975	1.000	0.788
天津	0.223	0.287	0.283	0.332	0.402	0.453	0.494	0.498	0.553	0.574	0.582	0.594	0.440
石家庄	0.267	0.303	0.355	0.408	0.503	0.439	0.515	0.488	0.572	0.601	0.635	0.623	0.476
唐山	0.351	0.410	0.443	0.485	0.432	0.469	0.509	0.454	0.471	0.438	0.496	0.523	0.457
秦皇岛	0.306	0.353	0.348	0.421	0.414	0.414	0.412	0.376	0.283	0.294	0.299	0.318	0.353
邯郸	0.358	0.393	0.416	0.487	0.539	0.574	0.552	0.558	0.580	0.442	0.456	0.433	0.482
邢台	0.213	0.244	0.278	0.301	0.294	0.308	0.283	0.354	0.292	0.300	0.423	0.444	0.311
保定	0.035	0.063	0.079	0.158	0.216	0.118	0.160	0.036	0.000	0.006	0.099	0.144	0.093
张家口	0.196	0.201	0.193	0.242	0.277	0.298	0.303	0.323	0.373	0.365	0.306	0.337	0.285
承德	0.099	0.276	0.281	0.296	0.261	0.279	0.301	0.308	0.308	0.326	0.324	0.306	0.281
沧州	0.188	0.226	0.297	0.374	0.326	0.367	0.392	0.357	0.313	0.324	0.345	0.365	0.323
廊坊	0.364	0.372	0.383	0.397	0.393	0.405	0.380	0.373	0.396	0.396	0.406	0.426	0.390
衡水	0.027	0.057	0.119	0.278	0.284	0.254	0.292	0.312	0.351	0.256	0.277	0.283	0.233

资料来源：经由笔者整理、计算而得。

5.4 研究结论与政策启示

5.4.1 研究结论

1. 序参量为产业环境条件

计算结果显示：序参量是产业环境的条件。京津冀地区经济技术发展水平的梯度变化较大，有很多现实和潜在的影响，如地方经济发展与生态环境保护之间的不同权衡、基础设施的不同完善程度、不同的市场能力和不同的商业化水平等，这些现实状况都造成了地区之间的梯度差不能逐步减少，而这一现象主要是由于软环境和硬环境两方面的原因所造成的。

本章确定的产业环境条件包括京津冀产业集聚和集群发展所面临的硬环境和软环境，涉及生态环境、区位环境、金融环境、市场环境和人文环境等方面。本章在利用主成分分析法求解综合指标值时，根据表5-1计算得出上述指标权重为（0.246 0、0.248 8、0.139 0、0.154 5、0.211 7）。由此可知，产业环境影响程度由大到小依次为区位环境、生态环境、人文环境、市场环境和金融环境。产业环境条件是京津冀城市群产业协同发展的最重要驱动因素之一。因此，在京津冀城市群产业协同创新的过程中，在产业环境条件方面，应加快京津冀城市群之间的公路、铁路等交通基础设施的建设，加强区域间的联系，从而为产业环境建设营造良好的区位氛围；还应该加强京津冀地区的生态环境、人文环境、市场环境和金融环境等建设，以有效改善产业环境条件。

同时，应控制京津冀城市群产业协同和创新发展的单一序参量，因其对整个系统的发展起着主导作用，使之通过与其他参数的协同与共生，共同服务于京津冀城市群的产业协同和创新需要，努力实现城市群产业协同创新从低水平到高水平的有序发展。

此外，环境创新是实现产业创新和发展的基础，营造京津冀城市群产业创新的良好环境，可以为加强区域间的产业经济联系特别是产业技术的交流与合作提供有力的保障，为加快区域内产业结构的优化与调整提供重要支撑，同时有利于最大限度地发挥区域产业发展潜力，为产业转型升级所需的要素禀赋的结构性改善吸引更多创新型人才资源。

总之，在现阶段，随着新一轮科技革命和产业转型的兴起，努力营造良好的万众创业和大众创新的环境氛围，改善京津冀城市群产业发展的软硬环境，对于提高京津冀城市群的产业协同创新水平至关重要。

2. 产业要素配置与产业环境条件相辅相成

序参量运动方程的常数 a 为负值，说明产业要素配置对产业环境条件有正向影响，意味着 2007—2018 年京津冀城市群的产业要素配置得到了及时的优化调整，城市建设用地开发、劳动人口数量、资本投资水平、政府建设投入程度等较为合理。随着产业要素配置的逐渐合理，产业发展所面临的生态环境、区位环境、金融环境、市场环境、人文环境等软硬环境状态也相应得到不断优化改善。例如，交通基础综合设施的建设在政府的发展战略规划下逐渐得到完善，产业的转型升级带动了人们消费水平的提高，系列相关金融衍生品的推出刺激了经济的发展，等等。这些都体现了产业环境条件的不断改善。

常数 b 为正值，表明京津冀城市群在环境、交通、金融、法律等方面的制度安排和硬件设施建设等方面已经有了相应的改善，产业要素配置在产业发展的过程中得到了有效的组织和优化。一方面，产业升级的依据是要素禀赋结构，只有优先发展资源禀赋相对比较丰富的产业，充分发挥区域产业的比较优势，积累一定程度的社会资本，以资本为核心的要素禀赋结构升级才能由此展开。目前，京津冀城市群因行政区划而形成了三足鼎立的格局。其中，北京是全国的文化、政治、国际交往和科技创新中心，集中了全国的优质资源，而河北和天津作为京津冀地区的资源腹地和港口城市，也在努力寻找自己的发展空间。总体而言，京津冀城市群在要素禀赋方面的优势尚未得到充分发挥。由于各城市之间缺乏资源共享，缺乏技术（知识）共享，缺乏区域间合作，严重阻碍了京津冀城市群产业协同创新水平的进一步提高。另一方面，21 世纪的经济环境提供了让市场发挥更多的"决定性"作用的空间，对此政府应合理分配、使用权力且要有相应的制衡机制。长期以来，京津冀城市群都是我国政府干预度很高的地区。因此，要解决权力制衡中存在的矛盾，必须在各个产业领域明确政府的有限公共干预内容，清晰界定政府与市场的边界，使该地区的各地方政府在京津冀城市群产业协同创新过程中相互配合，优势互补，协同发力。

3. 京津产业协同创新得分较高，是京津冀城市群产业协同创新的首要梯队

京津冀产业协同创新发展已经取得显著成效，"一核双城"格局凸显。实证分析表明，京津冀地区产业协同创新子系统在2007年度得分最高的是北京（0.424），天津（0.223）与北京相比则存在较大差距，而河北省内的地级市除唐山、廊坊和邯郸外，普遍处于初级协同阶段，城市发展水平较低。2018年度得分最高的北京（1.000）与天津（0.594）共同形成了"一核两城"格局，河北的省会城市石家庄发展较快，其余城市则大多处于中级协同阶段。由此可知，自京津冀协同发展战略实施以来，该地区大多数城市在产业协同创新方面都有了一定程度的提升，但河北省内的大部分城市总体上还处于较低水平，反映出京津冀各区域之间的发展仍不均衡。因此，要进一步发挥京津两地以及河北石家庄等城市的产业协同创新驱动辐射力，完善京津冀城市群的产业创新环境建设，培育创新型特色产业，促进京津冀城市群的整体协同发展。

4. 京津冀城市群产业协同创新整体上处于以产业环境条件为主要驱动变量的中级阶段

2007—2018年，京津冀地区各城市协同创新子系统状态的计算平均得分值显示，北京、天津、石家庄、唐山、秦皇岛、邯郸、廊坊等地的数值都在0.333以上，表明其产业协同创新的发展状况良好，可围绕上述优势地区建立产业增长极，辐射带动其他地区产业的协同创新发展。此外，笔者研究发现，2007年京津冀城市群内除了北京协同水平得分值较高（0.424），保定（0.035）、承德（0.099）、衡水（0.027）这三个城市的协同得分过低外，其余城市的产业协同创新得分值基本处于0.1到0.3之间的水平。这可能与2006年国家发展和改委委员会正式启动京津冀都市圈规划筹备工作，鼓励强化资源整合、推进京津冀城市群整体协同发展的目标和措施等有关。观察2018年京津冀城市群的产业协同创新演变状况可知，与2007年相比，2018年京津冀城市群的协同发展得分均有所上升，并基本稳定在中等阶段水平，表明京津冀城市群的产业协同创新已整体稳定在以产业环境条件关键驱动要素的中级阶段。尤其是在2007—2018年期间，天津和石家庄的产业协同创新得分值增长幅度显著，这也进一步说明，未来京津冀城市群要实现协同创新发展，应加快对天津、石家庄等次级经济中心的培育，在此基础上形成"一核双城"的"中心-外围"格局。

5.4.2 政策启示

1. 加强京津冀城市群产业环境条件建设

对序参量进行识别的结果表明，2007—2018年的12年间，京津冀地区的产业环境条件是促进其区域产业协同发展的关键因素。换言之，京津冀地区强化产业创新的软环境和硬环境的建设，使之进一步成为推动京津冀地区新兴产业发展的重要力量，是促使该地区形成协作性创新网络的重要途径。由主成分分析结果可知，区位环境、生态环境是影响产业环境建设条件的两个重要影响因素。

在区位环境建设上，要协调航空、海运、城市公交、公路、铁路等多种交通运输形式建设，形成立体、多中心、网格状的"陆海空"一体化交通运输系统。为此，政府和有关部门应加快京津冀城市群内部各城市间以及北京、天津、河北与其他地区间公路、铁路的合理规划和建设，实现京津冀"1小时"通勤圈与无缝对接。通过交通一体化建设，从时空上拉近京津冀城市群内各城市间及其与外部地区的距离，促进京津冀城市群区域产业的协同发展。

在生态环境建设方面，应以注重生态环境的建设、培育和改善为前提，积极发展区域特色产业经济。一方面，随着人们对生活品质的追求越来越重视，尤其是高新技术产业对绿色环境的要求越来越高，"绿水青山就是金山银山"逐渐成为吸引人才和投资的主要优势；另一方面，人类已逐渐意识到为生态环境重建所要付出的代价更大，因此，当下对生态环境的保护和培育业已成为区域产业协同创新发展的重点。京津冀城市群生态环境的保护需要建立起有效的区域生态补偿机制，突破单一的区域治理模式，而应建立生态环境的共建共享机制，提高生态环境容量，拓展生态空间。

2. 加强京津冀区域间的产业技术协作

创新资源稀缺且分布不均衡是京津冀城市群产业协同创新发展的重要问题之一。因此，在京津冀城市群协同创新的过程中，尤其是在产业技术协作方面，应通过有效措施激励更多人才从事科学研究和技术服务工作；加大引进国外资金、技术和专利的力度，不断提高知识流动与协作能力，建立京津冀城市间的人力资源与技术共享机制，培育创新型人才，推动区域重大科研项目的合作、发展和落地，促进京津冀城市群内的知识创新与协作发展。

3. 加快京津冀地区产业结构的优化升级

通过技术进步的方式来进一步优化产业结构，提高产业结构的整体质量和效能。根据技术进步的发展趋势，其有可能成为京津冀城市群协同创新发展的序参量。对此，应通过促进生产性和生活性服务业的发展，提高第三产业的比重；增加国内产品出口的数量和比重，有效提高产业竞争能力。此外，应通过有效整合京津冀城市群内的各种资源，努力降低产业生产成本，通过正向"叠加效应"形成区域性优势产业；引进先进高端技术，积极培育京津冀城市群特色产业，调整改善产业与产品结构供求关系，达到资源的最优化配置；同时还要促进产业结构的高级化和合理化，实现京津冀城市群的产业协同创新发展。

4. 构建多因子协同驱动创新力量

本章的实证分析结果表明，产业环境条件是过去12年来影响京津冀城市群产业协同创新的重要序参量，但其控制因子单一。同时，本章实证分析过程中序参量之间的作用方程，又显示了产业环境条件与产业要素配置的相互作用和关系。为此，应加快京津冀城市群产业协同创新序参量的转化，实现产业要素配置、产业结构优化、产业技术协作及产业环境条件等多因子共同主导的驱动力量。北京、天津这两座超大城市（同时也都是直辖市）应充分发挥"一核双城"的辐射带动作用，打破京津冀城市群各地区间的行政壁垒，加速技术（知识）、要素禀赋的自由流动，促进区域产业协同创新效应的整体扩散，从而推动形成京津冀城市群产业协同创新的内生增长机制。

5. 发挥京津两地的技术溢出效应，努力缩小其与河北周边中小城市的发展差距

近年来，环京津贫困带问题日益突出。例如，环京津的河北省内广大腹地不但没有受到核心城市、中心城市的技术溢出效应与辐射增长等带动作用的影响，反而因京津地区的"虹吸现象"而造成了经济发展迟缓、人才流失严重、经济基础设施建设落后等问题，河北也由此成为京津冀协同发展中的短板。对此，京津冀城市群应采取建立"反磁力中心"等一系列措施，提高欠发达城市的产业协同创新度，从而进一步缩小京津冀城市群内不同城市间产业协同创新水平的巨大差距。

6. 建立京津冀城市群产业合作创新共同体

京津冀城市群产业协同创新强调培育城市群内不同城市间的产业协同合作能力，加强技术创新的交流与合作。京津冀地区的产业协同创新是促进区域经济一体化发展的重要动力。京津冀地区的有效技术交流协作，需

要三地政府、企业、大学和科研院所等产学研创新主体的协调沟通。为此，三地应共同制定和出台相应的政策措施，打破阻碍三地产业协同创新的障碍，创建科研共同体，建立健全开放与合作共赢的产业协同创新体制机制。

第6章 京津冀制造业与生产性服务业协同集聚对经济增长的影响

随着我国工业化进程的推进,近年来从制造业部门发展成熟并分化出来的生产性服务业有了高速发展,集聚趋势显著。制造业与生产性服务业的协同集聚已成为发达地区优化产业空间布局与保持经济中高速增长的重要发展模式。京津冀城市群作为带动我国经济高质量发展的第三增长极,其区域制造业基础雄厚,生产性服务业集聚态势显著,但是也存在内部各地区之间的经济增长水平存在断崖式差距等问题。因此,研究制造业与生产性服务业协同集聚之于经济增长的影响,对实现京津冀区域协同发展战略具有重大的现实意义,也对我国其他城市群的产业协同集聚与经济发展提供了必要的经验借鉴。

本章主要从空间视角出发,研究京津冀地区制造业与生产性服务业协同集聚对经济增长的影响,应用京津冀城市群 13 个主要城市 2009 年至 2018 年的空间面板数据,构建 Queen 邻接权重矩阵①、反距离权重矩阵及经济地理嵌套权重矩阵,以全面进行空间计量分析。研究结论如下。

第一,京津冀地区经济增长水平的莫兰指数在三种不同的空间权重矩阵下绝大多数年份都显著为正,在空间布局上存在显著的空间依赖性,对此应该采用空间计量模型进行实证研究。

第二,空间固定效应的空间杜宾模型较好地诠释了京津冀区域制造业与生产性服务业协同集聚的经济增长效应,三种空间关联模式下的空间自回归系数均显著为正,表明京津冀各城市的经济增长水平之间具有显著的空间相关性。

---

① Queen 邻接权重矩阵:共边和共顶点邻接的权重矩阵,是空间计量经济学权重矩阵之一。

第三，京津冀制造业与生产性服务业协同集聚对经济增长的影响存在空间效应，根据实证结果来看，直接效应表明：在 Queen 邻接、反距离与经济地理嵌套权重矩阵下的产业协同集聚对本地区的经济增长存在显著的正向影响。间接效应表明：产业协同集聚对相邻城市的经济增长亦存在显著的促进作用。

基于上述分析，本章提出推动京津冀地区制造业与生产性服务业协同集聚及经济增长的政策建议：积极推进区域制造业与生产性服务业的融合互促发展；形成区域产业错位发展的空间模式，充分发挥中心城市的扩散效应；打破地方行政束缚，树立区域整体发展的系统观念。

6.1 研究背景及意义、方法与框架思路

6.1.1 研究背景与意义

1. 研究背景

产业在空间上的集聚是地区经济发展的显著特征，而其与经济增长之间的关系是现代经济增长理论探讨的重要议题。自 2008 年全球金融危机发生后，我国经济增长及其发展动力呈现出了新的特征：中国经济已经正式退出高速增长期，进入中高速经济增长的新常态发展阶段，且产业结构亦呈现出了以服务业为核心的发展态势，我国经济新常态具有经济中高速增长、经济结构持续优化、经济发展动力由要素与投资驱动向创新驱动转化的特征。

随着工业化进程的持续推进，在制造业发展成熟基础之上分化出来的生产性服务业，以其自身专业化突出、创新活跃度高、带动能力强等特征，成为全球各国产业竞争发展的第一战略选择。一些发达国家的生产性服务业的发展速度不仅已经超过服务业整体发展的平均增速，而且超越了

制造业的发展地位，成为经济增长的主要源泉。此外，金融危机的出现使得西方的一些发达国家重新考察"去工业化"战略的意义，并认为该战略过度重视了服务经济的发展，而忽略了工业的发展深度。因此，"再工业化""德国工业4.0"等战略的提出，其本质意义不再是追求工业所占比重的提高，而是在新的发展时期推动制造业与生产性服务业协同集聚发展来促进经济长期稳定持续增长，转变产业结构，形成"双轮驱动"的产业发展格局。近年来，我国出现了工业增加值与比重均高速下降的趋势。为此，各地政府发布了一系列政策，引导产业布局由单一制造业集聚向制造业与生产性服务业协同集聚转变，两业协同集聚的发展模式受到了高度重视与关注，"十二五"规划纲要中明确提出了深化专业化分工，推动生产性服务业与先进制造业的融合互促发展。党的十九大报告也再次强调了生产性服务业对制造业的积极推动作用，明确了制造业与生产性服务业协同发展的要求。在中央的政策引领下，我国的产业结构正逐步由制造业单一集聚向其与生产性服务业协同集聚的新发展模式转变，这种产业协同发展的"双轮驱动"战略将为我国经济长期稳定增长带来新的动能。

京津冀地区位于环渤海中心区域，是我国北方经济规模最大的区域，也是继长三角与珠三角之后带动中国经济发展的第三增长极，其自身的制造业与生产性服务业协同集聚特征明显。因此，本章以京津冀地区作为考察对象，研究制造业与生产性服务业共同集聚对经济增长的影响，这对实现京津冀协同发展具有重要意义，也对我国其他地区实现产业协同发展与经济增长具有借鉴意义。那么，京津冀城市群中各城市的制造业与生产性服务业之协同集聚与经济增长是否存在某种内在的关系？其对经济增长究竟是正向还是负向的影响？是否具有显著的空间溢出效应？区域各城市之间是否存在良性的经济交互影响？这些都是本章所要具体探讨的内容。

2. 研究意义

本章从京津冀地区产业协同集聚的特征分析，到产业协同集聚影响经济增长的直接效应与空间溢出效应的机理分析,再到制造业与生产性服务业协同集聚对经济增长的实证探讨,遵循理论与实证相结合的分析思路,对产业协同集聚与经济增长的理论探讨、对京津冀城市群制造业与生产性服务业的空间布局与协同集聚发展等,具有重要启示意义。

(1) 理论意义。首先,学术界关于产业集聚的研究大都围绕的是专业化集聚的视角,尤其是关于制造业单一集聚的文献相对较多。然而,在西方国家再工业化战略提出和中国经济新常态的背景下,学术界缺乏对产业多样化集聚的关注,尚未形成完整详细的产业协同集聚影响经济增长的理论分析框架,这在一定程度上限制了产业协同集聚与经济增长理论的纵深发展。其次,现有文献中涉及产业协同集聚与经济增长的文献相对缺乏且多围绕的是产业维度,鲜有来自空间维度的考虑。因此,本章将空间因素纳入考虑范围之中,并不限于现有研究的维度,从而系统地分析了京津冀产业协同集聚对经济增长直接效应与空间溢出效应的作用机理;并且运用空间计量方法进行了实证检验,这样既拓宽了产业多样化集聚对经济增长的影响研究,又丰富了产业协同集聚与经济增长的相关理论,具有一定的理论价值。

(2) 实践意义。在区域经济发展的过程中,京津冀地区已逐步形成了核心城市带动周边其他城市发展的"中心-外围"的城市群发展布局。由于核心城市的发展条件与竞争优势,生产性服务业倾向于向区域中的此类城市布局,而制造业倾向于向区域中的外围城市集聚。北京作为京津冀地区的核心城市,其生产性服务业高度集聚,制造业集聚程度却呈显著降低趋势,这种产业的"中心-外围"空间布局对经济增长究竟存在何种影响值得详细探讨和分析。本章内容以京津冀城市群为研究对象,运用空间计量经济研究方法,在探讨产业协同集聚与经济增长两者之间的关系时,根据京津冀地区自身产业的实际情况,结合产业与空间维度,系统分析了产业协同集聚对经济增长的作用机理,并提出产业多样化集聚促进经济中高速增长的政策建议,从而为京津冀地区各地方政府制定产业空间布局与城市经济增长的相关政策提供了学术支持。京津冀城市群是我国三大城市群之一,探究其城市群产业协同集聚对经济增长究竟是存在正向还是负向影响这一问题，对国内其他城市群的产业协同集聚发展也具有经验借鉴的意义。

6.1.2 研究内容与方法

1. 研究内容

本章运用空间计量方法，研究了京津冀地区制造业与生产性服务业协同集聚对经济增长的影响。基于相关理论与文献，重点分析了协同集聚影响经济增长的作用机理，以京津冀地区 13 个主要城市 2009 年至 2018 年的空间面板数据为样本，测算其制造业与生产性服务业的协同集聚水平，并将空间因素纳入研究范围进行实证检验，在此基础上得出政策启示。本章的具体研究内容如下。

（1）绪论。阐述研究背景和研究意义，简要概括研究内容与研究方法，提出研究的创新点。

（2）理论基础与文献综述。首先，界定制造业与生产性服务业的范围和产业协同集聚的内涵，然后从经济增长理论、外部性理论以及新经济地理学理论等角度阐述本章研究的理论基础。其次，梳理总结了产业协同集聚的现象、机制、效应等的相关文献，并在产业协同集聚效应的相关文献中重点分析了产业协同集聚与经济增长的关系。最后，通过对相关文献的总结评述，发现目前有关产业协同集聚之经济增长效应的相关文献较为缺乏，尚处于初步研究阶段。

（3）京津冀地区制造业与生产性服务业的协同集聚及其经济增长的现状特征。首先，选取产业协同集聚指数指标，测度京津冀地区整体层面、城市层面以及行业层面的产业协同集聚水平。其次，运用 Arcmap 软件对京津冀地区 13 个主要城市产业协同集聚水平的空间格局进行可视化分析。最后，对京津冀地区 13 个主要城市的经济增长特征与空间布局进行分析。

（4）京津冀地区制造业与生产性服务业协同集聚的经济增长效应。首先，从理论层面分析制造业与生产性服务业共同集聚对经济增长的作用机理，并提出了4个研究假说。其次，应用全局莫兰指数对经济增长水平进行全局空间相关性分析，运用莫兰散点图、LISA聚类分析①和显著性地图进行局部空间自相关分析。最后，通过似然比检验（likelihood ratio，LR）检验、沃尔德（Wald）检验与豪斯曼检验，选择构建Queen邻接、反距离以及经济地理嵌套空间权重矩阵的空间固定效应之空间杜宾模型，并在此基础上将空间效应分解为直接效应与空间溢出效应，以精确分析产业协同集聚对经济增长的直接影响与间接影响。

（5）研究结论与政策启示。对前文的实证研究结论进行总结梳理，并结合京津冀区域整体的发展现状，提出科学与可行的政策建议。

2. 研究方法

（1）文献研究分析法。通过研究产业协同集聚的现象、机制以及效应的相关文献，全面了解学术界关于产业协同集聚与经济增长的研究现状。通过搜集相关数据、政府政策文件等充分了解京津冀产业协同集聚与经济增长的现状特征。

（2）比较分析法。通过搜集整理京津冀地区13个主要城市的相关数据，根据所测度的产业协同集聚指数，对比分析京津冀地区13个主要城市各自的单一集聚程度以及两者的协同集聚程度。在实证检验方面，采用Queen邻接、反距离以及经济地理嵌套空间权重矩阵的方式进行综合对比，以分析产业协同集聚对经济增长的直接效应与空间溢出效应。

（3）机理分析与实证检验法。依据外部性理论、新经济地理学理论、经济增长理论以及相关文献，系统阐述制造业与生产性服务业协同集聚对经济增长的集聚效应、拥挤效应及其空间溢出效应的作用机理，并应用京津冀地区13个主要城市的相关数据对产业协同集聚的经济增长效应进行了实证检验。

---

① Lisa（local indicators of spatial association）聚类分析，是一种用于空间数据分析的方法，其目的是识别空间上聚集的模式。

（4）空间计量分析法。构建产业协同集聚指标体系，并对京津冀地区各城市的产业协同集聚水平进行测度；通过全局空间相关性分析和局部空间自相关分析，研究产业协同集聚的空间分布特征；构建空间固定效应的空间杜宾模型，并以此为基础进行空间效应分解，探讨产业协同集聚对经济增长的直接效应及空间溢出效应。

6.1.3 创新点与技术路线

1. 特色与创新

（1）本章通过梳理、总结产业协同集聚效应的实证文献，发现大部分研究都是从我国整体范围的视角所展开的分析，其所得结论的区域指向性相对较弱，有关京津冀区域产业协同集聚的研究则更是缺乏。现实中，京津冀城市群的生产性服务业正处于高速发展发展，且其对于制造业的协同集聚发展至关重要。因此，以京津冀地区作为研究对象，探讨制造业与生产性服务业协同集聚的经济增长效应是实践发展的需要。

（2）本章依据产业集聚的相关理论文献，将制造业与生产性服务业协同集聚影响经济增长的作用机理扩充至空间层面，从产业协同集聚效应、拥挤效应以及空间溢出效应这三个维度，系统说明协同集聚对经济增长的影响作用机理，具有一定的理论价值与现实意义。

（3）现有文献研究产业协同集聚对区域经济增长的影响大多采用传统的计量方法，很少考虑空间因素，本章先构建 Queen 邻接、反距离以及经济地理嵌套三种不同矩阵以进行空间自相关分析，通过豪斯曼检验、LR 检验以及 Wald 检验建立最优空间面板计量模型，并进一步基于偏微分的方法将空间效应分解成直接效应与空间溢出效应，从而全面分析京津冀制造业与生产性服务业协同集聚的经济增长效应。本章的实证工作主要从经济要素的视角展开，以使其具有较强的针对性和经济意义。

2. 技术路线（图6-1）

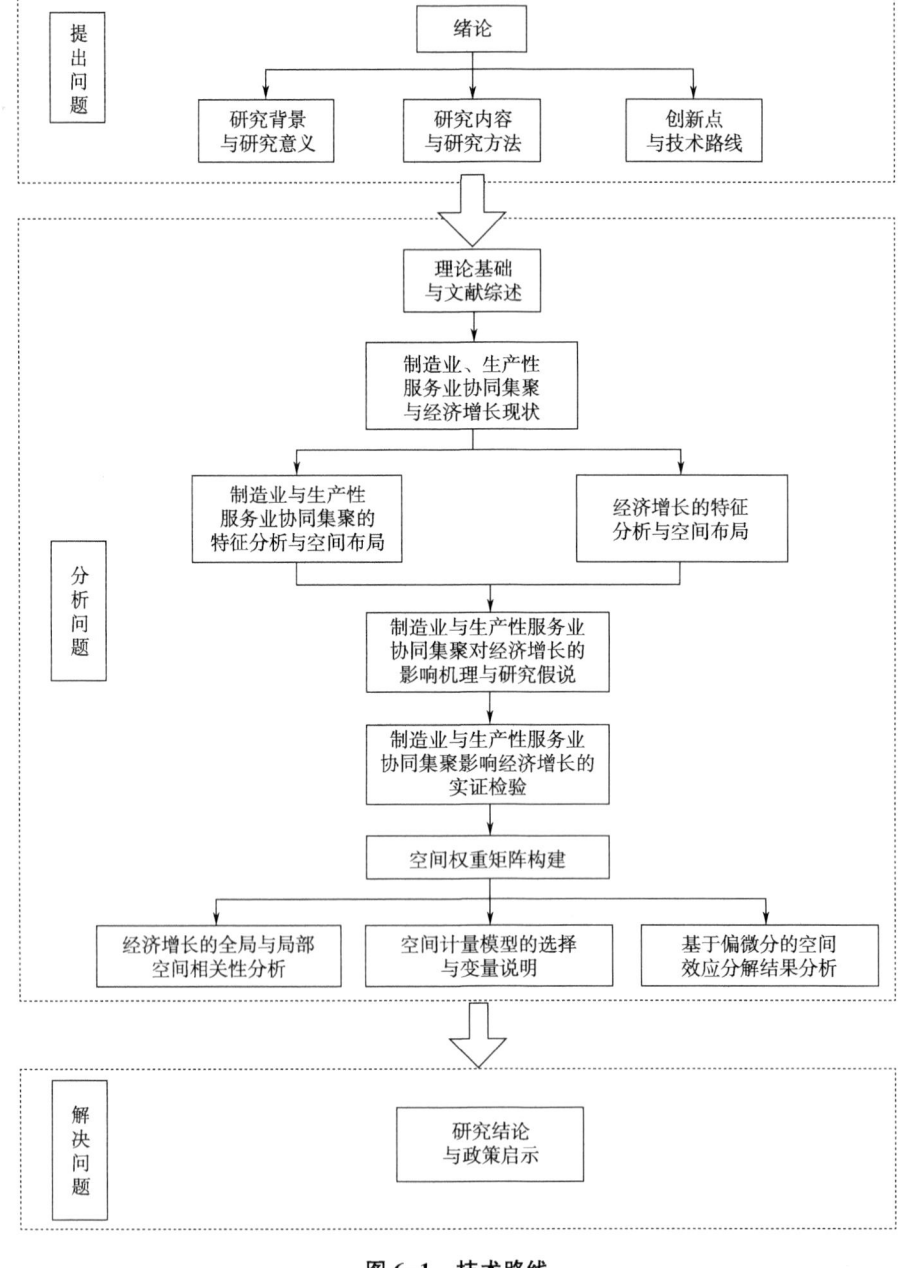

```
提出问题
    绪论
    ├── 研究背景与研究意义
    ├── 研究内容与研究方法
    └── 创新点与技术路线

分析问题
    理论基础与文献综述
    制造业、生产性服务业协同集聚与经济增长现状
    ├── 制造业与生产性服务业协同集聚的特征分析与空间布局
    └── 经济增长的特征分析与空间布局
    制造业与生产性服务业协同集聚对经济增长的影响机理与研究假说
    制造业与生产性服务业协同集聚影响经济增长的实证检验
    空间权重矩阵构建
    ├── 经济增长的全局与局部空间相关性分析
    ├── 空间计量模型的选择与变量说明
    └── 基于偏微分的空间效应分解结果分析

解决问题
    研究结论与政策启示
```

图6-1 技术路线

6.2 理论基础与文献综述

6.2.1 相关概念界定

1. 制造业与生产性服务业

制造业是指利用各种资源，对其进行反复加工，最终提供可被人们应用的工业用产品与生活消费产品的行业。依据《国民经济行业分类（GB/T4574—2017）》，本章研究的制造业包括大类代码在 13-43 范围内的所有细分行业。通过阅读梳理相关文献发现，国内学者对于生产性服务业范围的界定没有形成统一的标准（杨仁发，2013；张虎等，2017；陈建军等，2011；席强敏等，2015；陈晓峰等，2014）。因为生产性服务业所涉及的行业不同，则研究结论也可能也会出现一定程度的不同，所以需在现有文献的基础上结合生产性服务业的定义进行详细甄别。格林菲尔德（Greenfield，1966）最先对生产性服务业的含义进行了解读，其认为生产性服务业是从制造业部门经专业化分工而独立形成的产业，向产品生产者供给产品与服务，但并不向消费者直接提供服务效用。根据以上定义并综合陈建军、席强敏等学者的观点，本章最终认为生产性服务业涵盖以下六个行业：交通仓储邮电业，信息传输、计算机服务和软件业，金融业，租赁和商业服务业，科研、技术服务和地质勘察业，房地产业。

2. 产业协同集聚

有学者（Ellison and Glaeser，1997）最先对产业协同集聚现象进行了探讨，其研究发现，产业集聚现象并不局限于单一产业在特定空间范围内的发生，不同类型的产业会在特定地理和空间上产生协同与重叠，而每一座城市都是多个不同类型产业的协同集聚发展。学术界还将协同集聚表述为协同定位、共同集聚等。现有文献主要是关于基于水平关联与基于垂直关联这两类产业协同集聚的研究。由于本章重点关注的是存在垂直关联的制造业与生产性服务业的协同集聚研究，因此最终将其界定为：上述两个产业通过空间上的垂直关联产生积极的交互作用，在特定空间范围内逐渐形成这两个产业之间的分工互补效应，进而呈现出空间集聚的经济现象。

6.2.2 理论基础

1. 经济增长理论

索洛（Solow，1956）基于新古典经济增长理论，在完全竞争与规模报酬不变的假设条件下，推导出了一般均衡模型。尽管新古典理论强调技术进步对经济增长的影响作用，但是该理论将技术进步外生化，没有很好地诠释经济增长的真正源泉；并且该理论还认为，各个地区的经济体发展水平最终会趋于收敛。新古典增长理论对模型设定的不足和对现实经济之解释力的相对匮乏，促成了新经济增长理论的诞生。罗默（Romer，1990）与卢卡斯（Lucas，1988）在修正新古典分析框架中的假定条件基础上，将技术进步内生化，提出了内生经济增长理论。罗默认为，知识存在溢出效应，知识的生产具有规模报酬递增的特征。内生增长理论则相对注重经济增长的微观机制，卢卡斯（1988）建立了以人力资本为核心的模型，认为人力资本是经济长期增长的源动力。

非均衡增长理论的诞生为现实世界中区域经济发展所具有的差异性提供了强有力的解释。佩鲁（Perroux，1970）所提出的增长极理论认为，经济增长并不是同时出现在每一个地区，而是以大小不同的强度出现在不同地区之中。增长极作为极具活力的经济空间，其经济增长速率远超过周围地区，且对周围其他地区产生了程度不同的极化效应与扩散效应。赫希曼（Hirschman，1958）的不平衡增长理论表明平衡增长战略的局限性，其阐述了极化效应与涓滴效应对地区间非均衡增长的作用。所谓极化效应，是指经济发达地区由于自身要素禀赋的竞争优势会不断吸引经济落后区域之资本、人才以及技术等要素资源的流入，从而对落后地区的经济发展形成消极影响；涓滴效应是指经济发达区域对落后区域的带动作用，并且前者最终会占据主导地位。瑞典经济学家缪尔达尔（Myrdal，1957）提出了循环累积因果理论，应用扩散效应与回流效应来解释地理空间上出现的二元经济结构，从而阐述了经济发达区域对周边区域的积极影响与消极影响。所谓回流效应，是指发达区域吸引周边地区优质要素大量流入，从而抑制了周边地区的经济发展；扩散效应则是指各类要素资源从经济发达区域流向周边落后地区流动，从而推动了周边地区的发展。缪尔达尔认为，回流效应的作用要大于扩散效应，即其扩大了地区之间的经济发展差距。

2. 外部性理论

马歇尔（Marshall，1890）在其著作《经济学原理》（*Principles of Economics*）中提出的外部性理论，对单一产业集聚的内在微观机制进行了详细的阐述。该理论认为，同一个产业的大量企业集聚在特点空间范围内的外部性，源于中间投入品、共享劳动力与知识溢出；相同类型企业集聚在此的重要原因是获得外部经济。该理论指出，相比竞争而言，垄断会加速知识的溢出与技术的创新，从而有利于提升企业的创新能力。

后续众多学者对外部性理论进行了更加详细的探讨，雅各布斯（Jacobs，1969）侧重考察了集聚外部性中的知识溢出，认为产业集聚的知识溢出与技术创新主要发生在单一产业集聚之外，特定空间内不同产业的多样化集聚相比专业化集聚更易于产生知识与技术溢出；其进一步认为，相比垄断而言，完善的市场竞争结构会加快企业技术创新能力和水平的提升，从而推动地区经济增长。胡弗（Hoover，1975）基于上述观点，将外部经济分为两类：一是同一行业集聚所产生的地方化经济，其反映了MAR外部性；二是城市化经济，其重点关注城市规模和不同类型产业集聚所形成的外部经济，反映了雅各布斯所指的外部性。波特（Porter，1990）支持了马歇尔关于专业化集聚外部性的观点，认为相比产业协同的空间集聚而言，相同类型的产业空间集聚更易于知识溢出与技术创新。但他同时强调，竞争的市场结构比垄断的市场结构能够更高效地促进创新的产生，从而推动地区经济增长。

3. 新经济地理学理论

新经济地理学采用不完全竞争的分析框架，以规模报酬递增、运输成本以及垄断竞争为基础，演化出了经济活动集聚与扩散的机制。克鲁格曼（Krugman，1991）所建立的"中心-外围"模型，假定初始条件完全相同且不存在外生差异的两个区域中仅有制造业与农业这两个部门，其中农业处于完全竞争条件下，制造业则处于不完全竞争条件下。此外，农业部门生产同质化产品，而制造业部门生产差异化产品；农业部门的产品为零运输成本，制造业部门的产品则存在冰山运输成本；农业部门的劳动力不具有流动性，制造业的劳动力可以在两个区域间自由流动。当广义的运输成本下降到某个临界值以下后，集聚力将发挥主导作用，循环加强的累积过程也随即开始，由此产业集聚便会发生在最先获得优势的区域（即核心区），另一个区域便随之成为边缘区。

本地市场效应与生活成本效应所组成的集聚力和拥挤效应所构成的分散力之间复杂的空间相互作用，决定了制造业位于中心、农业位于外围的"中心-外围"之产业空间格局。所谓本地市场效应，是指企业在选择区位时会优先考虑市场规模相对较大的区域。企业所处地理位置接近规模宏大的市场，不仅能令其获得规模经济带来的额外收益，而且可以使之节省运输成本和贸易成本，显而易见，本地市场效应会产生诱使企业持续向集群区域转移的向心力。所谓生活成本效应，是指大量企业集聚的地域生活成本相对较低，如果企业大量集聚的区域生产的商品服务的种类和数量较多，则其需要从其他区域输入的商品数量就较少，这样就使转嫁至消费者的运输、贸易成本较低，产品价格也就相对便宜，因此，生活成本效应同样会产生诱使劳动力持续向企业集群区域转移的向心力。所谓拥挤效应，是指随着企业密集区域的市场竞争激烈程度过高，企业的盈利能力也因此不断降低，从而产生了企业迁出的离心力。随着集聚力与分散力这两种力量的此消彼长，产业空间集聚的程度也会随之变化。

6.2.3 文献综述

1. 对产业协同集聚现象的研究

国外学者相对较早地发现了产业协同的集聚现象，维纳布尔斯（Venables，1996）将产业之间的联系纳入模型考虑范围之中，构建了垂直关联模型，从需求联系与成本联系的角度解释了具有关联的产业之间的协同集聚。有学者（Villar and Rivas，2001）在研究产业协同集聚的分析框架方面做出了突出的贡献，他们在新经济地理学经典"中心-外围"模型的基础之上增添了对生产性服务业部门与制造业部门的分析，在理论层面得出了生产性服务业倾向于向区域中心集聚、制造业部门倾向于向外围地区集聚的空间分布格局。有学者（Kolko，2007）分析了美国制造业与生产性服务业共同集聚的特征，为生产性服务业处于区域中心、制造业处于区域外围的"中心-边缘"结构提供了实证支持。另有学者（Ghani，2016）通过分析印度制造业与生产性服务业的共同集聚特征，指出了制造业企业倾向于布局接近生产性服务业集聚程度高的地区。

国内学者对关于产业协同集聚现象的研究也进行了大量探讨，陈建军（2011）等基于浙江省内69个城市和地区的数据，在维纳布尔斯的垂直关联模型基础之上构建了联立方程模型。其认为制造业与生产性服务业在空间范围上存在共同定位的关系，但是生产性服务业对制造业空间分布的影响要大于其受制造业区位的影响。吉亚辉（2014）等同样基于维纳布尔斯构建的垂直关联模型，采用空间计量分析方法，也得出我国存在制造业与生产性服务业共同集聚现象的结论。程中华（2016）应用空间联立方程模型，从我国地级市层面证明：生产性服务业与制造业不仅在地理区位分布上具有协同定位关系，而且具有双向作用机制，并存在空间溢出效应，同时相邻城市的制造业与生产性服务业的集聚程度会影响该城市自身的集聚水平。

2. 对产业协同集聚机制的研究

从现实中所观察到的制造业与生产性服务业的共同集聚仅是表面上所呈现出的结果。然而，关于这种产业协同集聚的内在机制是如何形成的这一点受到了学术界的高度关注。学者们借鉴单一产业集聚之形成机理的研究思路，基于马歇尔外部性展开了对产业协同集聚形成机制的研究。有学者（Ellison et al., 2010）对分析产业协同集聚机制的研究具有开创性意义，他们应用美国的样本数据对产业协同集聚的形成机理进行了仔细分析，认为不同类型产业之间共同集聚的来源与马歇尔所关注的中间投入品、共享劳动力、知识溢出一致，并且其实证结果表明这三种因素的影响相差无几。有学者（Stephen and Erik, 2016）则采用城市层面的数据对产业协同集聚的微观机制进行了分析，其研究结果在一定程度上支持了上述学者的观点。同时他们认为，这三种因素的影响作用并不相同，而是具有差异性。有学者（Gabe and Abel, 2016）的研究重点探讨了知识分享对产业协同集聚的影响，其认为具有类似知识水平的劳动力更加易于共同集聚，且产业协同集聚所引发的知识溢出在都市层面显得更加重要。

马国霞（2007）等通过分析制造业内细分行业之间的空间集聚水平后

认为，我国制造业内部不同产业之间集聚的机制主要是纵向的投入产出联系与规模外部经济，且因产业异质性而引发的产业集聚机制也不尽相同。此外，他们还发现地理区位的邻近会进一步增强不同产业之间的投入产出联系。王硕、郭晓旭（2012）从产业互动与产业关联的视角，在维纳布尔斯建立的垂直关联模型基础上，详细探讨了制造业与生产性服务业双重集聚的形成机制与互动机制。陈国亮、陈建军（2012）分别从三个视角研究了产业协同集聚的内在形成机制：产业的前后向关联与知识溢出是在产业互动视角下形成产业协同集聚的影响机制，商务成本是在空间互动视角下形成产业协同集聚的内在机制，政府规模则是在制度视角下形成产业协同集聚的影响机制。

3. 关于产业协同集聚效应的研究

学术界关于产业协同集聚的效应研究主要涵盖了其对经济增长、生产效率、产业结构优化升级、地区工资水平以及城镇化水平等的影响。对于生产效率而言，陈建军（2016）等应用空间滞后模型，实证检验了产业协同集聚对城市生产效率存在的积极影响与空间溢出效应并指出，相邻地区的生产效率提高同样会促进本地区的生产效率提高；其研究还发现，共同集聚对效率的促进作用存在地区差异与行业差异，地区不同及行业不同都会造成协同集聚对效率的影响系数的差异。对于产业结构优化升级而言，陶长琪和周璇（2015）基于我国省级层面的数据，建立了耦合模型与空间滞后模型，对产业融合中的产业结构升级效应进行了详细的分析。该研究指出，绝大多数产业的耦联协调度对于产业结构的优化升级存在积极影响，并且这种影响作用呈现出与地区经济发展的高度相关性。王燕、孙超（2019）应用动态GMM模型，从省级层面验证了产业共同集聚对产业结构优化升级的影响。该研究认为，协同集聚对产业结构的合理化与高级化具有显著的促进作用，对产业结构的清洁化则具有制约作用，并且这种影响存在地区差异与行业差异。对于地区工资水平而言，杨仁发（2013）基于新经济地理学的视角,应用系统广义矩估计(SYS-GMM)方法,基于我国地级市层面分析了产业集聚与地区工资水平之间的关系。其研究指出,制造业单一集聚对工资水平存在负向影响,生产性服务业单一集聚的影响在统计上尚不显著,两业协同集聚则对工资水平存在明显的正向影响。对于城镇化水平而言,冯严超和王晓红(2018)采用地理距离权重的空间杜宾模型,从我国地级市层面分析了产业协同集聚对以主成分分析与功效系数法所测算的新型城镇化水平的影响。其直接效应表明,产业共同集聚与新型城镇化水平之间存在"U"形关系;其间接效应表明,本城市产业协同集聚对相邻城市的新型城镇化水平的影响并不显著。制造业与生产性服务业协同集聚对经济增长的影响为本章研究的重点。

4. 对产业协同集聚与经济增长关系的研究

通过阅读梳理现有研究可知,大部分文献都聚焦于单一产业集聚对经济增长的影响(潘文卿等,2012;曹清峰等,2014;邓若冰等,2016;曾刚等,2021),对产业协同集聚与经济增长的实证研究则处于起步阶段。就单一产业集聚与经济增长的相关研究而言,其在产业协同集聚与经济增长之间的关系上主要存在以下三种观点。

第一,产业协同集聚促进了地区经济增长。陈晓峰、陈昭锋(2014)基于东部沿海地区的面板数据,通过平稳性检验与协整检验发现,制造业与生产性服务业共同集聚有效推动了地区经济增长。胡艳、朱文霞(2015)基于我国252个城市的面板数据,应用固定效应(FE)模型与差分GMM方法,认为生产性服务业与制造业的协同集聚推动了地区经济增长,并且这种积极影响在我国中西部地区的体现更为突出,但其与其他类型的服务业的共同集聚则抑制了地区经济增长。

第二,产业协同集聚制约了地区经济增长。刘宏霞(2019)以长三角区域为研究对象,采用时间固定效应的空间滞后模型(SLM),详细分析了制造业与生产性服务业的协同集聚对经济增长的空间效应。其研究结论表明，长三角地区的产业协同集聚对经济增长存在抑制作用，其区域内城市间的协同集聚存在竞争关系。郝永敬和程思宁（2019）基于长江中游城市群的面板数据，应用系统 GMM 方法进行研究并认为，制造业与生产性服务业协同集聚的经济增长效应高度依靠地区的创新能力水平，只有当城市具备一定程度的创新能力时，产业协同集聚才会推动地区经济增长，否则产业共同集聚只会制约城市经济增长水平的提升。

第三，产业协同集聚与地区经济增长存在非线性关系。豆建民、刘叶（2016）基于我国地级市的样本数据，应用门限回归方法探讨了不同规模下制造业与生产性服务业共同集聚的影响效应。其研究结论表明，仅当城市规模处于 23.004 万至 199.996 万之间时，协同集聚才会产生推动经济增长的效应；当城市规模过大或者过小时，则协同集聚会制约地区经济的增长。周明生和陈文翔（2018）基于新经济地理学视角，使用长（沙）株（州）（湘）潭面板数据，借助工具变量法，发现产业协同集聚与经济增长呈倒"U"形关系：协同集聚在开始阶段推动了经济增长；而当产业协同集聚水平达到一定程度时，则其又会制约地区经济的增长。

5. 文献评述

通过梳理与阅读相关文献可知，学术界已从不同视角、应用不同方法对产业协同集聚的相关问题进行了较多探讨，这为本章的研究提供了借鉴与启示。但是相比产业专业化集聚而言，多样化集聚特别是本章所高度关注的制造业与生产性服务业之协同集聚的相关研究仍处在起步阶段。并且，关于产业协同集聚之效应的相关研究大多采用的是传统的计量方法，将空间因素纳入考虑范围的并不多；以京津冀城市群为研究对象来分析产业协同集聚与经济增长关系的文献则更是鲜见。

基于现有研究不足，本章尝试分析产业协同集聚对经济增长的直接影响及其空间溢出效应的作用机理。将京津冀地区的 13 个主要城市作为研究样本，以空间计量模型的构建为主要研究手段，实证检验产业协同集聚对经济增长的直接效应与空间溢出效应，探讨分析协同集聚助力京津冀协同发展的可行性与有效性。

6.3 京津冀制造业与生产性服务业协同集聚的现状特征

6.3.1 京津冀城市群制造业与生产性服务业的协同集聚现状

1. 指标选取与数据来源

对于产业协同集聚程度的测度，学术界进行了详细探讨，国内外学者基于不同角度构建了各种产业协同集聚的测度指标。其中，有学者（Ellison and Glaeser, 1997）最先对产业协同集聚程度的量化展开研究，并从产业与企业两个角度构建了 E-G 指数。有学者（Ellison et al., 2010）提出了修正后的 E-G 指数，以更加准确地衡量产业维度的协同集聚水平。有学者（Duranton and Overman, 2005, 2010）在非参数密度模型基础之上构建了 D-O 指数，其指数的测算需要非常准确的厂商空间数据，并且对厂商的空间分布有着较为严格的假设，这也造成了其应用程度的受限。有学者（Billings and Johnson, 2016）在瓦瑟施泰因（Wasserstein）距离的思想基础之上建立了共定位（Colocalization）指数。该指数克服了 E-G 指数与 D-O 指数的不足，但其对数据的严格程度要求更强，亦使其应用程度受限。有学者（Devereux et al., 2004）在对 E-G 指数加以简化的基础上构造了共同集聚指数，从而使得在对产业协同集聚程度进行测算时不再需要企业维度的微观数据，因而该指数在后续的研究中应用广泛。

国内学者在考虑中国实际情况的基础之上，构建了适用于我国产业协同集聚程度衡量的指标。陈国亮等（2012）构造了测度地区维度的产业协同集聚程度的指标。杨仁发（2013）在陈国亮等的研究基础上构建了产业协同集聚指数，该指数借助不同产业的区位熵的相对差异来衡量两个产业之间的协同集聚程度。陈建军（2016）基于EG指数的思想所构建的产业协同集聚指数，则不仅体现了协同质量，而且反映了协同深度。

测度产业协同集聚水平的方法繁多，各种测度方法的优劣也不尽相同。本章基于数据的可得性与连续性，选择陈建军（2016）建立的产业协同集聚指数来衡量京津冀地区制造业与生产性服务业的协同集聚程度，其公式如下：

$$Icoagg = \left(1 - \frac{|LQ_{mi} - LQ_{ps}|}{LQ_{mi} + LQ_{ps}}\right) + (LQ_{mi} + LQ_{ps}) \qquad (6-1)$$

式（6-1）中，$Icoagg$ 表示某城市制造业与生产性服务的协同集聚指数。LQ_{mi} 和 LQ_{ps} 分别表示某城市两业各自的集聚程度。对于单一产业集聚水平的测度，李扬（2009）、胡健（2013）、关爱萍等（2014）对各个测算方法进行了详细的探讨。其中，在研究某城市的某个行业与我国整体该行业的水平相比是否具有优势时，区位熵是最好且应用最为广泛的测度方法。区位熵可以从地区专业化的角度来考察单一产业的集聚水平，因此本文选择区位熵作为衡量京津冀制造业、生产性服务业及其六大行业集聚度的测度方法，具体计算公式如下：

$$LQ_{ij}(t) = \left[E_{ij}(t) / \sum_{i=1}^{n} E_{ij}(t)\right] / \left[\sum_{j=1}^{n} E_{ij}(t) / \sum_{i=1}^{n} \sum_{j=1}^{n} E_{ij}(t)\right] \qquad (6-2)$$

式（6-2）中，$LQ_{ij}(t)$ 为 t 年 i 地区 j 行业的区位熵，$E_{ij}(t)$ 为 t 年 i 地区 j 行业就业人数，$\sum_{i=1}^{n} E_{ij}(t)$ 为 t 年我国 j 行业的总就业人数，$\sum_{j=1}^{n} E_{ij}(t)$ 为 t 年 i 地区的全部产业的就业人数，$\sum_{i=1}^{n} \sum_{j=1}^{n} E_{ij}(t)$ 为 t 年我国全部产业的总就业人数。若 $LQ_{ij}(t)$ 值大于1，则说明所分析的产业在地区具有竞争优势，专业化程度高，拥有较强的集聚能力；若 $LQ_{ij}(t)$ 小于1，则表明所分析的地区产业并不拥有竞争优势，专业化程度低，集聚能力较弱。

本章所测度的京津冀地区及其内部各城市的制造业与生产性服务业及其细分行业的协同集聚指数的原始数据，均来源于2010—2019年的中国城市统计年鉴。在搜集整理产业从业人数数据方面，本章将所有制造业作为一个整体来进行处理，而没有将其细分；对于生产性服务业，本章则参照上文所界定的六个细分行业的从业人员数据进行整理，并进而得到生产性服务业考察期内的总体样本数据。

2. 京津冀制造业与生产性服务业协同集聚的整体特征

整体视角的产业协同集聚指数测度的是京津冀地区总体的制造业与生产性服务业的协同集聚水平。基于式（6-1），本章将京津冀城市群中的13个主要城市作为一个整体进行测算，结果如图6-2所示。从图6-2可知，京津冀地区制造业与生产性服务业的协同集聚水平整体上呈波动下降的态势。例如，2009年京津冀地区的产业协同集聚指数为3.141 7，2012年则达到了高峰，为3.176 9；此后京津冀地区的产业协同集聚程度直线下降，其中2018年协同集聚指数仅为2.933 3，10年间下降了6.63%。究其原因，通过观察京津冀地区制造业区位熵和生产性服务业区位熵的变化趋势可知，区域整体的制造业集聚程度与生产性服务业集聚程度之间的差距在逐渐扩大，京津冀地区的整体制造业集聚水平呈下降态势，其制造业区位熵从2009年的0.782 9下降到2018年的0.612 7，10年间下降了21.74%；而区域生产性服务业的集聚水平大体上呈上升的态势，其生产性服务业区位熵从2009年的1.737 6上升到2018年的1.816 0，10年间上升了4.51%。这表明京津冀地区的产业发展模式有了显著的变化，正处于由制造业集聚为主向以生产性服务业为主转换的关键时期。然而，生产性服务业的高速发展剥夺了制造业的发展空间，造成大量要素资源由制造业流向生产性服务业，使得制造业发展深度受限。换言之，京津冀地区对生产性服务业的发展重视程度高于制造业，而这也造成了该两业的协同集聚程度下降。

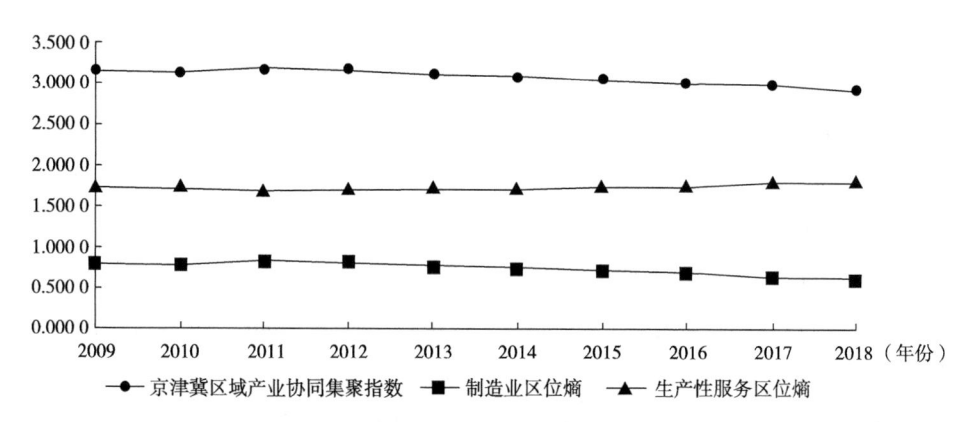

图 6-2　京津冀 2009—2018 年制造业与生产性服务业协同集聚指数趋势

资料来源：笔者根据相关年份中国城市统计年鉴的相关数据整理、测算而得。

3. 京津冀地区内部各城市制造业与生产性服务业协同集聚特征

（1）基于城市层面的产业协同集聚特征。为精确对比分析京津冀地区各城市制造业与生产性服务业的协同集聚水平，笔者根据式（6-1）测度了京津冀城市群中 13 个主要城市 2009—2018 年的产业协同集聚指数。由于篇幅所限，本章选取 2009 年、2014 年和 2018 年的京津冀地区各城市制造业区位熵、生产性服务业区位熵和产业协同集聚指数加以分析，测度结果如表 6-1 所示。

表 6-1　京津冀地区各主要城市 2009 年、2014 年、2018 年的产业协同集聚指数测度结果

城市	2009 年			2014 年			2018 年		
	LQ_{mi}	LQ_{ps}	$Icoagg$	LQ_{mi}	LQ_{ps}	$Icoagg$	LQ_{mi}	LQ_{ps}	$Icoagg$
北京	0.578 2	2.608 8	3.549 8	0.461 4	2.687 7	3.442 1	0.375 1	2.510 3	3.145 5
天津	1.301 7	1.172 5	3.422 0	1.382 9	1.030 2	3.266 9	1.095 5	1.409 4	3.379 6
石家庄	0.994 8	1.084 8	3.036 4	0.830 0	1.413 6	2.983 6	0.807 5	1.420 9	2.953 1
唐山	1.097 0	0.719 7	2.608 9	0.941 4	0.843 9	2.730 7	1.048 3	0.871 8	2.828 1
邯郸	0.530 4	0.820 6	2.136 2	0.690 6	0.749 6	2.399 2	0.573 4	0.781 4	2.201 3
张家口	0.743 4	0.822 9	2.515 5	0.518 9	0.955 3	2.178 2	0.483 0	0.849 3	2.057 8

续表

城市	2009年			2014年			2018年		
	LQ_{mi}	LQ_{ps}	$Icoagg$	LQ_{mi}	LQ_{ps}	$Icoagg$	LQ_{mi}	LQ_{ps}	$Icoagg$
保定	0.8524	0.7854	2.5969	0.7963	0.7790	2.5643	0.8061	0.9569	2.6775
沧州	0.4756	0.8156	2.0278	0.5636	1.0449	2.3094	0.5021	1.0090	2.1756
秦皇岛	1.0309	1.3533	3.2490	0.8209	1.3628	2.9355	0.8651	1.0855	2.8376
邢台	0.6081	0.6833	2.2332	0.7517	0.6181	2.2722	0.6167	0.6129	2.2266
廊坊	0.9786	0.9697	2.9438	1.1957	0.9308	3.0020	0.9150	0.8092	2.6628
承德	0.7040	1.0083	2.5345	0.5717	1.0439	2.3233	0.4811	1.0942	2.1862
衡水	0.6671	1.0380	2.4876	0.6713	0.8478	2.4028	0.4701	0.7570	1.9932

注：LQ_{mi}、LQ_{ps}、$Icoagg$ 分别表征制造业区位熵、生产性服务业区位熵、制造业与生产性服务业协同集聚指数。

根据表6-1的结果可知，京津冀地区的产业协同集聚水平存在显著的地区差异。北京作为京津冀地区的核心城市，其自身协同集聚水平高，但产业协同集聚程度却在逐年下降——从2009年的3.5498下降至2018年的3.1455，样本期间内下降了近11.39%，下降幅度巨大。北京的制造业区位熵也呈下降趋势，从2009年的0.5782下降至2018年的0.3751，反观北京的生产性服务业的历年区位熵则均在2.5以上，远远超过该地区其他城市。这与北京的产业结构优化、产业转移等因素息息相关。北京作为全国的科技创新中心，其自身生产性服务业的集聚水平不仅高于京津冀地区内的其他城市，而且远远高于其自身制造业集聚水平，这造成北京的制造业与生产性服务业协同集聚程度的急速下降。廊坊、天津、秦皇岛、石家庄这些城市的产业协同集聚水平相对较高，但总体上也呈现下降趋势。其中，廊坊和秦皇岛的生产性服务业集聚水平呈下降趋势，如廊坊的区位熵从2009年的0.9697下降至2018年的0.8092，秦皇岛则从2009年的1.3533下降至2018年的1.0855，其余城市的生产性服务业集聚水平则有不同程度的提高。对于制造业而言，上述4座城市的制造业集聚水平都有不同程度的下降。此外，张家口、邢台、承德以及衡水等地的协同集聚水平相对较低且呈下降态势；唐山、邯郸、保定和沧州等地的产业协同集聚水平呈波动上升的态势。通过上述分析可知，各行业的集聚程度对协同集聚水平的升降具有显著影响：区域内产业协同集聚程度不断提高的城市，其自身制造业集聚水平和生产性服务业集聚水平的差距也逐渐变小；协同集聚程度不断降低的城市，其自身制造业集聚程度和生产性服务业集聚程度的差距则逐渐变大。

（2）基于行业层面的产业协同集聚特征。基于式（6-1），本章的测度样本为2009—2018年京津冀地区13个主要城市的制造业与生产性服务业之细分行业的产业协同集聚指数。限于篇幅，本章通过测算京津冀地区历年产业协同集聚指数的平均值和标准差来进行分析，测算结果如表6-2和表6-3所示。

表6-2 京津冀制造业与生产性服务业细分行业协同集聚指数均值

年份	MI-TI	MI-II	MI-FI	MI-LI	MI-SI	MI-RI
2009	2.692 8	2.759 9	2.844 6	2.398 2	2.538 6	2.211 7
2010	2.682 2	2.734 1	2.826 1	2.321 6	2.572 4	2.274 3
2011	2.648 5	2.654 9	2.806 4	2.340 4	2.650 9	2.288 3
2012	2.581 4	2.687 1	2.769 1	2.265 5	2.666 2	2.459 8
2013	2.549 8	2.599 6	2.857 6	2.484 0	2.729 0	2.547 9
2014	2.521 1	2.585 7	2.884 9	2.567 8	2.679 7	2.543 8
2015	2.518 1	2.577 6	2.918 8	2.531 3	2.661 1	2.536 3
2016	2.485 8	2.489 4	2.915 2	2.469 8	2.739 0	2.569 9
2017	2.434 6	2.489 4	2.970 0	2.237 8	2.588 7	2.037 2
2018	2.409 6	2.289 6	2.957 6	2.270 0	2.669 3	2.157 0

注：表中MI表示制造业，TI表示交通仓储邮电业，II表示信息传输、计算机服务和软件业，FI表示金融业，LI表示租赁和商业服务业，SI表示科研、技术服务和地质勘察业，RI表示房地产业。下同。

表 6-3　京津冀制造业与生产性服务业细分行业协同集聚指数标准差

年　份	MI-TI	MI-II	MI-FI	MI-LI	MI-SI	MI-RI
2009	0.551 9	0.704 8	0.349 4	1.179 7	0.778 1	0.788 8
2010	0.594 9	0.774 1	0.359 7	1.165 4	0.752 0	0.764 7
2011	0.570 0	0.881 0	0.333 2	0.965 0	0.743 5	0.660 4
2012	0.596 8	0.917 5	0.333 2	0.978 5	0.826 9	0.607 1
2013	0.468 9	0.819 8	0.203 9	0.805 3	0.816 0	0.555 4
2014	0.502 1	0.860 6	0.243 7	0.769 3	0.775 2	0.463 1
2015	0.503 1	0.877 5	0.333 2	0.785 7	0.767 9	0.475 6
2016	0.488 6	0.847 2	0.383 5	0.729 4	0.753 0	0.506 8
2017	0.492 2	0.978 9	0.534 9	0.801 7	0.810 7	0.557 3
2018	0.485 4	0.844 3	0.400 4	0.709 3	0.861 7	0.646 3

从制造业与生产性服务业分行业的协同集聚视角来看，京津冀地区制造业与交通仓储邮电业的协同集聚水平呈直线下降的态势，其指数平均值于 2009 年达到峰值，为 2.692 8，又于 2018 年达到最小值 2.409 6；其标准差则呈波动下降的态势，从 2009 年的 0.551 9 下降到 2018 年的 0.485 4。此外，京津冀地区制造业与信息传输、计算机服务和软件业的协同集聚水平呈波动下降的趋势，其指数平均值从 2009 年的 2.759 9 波动下降，2018 年仅为 2.289 6。然而其标准差却呈波动上升的趋势，与均值变化的趋势相反，其从 2009 年的 0.704 8 上涨到 2018 年的 0.844 3。京津冀地区制造业与金融业的协同集聚水平呈波动上升的态势，其指数平均值从 2009 年的 2.844 6 上升至 2018 年的 2.957 6，且其标准差变化趋势一致；京津冀地区制造业与租赁和商业服务业的协同集聚水平呈波动下降的变化趋势，其指数平均值从 2009 年的 2.398 2，达到 2014 年的峰值 2.567 8 后逐渐回落，2018 年仅为 2.270 0，其标准差亦呈相同的变化趋势，从 2009 年的 1.179 7 下降至 2018 年的 0.709 3；京津冀地区制造业与科研、技术服务和地质勘察业的协同集聚水平呈波动上升的态势，其指数平均值从 2009 年的 2.538 6 上

涨至 2018 年的 2.669 3。其标准差变化态势与之一致，从 2009 年的 0.778 1 扩大到 2018 年的 0.861 7。同时，京津冀区域制造业与房地产业的协同集聚程度呈波动下降的变化趋势，其指数平均值从 2009 年的 2.211 7 上升至 2016 年峰值 2.569 9，此后开始回落；其标准差呈相同趋势，从 2009 年的 0.788 8 下降至 2018 年的 0.646 3。

4. 制造业与生产性服务业协同集聚的空间分布

考虑到京津冀地区各城市间制造业与生产性服务业的协同集聚水平存在较大差距，本章应用 ArcGIS10.2 软件对 2009—2018 年京津冀城市群的产业协同集聚水平的空间格局进行可视化分析。具体而言，选取上文所测度的 2009 年与 2018 年各城市的产业协同集聚指数制作空间分布图，应用自然间断点分级法，将京津冀地区的 13 个主要城市按照产业协同集聚水平分为 4 个等级，来分析其空间特征。2009 年，位于第一等级的城市有北京、天津及秦皇岛，位于第二等级的城市有石家庄和廊坊，位于第三等级的城市有张家口、承德、保定、衡水以及唐山，位于第四等级的城市仅有沧州、邢台与邯郸。到 2018 年，该地区位于第一等级的城市减少，仅剩京津双城；位于第二等级的城市显著增多，由 2009 年的 2 座增加到 5 座；沧州、邢台以及邯郸等城市从第四等级跨越至第三等级，张家口与衡水等城市则从第三等级退化到第四等级。

根据前述产业协同集聚的特征可知，京津冀地区大多数城市的产业协同集聚水平都有不同程度的下降。这表明京津冀地区过度重视生产性服务业的发展，而相对忽视了制造业的深度发展。尤其是该地区的核心城市北京，尽管其协同集聚程度仍然处于较高层次，但是其制造业的集聚水平却非常低且持续下降。在当前的经济大环境下，制造业与生产性服务业存在共生发展的耦联关系，任何一个产业的单独发展都无法推动新旧动能转换和实现产业结构的转型。发展成熟的制造业是生产性服务业高速发展的基础。在制造业尚未发展成熟的情况下却忽略其在地区经济发展中的重要性，转而大力发展生产性服务业，从而使种类与规模可观的要素资源从制造业单一流向生产性服务业，这会对地区经济的发展造成极大影响。对此，京津冀区域应该顺应产业发展趋势，在高速发展生产性服务业的基础上，继续推动制造业的深度发展，使制造业与生产性服务业形成良性的互相促进关系，发挥两业之间的互补效应。

6.3.2 京津冀城市群经济增长的现状特征

1. 经济增长的特征分析

（1）京津冀地区经济增长的整体特征。整体视角的经济增长水平指京津冀地区总体的经济增长水平。本章选取2009—2018年京津冀城市群中13个主要城市的人均GDP，作为衡量经济增长水平的指标，然后通过测算历年人均GDP的平均值和标准差进行特征分析，由此发现2009—2018年京津冀地区的人均GDP平均值呈直线上升的态势，并且其标准差也呈上升趋势。这表明京津冀地区整体的经济增长水平在持续提高，但区域内各城市间经济增长水平的差距也在不断扩大。

（2）京津冀地区城市层面经济增长水平特征。本章从城市层面分析京津冀地区经济增长的特征。京津冀地区各城市2009—2018年的人均地区GDP如表6-4所示：京津冀地区2009—2018年间各城市的人均GDP都有不同程度的提高，但区域经济增长水平高的地区仍集聚在京津双城及其周边城市，并且区域内部各城市的经济增长水平之间存在断崖式差距。以2018年的数据为例，人均GDP在10万元以上的仅有北京与天津这两座中心城市，其中北京的优势最为明显，其2018年的人均GDP达到了140 211元，比天津高了19 500元。总体来看，京津两地高度集聚了优质充足的劳动力、资本及技术等要素资源和产业，相比河北省内的11个地级市拥有显著的竞争优势。京津冀地区人均GDP在5万元以上的城市有沿海城市唐山和秦皇岛、

"京津走廊明珠"廊坊以及河北省会石家庄,其经济增长水平都相对较高。邯郸、张家口、保定、沧州、承德、衡水这6座城市的人均GDP在3万元以上,经济增长水平相对较低。该区域内仅有邢台这一座城市的人均GDP低于3万元。由上述分析可知,京津冀地区各城市间的经济增长水平差距较大。以2018年的数据为例,区域内人均GDP的最高值北京与最低值邢台相差111 001元。此外,区域内经济增长水平高的城市也仅占少数。

表6-4 京津冀地区各城市2009—2018年的人均地区GDP 单位:元

城市	2009年	2011年	2013年	2015年	2017年	2018年
北京	68 406	83 547	97 178	109 603	128 994	140 211
天津	63 375	86 377	101 615	109 634	118 944	120 711
石家庄	30 428	39 919	48 491	51 043	57 024	55 723
唐山	51 179	71 565	82 831	78 398	82 972	87 855
邯郸	22 779	30 270	30 800	33 450	35 567	36 289
张家口	18 948	25 649	28 201	30 840	32 219	34 661
保定	15 770	21 796	24 951	29 067	29 580	31 057
沧州	25 719	36 053	39 960	44 819	48 384	48 562
秦皇岛	27 110	35 691	39 889	40 746	48 356	52 380
邢台	15 174	20 027	21 030	24 256	28 499	29 210
廊坊	27 904	36 773	46 046	54 460	61 586	64 906
承德	22 198	31 705	33 653	38 505	41 299	41 476
衡水	15 192	21 334	23 889	27 543	34 177	34 898

资料来源:笔者根据相关年份的中国城市统计年鉴、北京统计年鉴、天津统计年鉴、河北经济年鉴等整理而得。

2. 经济增长的空间布局

考虑到京津冀地区各城市之间经济增长水平存在较大的差距,本章应用ArcGIS10.2软件对2009年至2018年京津冀地区经济增长水平的空间格局进行了可视化分析;并选取2009年与2018年该地区各市的人均地区生产总值制作了空间分布图,应用自然间断点分级法将京津冀地区13个主要城市按照经济增长水平分为4个等级来分析其空间特征。经济增长水平越高,其所处等级也越高(第一等级为最高):2009年,位于第一等级的城市有京津双城与唐山,位于第二等级的城市有石家庄、廊坊、沧州以及秦皇岛,位于第三等级的城市有邯郸、张家口与承德,位于第四等级的城市有保定、衡水和邢台。随着时间的推移,到2018年时,京津冀地区位于第一、第二等级的城市显著减少,从2009年的7座递减到2018年的4座。其中,唐山从第一等级降至第二等级,石家庄、秦皇岛和沧州从第二等级降至第三等级。高经济增长水平的城市数量逐年减少,低经济增长水平的城市数量却逐年增加,位于第三、第四等级的城市从6座增加到9座。其中,邯郸和张家口从第三等级降为第四等级。2009年到2018年间,尽管京津冀地区各城市的经济增长水平都有了不同程度的提高,但是区域内部经济增长水平的空间差异格局却愈加显著。各地区之间的经济差距持续扩大,两极分化的态势越来越严重;北京和天津这两座直辖市的经济增长水平稳定位于区域前两位,河北省内各地级市与京津双城相比则存在明显落差。总体来看,当前京津冀地区的非均衡发展态势明显,京津双城的高速经济增长趋势越来越明显,而如何实现区域协调的健康发展,缩小河北省内各地级市与京津双城的巨大经济发展差距,已成为京津冀地区协同发展的当务之急。

6.4 京津冀制造业与生产性服务业协同集聚的空间效应分析

6.4.1 制造业与生产性服务业协同集聚对经济增长的作用机理与研究假设

1. 产业协同集聚的集聚效应

(1)产业关联效应。制造业是生产性服务业的基础,生产性服务业是在制造业发展成熟基础之上随着社会专业化分工深化而产生的产业,生产性服务业属于制造业重要的中间投入,两者具有与生俱来的投入产出联系,而制造业与生产性服务业协同集聚的发展模式进一步加强了双方的前后向关联程度,促进了制造业与生产性服务业的融合发展,有效提升地区产业结构合理化与高级化程度,从而对地区经济增长产生积极影响。

第一,制造业与生产性服务业的协同集聚通过双方产业关联程度的强化产生规模效应,进而对地区经济增长产生积极影响。在产业协同集聚区域,生产性服务业由于在地理位置上邻近制造业企业,可以在面对面交流模式下更精确地掌握制造业企业对中间服务投入需求的变化,从而为制造业部门提供更具专业性与针对性的服务,推动制造业的发展。同时,制造业的深度发展反过来又会对中间投入的需求持续增加。因此,生产性服务业企业会持续向制造业企业的集聚区迈进,其服务质量与专业化水平也会不断提升,从而产生更大的规模经济效应。

第二,制造业与生产性服务业的协同集聚通过共享劳动力市场和投入产出市场降低成本,进而促进城市经济增长。MAR外部性中的共享劳动力市场适用于单一产业集聚,而产业集聚又会形成劳动力池。集聚区内劳动力市场密度大,专业化程度高,企业可以轻松找到合适的专业化劳动力,员工也可以快速搜索到工作岗位,从而提高员工与企业之间的匹配效率。在制造业与生产性服务业协同集聚的区域,制造业部门和生产性服务业部门既可以共享各自产业内的专业化劳动力,又可以共享双方产业间的复合型劳动力,从而大大降低了企业经营的信息成本和人才搜寻成本。此外,在制造业与生产性服务业协同集聚区域内,随着各自产业集聚程度的不断提升,势必形成交纵错杂的投入产出关联网络。单个制造业企业会寻求多个生产性服务业企业的中间投入服务;同理,单个生产性服务业企业也会面向多个制造业企业的生产需求而为之提供服务。两类企业之间关联网络的构成,即投入产出市场的共享有效降低了两个产业企业之间的交易成本。

（2）知识与技术的溢出效应。制造业与生产性服务业之协同集聚的知识与技术溢出效应涵盖两个方面。一方面，是 MAR 外部性中的单一产业内的知识与技术溢出。大量企业的集中不仅有利于显性知识的扩散，而且有利于隐性知识的扩散。随着集聚区内的知识、技术等无形资源在个体（厂商、劳动力等）之间传播和积累的效率显著提高，个体之间知识、技术的高频率信息交换可以显著促进创新的形成。另一方面，是雅各布斯外部性中的不同产业间的知识与技术溢出。多样化产业集聚是推动创新的源泉，即制造业与生产性服务业的协同集聚相比双方各自单一的产业集聚，可以更好地实现知识与技术溢出，从而推动地区经济增长。

第一，制造业与生产性服务业的协同集聚通过强化创新合作，从而推动地区经济增长。生产性服务业属于知识与技术密集型行业，当其与制造业共同集聚时，可以打破壁垒促进创新要素在行业之间的自由流动。因此，双方相互交流与学习的机会将大大增加，从而实现制造部门与研发部门之间高效的创新合作。并且，这种异质性产业之间频繁的信息交流，会形成学习效应，在产业协同集聚区内的所有参与个体（企业、人才）的学习过程中形成一种良好的循环累积因果机制，从而推动产业协同创新，进一步扩大知识与技术的溢出效应。

第二，制造业与生产性服务业的协同集聚通过产业间的技术关联可实现知识与技术的外溢，从而促进地区经济增长。生产性服务业原本归属于制造业的某个环节，随着专业化分工的深化，制造业企业的研发部门从原企业中分化出来，但是这种内在的技术联系即便其从企业分离后仍然存在。由于制造业与生产性服务业所存在的高度技术关联性，一个新思想的形成或者一个新技术的产生通常也会促进相关思想或者技术的生成。并且，协同集聚区内的企业在进行创新活动时还会得到其他企业的技术支持，从而提升企业的自主创新能力水平，为知识与技术外溢提供了可能。

（3）要素耦合效应。产业集聚的过程伴随着劳动力与资本等各种要素资源在特定地域范围内的集聚，制造业与生产性服务业之间的共同集聚能够有效推动各类要素资源在不同行业之间和不同地区之间的自由合理流动，并逐渐向帕累托最优状态靠拢，提升要素资源的配置效率，形成统一、完善的要素市场，从而对地区经济的增长产生正向影响。

第一，制造业与生产性服务业的协同集聚通过降低要素资源错配程度，进而对地区经济的增长产生正向影响。在产业多样化集聚的进程中，劳动力要素会在制造业和生产性服务业之间转移和集聚，这既提高了技能匹配性，又大大增加了不同类型企业员工互相沟通与学习的机会，促进了劳动生产率的提高。资本要素在不同产业间的转移和集聚会促进具有前后向关联企业的协同发展，对资本生产率形成积极作用。相比传统的计划性配置而言，劳动力和资本等要素资源在市场机制下的自由流动与集聚可以更加有效地提升城市经济体的资源配置效率。

第二，制造业与生产性服务业的协同集聚通过优化要素资源整合，从而推动地区经济增长。制造业与生产性服务业的协同集聚可以共享集聚区域内的所有资源，这不仅有利于提高作为知识密集型的生产性服务业的服务效率，为制造业企业提供更卓越的服务，帮助制造业部门不断将资源聚焦于其自身具有竞争优势的业务环节，而且有利于信息、人才与资本等要素资源在产业之间的优化配置，形成产业间联动发展的局面，优化资源在协同集聚区内的布局，实现地区经济增长。

（4）竞争发展效应。波特（Porter）外部性着重强调了竞争在产业集聚中的重要性，制造业与生产性服务业的协同集聚营造了良好的发展环境，产生了较强的竞争效应，对地区经济增长存在积极影响。

首先，协同集聚区内的企业会由此处于一个相对健康的竞争环境之中，其创新氛围、创新速率以及研发强度都将大大优于空间位置不集聚的企业，从而推动企业的技术创新。其次，具有前后向联系的异质性企业之间会有较强的竞争：制造业企业在寻找相对合适的生产性服务业搭档时，需要提供良好的合作条件与诱人的合作价格，由此制造业内部的竞争就会发生。再次，生产性服务业企业要想使其中间投入服务受到制造业企业的高度关注,就必须不断提升自身的服务质量,企业之间的相互竞争也就无法避免。因此在自由竞争的大环境下,不论是制造业企业还是生产性服务业企业都会为了避免淘汰或者是追寻利润最大化而去主动寻求知识与技术创新,降低各项成本。最后,制造业和生产性服务业这种竞争化的协同集聚发展会加速产品与技术的更新换代,协同集聚区内的竞争合作关系会推动企业将创新技术迅速应用至生产活动之中,大幅度提升科技成果转化成效,从而实现经济增长。基于集聚效应的机理,本章提出以下假说。

假说1:制造业与生产性服务业的协同集聚通过产业关联效应、知识与技术溢出效应、要素耦合效应和竞争发展效应,对地区经济增长产生正向影响。

2. 产业协同集聚的拥挤效应

产业集聚促使要素资源在空间上的高度集聚,从而推动了地区经济增长。然而,随着企业蜂拥而至,集聚的负外部性也日渐显现。相比单一的产业集聚,制造业与生产性服务业的协同集聚关乎异质性行业的空间布局,大量不同类型的企业集聚在有限的空间范围内,区位竞争会更加激烈,集聚的负外部性也将更为突出。更加重要的是,在协同集聚区域内,不同类型的产业争夺要素资源的问题也更加严重。这将导致不同产业之间的分工互补效应逐渐消失,产业间的良性互动循环关系被打破、抵消甚至覆盖产业协同集聚对经济增长的正向效应。

总体而言,对于当地城市来说,制造业与生产性服务业的协同集聚对经济增长的影响是由集聚效应与拥挤效应共同决定的,运输成本与交易费用的下降,使得制造业在有限空间范围内不断集聚,随着社会专业化分工的深化,生产性服务业从制造业部门分离且实现高速发展。由于二者与生俱来的内生关联性,制造业与生产性服务业的协同集聚形成了产业关联效应,促进了知识与技术溢出,提高了资源利用效率,营造了利好发展的竞争环境,进而推动了地区经济增长。然而,随着集聚效应持续扩大,在集聚力的作用下使得各类优质要素大量流入。特定空间范围可以承受的经济活动是存在一定限度的，承载力是有限的，而不是无限的，当超出这一限度范围时，制造业与生产性服务业之间会产生挤出效应：制造业的高度发展会制约当地生产性服务业的发展，或者是生产性服务业的高度发展会挤压制造业的发展空间。在这种情况下，两业之间的联动发展会受到制约，协同所带来的分工互补效应将不复存在，两个产业之间的良性互动关系被打破，过度竞争使得要素资源配置失衡，从而抑制了经济增长。基于拥挤效应机理，本章提出以下假说。

假说2：制造业与生产性服务业的协同集聚在拥挤效应逐渐增强的情况下，抵消甚至覆盖了其对经济增长的积极作用，从而产生负向影响。

3. 产业协同集聚的空间溢出效应

根据新经济地理学中的"中心-外围"理论，制造业与生产性服务业协同集聚的经济增长效应存在显著的阶段化特征。当中心区域的协同集聚在适度范围内时，其对本区域的经济增长产生积极影响，而随着过度集聚的到来，拥挤效应逐渐显现，高度关注要素成本的制造业企业有向边缘地区转移的趋势，而高度关注交易成本的生产性服务业企业有进一步向中心地区集聚的趋势。然而，这种特征在现实社会中并不完全成立，现实中往往存在多个生产性服务业集聚的中心地区，并且制造业也可能存在向中心地区集聚的趋势（黎日荣，2017）。因此，制造业与生产性服务业的协同集聚不仅会对本地区经济增长产生影响，而且还存在空间溢出效应对邻接地区、不邻接但地理距离较近的地区以及经济增长水平相对接近的地区产生影响，综合表现为某个城市群内各个城市之间的交互影响。

（1）经济增长的空间自相关效应。京津冀地区内的城市通过其对经济增长的空间依赖性，对周边城市的经济增长水平产生影响。区域内城市若存在正向的空间相关性，则其中经济发展水平高的城市所产生的正向溢出效应会扩散到相邻城市，推动邻接城市的经济增长；若存在负向的空间相关性，则会阻碍相邻地区的经济增长。基于空间自相关效应的机理，本章提出以下假说。

假说3：区域内部各城市之间具有经济增长的空间自相关效应，存在正向或者负向的依赖性。

（2）扩散效应与回流效应。根据缪尔达尔所提出的循环累积因果理论，一方面，制造业与生产性服务业的协同集聚通过产生扩散效应，加快了要素资源在各城市之间的高效流动，将前沿的科学技术和先进的管理经验传播至周围其他城市，带动邻近城市的经济增长；产业协同集聚除对本城市经济增长的提高作用凸显外，周围相邻城市也会逐渐主动引进先进的技术与管理经验，提升自身的技术创新水平与经济发展水平。另一方面，产业协同集聚形成的规模经济效应，会进一步促使相邻落后城市的资本和人才等要素资源大量流入经济发展水平高的城市，形成回流效应，使经济发展水平高的城市的竞争优势更加显著，从而对周围相邻城市的经济增长产生制约作用，并进而产生负向的空间溢出，进一步扩大城市之间的经济发展水平差距。基于扩散效应与回流效应的机理，本章提出以下假说。

假说4：当地城市制造业与生产性服务业的协同集聚通过扩散效应与回流效应的共同作用，对区域内其他城市的经济增长产生正向或者负向的空间溢出效应。

图6-3为产业协同集聚影响经济增长的机理。

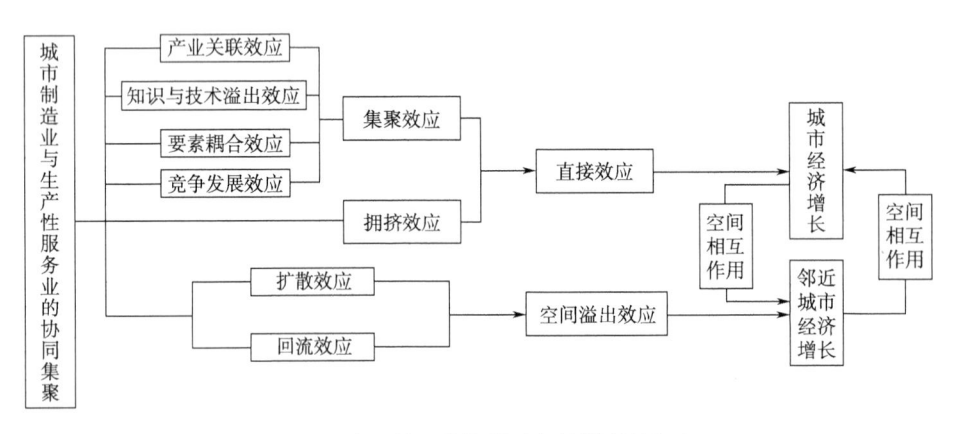

图6-3 产业协同集聚影响经济增长的机理

6.4.2 模型构建与空间权重矩阵选择

1. 模型构建

以京津冀地区 13 个主要城市为研究对象,考察期为 2009 年至 2018 年,以此研究产业协同集聚对经济增长的影响。以京津冀地区各主要城市样本期内的经济增长水平（$\ln pgdp$）作为因变量,以产业协同集聚水平（$\ln icoagg$）作为核心解释变量。考虑到经济增长的影响因素是多方面的,本章综合相关学者研究文献,选择物质资本投入（$\ln inv$）、人力资本投入（$\ln hc$）、研发投入（$\ln rd$）、外商直接投资（$\ln fdi$）以及政府支出规模（$\ln gov$）作为控制变量。为克服异方差性并考虑数据处理的平稳性以及变量之间的协整性,先建立以下面板双对数回归方程:

$$\ln pgdp_{it} = \beta_0 + \beta_1 \ln icoagg_{it} + \beta_2 \ln inv_{it} + \beta_3 \ln hc_{it} + \beta_4 rd_{it} \\ + \beta_5 \ln fdi_{it} + \beta_6 \ln gov_{it} + \mu_{it} \quad (6-3)$$

依据空间计量经济学的相关理论,空间滞后模型的主要含义是空间单元之间被解释变量具有空间依赖性,空间误差模型的主要含义是无法观测的误差冲击具有空间相关性,空间杜宾模型的主要含义是空间单元间的解释变量与被解释变量都具有空间依赖性。考虑到城市之间存在空间交互作用,在式（6-3）的基础之上,将经济增长水平的空间滞后项纳入,得到空间滞后模型;将误差项的空间滞后项纳入,得到空间误差模型;同时将经济增长和产业协同集聚等变量的空间滞后项纳入,得到空间杜宾模型。本章构建的 SLM、SEM 以及 SDM 如下:

$$\ln pgdp_{it} = \alpha l_n + \rho W \ln pgdp_{jt} + \beta_1 \ln icoagg_{it} + \beta_2 \ln inv_{it} + \beta_3 \ln hc_{it} \\ + \beta_4 \ln rd_{it} + \beta_5 \ln fdi_{it} + \beta_6 \ln gov_{it} + \mu_{it} \quad (6-4)$$

$$\ln pgdp_{it} = \alpha l_n + \beta_1 \ln icoagg_{it} + \beta_2 \ln inv_{it} + \beta_3 \ln hc_{it} + \beta_4 \ln rd_{it} + \beta_5 \ln fdi_{it} \\ + \beta_6 \ln gov_{it} + \mu_{it}$$

$$\mu_{it} = \lambda W\mu_{jt} + \varepsilon_{it} \tag{6-5}$$

$$\begin{aligned}\ln pgdp_{it} =\ &\alpha l_n + \rho W\ln pgdp_{jt} + \beta_1 \ln icoagg_{it} + \beta_2 \ln inv_{it} + \beta_3 \ln hc_{it}\\ &+ \beta_4 \ln rd_{it} + \beta_5 \ln fdi_{it} + \beta_6 \ln gov_{it} + \theta_1 W\ln icoagg_{it} + \theta_2 W\ln inv_{it}\\ &+ \theta_3 W\ln hc_{it} + \theta_4 W\ln rd_{it} + \theta_5 W\ln fdi_{it} + \theta_6 W\ln gov_{it} + \mu_{it}\end{aligned} \tag{6-6}$$

式（6-4）至式（6-6）中，i 表示城市，t 为年份，W 表征空间权重矩阵，ρ 为空间自回归系数，λ 为空间自相关系数。

2. 空间权重矩阵构建

接下来，应用空间计量经济学模型进行实证分析。在这之中，空间权重矩阵的设计是重要的一步，对空间权重矩阵的选择应符合"空间相关性随距离增加而降低"的要求。不同学者对空间权重矩阵的构建有不同观点，有的学者认为，不应该将随时间而变的权重纳入考虑范围，其倾向于构建设定简单的空间权重矩阵（如邻接权重矩阵）；而有的学者认为，应该考虑多维邻近性，而不应局限于地理维度的邻近，将经济邻近、制度邻近、组织邻近等纳入空间权重矩阵（如经济空间权重矩阵）。由于空间权重矩阵的设计具有较强的主观性，本章出于稳健性考虑，最终选择 Queen 邻接权重矩阵、反距离权重矩阵以及经济地理嵌套权重矩阵，来全面分析京津冀城市群的产业协同集聚对经济增长的直接影响与空间溢出效应。

（1）Queen 邻接权重矩阵（W_1）。邻接权重矩阵是文献中最为常见的一类矩阵，它将全部相邻城市的空间关系都设置为相同的，并认为全部不邻接城市的空间关系都不存在影响，如京津冀城市群中的天津与廊坊、沧州都是邻接的，然而天津与廊坊间的空间关系和天津与沧州的空间关系却是具有差异性的。

$$W_{ij} = \begin{cases} 1 & 城市\ i\ 与城市\ j\ 有共同边界或顶点 \\ 0 & 城市\ i\ 与城市\ j\ 无共同边界或顶点 \end{cases} \tag{6-7}$$

（2）反距离权重矩阵（W_2）。将地理距离纳入考虑范围的反距离权重矩阵选择各城市质心之间距离的倒数作为权重。相比简单易操作的邻接矩阵，该矩阵观察到了地理距离邻近但并不相邻的各城市也会产生空间交互作用的事实因素。

$$W_{ij} = \begin{cases} 1/d_{ij} & i \neq j \\ 0 & i = j \end{cases} \quad (6-8)$$

（3）经济地理嵌套权重矩阵（W_3）。李靖等（2010）认为，地理邻近并不是决定空间关系的唯一因素，还可以将经济邻近纳入考虑范围之中，从而准确描绘各城市之间的空间关系。张可云等（2016）运用不随时间而变的空间权重矩阵来表示城市之间的空间关系。为更加稳健地分析产业协同集聚对经济增长的影响，本章将经济因素纳入考虑范围，生成以下经济地理嵌套权重矩阵：

$$W_{ij} = W_2 \times diag(\overline{Y_1}/\overline{Y}, \overline{Y_2}/\overline{Y}, \cdots, \overline{Y_n}/\overline{Y}) \quad (6-9)$$

式（6-9）中，W_2 为反距离权重矩阵，diag（）表示对角矩阵，$\overline{Y_i}$ 表示 2009 年至 2018 年城市 i 的人均地区生产总值的均值，$\overline{Y}$ 则表示 2009 年至 2018 年京津冀地区所有城市人均 GDP 的平均值。

6.4.3 变量选取与数据来源

1. 变量选取

（1）被解释变量：经济增长水平（ln$pgdp$）。由于本章重在揭示京津冀地区城市间经济增长水平的空间分异特征以及在此基础之上的空间计量分析，因此借鉴唐秀美等（2017）的做法，采用了按当年实际价格计算的现价人均地区生产总值数据。

（2）核心解释变量：产业协同集聚水平（ln$icoagg$）。以京津冀地区各城市制造业与生产性服务业的产业协同集聚指数来衡量。

（3）控制变量。

物质资本投入（lninv）。新古典经济增长理论认为，物质资本投入对地区经济增长具有重要影响。本章借鉴吴亚菲等（2017）的研究，以全社会人均固定资产投资来衡量京津冀地区各城市的物质资本投入水平。

人力资本投入（$\ln hc$）。内生经济增长理论认为，人力资本是地区长期经济增长的源动力，人力资本的投入可以推动新思想的生成，提高物质资本的利用效率，通过技术进步的外溢效应对经济增长产生正向影响。本章借鉴潘文卿等（2012）的做法，以人均教育支出来测度京津冀城市群各城市的人力资本投入水平。

研发投入（$\ln rd$）。京津冀地区处于新旧动能转换的重要时期，研发投入是科技创新的源动力，创新所带来的技术不断革新是带动地区经济增长的关键影响因素。本章借鉴陈长石等（2019）的研究，以地方财政科学技术支出衡量京津冀地区各城市的研发投入水平。

外商直接投资水平（$\ln fdi$）。外资的流入可以带来前沿的科学技术和更好的管理经验，对本地区的经济增长形成正向溢出效应，但外资的流入同样会加剧本地区的产业竞争，与当地企业争夺有限的要素资源，从而对地区经济增长产生消极影响。本章借鉴殷江滨等（2016）的研究，以人均实际利用外资额衡量 FDI 水平，其中将实际利用的 FDI 额与各年份年平均价人民币汇率进行折算。

政府支出规模（$\ln gov$）。政府支出规模对地区经济增长存在双向影响。当政府支出投入科技、教育以及公共服务上时，会对地区经济增长产生积极影响；而当政府支出过多用于行政开支，对经济活动进行过度干预时，则会扰乱市场资源配置，造成资源错配，从而对地区经济增长产生负面影响。借鉴张治栋等（2019）的研究，本章以地方财政支出与地区生产总值之比来衡量政府支出规模。

2. 数据来源

原始数据来源于 2010—2019 年的中国城市统计年鉴、北京统计年鉴、天津统计年鉴、河北经济年鉴。变量描述性统计结果如表 6-5 所示。

表6-5 变量描述性统计结果

变 量	变量说明	平均值	标准差	最小值	最大值	观测值
ln$pgdp$	经济增长水平	10.625 5	0.530 2	9.627 3	11.850 9	130
ln$icoagg$	协同集聚水平	0.963 8	0.165 1	0.642 7	1.285 3	130
lninv	物质资本投入	1.179 6	0.553 7	-0.188 7	2.543 4	130
lnhc	人力资本投入	7.117 0	0.523 5	6.020 7	8.468 1	130
lnrd	研发投入	10.756 9	1.642 7	8.614 3	15.264 4	130
lnfdi	外商直接投资水平	6.475 0	1.142 7	2.676 3	9.480 9	130
lngov	政府支出规模	-1.843 5	0.322 5	-2.598 5	-1.008 9	130

资料来源：笔者根据2010—2019年中国城市统计年鉴等整理、计算而得。

6.4.4 空间相关性检验

1. 全局空间自相关检验

全局莫兰指数是检验变量之间的空间关联性的常用指标，反映了空间邻近的区域单元变量值的关联程度，计算公式如下：

$$I = \frac{\sum_{i=1}^{n}\sum_{j=1}^{n}w_{ij}(y_i - \bar{y})(y_j - \bar{y})}{S^2 \sum_{i=1}^{n}\sum_{j=1}^{n}w_{ij}} \tag{6-10}$$

式（6-10）中，$S^2 = \frac{\sum_{i=1}^{n}(y_i - \bar{y})^2}{n}$ 表示样本观测值的方差，$\bar{y} = \frac{1}{n}\sum_{i=1}^{n}y_i$ 表示样本观测值的平均值，n 表示地区数量，y_i 表示 i 地区的观测值，w_{ij} 表示空间权重矩阵的元素，$\sum_{i=1}^{n}\sum_{j=1}^{n}w_{ij}$ 表示空间权重矩阵中所有元素之和。

莫兰指数的取值范围为 $[-1, 1]$，若区域单元变量之间正相关，即高值与高值邻接、低值与低值邻接，则莫兰指数值大于0；若区域单元变量之间没有显著的相关性，即高值与低值无序分布，则莫兰指数等于 0；若区域单元变量之间负相关，即高值与低值邻近，则莫兰指数小于 0。本章应用 stata15.1 软件对京津冀地区 13 座主要城市的经济增长水平进行空间依赖性检验，采用 Queen 邻接权重矩阵、反距离权重矩阵以及经济地理嵌套权重矩阵，对 2009 年至 2018 年历年人均 GDP 进行全局莫兰指数测算，见表 6-6。

表 6-6 基于三种空间权重矩阵的京津冀地区经济增长全局莫兰指数

年份	Queen 邻接权重矩阵（W_1）			反距离权重矩阵（W_2）			经济地理嵌套权重矩阵（W_3）		
	I	Z	P 值	I	Z	P 值	I	Z	P 值
2009	0.170	1.358	0.175	0.023*	1.825	0.068	0.009	1.609	0.108
2010	0.189	1.458	0.145	0.030*	1.953	0.051	0.018*	1.756	0.079
2011	0.207*	1.550	0.091	0.034**	2.007	0.045	0.022*	1.833	0.067
2012	0.206*	1.545	0.092	0.033**	1.998	0.046	0.022*	1.833	0.067
2013	0.211*	1.567	0.097	0.041**	2.127	0.033	0.031**	1.974	0.048
2014	0.227*	1.662	0.097	0.042**	2.154	0.031	0.030**	1.968	0.049
2015	0.229*	1.674	0.094	0.045**	2.205	0.027	0.032**	2.004	0.045
2016	0.249*	1.750	0.080	0.078***	2.724	0.006	0.059**	2.455	0.014
2017	0.194*	1.487	0.078	0.039**	2.100	0.036	0.023*	1.845	0.045
2018	0.211*	1.587	0.066	0.050**	2.313	0.021	0.033*	2.021	0.043

注：***、**和*分别表示在 1%、5%和 10%的水平下显著，下同。

由表 6-6 可知，2009 年到 2018 年，在 Queen 邻接空间关联模式下，京津冀地区 13 座主要城市经济增长水平的莫兰指数 I 值范围是 [0.170, 0.249]，其样本期内均值达到了 0.209；2009 年与 2010 年的 I 值未通过显著性检验，2011 年至 2018 年的 I 值则均通过了 10%水平的显著性检验。在地理距离空间关联模式下，京津冀城市群经济增长水平的莫兰指数 I 值范围是 [0.023, 0.078]，其考察期内均值为 0.042；2009 年与 2010 年的 I 值通过 10%水平的显著性检验，其余大部分年份均通过 5%水平的显著性检验（2016 年 I 值在 1%水平上显著）。在经济地理嵌套权重矩阵下，京津冀区域人均 GDP 的莫兰指数 I 值范围是 [0.009, 0.059]，其样本期内均值为 0.028；I 值在 2009 年未通过显著性检验，其余年份全部在统计学上通过了显著性检验。总体来看，在三种不同空间权重矩阵下，京津冀区域 13 座主要城市的经济增长水平莫兰指数 I 值在绝大多数年份都显著为正，说明京津冀区域 13 座主要城市之间以人均地区生产总值表征的经济增长水平在空间布局上呈现显著的正向空间相关性，而不是完全随机分布的状态；具有较为明显的空间集聚特征，即经济增长水平较高的城市倾向于与经济增长高的城市邻近，低经济增长水平城市倾向于与低经济增长城市邻近，这与吴瀚然等（2016）、吴炎芳（2020）的研究结论一致。

分析莫兰指数时间演变趋势可知，在 Queen 邻接、反距离以及经济地理嵌套权重下，莫兰指数 I 值整体上都呈上升的态势，且全部在 2016 年达到峰值，分别为 0.249、0.078 以及 0.059。这表明自 2015 年发布《京津冀协同发展规划纲要》后，京津冀地区各地区间经济联系有了较大程度的提升，经济增长水平的空间相关性增强幅度较高。但此后，京津冀地区经济增长的空间依赖性又有所降低，京津冀各地区间协同发展的后劲不足，值得引起关注的是京津冀地区 13 座主要城市的经济增长水平的莫兰指数值相对较低，尤其是在反距离权重矩阵和经济地理权重矩阵下，经济增长的莫兰指数值还具有非常广阔的上升空间。总体来看，京津冀地区整体经济增长水平的正向空间相关性持续上涨，近几年来这种正向空间相关性则有所降低。

2. 局部空间自相关分析

由于全局莫兰指数反映的是整个京津冀区域的空间集聚现象，无法描述区域内某个城市的空间集聚情况，因此本章用 GeoDa1.14 软件制作莫兰散点图对京津冀城市群的经济增长水平进行局部空间相关性分析，并选择 Queen 邻接权重矩阵下 2009 年和 2018 年的制作结果进行分析，如图 6-4 所示。

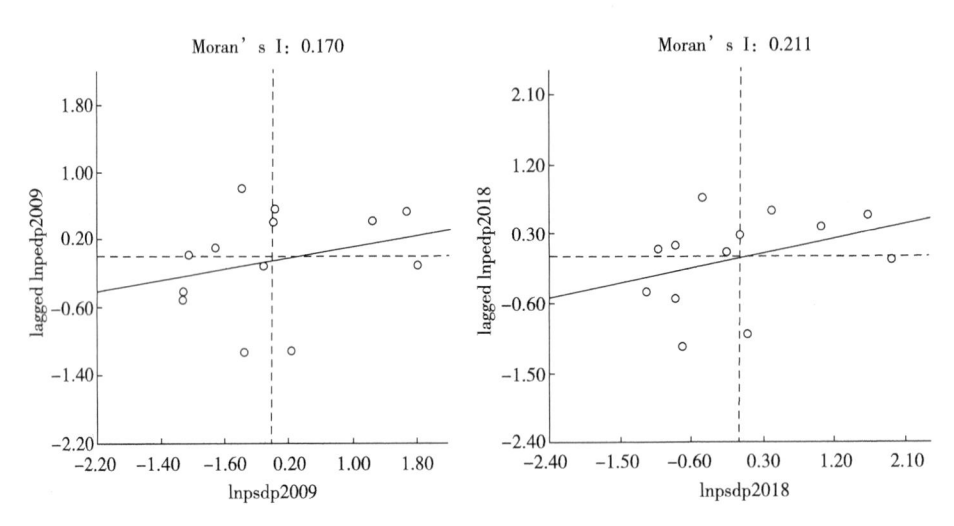

图 6-4 Queen 邻接权重矩阵下主要年份京津冀地区经济增长的莫兰散点分析

图 6-4 为京津冀地区 2009 年和 2018 年经济增长水平的莫兰散点分析，刻画了京津冀地区 13 座主要城市经济增长水平的局部空间集聚格局及其随时间变化的动态演变态势。2009 年，天津、唐山和廊坊等 3 座城市坐落于第 Ⅰ 象限（HH，即高经济增长水平集聚区域）；保定、承德、张家口以及秦皇岛等 4 座城市坐落于散点图的第 Ⅱ 象限（LH，即低经济增长水平-高经济增长水平区域）；邯郸、衡水、沧州与邢台等 4 座城市坐落于散点图第 Ⅲ 象限（LL，即低经济增长水平集聚区域）；北京和石家庄等 2 座城市坐落于散点图第 Ⅳ 象限（HL，即高经济增长水平-低经济增长水平区域）。到 2018 年，秦皇岛从第 Ⅱ 象限迈入第 Ⅰ 象限，沧州由第 Ⅲ 象限迈入第 Ⅱ 象限，其余城市则无显著变化。总之，京津冀城市群位于第 Ⅰ、Ⅲ 象限的城市稍高于位于第 Ⅱ、Ⅵ 象限的城市，其中有 7 座城市位于高经济增长水平集聚区和低经济增长水平区，呈现出显著的正向空间自相关，另有 6 座城市位于 LH 和 HL 区域，呈现出局部负相关性。

在 2009 年通过 5%水平显著性检验的地区中，天津位于高经济增长水平集聚区，与天津相邻的城市则大多为京津冀地区内经济发展水平较高的城市，如北京、唐山以及有京津走廊明珠之称的廊坊；石家庄位于 HL 集聚区域，石家庄作为河北省省会，自身经济水平较高，其相邻城市中绝大多数则经济发展水平比较落后；承德位于 LH 集聚区域，承德经济增长水平相对滞后，而其邻接城市中大多为经济增长水平发达的城市。与 2009 年相比较，2018 年通过 5% 水平显著性检验的城市中增加了廊坊，并且廊坊处于 HH 集聚区。由于地理位置靠近京津双城，在这两座发达城市长期的扩散效应影响下，廊坊获得来了自北京与天津的正向空间溢出效应，这使其自身的经济增长水平持续提高，并于 2018 年迈入了显著的高经济增 13 个长水平集聚区。

综合全局空间依赖性检验与局部空间自相关分析可知，京津冀地区 13 座主要城市的经济增长水平在 2009 年至 2018 年样本期内存在显著的正向空间相关性。京津冀地区人均 GDP 的空间布局不是随机分布状态的，而是呈现出显著的非匀质性。因此，研究其经济增长与产业协同集聚之间的关系时，如果继续使用传统计量经济学方法进行参数估计，忽略空间相关性，则会造成严重误差，造成估计结果的有偏或者无效。为此，应使用空间计量模型进行探究。

6.4.5 三种权重矩阵下的空间计量模型检验及结果分析

1. 空间面板模型选取

通过豪斯曼检验，判断空间计量模型应采用固定效应还是随机效应，结果如表 6-7 所示。

表 6-7 豪斯曼检验结果

	Queen 邻接权重矩阵（W_1）	反距离权重矩阵（W_2）	经济地理权重矩阵（W_3）
SLM	-10.75	-16.60	11.64* (0.070 5)
SEM	-0.72	17.02*** (0.009 2)	-4.04
SDM	-6.30	-6.02	38.06*** (0.000 0)

注：括弧中数值为对应的 p 值。下同。

根据表 6-7 可知，反距离权重下 SEM 与经济地理权重下 SLM、SDM[①]的统计量分别为 17.02、11.64、38.06，且均通过了显著性检验，应采用固定效应，而对于其余空间权重下的 SLM、SEM、SDM 对应的豪斯曼统计量均为负。连玉君等（2014）的研究结论认为，豪斯曼统计量如果小于零，可以作为拒绝原假设的信号，应当选择固定效应作为最终结果。借鉴连玉君的研究，笔者认为，在这三种空间关联模式下，SLM、SEM、SDM 都应选择固定效应模型。

首先，选择确定截面（京津冀 13 座主要城市）作面板，而不是将随机抽取的截面作为面板；其次，样本期为 2009 年至 2018 年，时间跨度不长，受到时间因素的影响也不大；最后，在空间固定、时间固定、时空固定三种效应下，通过 R^2、Log-L 与信息准则的比较，最终选择空间固定效应。通过 LR 检验、Wald 检验来判断 SDM 是否会退化为 SLM 及 SEM，检验结果见表 6-8。

表 6-8 LR、Wald 检验结果

	统计量	Queen 邻接权重矩阵（W_1）	反距离权重矩阵（W_2）	经济地理权重矩阵（W_3）
LR	Spatial Lag	32.93*** (0.0000)	31.84*** (0.0000)	18.41*** (0.0053)
	Spatial Error	42.93*** (0.0000)	41.53*** (0.0000)	44.9*** (0.0000)
Wald	Spatial Lag	38.03*** (0.0000)	29.30*** (0.0001)	14.67** (0.0230)
	Spatial Error	47.51*** (0.0000)	62.20*** (0.0000)	48.48*** (0.0000)

资料来源：笔者根据 2010—2019 年的中国城市统计年鉴整理、计算而得。

由表 6-8 可知，LR 检验与 Wald 检验的统计量均为正，在 Queen 邻接权重矩阵、反距离权重矩阵和经济地理空间嵌套权重矩阵下都通过了显著性

[①] SEM：空间误差模型；SLM：空间滞后模型；SDM：空间杜宾模型。

检验，拒绝原假设，即 SDM 不应该退化为 SLM 或者 SEM。综上所述，研究产业协同集聚对经济增长的影响应该使用空间固定效应的空间杜宾模型。

2. 空间计量模型估计结果分析

经典计量经济学认为，各城市的变量之间不存在差异性，从而忽视了空间相互作用的影响。然而，各个城市之间的经济活动是具有联系的，传统计量模型的估计结果无法真实反映现实世界的全部客观事实。考虑到空间相关性的存在，本章参考相关学者（Lee，2010）的观点，使用极大似然法进行回归，通过软件 Stata15.1，分别估计 Queen 邻接权重矩阵、反距离权重矩阵和经济地理空间嵌套权重矩阵，其空间固定效应的 SLM、SEM、SDM，模型估计结果如表 6-9、表 6-10 以及表 6-11 所示。

表 6-9 Queen 邻接权重矩阵下京津冀产业协同集聚对经济增长影响的空间计量结果

变量	SLM-FE		SEM-FE		SDM-FE	
	估计系数	p 值	估计系数	p 值	估计系数	p 值
ln$icoagg$	0.141 0*	0.085	0.229 6**	0.012	0.227 0***	0.004
lninv	0.094 2**	0.019	0.103 2**	0.018	0.168 1***	0.000
lnhc	0.789 1***	0.000	0.957 6***	0.000	0.687 4***	0.000
lnrd	0.023 6	0.140	0.021 6	0.113	0.017 0***	0.000
lnfdi	0.060 5***	0.000	0.061 9***	0.000	0.054 2***	0.000
lngov	−0.670 6***	0.000	−0.690 1***	0.000	−0.538 7***	0.000
W×ln$icoagg$					0.825 3***	0.001
W×lninv					0.096 3	0.451
W×lnhc					0.577 6***	0.001
W×lnrd					−0.153 5	0.259
W×lnfdi					0.005 0	0.835
W×lngov					−0.198 5	0.144
ρ	0.126 6***	0.001			0.268 7**	0.043
λ			−0.181 1	0.261		
R^2	0.892 0		0.877 0		0.898 8	

续表

变量	SLM-FE		SEM-FE		SDM-FE	
	估计系数	p 值	估计系数	p 值	估计系数	p 值
Log-L	131.712 6		126.713 4		148.176 3	
AIC	-247.425 3		-237.462 8		-268.352 7	
SC	-224.485		-214.486 5		-228.207 2	

资料来源：笔者根据2010—2019年的中国城市统计年鉴整理、计算而得。下同。

表6-10　反距离权重矩阵下京津冀产业协同集聚对经济增长影响的空间计量结果

变量	SLM-FE		SEM-FE		SDM-FE	
	估计系数	p 值	估计系数	p 值	估计系数	p 值
lnicoagg	0.113 2	0.161	0.229 8**	0.011	0.210 0**	0.050
lninv	0.112 8**	0.004	0.103 3**	0.019	0.218 5***	0.000
lnhc	0.750 5***	0.000	0.975 0***	0.000	0.648 0***	0.000
lnrd	0.038 7**	0.022	0.026 0**	0.049	0.015 2***	0.000
lnfdi	0.054 5***	0.000	0.065 0***	0.000	0.037 9**	0.013
lngov	-0.660 0***	0.000	-0.694 4***	0.000	-0.544 8***	0.000
W×lnicoagg					0.883 1**	0.024
W×lninv					0.538 5	0.157
W×lnhc					1.393 0***	0.002
W×lnrd					-0.451 0	0.413
W×lnfdi					0.009 9	0.907
W×lngov					-0.446 0	0.181
ρ	0.394 7***	0.000			0.314 8**	0.025
λ			-0.684 0*	0.057		
R^2	0.900 9		0.876 2		0.904 2	
Log-L	134.678 7		128.033 4		150.600 5	
AIC	-253.357 5		-240.066 8		-273.200 9	
SC	-230.417 2		-217.126 5		-233.055 5	

表 6-11　经济地理空间嵌套权重矩阵下京津冀产业协同
集聚对经济增长影响的空间计量结果

变量	SLM-FE		SEM-FE		SDM-FE	
	估计系数	p 值	估计系数	p 值	估计系数	p 值
ln$icoagg$	0.012 7	0.875	0.209 2**	0.019	0.106 4**	0.035
lninv	0.146 4***	0.000	0.099 1**	0.021	0.195 7***	0.001
lnhc	0.624 8***	0.000	0.960 7***	0.000	0.576 9***	0.000
lnrd	0.073 0***	0.000	0.020 6	0.157	0.056 0**	0.011
lnfdi	0.052 3***	0.000	0.064 6***	0.000	0.042 8***	0.007
lngov	−0.629 7***	0.000	−0.694 4***	0.000	−0.565 4***	0.000
W×ln$icoagg$					0.746 3**	0.018
W×lninv					0.337 6	0.259
W×lnhc					0.768 0**	0.030
W×lnrd					−0.183 1	0.212
W×lnfdi					0.044 5	0.939
W×lngov					−0.315 3	0.191
ρ	0.376 2***	0.000			0.299 8**	0.019
λ			−0.245 3	0.419		
R^2	0.912 6		0.877 0		0.913 1	
Log-L	139.678 8		126.431 1		148.883 7	
AIC	−263.357 6		−236.862 2		−269.767 3	
SC	−220.417 4		−213.921 9		−229.161 8	

结果显示，在 Queen 邻接权重、反距离权重以及经济地理空间嵌套权重下，SLM、SEM、SDM 中产业协同集聚的估计系数符号都没有发生改变，但是系数大小发生了一定程度的变化。在 Queen 邻接权重下，SLM、SEM、SDM 中 ln$icoagg$ 的估计系数分别为 0.141 0、0.229 6、0.227 0。在反距离权重下，SLM、SEM、SDM 中 ln$icoagg$ 的估计系数分别为 0.113 2、0.229 8、0.210 0。在经济地理权重下，SLM、SEM、SDM 的 ln$icoagg$ 估计

系数分别为 0.012 7、0.209 2、0.106 4，表明京津冀地区产业协同集聚对经济增长存在正向影响，假说 1 得到印证。而京津冀制造业与生产性服务业协同集聚并未形成假说 2 预期中对经济增长的负向影响，表明拥挤效应小于集聚效应，两业协同集聚产生了良好的互动关系，促进了知识溢出，提高要素资源的配置效率，营造了利用发展的竞争环境，进而对地区经济增长产生了正向影响。

模型的拟合优度与自然对数似然函数值越高越好。在 Queen 邻接关联模式下，SDM 的 R^2 与 Log-L 分别为 0.898 8、148.176 3，都高于 SLM 与 SEM 的 R^2 与 Log-L。在反距离关联模式下，空间杜宾模型中的 R^2 与 Log-L 分别是 0.904 2 和 150.600 5，高于 SLM 和 SEM 的 R^2 与 Log-L。在经济地理空间关联模式下，空间杜宾模型中的 R^2 与 Log-L 分别是 0.913 1、148.883 7，均高于 SLM 和 SEM 的 R^2 与 Log-L。从 R^2 和 Log-L 来分析，三种权重下空间杜宾模型都是较为合适的模型。赤池信息准则（AIC）与施瓦茨信息准则（SC）的值越低越好，在 Queen 邻接权重下，SDM 的 AIC 和 SC 分别为-268.352 7、-228.207 2，都低于 SLM 与 SEM 的 AIC 和 SC。在反距离权重下，空间杜宾模型的 AIC 和 SC 分别为-273.200 9、-233.055 5，都低于 SLM 和 SEM 的 AIC 和 SC。在经济地理空间权重下，SDM 的 AIC 和 SC 分别为-269.767 3、-229.161 8，都低于 SLM 和 SEM 的 AIC 和 SC。从信息准则来看，空间杜宾模型同样优于空间滞后模型 SLM 和空间误差模型 SEM。该研究进一步支持了上文 LR 与 Wald 检验结果，因此，本章最终选择空间固定效应的空间杜宾模型进行分析是比较稳健的。

在 Queen 邻接权重、反距离权重和经济地理空间权重下，空间杜宾模型的空间自回归系数分别为 0.268 7、0.314 8 和 0.299 8，且全部通过了 5%水平的显著性检验，印证了本章所提出的假说 3，即京津冀地区有关城市之间经济增长水平存在显著的正向空间相关性，邻近城市经济增长水平对本城市经济增长水平存在正向影响，经济发展水平高的城市的正向溢出效应会扩散到邻近城市，并会产生积极的带动辐射作用，与前文的全局莫兰指数检验结果一致。

3. 空间效应分析

有学者（Lesage and Pace，2009；Elhorst，2015）认为，应以偏微分方法测度直接效应与间接效应。由于在本章研究的 Queen 邻接权重矩阵、反距离权重矩阵和经济地理空间权重矩阵下，因变量的地区经济增长水平的空间自回归系数分别为 0.268 7、0.314 8 和 0.299 8，均不为零，且在 5%水平上显著，因此将前述三种空间计量模型结果作为最终分析可能存在误差，即产业协同集聚的估计系数不能单独作为对被解释变量的影响因素，而是应该用解释变量的间接效应来衡量空间溢出效应的大小与方向。因此，在空间固定效应的空间面板杜宾模型基础之上，本章进一步通过偏微分方法将产业协同集聚水平等解释变量对经济增长水平的空间效应分解为直接效应与间接效应，计算方法如下：

$$Y = (I - \rho W)^{-1} \partial l_n + (I - \rho W)^{-1}(X_i + W X_i \theta) + (I - \rho W)^{-1} \varepsilon \quad (6\text{-}11)$$

将式（6-11）整理得：

$$Y = \sum_{r=1}^{k} S_r(W) x_r + V(W) l_n \alpha + V(W) \varepsilon \quad (6\text{-}12)$$

将式（6-12）改写为矩阵形式：

$$\begin{pmatrix} y_1 \\ y_2 \\ \vdots \\ y_n \end{pmatrix} = \sum_{r=1}^{k} \begin{pmatrix} S_r(W)_{11} & S_r(W)_{12} & \cdots & S_r(W)_{1n} \\ S_r(W)_{21} & S_r(W)_{22} & \cdots & S_r(W)_{2n} \\ \vdots & \vdots & & \vdots \\ S_r(W)_{n1} & S_r(W)_{n2} & \cdots & S_r(W)_{nn} \end{pmatrix} \begin{pmatrix} x_{1r} \\ x_{2r} \\ \vdots \\ x_{nr} \end{pmatrix} + V(W) l_n \alpha + V(W) \varepsilon$$

$$(6\text{-}13)$$

根据式（6-13），将因变量对 j 地区的 r 自变量求偏微分：

$$\frac{\partial y_i}{\partial x_{jr}} = S_r(W)_{ij} \quad (6\text{-}14)$$

若 $i = j$，则有：

$$\frac{\partial y_i}{\partial x_{ir}} = S_r(W)_{ii} \qquad (6-15)$$

根据对空间杜宾模型偏微分方法的推导，某一个城市的自变量对其他任何一个城市的因变量都可能存在影响，其直接效应是 $S_r(W)$ 对角线元素的平均值，间接效应是 $S_r(W)$ 非对角线元素的平均值。表6-12、表6-13和表6-14分别为在三种权重下运用stata15.1测算的空间效应分解结果。

表6-12 Queen邻接权重矩阵下解释变量空间效应分解结果

变量	直接效应		间接效应	
	系数	p值	系数	p值
lnicoagg	0.171 6**	0.028	0.670 1***	0.003
lninv	0.163 5***	0.000	0.032 9	0.744
lnhc	0.658 4***	0.000	0.343 7***	0.005
lnrd	0.028 0*	0.062	−0.137 6	0.180
lnfdi	0.057 1***	0.000	0.014 6	0.479
lngov	−0.532 6***	0.000	−0.047 6	0.634

资料来源：笔者根据2010—2019年的中国城市统计年鉴整理、计算而得。下同。

表6-13 反距离权重矩阵下解释变量空间效应分解结果

变量	直接效应		间接效应	
	系数	p值	系数	p值
lnicoagg	0.188 7**	0.048	0.640 7**	0.031
lninv	0.201 7***	0.000	0.355 2	0.252
lnhc	0.622 3***	0.000	0.955 9***	0.008
lnrd	0.026 8***	0.001	−0.362 7	0.142
lnfdi	0.038 6***	0.006	0.001 3	0.984
lngov	−0.539 5***	0.000	−0.218 6	0.317

表 6-14　经济地理空间权重矩阵下解释变量空间效应分解结果

变量	直接效应		间接效应	
	系　数	p 值	系　数	p 值
ln*icoagg*	0.082 5**	0.042	0.573 6**	0.021
ln*inv*	0.184 3***	0.000	0.201 0	0.360
ln*hc*	0.559 3***	0.000	0.497 1*	0.052
ln*rd*	0.061 4***	0.002	−0.164 8	0.132
ln*fdi*	0.044 6***	0.002	0.000 2	0.996
ln*gov*	−0.558 2***	0.000	−0.118 5	0.455

对于核心解释变量而言，首先，分析产业协同集聚对经济增长的直接效应。在 Queen 邻接权重下，产业协同集聚对本地区的经济增长影响系数为 0.171 6，通过了 5% 水平的显著性检验。在反距离权重下，产业协同集聚的直接效应系数最大，为 0.188 7，且通过 5% 水平的显著性检验。在经济地理空间权重下，直接效应系数最小，仅有 0.082 5，且通过了 5% 水平的显著性检验，表明制造业与生产性服务业协同集聚对自身经济增长水平的提高有促进作用。京津冀地区正处于由制造业集聚为主向以生产性服务业为主转换的关键时期，其产业协同集聚通过知识溢出效应、产业关联效应、要素耦合效应以及竞争发展效应等对经济增长产生正向影响，制造业与生产性服务业通过空间位置上的协同定位，产生了互补分工效应，形成了相互促进的良性关系，对本城市的经济增长产生积极影响，集聚效应占据主导地位。其次，分析产业协同集聚对经济增长的间接效应，在 Queen 邻接、反距离、经济地理这三种空间权重矩阵下，产业协同集聚的间接效应分别为 0.670 1、0.640 7、0.573 6，且全部通过显著性检验，印证了上文提出的假说 4，即当地的产业协同集聚对周围其他地区的经济增长存在正向的空间溢出，其扩散效应占据主导地位，协同集聚则通过扩散效应与周边相邻城市产生经济联系，加快了要素资源的高效流动，从而将前沿的

科学技术和先进的管理经验传播至周围其他城市，带动了邻近城市的经济增长。

对于控制变量而言，物质资本投入对经济增长的直接效应估计系数在Queen邻接、反距离和经济地理空间权重矩阵下分别为0.163 5、0.201 7、0.184 3，且全部通过了1%水平的显著性检验，表明物质资本投入对本地区的经济增长仍具有促进作用，这与新古典经济增长理论的结论一致。物质资本投入的间接效应在三种空间关联模式下分别为0.032 9、0.355 2、0.201 0，但是均在统计上不显著，说明在当地的物质资本投入促进了周围其他地区的经济增长，但是这种促进作用尚不明显。

人力资本投入对经济增长的直接效应的估计系数在Queen邻接、反距离和经济地理空间权重下分别为0.658 4、0.622 3、0.559 3，且全部通过了1%水平的显著性检验，表明人力资本投入对本地区经济增长具有积极影响，而教育经费支出提高了人力资本水平，并进而对经济增长产生了推动作用。这与内生经济增长理论得到的结论一致。人力资本投入的间接效应在三种权重下分别为0.343 7、0.955 9、0.497 1，均通过了显著性检验，表明人力资本投入在京津冀各城市间均存在正向空间溢出效应，从而促进了其他城市经济增长水平的提高。研发投入的直接效应估计系数在三种空间权重矩阵下分别为0.028 0、0.026 8、0.061 4，均通过了显著性检验，表明研发投入促进了当地城市的经济增长，当然从目前来看这种影响还相对较小。

科学技术支出对技术进步的推动效应是一个漫长的积累过程。随着科技支出的累积效应持续上升，研发投入对经济增长的影响会逐渐加强。研发投入的间接效应在三种权重下均为负，但都没有通过显著性检验，表明研发投入对经济增长的积极影响仅限于本城市内部，还未产生空间溢出；在三种空间权重矩阵下，FDI的直接效应的估计系数分别为0.057 1、0.038 6、0.044 6，且均通过1%水平显著性检验，这说明，随着FDI大量的流入，其所带来的前沿科学技术和先进管理经验，对本地区的经济增长形成了正向影响。

FDI 的间接效应在三种权重下分别为 0.014 6、0.001 3、0.000 2，且均在统计不显著，说明外资对邻近地区的经济增长的影响并未形成。在 Queen 邻接、反距离和经济地理空间权重下，政府支出规模的直接效应的估计系数分别为 -0.532 6、-0.539 5、-0.558 2，且全部通过 1% 水平的显著性检验，这说明政府支出规模对于本地区经济增长存在抑制作用，京津冀地区各地方政府过多的行政支出对市场干预不当，弱化了市场机制对资源配置的决定性作用，进而对本地区经济增长水平产生了负向影响。政府支出规模的间接效应在三种空间关联模式下分别为 -0.047 6、-0.218 6、-0.118 5，在统计上均不显著，这可能与京津冀地区各地方的"各自为政"有关，京津冀地区各地方的行政关系交纵错杂，条块分割显著，没能有效推动各地区间经济的增长。

6.5 研究结论与政策建议

6.5.1 研究结论

本章应用京津冀城市群 13 座主要城市 2009 年至 2018 年的空间面板数据，构建了基于 Queen 邻接权重矩阵、反距离权重矩阵以及经济地理嵌套权重矩阵下的空间固定效应的空间杜宾模型，并进一步通过偏微分的方法将空间效应分解，重点分析了京津冀地区制造业与生产性服务业协同集聚对经济增长的直接影响与间接效应，并得出如下研究结论。

第一，从区域整体而言，京津冀地区整体产业协同集聚程度从较高水平回落，呈波动下降的态势。其中，制造业集聚水平总体上呈下降趋势，而生产性服务业集聚程度却相反，呈现上升趋势。从城市视角来看，仅唐山、邯郸、保定和沧州 4 座城市的产业协同集聚水平呈波动上升趋势，而京津冀地区其余城市的产业协同集聚水平都有不同程度的下降。从行业角度来看，京津冀地区制造业与 6 个生产性服务业细分行业的协同集聚水平存在显著差异性，制造业与大多数细分行业协同集聚指数的均值呈现下降趋势。

第二，通过全局空间相关性分析与局部自相关分析可知，京津冀城市群经济增长水平在 Queen 邻接、反距离以及经济地理嵌套的空间关联模式下的莫兰指数 I 值在绝大多数年份都显著为正，说明其在空间布局上呈现出明显的正向空间依赖性，存在空间集聚特征。该地区内大部分城市位于第 I 象限（高经济增长水平集聚区域）和第 III 象限（低经济增长水平集聚区域），说明不能忽略空间因素，而应使用空间计量模型进行实证研究。

第三，通过 LR 检验、Wald 检验以及豪斯曼检验，表明在 Queen 邻接、反距离以及经济地理嵌套空间关联模式下，空间固定效应的空间杜宾模型是研究京津冀地区产业协同集聚与经济增长关系的最优模型。该三种空间权重矩阵下的空间自回归系数均显著为正，说明京津冀地区各城市经济增长具有显著的空间依赖性，而邻近城市的经济增长水平也会对本城市的经济增长水平产生一定影响。

第四，通过偏微分方法得到直接效应与间接效应（空间溢出效应）。从直接效应看，在 Queen 邻接权重、反距离权重矩阵与经济地理嵌套权重矩阵下，产业协同集聚的系数显著为正，说明京津冀制造业与生产性服务业协同集聚推动了城市经济增长，其集聚效应占据主导地位。从间接效应看，该三种空间关联模式下产业协同集聚的系数均显著为正，其回流效应小于扩散效应，表明产业协同集聚对周围城市的经济增长有促进作用。

第五，经济增长的其他影响变量在本文中也得到了实证支持。直接效应表明，京津冀地区的物质资本投入、人力资本投入、研发投入和 FDI 对其经济增长均有显著的促进作用，政府支出则对经济增长有显著的抑制作用。

6.5.2 政策建议

第一，合理推进区域制造业与生产性服务业融合互促发展。由于京津冀地区的整体制造业与生产性服务业协同集聚水平从较高水平回落，制造业集聚程度持续下降，该地区存在"过度去工业化"的特征，过度追求服务业发展。在制造业发展不平衡不充分的情形下，该地区忽视制造业的发展空间，转而过度快速推动生产性服务业发展的做法是值得商榷的。总的来说，京津冀城市群各城市应以制造业与生产性服务业的融合互促发展为基础，根据各城市自身的竞争优势与功能定位实行差异化的产业集聚发展战略，避免产业同质竞争与无序竞争；同时应合理指引制造业与生产性服务业的空间布局，推动制造业与生产性服务业的协同集聚，构建成熟完备的产业链。

第二，京津冀地区应形成产业错位发展的空间模式，发挥中心城市的扩散效应。根据空间效应实证结果，直接效应表明京津冀制造业与生产性服务业协同集聚对经济增长具有积极、正向的影响，当前，北京、天津等核心城市的经济发展正处于相对较高的水平，这些中心城市应该持续充分利用其自身人才、科技等比较优势，高度发展知识与技术密集型制造业和生产性服务业，而不是将制造业完全疏解掉，并且应该进一步发挥中心城市对区域内其他城市的良好辐射带动作用。区域内其他城市则应该在承接中心城市产业转移的基础上大力推动自身产业升级，引导人才、技术等优质要素向先进制造业集聚，从而与生产性服务业建立良性互动关系。

第三，打破地方行政束缚，树立区域整体发展观念。实证结果表明，京津冀城市群产业协同集聚对经济增长存在正向空间溢出效应，且空间自回归系数显著为正。京津冀地区应抛弃传统的"一亩三分地"思维定式，要充分发挥市场机制在资源配置中的决定性驱动作用和政府的引导作用，破除地区间隐蔽性的行政壁垒，加强地区间的经济联系程度，形成良好的自由竞争环境，构建统一完善的要素市场，消除壁垒促进人才、产品、技术、信息等要素资源在京津冀地区间自由流动，使各要素资源在市场机制的驱动下合理分配到各个地区与产业。此外，各地政府在制定产业与经济发展政策时，不仅要考虑本地区产业与经济环境，而且要关注区域内其他地区的经济发展政策，为此应将城市之间的空间依赖性纳入政策考虑范围，建立高效的区域协同发展平台。为此努力形成积极的空间溢出效应，从而推动京津冀地区的产业协同集聚发展与经济稳定增长。

第 7 章　京津冀协同发展的运行机制、模式选择与优化策略

京津冀协同发展是我国在经济全球化发展、实现产业空间布局调整优化和非首都功能疏解背景下的重大国家战略，也是我国区域经济协调发展的重要支撑。京津冀协同发展强调通过区域要素资源整合，以科技创新驱动经济发展。在以中央顶层设计为主的跨区域资源调配功能作用下，应通过优化产业功能布局和产业空间结构来提升京津冀区域经济一体化的水平，缩小三地之间的发展差距，着力打造以首都为核心的世界级城市群和带动北方经济发展的新增长极。

本章首先从构建京津冀协同发展的运行机制入手，对区域协同发展的内在根源和外部环境压力的动力机制、多维协调机制、决策机制、调控机制、整合机制以及协作共赢的激励机制及其机理进行研究，深入探讨各类型机制的特点和作用；针对京津冀协同发展的现状，提出集聚与扩散经济、"飞地经济"等发展模式。其次，研究京津冀地区产业转移过程中的地方政府博弈行为，通过构建静态博弈和重复博弈模型，分析产业转出地和转入地的政府博弈行为重点，根据地方政府博弈行为，分析京津冀地区在顶层设计、利益分配倾向、要素流动和产业转移机制等方面的障碍与不足，并提出有针对性的政策建议。

7.1 研究背景、内容与框架思路

7.1.1 京津冀协同发展上升为国家战略

协同发展是围绕同一个目标,在互利共赢、相互协作的基础上进行资源和优势互补,通过协调多个经济主体和区域,形成要素市场、产业发展和能源资源环境等方面之统筹协调的区域发展新格局。京津冀协同发展强调系统性、区域性以及发展性。其中,高效的运行机制与协同发展的模式选择是推动京津冀地区在分工、合作、竞争和协调等方面的有力保障。因此,对京津冀协同发展机制进行深入研究以达到产业协作和经济发展的目标具有重要意义。2014年2月,习近平总书记就京津冀协同发展问题发表重要讲话,首次将京津冀协同发展上升为国家战略,指出京津冀地区应通过全面深化改革形成新的高效运行体制机制。京津冀协同发展实际上反映了区域主体的协同效应,因此,实现京津冀协同发展需要统筹区域内部各主体的利益诉求,促进区域内要素资源自由流动,缓解区域经济发展不平衡、不充分的矛盾以及城乡居民收入差距较大等现实问题;要通过调整经济结构和空间结构,疏解北京非首都功能,促进区域协调发展并形成新的增长极。

7.1.2 构建完善的京津冀运行机制与有效模式的必要性

京津冀产业协同发展是提升京津冀地区整体竞争力的重要内容,为推动京津冀产业结构与空间结构优化以实现京津冀协同创新发展的目标,需要构建合理有效的动力机制、协调机制、决策机制、调控机制、整合机制、共生机制和激励机制，打造区域经济一体化的市场环境，形成优势与功能互补的产业发展格局。2018年11月，中共中央、国务院在《关于建立更加有效的区域协调发展新机制的意见》中明确提出，到2035年要建立与基本实现现代化相适应的区域协调发展新机制，实现区域政策与财政、货币等政策的有效协调配合；区域协调发展机制要在显著缩小区域发展差距和基本实现公共服务均等化、基础设施通达程度均衡、人民生活保障水平大体相当等方面发挥重要作用。

在区域发展模式方面，应形成发达城市带动周边城市协同发展的格局，推动各区域板块之间融合联动发展，将合作共建产业园区作为京津冀产业协同发展的突破口和抓手。近年来，北京（曹妃甸）现代产业试验区、北京-沧州渤海新区生物医药产业基地、北京张北云计算产业基地等一批创新产业园区通过发挥资源禀赋优势，形成了相关产业的集聚效应。建立共生产业园区是一种跨区域的经济合作模式，可通过产业集群实现特殊地理位置上之多个产业间的人才、信息、科技等要素在园区内的自由流动与融合发展。

7.1.3 研究内容

本章围绕京津冀运行机制的构建、模式选择与支撑体系展开了研究。首先，论述研究背景及意义，分析京津冀经济协同发展的必要性并且梳理相关政策。其次，阐述构建京津冀协同创新发展的运行机制、动力机制、协调机制、联动机制、共生机制和激励机制及其在产业协同发展中的作用。再次，探讨京津冀产业协同创新的发展模式，主要围绕共建产业合作园区、打造区域产业价值链与延伸产业链等方面展开；复次，研究产业转移中地方政府的博弈行为机理。对此，应构建数据评价指标体系，建立博弈模型；为避免出现"囚徒困境"，形成区域间良性的协调机制，本章还提出了有利于优势互补和协调发展的对策建议。最后，分析京津冀地区产业发展过程中的问题和障碍，提出推进京津冀地区产业与空间协同发展的策略、制度保障、政策体系以及实施路径。

7.1.4 研究方法

对研究内容进行系统性、规范化的论证和阐述，主要使用文献研究法、博弈论方法和描述统计法：①文献研究法。通过查阅相关文献，对京津冀地区协同发展的运行机制进行深入研究，梳理、总结权威专家的论文成果并基于相关理论，研究京津冀协同发展的动力机制、协调机制、联动机制、激励机制以及发展模式。②定量分析法。建立博弈竞争模型，分析产业转移过程中地方政府的博弈行为，深入分析京津冀地区产业转入地与转出地的现状特征，提出树立共赢博弈与建立合作机制的思想理念。③描述统计分析法。构建相关指标体系，对京津冀地区的相关数据进行收集整理与归纳，在分析该地区产业发展现状的基础上，剖析京津冀地区产业创新发展的主要障碍和影响因素。

7.1.5 框架思路（见图7-1）

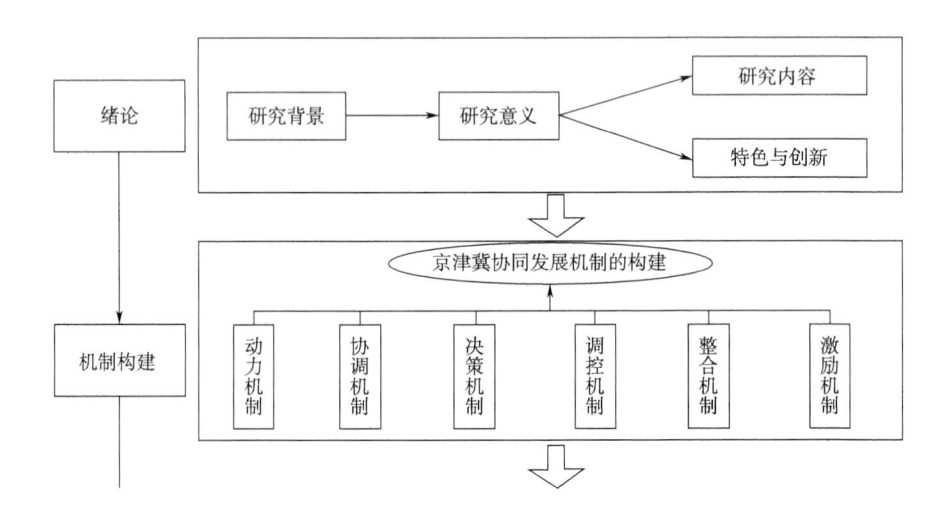

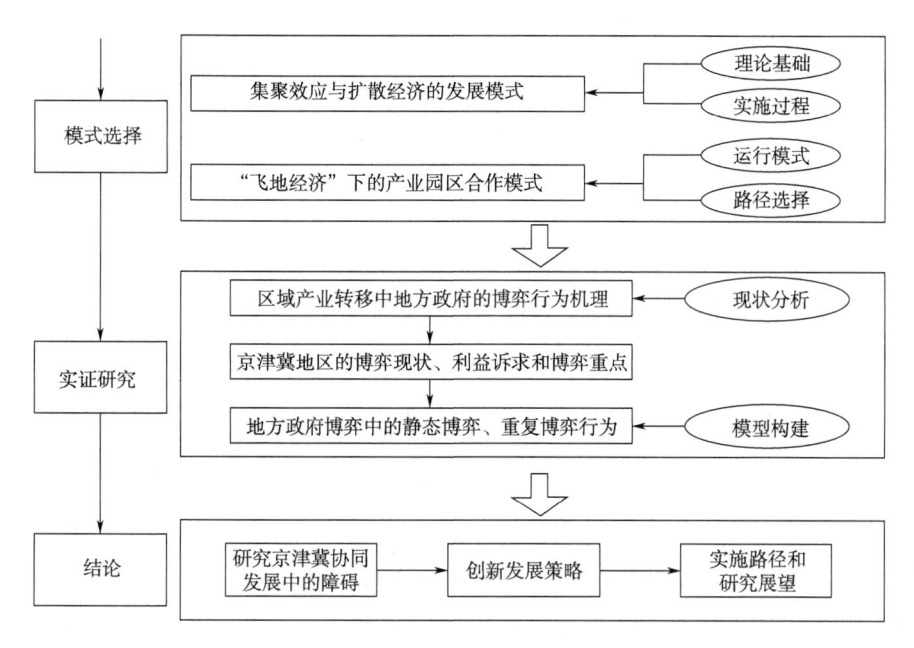

图 7-1　技术路线

7.1.6　特色与创新

第一，在研究内容上，将京津冀协同发展的运行机制分别展开论述，系统性地阐述各个机制对创新协同发展的影响作用，提出"飞地经济"下的产业园区合作模式和集聚效应下的产业发展模式；由于目前产业转移机制的研究还不完善，各地方利益选择倾向与生产要素流动存在不一致性，本章提出强化顶层设计和建立区域协同运作体系等政策建议与实施路径。

第二，在研究方法上，通过分析地方政府的博弈行为，构建静态博弈和重复博弈模型，分析政府在经济效益、资源效益以及环境效益等方面的博弈重点，得出通过叠加各个地区的发展优势，促进整体区域协同发展的政策建议。上述研究内容和方法都具有一定的创新意义和决策参考价值。

7.2 相关文献综述

7.2.1 京津冀协同发展机制

在理论研究方面,毛汉英(2017)阐述了在京津冀协同创新发展中起关键作用的五个机制,包括区域产业协同发展机制、区域要素市场一体化机制、区域协同创新机制、区域公共服务共建共享机制和区域横向生态补偿机制。孙久文(2017)提出,要想建立更加有效的区域协调发展新机制,需要构建带状联通机制和空间平衡等机制。安虎森(2014)认为,一个经济体内的经济活动空间布局呈块状分布,区域内的发展状况需要通过相互作用的机制来带动,这种带动作用主要体现为辐射和推动作用。产业协同发展和转移的客观条件来源于因自然禀赋、要素供给和市场化程度而形成的比较优势,在各个要素的相互作用下,比较优势越大,对承接产业的吸引力越大,就越有利于产业协同发展。周京奎(2017)提出,构建产业协同发展目标机制的手段是有效利用政府和市场两种资源配置方式;在利益融合等方面,要以产业合理分工为主要目标完善协同发展机制,京津冀三地要围绕产业链和价值链分工,在共同区域发展范围内进行合理的资源配置,形成科学的产业分工和协作机制,同时主张实现产业发展的良性互动,推动京津冀产业结构优化升级。周桂荣(2016)认为,京津冀协同发展机制应主要体现在统筹推进联动机制等方面,地理位置、人缘以及经济发展具有很强的联动作用,需要建立以政府为主导的利益共享机制,推动京津冀三地政府协同发展的规范化和制度化,搭建政府和企业之间有效沟通的纽带。其中,河北要加强省内政府联动,做好地方政府间的对接联通工作,及时完善相应的市场规则,企业也应根据相关政策做出发展规划并进行方向调整。

7.2.2　京津冀协同创新发展模式

马歇尔（2014）的产业集群概念表明，要素市场共享、投入产出关联以及技术（知识）溢出等会产生促进产业集聚的外部经济。孙久文（2015）认为，延伸产业链、构筑区域产业价值链是一种新型发展模式；在京津冀三地的协同发展中，要实现有效分工合作，就应构建完整的产业链以及完善的产业链运作体系以形成产业的多元化支撑；依靠北京强大的科技、人才以及信息高速发展等优势，与津冀等地进行高效的分工合作和产业对接，逐步将京津冀地区打造成为集"研发、承接和制造"于一体的完整产业合作模式。张可云（2016）等认为，由于中心城区集聚了过多的城市功能，经济增长和城市空间扩张效率不高，因此导致了"大城市病"；制造产业整体或部分搬迁是疏解北京非首都功能的主要方式，通过产业转移和整体搬迁可使北京淘汰不符合功能定位的高污染产业；同时，产业结构优化升级也有利于拓宽北京高端产业的辐射范围。京津冀协同发展需要明确三地各自的功能定位，以功能互补和区域产业联动推动京津冀协同发展。其中，北京要疏解非首都功能以及高能耗、高污染产业，发展科技含量高的高端产业，通过科技创新的溢出效应带动相关产业发展并辐射周边地区。天津需要借助北京的人才和科技等资源优势，加强"京津双城"合作的深度和广度，实现转型升级。河北也要抓住京津冀协同发展的良好契机和机遇，加快转变经济发展方式，调整传统产业结构，在京津冀协同发展中拓宽合作渠道，构建现代产业发展新格局。

7.2.3　地方政府间区域竞争与合作

郁建兴、刘殷东（2020）对中央与地方作为国家治理的关键场域进行了研究，认为纵向治理面临着机遇与挑战，央地分权格局形成了政府职能履行的"委托-代理"模式。通过对京津冀协同发展下地方制度与中央制度的相匹配程度进行探讨，分析了地方政府与中央政府的博弈关系，阐明了公共政策制定及相关制度体系的重要性，并对地方政府博弈下的公共政策发展规律进行了研究；在评估各区域产业协同发展政策的基础上，借鉴西方国家经验对我国区域协调发展提出了政策建议。王芳（2020）等通过实证研究，发现转移支付制度可以通过减少地方间不平衡而增加地方政府的合作意愿。邓淑莲（2019）等基于政府间博弈视角，研究了财政透明度对地方政府债务风险的影响，并发现随着财政透明度的提升，地方财政将获得更加健康的发展。

目前，关于产业协同发展机制的研究较为丰富，京津冀地区产业协同发展机制涉及生态补偿机制和保障机制等理念也被贯彻到产业协同发展之中。对于地方政府的合作与博弈，学界认为，由中央政府引导的利益共享机制和协调机制有助于推动京津冀地方政府及时交流沟通，扩大共识，共同商讨产业协同发展对策，统一产业发展步调。京津冀在明确各地功能定位和发展规划的同时，应充分发挥各自的比较优势，利用资源禀赋的差异采取共建产业园区、共享利益等方式，这些举措将对京津冀地方政府间开展区域合作起正向促进作用；同时，在研究地方政府与中央政府间关系的过程中，采用博弈论方法分析实际问题尤其具有必要性。

7.3 京津冀协同发展运行机制的构建

7.3.1 动力机制

1. 内在根源动力

随着区域经济一体化进程的加快推进，欠发达地区正在积极承接发达地区的产业转移，通过调整产业结构、顺应全球化发展趋势，提升自身科技发展能力，努力实现产业结构优化升级。从产业发展视角看，产业转移是产业分工和产业结构优化升级的必然结果，产业分工主要体现为区域专业化分工、产业链的有效转移以及产业梯度转移等；产业结构调整优化主要围绕资源空间的优化配置和产业空间的结构升级进行，并以此为基础进行集群化、网络化和一体化的产业集聚。图7-2为京津冀产业转移动力机制运行模式。

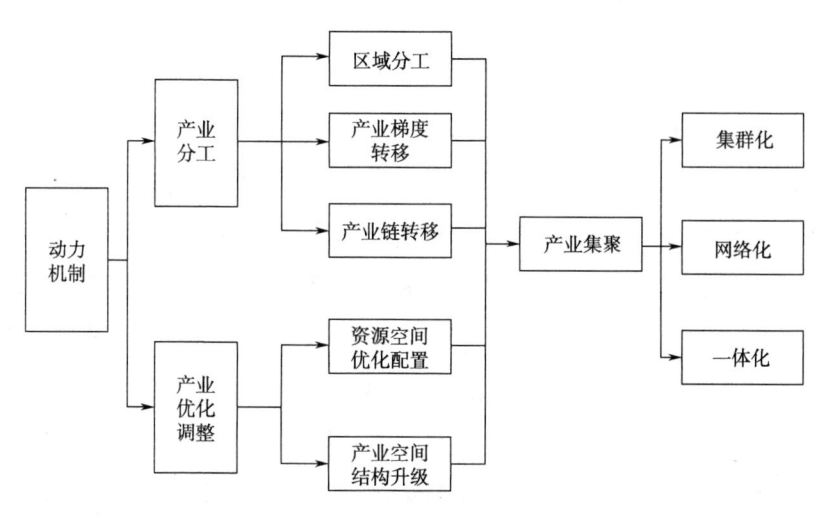

图 7-2 京津冀产业转移动力机制运行模式

京津冀地区的协同发展需要进行制度创新，制度创新对加强京津冀协同发展和产业创新合作有重要的推动作用，也有利于促进京津冀地区产业均衡发展。推动京津冀地区产业协同发展应建立合作发展机制和要素交流平台，形成有利于协调化与合理化布局的产业创新发展环境。制度创新意味着要制定差异化的区域发展战略。在京津冀三地协同发展中，北京主要以技术研发和创新为主。目前，北京的科技研发人才与高端制造业向郊区外围集聚的趋势日益明显，并逐步向产业园区集聚。北京正处于从中心城区集中发展向多中心网络型空间格局发展的过渡阶段，其高端产业功能区以金融街和中关村等高新技术园区为主，大兴区和通州区（城市副中心）

则逐步成为高端制造业和物流中心，中央商务区（CBD）主要发展跨国公司总部经济，而相关零部件的生产和先进制造业主要分布在燕郊，以此打造差别化的创新驱动发展战略。杨开忠（2015）提出，要针对京津冀三地不同特色和优势促进生产要素流动，以开放的制度创新推动资本、人才、资源和技术等生产要素流通，激发市场活力，为京津冀协同发展提供自由、平等的政策环境。

2. 外部竞争环境压力

外部环境的驱动主要表现为因经济全球化进程而带来的压力和动力，在经济全球化和跨国公司发展的驱使下，依靠人才、科学技术以及资本流动相互协调、相互促进的区域关系正在形成。随着区域经济一体化趋势的加强和"一带一路"等国家级战略的出台，以内部自我为主的封闭式发展模式已无法满足当今区域经济发展的需求，迫切需要加强京津冀地区间的合作与交流。对此，应根据《京津冀协同发展规划纲要》的战略目标要求，按照"一核""双城""三轴""四区""多节点"的空间网络格局向高质量、高水平的发展模式迈进，努力将京津冀地区打造成为以首都为核心的世界级城市群，从而有利于从政策制度层面推动京津冀协同发展。

7.3.2 协调机制

1. 多维协商机制

多维协商机制包括纵向协商机制、横向协商机制和内部市场协商机制。纵向协商机制主要指自下而上（从地方到中央）的协商机制，横向协商机制是同一行政级别的地方政府之间的协商，内部市场协商机制是依靠市场力量进行的协调。建立京津冀地区定期沟通协商制度和领导会谈制度，有利于各方根据区域经济发展状况和产业发展政策效果提出相应的产业协同发展规划，使京津冀产业协同发展中存在的问题得到有效的沟通交流和解决，也有利于统一规划各地区产业发展进程。同时，在明确各地产业功能定位及发展目标之后，需要制定地方政府洽谈和协商会议制度，通过多维协商机制进行重大事项的协商沟通，建立良好的分工协作机制，发挥各地比较优势和资源禀赋的差异性优势，以利于地方政府开展产业合作。协调机制的建立需要政府进行政策性协调，主要表现为政府在教育、医疗和社会保障等方面发挥的调节作用；政府也应加快区域内的公共服务建设和服务资源共享，推动公共服务体系的建立和不断完善；在技术研发、社会福利和开拓就业市场等方面实现资源共享与要素合理流动；等等。为此，应建立政府信息共享机制，完善京津冀三地网上办公以及电子政务平台，在京津冀协同发展过程中对政策方案以及指导规划实行公开公示，保障政务的平等化与透明化。

陈满湘（2016）认为，多维区域利益协调机制需要协调主体、协调目标、协调程序、协调途径以及协调内容的互相配合。在政策制定过程中，要充分发挥多元主体的作用，在平衡各方利益的同时制定好区域发展规划和决策方案，政府、非政府组织、企业和居民之间要相互配合；要以产业结构优化升级和可持续发展为目标，完善协调程序，制定财政、投资、土地以及相关产业的体系政策，缓解各利益相关者的矛盾冲突，体现各参与方的均衡利益，从而形成合作共赢的局面（见图7-3）。

2. 建立统一协调机构

区域一体化发展需要建立跨区域的协调组织机构。例如，建立京津冀地区共同协商的科研机构和学术团体，落实产业政策，拓宽合作发展新领域，对京津冀协同发展实施统一的政策制度保障，整合区域产业发展优势资源等；对公共服务基础设施进行统一规划协调，加大京津冀协同发展的深度和广度。协调机构还需要根据京津冀城市群的发展特点，在统筹规划以及联系沟通等方面进行有效决策，以推动京津冀区域经济一体化进程。

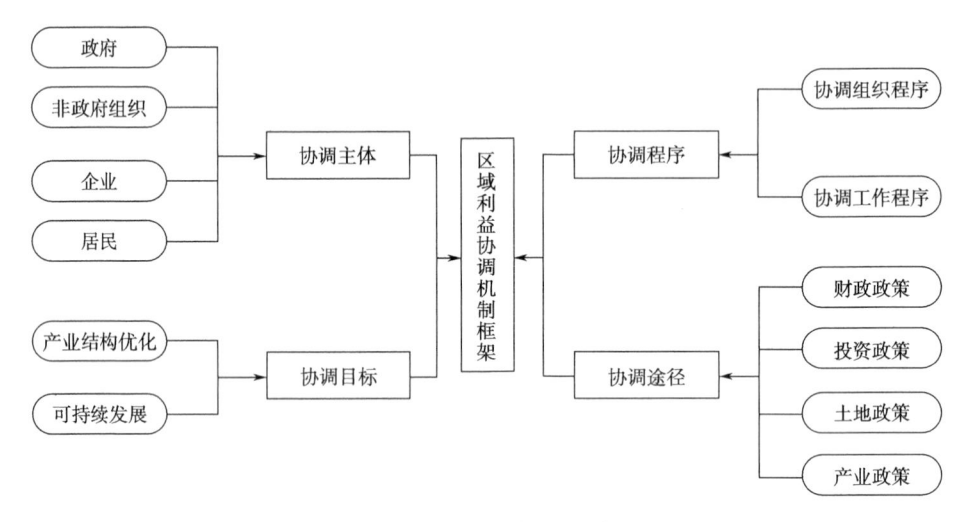

图 7-3　区域利益协调机制框架

7.3.3　决策机制

区域经济协调发展的决策机制主要涉及区域经济合作与协同发展协议、发展规划、年度计划、合作项目以及实施方案等方面的内容。其中，发展规划具有前瞻性和战略性特征，其制定主体是宏观决策层，其内容有指导思想、战略目标、主要任务和保障措施等。《京津冀协同发展规划纲要》的出台对京津冀地区的产业转型升级、生态环境保护措施以及资源要素、交通一体化建设等方面进行了总体布局和安排。此外，有关产业转移升级和区域生态环境规划的专项规划也在陆续制定之中。年度计划的制定应符合区域经济合作、协同发展规划和地方经济的发展需求；宏观、中观与微观决策层面制定的联动发展目标和年度任务要有利于推动京津冀协同创新高效进行；京津冀各地各级政府要围绕根据城市功能定位而制定的中长期产业发展规划而共同努力，从区域经济一体化发展的角度，根据京津冀三地的资源禀赋优势，进行有序的产业梯度转移。

7.3.4 调控机制

1. 政府自我调控

政府自我调控机制在宏观经济调控中发挥着重要作用，政府需要明确自身定位，使政府行为既不"缺位"，也不"越位"，在颁布权威性法律法规、规范地方政府竞合行为、使用行政手段增加区域基础设施建设和公共服务补贴等方面充分发挥"有为政府"的作用；要能够根据经济环境的变化及时调整宏观经济政策和目标；加快京津冀公共服务制度建立，促进医疗保险、职工养老等方面资源的合理流动。

2. 阶段性调控

按照调控阶段划分，自我调控可以分为前馈调控、反馈调控和同期调控。其中，前馈调控是通过历史数据分析，对未来将要发生的情况进行预测，并在事件发生之前采取有效的措施进行调控；反馈调控是对已经发生的情况进行系统的原因分析，及时采取补救措施；同期调控是针对无法有效预测未来发生的情况但又需要及时进行处理的事件采取的有效调控手段。

7.3.5 整合机制

整合机制反映了京津冀协同发展过程中各区域要素资源具有内在关联性与发展互动性，其目的是实现资源的优化配置。相对于长三角等发展水平较高的地区，京津冀地区的市场化程度较低，诸如天津和河北的中小企业和民营经济发展较为缓慢，技术、信息、资金和人才等资源要素还不能在市场上进行合理有效的流动，尚未形成跨区域自由流动的市场环境。此外，大量的各种资源在北京集聚形成了虹吸效应，抑制了北京对其他周边地区的辐射带动作用，不利于区域经济的均衡发展。整合机制通过对区域内资源的协调配置，对不同类型的资源进行精准分类和优化配置，可以实现发达地区经济发展的提质增效和落后地区的后发追赶，有利于提高资源利用效率和区域经济一体化发展水平。产业链合作是整合机制的重要内容，共享产业链合作机制就是要实现各个工业园区的资源共享，提升产业发展的能力和水平。天津和河北要在认清与北京经济发展水平差距和本地特色资源禀赋的基础上明晰产业的发展定位，并加强对企业的监督管理，形成有效的合作竞争模式；在跨区域交流过程中，龙头企业要带头进行产业园区的资源整合，定期开展企业发展研讨工作，为各地企业共同交流创新合作发展创造有利条件。

7.3.6 激励机制

激励机制是激发区域各经济主体主观能动性的重要机制，通过协作共赢和利益共享，以经济利益为纽带，对经济主体进行适当的评估、奖励或约束，将区域经济协同发展的局部利益融入整体目标。产业集聚是京津冀地区"两市一省"根据自身产业定位，根据合作共赢协同发展理念向同一发展目标迈进的过程。北京作为京津冀城市群中的核心城市，要鼓励其发挥技术外溢效应，不断增强自身的经济技术辐射能力，推动经济技术开发区等首都高端产业功能区打造高端现代产业集群，提升市场活力，减少行政手段干预市场竞争的行为，协助小微企业解决融资难等问题，积极搭建合作、服务化的信息平台，努力提高自身服务质量和水平。

7.4 京津冀协同发展模式选择

7.4.1 集聚效应与扩散经济的发展模式

1. 理论基础

"中心-外围"是由普雷维什（Prebisch）率先提出并用以研究发达国家和发展中国家之间的中心与外围不平等体系概念，也可用于解释区域间的空间发展模式与政策主张。根据弗里德曼（Friedmann）的空间二元结构观点：区域系统主要由中心区和外围区组合而成，中心区的工业能力较为发达，且科研创新技术水平普遍较高，在区域系统中处于主导地位；而外围区则是相对发展较弱的地区，外围区在工业化成熟阶段出现产业集聚，资源要素逐步从中心区向外围区域转移（石敏俊，2015）。

中心地理论由德国城市地理学家克里斯塔勒于1933年提出，是用以阐述某一区域各中心地的分布及其相对规模的理论。其中心内容是阐述一定区域内城镇等级、规模、职能之间的关系及其空间结构的规律性，并用六边形图式对城镇等级与规模的关系进行了概括。该理论提出城市的基本功能是为周围的地区提供商品和服务。中心地的类型是按照一定规模划分的，主要表现为较大的中心地——以地区中心为例（B），规模中等中心地——以县城为例（K），小中心地——以镇区中心为例（A），最小中心地——以集村为例（M）组成，等等，通过不同的辐射范围带动周边城市发展（见表7-1）。

表 7-1 中心地理论和中心地类型

类　型	中心地数（个）	服务范围数目（个）	中心地的间距（km）	提供服务的种类（种）
M（集村）	486	729	4.0	40
A（镇区中心）	162	243	6.9	90
K（县城）	54	81	12.0	180
B（地区中心）	18	27	20.7	330
G（小州首府）	6	9	36.0	600
P（省会）	2	3	62.1	1 000
L（区域首府）	1	1	108.0	2 000
总计	729			

资料来源：克里斯塔勒. 德国南部中心地原理［M］. 常正文，王兴中，译. 北京：商务印书馆，2010.

2. 发展模式实施过程

中心城市作为推动区域协调发展的主导城市，利用其向外辐射的功能推动中心地和腹地共同发展，而这离不开主导产业的集聚效应。要想提升和扩大北京中心城市主导产业的影响力，就要依靠其具有强大竞争优势的主导产业将区域内的人才、技术和资金等要素资源向外围城市进行辐射扩散，以带动城市群中其他城市的发展；通过产业转移和产业结构优化升级辐射带动相关产业在其他城市形成新的产业集聚，进而辐射带动周边中小城镇的发展。在推进中心城市发展的过程中，作为中心城市的北京也能够通过其他城市提供的配套设施服务，扩大提升自身的经济规模、自主创新能力与核心竞争力，形成更加完善的产业链，从而推动城市群形成有机发展的共同体，增强其在区域经济中的牵引带动能力。

7.4.2 "飞地经济"下的产业园区合作模式

1. 飞地经济运行模式

飞地经济是两个经济发展水平不同且相互独立的行政区域，在经济发展过程中突破原有的体制和机制障碍，采用跨越空间的行政管理与区域发展战略，以实现两地资源互补与互利共赢为目标的发展模式。飞地经济是由独立的经济体和存在一定差距的区域组成的，在打破地域、文化等各种限制的条件下，利用跨区域的手段推动经济的相互合作与发展。飞地经济对于开展资源共享、平台共建和优势互补发挥着重要作用。飞地经济也有助于推进区域之间的特色发展和一体化发展，打破地理区域之间的界限，把不适宜在该地区产业园区发展的招商引资项目转移出去，进行产业链的拓展和跨区域的经济开发建设。

飞地经济应该具备这样3个条件：①符合区域总体规划、产业园区、产业功能定位和产业项目准入标准；②符合安全生产、环境保护和有关法律法规的规定；③投资主体是在转入地注册并缴纳税收的独立法人企业，该企业必须依法经营、管理规范。

产业转移是"飞地经济"的首要功能，也是飞地经济的主流模式。由图7-4可以看到，产业转移中的"飞出地"主要是由上级行政主体引导的，其在产业空间联动和政府型资本运作方面发挥统筹作用，进行"腾笼换鸟"；"飞出地"政府要进行合作项目的高层规划，基于双方的技术、资本、人力资源以及管理制度方面的资源禀赋和优势，协商需要转移的产业链。"飞入地"主要是发挥市场的内生力量，促进资源要素的互补和自由流动。要有效实现飞地经济模式，则应制定科学的区域发展规划，不仅要考虑"飞入地"的资源优势和产业优势，而且要考虑"飞出地"政府的可行性需求和利益，在宏观层面给予政策支持，将有限的资源合理利用，形成良好的投资环境，实现"飞入地"政府和"飞出地"政府的合作共赢。

2. 产业承接的路径选择

从京津冀城市群功能定位的发展演变过程看，北京正在向全国政治中心、文化中心、国际交往中心和科技创新中心的方向发展，天津正在由北

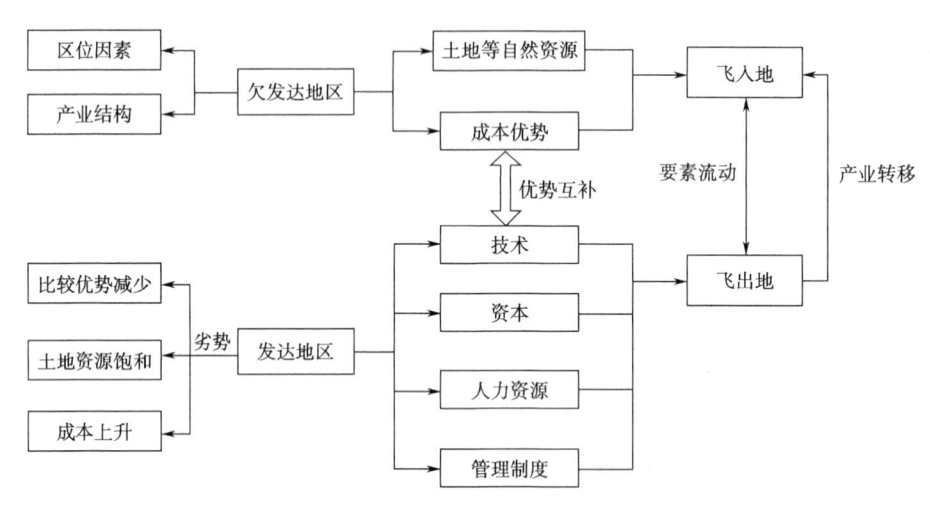

图 7-4 "飞地经济"主导运行模式

方经济中心、环渤海地区经济中心向全国先进制造业研发基地、北方国际航运核心区、金融创新运营示范区的功能定位转变，河北则正由全国重化工业基地和装备制造基地向全国现代商贸物流基地、产业转型升级试验区以及新型城镇化与城乡统筹示范区转变。

从北京、天津、河北三地的产业发展定位看，北京主要定位于高精尖产业结构，其产业政策也逐渐转向一般制造业向外转移和非首都功能疏解；天津不再强调北方经济中心的功能，而是将金融改革和科技创新注入产业发展之中，旨在发展先进制造业；河北则在促进产业转型升级并带动新型城镇化建设发展，积极承接京津两地转出的一般性制造业产业，发展物流和具有自身特色的产业，同时找寻产业转型升级的最优改进路径，以促进河北经济的振兴。

飞地经济意味着不仅要对转入地和转出地进行产业结构的调整和转型升级，而且要对高新技术人才、科技、医疗、基础设施、信息等资源重新进行优化布局。由此，通过完善城市基础设施配套服务，发挥企业自身优势，有效实现产业转型升级，打造绿色健康宜居城市。

7.5 产业区域转移过程中地方政府的博弈行为机理

7.5.1 京津冀城市群发展定位博弈

北京作为我国的政治中心、文化中心、国际交往中心和科技创新中心，是京津冀城市群的核心城市。根据《京津冀协同发展规划纲要》和《首都功能核心区控制性详细规划（街区层面）（2018年—2035年）》，京津冀的整体定位是"以首都为核心的世界级城市群、区域整体协同发展改革引领区、全国创新驱动经济增长新引擎、生态修复环境改善示范区"。首都核心功能区是全国的政治中心、文化中心和国际交往中心的核心承载区，是展示国家首都形象的重要窗口地区，核心区要落实城市战略定位，保障首都功能，强化"两轴、一城、一环"的城市空间结构布局；要严控新增产业功能，优化调整、置换原有功能，促进产业升级；到2030年，北京首都核心功能应更加优化，京津冀区域一体化格局应基本形成，区域经济结构应更加合理，成为具有较强国际竞争力和影响力的重要区域，在引领和支撑全国经济社会发展中发挥更大作用。

天津作为提升区域经济发展影响力的关键一环，是国家中心城市对经济活动和资源配置的重点关注区域，是全国先进制造研发基地、北方国际航运核心区、金融创新运营示范区、改革开放先行区。《天津市国民经济和社会发展第十四个五年规划和二〇三五年远景目标纲要》指出，天津作为我国国内经济大循环的重要节点和国内国际双循环的战略地区，对于打造我国消费中心城市和区域商贸的中心城市具有重大意义。

河北在《京津冀协同发展规划纲要》中的定位是"全国现代商贸物流重要基地、产业转型升级试验区以及新型城镇化与城乡统筹示范区、京津冀生态环境支撑区"。在产业转移升级方面，河北要为北京和天津疏解过剩产能，在培育壮大战略性新兴产业的同时，推动经济向高质量发展；为新型城镇化建设和城乡统筹等方面做出重要贡献，在为北京疏解非首都功能、缩小城乡发展差距方面实现京津冀的优势互补。

在京津冀地区的产业转移过程中，涉及中央政府、迁入地和迁出地的地方政府等主体。本章在对转出地和承接地动因和要件进行综合归纳的基础上，加入中央政府这一作用主体后，从而构建了多方利益诉求主体间博弈下的京津冀地区产业转移机制（见图7-5）。

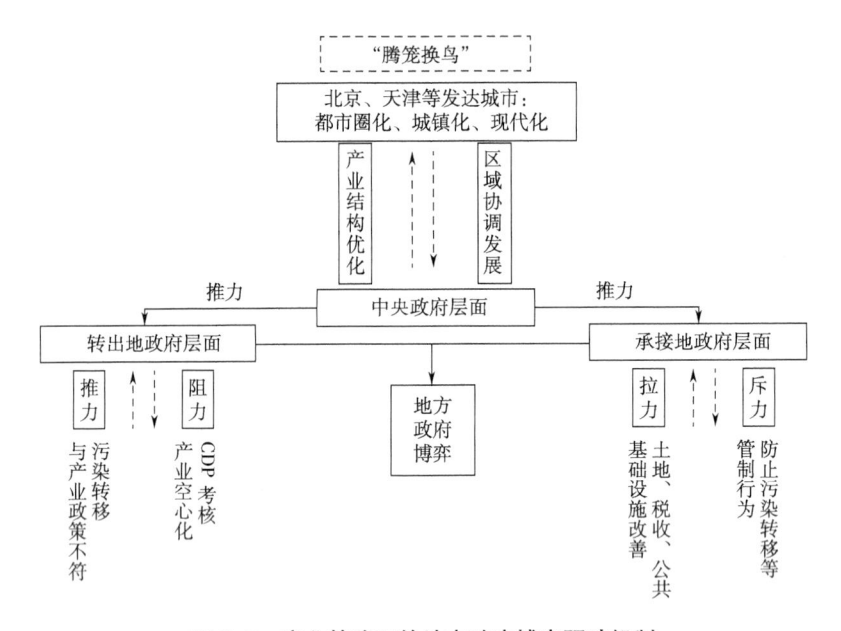

图7-5 产业转移下的地方政府博弈驱动机制

7.5.2 产业转移中的地方政府利益诉求

1. 城市间资源共享

合理的资源共享有利于调动区域内各主体的积极性和创造性。政府、高校以及科研机构在科技创新、技术引进、产品研发等方面存在着资源共享博弈。其中，政府作为引导者和行政主体，在参与科技创新、科学实施监督以及规章制度制定等方面，可提供科技、人才和信息等各类资源共享的保证。在发挥政府的积极作用和促进科技资源共享方面，政府扮演着监管者的角色，参与资源共享主体的博弈行为。京津冀地区作为我国新的增长极，其三地之间也存在着不同程度的资源博弈。北京以科技创新发展为引领，在科技创新资源要素方面具有竞争优势且居于领导地位，可以通过辐射作用带动京津冀城市群发展；天津是经济较发达的直辖市，可通过主动引入科技创新资源、积极承接北京创新产业，能够提升创新能力水平；河北与京津两地相比，在经济发展和科技水平方面都不具有竞争优势。可见，由于京津冀区域内部存在各种利益协调问题和三地之间科技资源的竞争博弈，因此，建立京津冀科技资源的共享与分配机制是地方政府的合理诉求。

2. 多方均衡下的动态博弈

京津冀地区的经济发展和产业转型升级是多方参与之下的合作共赢，是在多次竞争博弈中实现的。在多次博弈和无限期的合作之下，"囚徒困境"能得到破解，从而产生动态的最优均衡值。中央政府作为其中最重要的主体之一，在支持京津冀区域经济一体化过程中有其明确的目标和发展战略，国务院也对京津冀三地的产业转移与承接做出了相应改革，通过发挥政府的行政力量、使用行政手段对市场资源进行宏观调控与配置，形成了市场经济体制下政府主导的特点。

（1）中央政府层面。从中央层面看，中央政府存在着博弈行为。在中央政策下达之后，地方政府对于中央政府的决策信息以及政策体系的反应速度较慢，在博弈过程中需要通过避免信息的不对称和实践决策时间差来实现地方利益的最大化。以房地产业为例，国家对房地产市场采取了控制价格和限购等措施，但是地方政府却并不倾向于降低房产价格，因为在地方经济利益的驱使下，降低房地产价格可能会导致房产交易额下降，使得房地产产业链受到影响而减少地区经济发展利益。

(2) 地方政府层面。从地方角度看，各自为政和城市间的恶性竞争也是动态博弈的体现。由于京津冀的发展历史不同、发展阶段不同、三地经济科技发展水平和基础现状不同，因此很难达成一致的协同发展模式。京津冀区域在政策体制、地方政府的行为机制等方面也缺乏协调能力，这使得三个地区之间呈现不均衡的发展状态。对博弈参与者来说，获取的信息越多就越有利于决策的科学性，但是从经济发展的现实来看，经济发展过程中决策主体的信息是不完全对称的，地方政府无法在同一时间做出相应的反馈。以地方政府和驻京企业为例，二者存在严重的信息不对称现象：一方面，企业所需要的政策环境和发展路径无法及时反馈给地方政府；另一方面，地方政府也不能准确地掌握企业的信息资源、经济条件、科技水平和生产能力。信息不对称现象造成了地方政府和企业之间博弈的不平等地位，同时也给地方政府的决策带来被动性。

7.5.3 转入地、转出地政府博弈重点

1. 经济效益博弈

经济效益主要体现为转移产业选择的差异和产业园区规划建设的博弈。在转移产业的选择方面，北京和天津作为产业转出地，主要针对劳动密集型产业和重化工业中的污染性企业进行转移。一方面，北京以高新技术产业引领京津冀地区产业发展，辐射带动相对落后的区域发展；另一方面，也把产业转移和承接作为新的经济增长点的突破口，在共同建设和协同发展中创造经济效益。在产业转移过程中，转入地处于被动地位，被动地接受来自转出地的高能耗、高污染以及资源消耗型产业，同时也根据自身需要进行筛选；转出地也可通过承接产业链的关键环节来调整自身的产

业结构,以"腾笼换鸟"的方式对现有产业结构进行优化升级,为培育新的产业腾出空间。

2. 资源效益博弈

在产业转移园区建设中,转入地和转出地都致力于提供充分的资源和生产要素。转出地经过双方博弈,可以将该区域内已经淘汰的落后产能和资源依赖性的产业移出去;转入地也可以通过产业园区建设获得转出地的技术、人力资源和信息等生产要素资源,从而实现收益的最大化和能源资源的重复利用,更有利于产业结构的调整优化和当地经济的可持续发展。

3. 环境效益博弈

对转出地而言,转出地政府希望将本地区的高耗能、高污染产业转移给欠发达地区,并且通过产业转移和承接淘汰落后产能,积极发展高新技术产业。但对于转入地而言,过多的劳动密集型和资源密集型制造业会带来环境污染,不利于生态环境建设。因此在区域产业转移过程中,转入地政府更希望针对自身的产业发展需求和产业发展政策,在经济总量和产业结构上进行调整,选择符合自身承接意愿和承接能力的产业,转出地政府则更希望进行产业的空间结构优化,因此转出地和转入地之间也存在环境效益上的博弈行为。

7.5.4 博弈策略行为分析

博弈论又名对策论。20世纪中期,诺依曼(Neumann)提出了博弈理论模型,博弈论关注的是意识到其行动将相互影响的决策者的行为,研究理性人对于自身利益最大化的策略选择。博弈规则由参与人(players)、行动(actions)、支付(payoffs)和信息(information)组成。其中,参与人指做出决策的个体,参与者在博弈行为中从理论指导和博弈规则出发,通过支付函数分析发展战略，了解相关主体在博弈过程中产生的效用，其参与的结果（outcome）就是将所有的最优策略（strategies）结合在一起，使各参与主体在问题解决时达到均衡（equilibrium）。

博弈论的分类由合作与非合作博弈组成，二者的关键要素在于能否达成强有力的合作目标。纳什均衡作为非合作博弈的代表，是指任何一方采取的策略，都是对其余所有方采取策略组合下的最佳对策。因此在所有人都不会改变策略的同时，出于个人利益的最大化，剩下的另一方也不会因此选择其他策略，此时的策略组合就是纳什均衡。

本章根据京津冀三地政府在产业转移过程中可能存在的利益诉求，将地方政府的博弈过程简化为一个转出方和转入方的博弈模型，通过建立博弈矩阵，分析京津冀地方政府产业转移的博弈行为机理。该模型分为静态博弈和重复博弈，其中的重复博弈又可细分为有限次重复博弈和无限次重复博弈。

7.5.5　博弈模型构建

1. 静态博弈

静态博弈模型的构建包括以下几个方面：①单一情景下只考虑两个博弈参与者，即转出方政府和转入方政府。双方政府分别扮演投资者、管理者的角色，并且理性地追求自身效益最大化。②转出方和转入方的产业转移决策行为是非强制过程，不受上级政府约束。③博弈双方不存在信息不对称的情况。④假设当地给出的优惠与不优惠政策分别为 I_1 和 I_2。⑤假设挽留与不挽留政策为 W_1 和 W_2。⑥假设存在转入地政府 A 和转出地政府 B；⑦假设在转入地和转出地之间，双方同时进行合作，所得收益为 e_1；若双方同时进行竞争获得的收益为 e_4。⑧假设一方采取积极的合作策略所获得的收益为 e_2，则另一方收益为 e_3。⑨构建转出方政府与转入方政府的收益矩阵，如表 7-2 所示。

表 7-2 转出地政府与转入地政府收益矩阵

		转出地（B）	
		挽留（W_1）	不挽留（W_2）
转入地（A）	优惠（I_1）	(e_1, e_1)	(e_2, e_3)
	不优惠（I_2）	(e_3, e_2)	(e_4, e_4)

由该收益矩阵可知，在产业转移过程中，转出地政府存在挽留和不挽留两种选择。假设转入地政府选择不合作、不提供相应的优惠政策，而转出地的政府也选择不挽留的策略，由于双方不存在共同利益，所以双方的收益为（e_4，e_4）。如果博弈双方都从自身利益出发，在政策环境指导下由转入方政府提供相应优惠，转出地政府挽留，则双方都能获得收益（e_1，e_1）。假设转入方政府不提供优惠但转出方政府选择挽留，在这种情况下双方分别获得（e_3，e_2）的收益。

2. 有限次重复博弈

通常情况下，转入地政府与转出地政府之间的博弈会进行多次，因此双方的博弈行为体现为有限次博弈，假定贴现因子 $\delta=1$，则双方重复博弈的策略选择为：转出地政府在第一阶段选择挽留并合作的策略，而在第二阶段选择不挽留竞争的策略。转入地政府第一阶段选择优惠策略之后，第二阶段则可能出现如下两种策略选择：

策略 $\begin{cases} \text{第一阶段的选择是（优惠，不挽留），则第二阶段选择策略（}I_2\text{）} \\ \text{第一阶段的选择是（优惠，挽留），则第二阶段选择策略（}I_1\text{）} \end{cases}$

因此，当转入地提供优惠政策而转出地政府进行不挽留策略选择时，会达到纳什均衡。由于转出地政府在实施不挽留政策的同时，转入地政府提供的优惠可被视为对转出地政府的惩罚；而转入地政府在最后的阶段选择不提供优惠策略的时候，也是对转出地政府的惩罚。因此，在支付矩阵下的优惠和不挽留政策（I_1，W_2）是一种最优解。因此，为了实现帕累托最优，需要转入地和转出地政府之间找寻合作共赢的方法，为双方利益最大化创造条件，发挥各地区的比较优势，弥补对方的劣势，通过对转入地和转出地的产业链再造，扩大区域经济合作和增长效应。根据有限次博弈定理，在某一阶段博弈，若该阶段有唯一的纳什均衡，则每一个阶段博弈出现的都是一次性博弈的均衡结果，这表明只要博弈的重复次数有限，重复本身将不会改变"囚徒困境"的均衡结果（钟昌标，2016）。

3. 无限次重复博弈

假定这个博弈是无限次进行的，那么双方有无限次机会可以进行积极的合作。假设双方在每次合作前都有概率 p 选择积极的合作，认为在第一阶段采用积极策略；在第二阶段，如第一阶段的结果都是（优惠，挽留），即（合作，合作）的模式，则继续采用积极的合作策略。

第一，假定转出方第一阶段采取积极态度，转入方如果采用积极态度，即在（合作，合作）的组合模式下，假设每一阶段时期的效益都为 e，δ 是地方政府未来收益的贴现因子，则收益为：

$$U_1 = e_1 + \delta e_1 + \delta^2 e_1 + \delta^3 e_1 + \cdots + \delta^n e_1 = \frac{e_1}{1-\delta} \quad (7-1)$$

第二，假定转出方在第一阶段采取的是积极态度，而转入方采取了消极态度，即在（合作、竞争）的模式下，假设合作方的收益为 e_2，而竞争方的收益为 e_3；假设均采取竞争策略时，双方获益为 e_4；则采取合作的地方政府获得的收益为：

$$U_2 = e_2 + \delta e_4 + \delta^2 e_4 + \delta^3 e_4 + \cdots + \delta^n e_4 \quad (7-2)$$

而采取竞争策略的政府获得的收益为：

$$U_3 = e_3 + \delta e_4 + \delta^2 e_4 + \delta^3 e_4 + \cdots + \delta^n e_4 \quad (7-3)$$

由于 $e_3 > e_2$，因此以竞争为主的地方政府收益更高，在无限次的政府博弈行为之中采取 (e_1, e_1)，即双方都合作的模式有利于实现纳什均衡，因此在重复博弈的对策中双方政府可以通过互相合作，由转出地政府提供优惠政策等途径参与合作，实现帕累托最优。

7.5.6 博弈模型政策启示

在政府博弈行为中，转入地和转出地政府要想实现产业链再造，扩大区域合作共赢的可能性，提升经济增长效应，就要理性看待博弈；两地政府间应相互提供优惠政策与发展条件，为实现利益最大化进行经济合作。双方也要着眼于长远利益来看待企业之间的合作优势，在整合资源、共享资源和科技信息的前提下，通过形成完善的协调机制和创新机制来促进经济增长，从而实现产业转移和承接效应的最大化。

1. 树立合作共赢理念

在地方政府的行为博弈机制中，为实现经济收益最大化，各地需要根据全球经济环境的变化与京津冀地区的经济发展现状，确立合作共赢的思想理念，避免在博弈过程中陷入"囚徒困境"，即不要因过度的个体理性而忽视长期合作带来的巨大效益，进而影响区域整体的长远发展。区域合作各方应做出有效率的制度安排，打破各自为战的利益博弈局面，寻求博弈均衡，加强协作，建立互利共赢的多边合作关系；统筹各地的经济、资源、环境和政绩要求，在产业转移过程中打造"双赢"乃至"多赢"的合作格局。换言之，为将京津冀地区建设成为世界级城市群，各地方政府应以区域共同利益作为出发点，在合作共赢中不断提升京津冀地区产业整体竞争力。

2. 形成"叠加优势"的协同发展局面

京津冀地区的合作共赢应利用叠加优势实现协同发展，这主要体现为：在产业转移过程中，京津两地不应在产业转移中过度注重自身利益需求，而忽略河北在基础设施建设和承接产业转移中的贡献。在京津冀区域体系中，三地要利用各自的资源禀赋优势带动整体经济发展。"京津双城"作为较发达的地区，要充分利用空间资源发挥产业优势，在实现产业转型升级的过程中注重发挥核心引领作用，以带动周边地区经济发展。河北则要扮演好服务角色。作为协同发展的受益者，河北要在疏解非首都功能和承接产业转移方面，配合北京的产业结构调整政策，为北京建设宜居城市和保障良好生态体系承担好服务职能。在京津冀一体化发展、实现产业协同效应中，河北应主动吸纳北京的人才和科技优势，把握好京津冀协同发展的历史性机遇，强化协同发展理念，积极承接北京的转移产业，做好自身区域产业规划，使产业协同发展得到有效推进。

3. 政策扶持推动经济合作

对转出地政府来说，政府的产业政策要有利于保护优势产业、提升产业的创新发展能力，应通过制定相关优惠政策，实现产业结构调整升级。对此，转出地可大力发展电子信息、科技、新能源和生物医药等高新技术产业和战略性新兴产业，努力打造产业空间发展平台，准确把握经济发展方向，吸收引入其他地区优势资源并转化为自身的优势产业。

对转入地政府来说，在承接产业转移时，要选择有发展潜力的产业，充分考虑自身的发展现状、资源禀赋和承接能力，结合当地发展环境择优引入承接企业，促进转入地区产业结构的优化升级。

7.6 京津冀协同发展障碍分析

7.6.1 产业转移一体化机制不完善

从产业结构看，京津冀地区产业结构错位明显，且梯度差异较大。

2020年，北京的第三产业占比已达到84.5%，处于后工业化时代，现代服务业和知识经济已成为首都经济发展的主导力量。天津处于向工业化后期的演进阶段，正在向技术集聚和高端先进制造产业方向发展；河北与"京津双城"相比发展较为落后，其高端服务业和装备制造业占比不高，六大高能耗产业一直居于主导地位。目前，京津冀三地上下游产业链关联程度尚不高，还没有形成合理、有效的产业转移机制。由于北京的制造业疏解与天津、河北的产业链缺乏有效衔接，北京对天津、河北的引领能力尚不显著，在基础设施投资建设以及中小企业、高新技术投资等方面也有待提升，未来京津冀地区的经济发展仍有较大的提升空间（叶堂林，2014）。

7.6.2 利益选择倾向不一致

利益选择倾向主要表现为社会利益、经济发展利益等方面。其中，经济利益主要是以提升经济总量和拓展经济发展作为主要目标，社会利益主要考虑居民生活满意程度、社会保障水平和民生（连莲、叶旭廷，2016）。京津冀地区的经济发展水平和发展阶段不同，表现为京津冀三地的发展水平梯度较大，三方在利益选择和利益倾向方面也有较大差距。京津冀在转出地和转入地的政府、企业之间存在信息不对称等问题，而这不利于三方利益协调。在资源匹配方面，转出地希望得到转入方的土地、劳动力以及稀缺能源，转入地则希望获得更多的资金、人力资源和技术。京津冀地区由于各区域利益诉求不同，可能会出现利益追逐的行为而忽略区域整体利益，从而使周边地区的产业梯度转移出现困难。

7.6.3 生产要素流动较为单一

从三大产业的整体发展状况看，京津冀地区的内部产业结构差距较大。北京统计年鉴数据显示：2021年京津冀地区生产总值9.6万亿元，其中北京 40 269.6 亿元,年均增长 6.3%;天津 15 695.1 亿元,年均增长 5.0%。与"京津双城"相比,河北的经济腹地发展较为缓慢且无法达到与北京、天津均衡发展的水平。此外,在社会公共服务、医疗和教育资源等方面,京津冀地区亦呈现较大差别,这种差别进一步促使优质的生产要素和服务水平流向北京,导致区域间差距较大这一问题无法得到有效缓解,而生产要素单向朝着经济发达的地区流动,又使得科技教育发达的北京缺少天津与河北的动力支持,从而不利于实现三地协同发展。

7.6.4 协同发展缺乏顶层设计

虽然近几年就京津冀地区已提出了一些区域协同发展规划,但还只是停留在学术层面,各地方政府还存在各自为政的问题,缺少协同发展的顶层设计体系和基础,因而无法形成完整的国家层面的协调机制和政策(吴良镛,2013)。目前,京津冀地区的协同发展政策主要表现为地方政府高层之间临时性的协商模式,在整体的机制设计以及步骤的一致性方面还有欠缺,三地之间的协调开放度还不够。各地方政府主要还是从各自的利益出发,在城市布局以及产业规划范围等方面尚存在协调不力的短板,这造成了京津冀地区在科技项目资源等方面的恶性竞争,影响了城市群的发展效率。北京作为京津冀城市群中发展最快的核心城市,虽然处于绝对的优势地位,但其对区域内的大中城市带动作用不足,造成了产业集聚、产业梯度转移、城市空间结构以及规模发展不合理等问题,这不利于城市之间的均衡发展,并加剧了地区间的差异。

从产业发展现状看,由于缺乏高层的统一领导以及协调推动科技创新人才资源流动,技术创新能力较弱成为京津冀产业协同发展的障碍之一。在科技研发方面,北京的科技研发产业投入程度还不够高,高新技术企业的经济增长方式转变也不够明显。天津作为一个制造业较为发达的特大城市,尚缺乏高效率的科技资源优势,在人力与教育资源等方面也缺少相应的协调部门和管理制度，不能有效推动资源流动和要素共享，导致企业的自主创新能力下降；产品的研发技术也难以跟上市场的发展趋势，自主研发能力欠缺，不利于实现京津冀地区产业发展的良性互动。河北在京津冀地区的科技创新能力最弱，其传统制造业转型升级较慢，现代化技术程度不高，因此河北应积极承接京冀的产业转移，加快传统制造业向先进制造业的转变，在推动产业优化升级的同时努力发挥自身优势，提高自身在京津冀区域发展中的产业竞争力。

7.7 京津冀产业协同创新发展优化策略

7.7.1 完善跨区域利益协调机制

1. 建立区域产业协调对话机制

区域产业协调对话机制离不开协调平台的建立。为推动京津冀地区产业协调政策的有序推进，需要不断完善多方政府协商平台，如在产业空间布局、教育、文化、交通基础设施、生态文明城市建设等方面制定相关政策，并形成健全的对话机制。通过创立协商平台、设置专业性的政策部门等推进重大项目合作；各组织机构和联合会议也要制定法律法规，促进区域产业的转型升级和集聚发展。对此，可建立京津冀产业发展论坛，定期运用产业升级对话机制，组织各大企业管理者对城市主导产业方向和区域发展定位进行深入的探讨交流，分析产业发展现状，加强市场监管和国家政策引导，把握时机、合理利用国内资源优势和外资参与产业升级，加快产业集群发展。政府及企业和各类行业间的交流也有利于完善多层次的网络服务和交流平台，有利于在要素对接和优势产业互补等实时路径方面合理有效地表达区域内部的利益诉求，从而确保各相关主体的利益都能得到保障（丛屹、王焱，2014）。

2. 构建政府间长效联动机制

京津冀各地方政府要建立长效联动机制和利益平衡机制。由于产业转移的实现需要一定时间进行优化选择，因此，在分析产业转移的发展现状问题时，需要考虑长效机制的设置，在决策、传达与落实上都要体现机制设计的灵活性（胡黎明、赵瑞霞，2016）。联动机制的建立运行可以给京津冀三地的信任合作带来长远效益：通过制度的建立，保障长远收益，从而有效调动各方的合作积极性，同时避免恶性竞争和各自为战等问题。通过建立利益平衡机制并签订利益分配协议，可以约束合作各方的经济行为。通过建立利益诉求机制，可以保护合作项目中获益较低的地区利益，从而提升其参与合作的积极性。对作为产业承接地的博弈方而言，由于要承接高污染、高耗能的产业，生态屏障等不可避免地面临损失，因此要完善长效联动机制和生态利益补偿机制，以对其进行保护。

3. 完善相关信息披露机制

对于京津冀地区来说，获得的信息越多，越有利于决策的准确性，从而更有效地规避风险。对此，要建立健全并完善信息披露机制，转出地和承接地的信息应尽可能公开透明，以确保竞争与合作的公平公正性，要防止出现博弈模型中因不了解承接方或转出方市场的实际情况而带来的对产业转移的信任危机。在产业转移以后，还应对转移后新建的产业园区的建设情况和产业链的培育情况进行监督和评估，对政策的实行效率以及企业和产业发展的建设进度等进行有效评估，及时、准确地掌握产业转移工业园的进展情况，减少因信息不对称而造成的低效率，防止出现柠檬市场效应（Kim，1999）。

7.7.2 健全区域要素资源共享模式

京津冀协同发展的要素共享机制主要有环境资源的共享、信息科技资源的共享、人才资源的共享和教育资源的共享等。为实现要素整合，促进要素市场的自由流动，京津冀各地应进行交流互通和信息共享，在数据以及重大知识信息交流方面做到信息统一化、公开化和透明化。具体而言，应主要做好以下几方面的要素资源共享工作。

1. 信息要素共享

在信息要素共享方面，京津冀地区应建立线上信息共享交流平台，在区域内部建立开放的大众化信息资源交流模式，构建平等协商机制，以有效促进产业间的对接合作。例如，天津作为全国先进制造业研发基地，其在重点发展电子信息和高端装备制造产业的过程中，可充分利用北京的科技资源优势，形成资源要素共享与合作共赢的模式和路径，推动京津冀地区要素资源的整合共享。

2. 自然资源等要素共享

在自然资源和交通基础设施要素方面，京津冀地区应注重区域整体协同发展利益。在整体利益与自身局部利益冲突的情况下，应优先注重整体利益并减少地方性保护措施。为提高资源利用效率，发挥自身资源禀赋与产业优势，作为承接地的河北应主动配合北京和天津的产业发展需求，错位发展，通过资源要素共享，促进产业结构的转型升级。京津冀地区应在基础设施建设、交通运输、港口、土地、矿产等自然要素方面精准共享，通过打造城市群之间的快速交通运输圈，为自然资源等要素的流动创造距离优势。

3. 技术创新要素共享

科学技术是京津冀地区进行协同发展的关键要素，为实现产业与科技创新的有效融合,应在科研设备和技术共享机制的作用下,加快技术研发以推动京津冀一体化进程。科技与创新要素是京津冀协同发展的主要动力源,为推动京津冀地区的企业优势互补和特色产业发展,在产业转移升级的目标下,北京要发挥高等院校、科研院所和高科技人才多、信息技术创新领先等优势,为京津冀地区科技资源的完善和共享创造条件。河北应抓住京津冀协同发展等的机遇,在人才和信息技术发展等方面,积极引进高端人才,高度关注科技项目合作和企业研发,努力缩小与北京和天津在技术和人才等方面的差距,有效实现人力资源和技术要素的有序流动;利用自身丰富的自然资源要素进行产业承接和对接,尤其是要做好科技资源类型的产业转级承接工作,积极转变经济发展方式,改变高科技产业空间结构分布不合理这一状况,努力实现产业转型升级。

7.8　京津冀协同发展政策体系与推进路径

7.8.1　完善顶层设计,促进科技创新人才流动

完善顶层制度设计有利于推动各项工作有序进行。通过制度规范,京津冀地区在产业分工和产业转移过程中能够得到有效的政策指导。在宏观调控的背景下,顶层设计能够防止产业的同质化,形成知识、科技和人才溢出效应,有利于推动要素在区域内的合理流动,推动首都经济圈的一体化发展。京津冀协同发展的顶层设计已对京津冀地区两市一省的城市功能定位、区域产业分工布局、生态环境保护和交通基础设施体系等方面做出了重大部署,这有利于推动产业创新协同发展,有利于三地间产业发展的优势互补,推动形成一个完整的技术创新产业链。

由于受京津冀地区"行政区规划"的约束,一些制约生态共建共享、

要素有序流动和资源优化配置的体制机制障碍仍然存在。对此，中央政府可以通过行政手段全面落实顶层设计体系，及时针对当前形势和可能出现的问题、发展的新方向，调整规划政策文件，通过中央政府的有效协调机制保障，在跨区域生态补偿、官员考核晋升以及 GDP 统计制度等方面做好统一规划，从而形成纵横交错的协调机制，维护区域发展秩序。

7.8.2　强化区域合作，推动区域经济包容发展

1. 建立要素互动平台

京津冀地区是我国人才资源最为密集的地区之一，因此生产要素在资本市场、技术市场以及人才市场中更需要寻找优势企业进行要素流动，而这更离不开建设投融资和产业协调合作的互动平台。建设投融资互动平台意味着京津冀地区需要共享资源信息和项目合作信息，运用现代技术交流手段寻找优势产业，更多关注新能源、可持续发展和绿色经济等竞争优势明显的发展领域。例如，河北保定的新能源基地致力于将新能源产业和核心能源设备发展成为我国具有优势的新兴技术产业，这意味着随着要素平台的建立，该地区可以找到更大的投资渠道，合理运用"引进来"和"走出去"的互动发展模式。

2. 建立产业协调合作平台

协调合作不仅体现在要素市场方面的协调，而且体现在企业生产要素之间的协调。对要素市场而言，京津冀地区应围绕区域产业发展方向，强化生产要素和市场要素在经济增长中的地位，将企业的各生产要素进行有效结合，推动产业资源向优势企业集中，向优势产业集聚，从而构建京津冀地区统一、合理、完善的要素市场，发挥市场在资源配置中的决定性作用。企业主体应在充分考虑经济利益并在协调合作平台的带动作用下，促

进资源要素实现自由、高效的流通。

7.8.3 实现科技创新联动，构建协同发展共同体新路径

京津冀地区协同发展的新路径由北京的科研模式、天津的制造模式以及河北的落实模式组成。其中，北京可通过其在技术、知识、人才资源等方面的优势，逐渐形成以首都为主的创新中心，成为在科技研发方面的高新技术孵化器（包括先进制造业、航空航天以及生物医药等领域）。天津可主要在产品制造和产业创新方面落实京津冀地区的产业协同发展规划，合理利用北京的优势资源进行产品的开发与转化。河北可在新型城镇化建设、产业转型升级等方面落实顶层设计，通过承接转移产业找寻发展契机，带动自身经济增长。

总之，京津冀地区应合理构建科技创新产业链与创新的政策环境，利用各地新型产业园区等科技创新节点，打造完整的产业链和产业体系。同时，该地区应以企业为核心构建区域产业联动机制，在攻克科技创新难关时积极进行协调合作，从而加快京津冀地区产业协同创新发展的历史进程。

参考文献

[1] 卢根鑫. 国际产业转移论 [M]. 上海：上海人民出版社，1997.

[2] 小岛清. 对外贸易论 [M]. 周宝廉，译. 天津：南开大学出版社，1987.

[3] 仇建涛. 区域经济非均衡增长论略 [J]. 河南师范大学学报（哲学社会科学版），1998（1）.

[4] 戴宏伟. 产业梯度产业双向转移与中国制造业发展 [J]. 经济理论与经济管理，2006（12）.

[5] 郭凡生. 何为"反梯度理论"：兼为"反梯度理论"正名 [J]. 开发研究，1986（3）.

[6] 卢根鑫. 试论国际产业转移的经济动因及其效应 [J]. 上海社会科学院学术季刊，1994（4）.

[7] 赵燕. 基于重合产业形成的东部外资产业西移及其目标产业选择 [J]. 开发研究，2008（6）.

[8] 陈建军. 中国现阶段的产业区域转移及其动力机制 [J]. 中国工业经济，2002（8）.

[9] 丘兆逸. 实施产业集群转移模式 实现西部经济腾飞 [J]. 探索，2006（1）.

[10] 朱华友，孟云利，刘海燕. 集群视角下的产业转移的路径、动因及其区域效应 [J]. 社会科学家，2008（7）.

[11] 刘友金，袁祖凤，周静，等. 共生理论视角下产业集群式转移演进过程机理研究 [J]. 中国软科学，2012（8）.

[12] 魏后凯.产业转移的发展趋势及其对竞争力的影响[J].福建论坛(经济社会版),2003(4).

[13] 周江洪,陈矗.论区际产业转移力构成要素与形成机理[J].中央财经大学学报,2009(2).

[14] 库兹涅次.现代经济增长[M].戴睿,易诚,译.北京:北京经济学院出版社,1989.

[15] 丁焕峰.技术扩散与产业结构优化的理论关系分析[J].工业技术经济,2006(5).

[16] 黄茂兴,李军军.技术选择、产业结构升级与经济增长[J].经济研究,2009,44(7).

[17] 付宏,毛蕴诗,宋来胜.创新对产业结构高级化影响的实证研究:基于2000—2011年的省际面板数据[J].中国工业经济,2013(9).

[18] 高素英,钦彦祥,张烨.创新投入影响产业结构优化升级路径分析:基于本地效应与多元空间溢出效应[J].科技进步与对策,2017,34(19).

[19] 张其仔.比较优势的演化与中国产业升级路径的选择[J].中国工业经济,2008(9).

[20] 夏海力,叶爱山,周霞.高技术产业发展与区域产业结构升级:基于省际面板数据的实证研究[J].科技管理研究,2019,39(4).

[21] 韩永辉,黄亮雄,王贤彬.产业政策推动地方产业结构升级了吗?:基于发展型地方政府的理论解释与实证检验[J].经济研究,2017,52(8).

[22] 林毅夫.产业政策与我国经济的发展:新结构经济学的视角[J].复旦学报(社会科学版),2017,59(2).

[23] 张辉.全球价值链理论与我国产业发展研究[J].中国工业经济,2004(5).

[24] 周伟，宁煊．基于产业转移升级的创新收益分配研究：以京津冀城市群为例［J］．中国科技论坛，2021（12）．

[25] 张耀辉．产业创新：新经济下的产业升级模式［J］．数量经济技术经济研究，2002（1）．

[26] 黎继子，刘春玲，蔡根女．全球价值链与中国地方产业集群的供应链式整合：以苏浙粤纺织服装产业集群为例［J］．中国工业经济，2005（2）．

[27] 张少军，刘志彪．全球价值链模式的产业转移：动力、影响与对中国产业升级和区域协调发展的启示［J］．中国工业经济，2009（11）．

[28] 张少军，刘志彪．产业升级与区域协调发展：从全球价值链走向国内价值链［J］．经济管理，2013，35（8）．

[29] 刘友金，胡黎明．产品内分工、价值链重组与产业转移：兼论产业转移过程中的大国战略［J］．中国软科学，2011（3）．

[30] 石东平，夏华龙．国际产业转移与发展中国家产业升级［J］．亚太经济，1998（10）．

[31] 范文祥．国际产业转移对我国产业结构升级的阶段性影响分析［J］．经济地理，2010，30（4）．

[32] 张琴．国际产业转移对我国产业结构的影响研究：基于1983—2007年外商直接投资的实证分析［J］．国际贸易问题，2012（4）．

[33] 刘满凤，高梦桃．我国区际产业转移与产业结构优化升级实证研究［J］．生态经济，2020，36（5）．

[34] 戴宏伟，王云平．产业转移与区域产业结构调整的关系分析［J］．当代财经，2008（2）．

[35] 安增军，刘琳．中国产业梯度转移与区域产业结构调整的互动关系研究［J］．华东经济管理，2009，23（12）．

[36] 胡立君，薛福根，王宇．后工业化阶段的产业空心化机理及治理：

以日本和美国为例 [J]. 中国工业经济, 2013 (8).

[37] 杨秀云, 袁晓燕. 产业结构升级和产业转移中的产业空洞化问题 [J]. 西安交通大学学报 (社会科学版), 2012, 32 (2).

[38] 刘友金, 吕政. 梯度陷阱、升级阻滞与承接产业转移模式创新 [J]. 经济学动态, 2012 (11).

[39] 孙早, 席建成. 中国式产业政策的实施效果: 产业升级还是短期经济增长 [J]. 中国工业经济, 2015 (7).

[40] 许和连, 邓玉萍. 外商直接投资导致了中国的环境污染吗?: 基于中国省际面板数据的空间计量研究 [J]. 管理世界, 2012 (2).

[41] 秦炳涛, 葛力铭. 中国高污染产业转移与整体环境污染: 基于区域间相对环境规制门槛模型的实证 [J]. 中国环境科学, 2019, 39 (8).

[42] 傅帅雄, 张可云, 张文彬. 环境规制与中国工业区域布局的"污染天堂"效应 [J]. 山西财经大学学报, 2011, 33 (7).

[43] 董琨, 白彬. 中国区域间产业转移的污染天堂效应检验 [J]. 中国人口·资源与环境, 2015, 25 (S2).

[44] 余东华, 邢韦庚. 政绩考核、内生性环境规制与污染产业转移: 基于中国285个地级以上城市面板数据的实证分析 [J]. 山西财经大学学报, 2019, 41 (5).

[45] 汤维祺, 吴力波, 钱浩祺. 从"污染天堂"到绿色增长: 区域间高耗能产业转移的调控机制研究 [J]. 经济研究, 2016, 51 (6): 58-70.

[46] 朱金鹤, 王雅莉. 创新补偿抑或遵循成本? 污染光环抑或污染天堂?: 绿色全要素生产视角下双假说的门槛效应与空间溢出效应检验 [J]. 科技进步与对策, 2018, 35 (20).

[47] 郭周明, 裘莹. 数字经济时代全球价值链的重构: 典型事实、理论机制与中国策略 [J]. 改革, 2020 (10).

[48] 张少军. 全球价值链模式的产业转移与区域协调发展 [J]. 财经科学, 2009 (2).

[49] 魏龙, 王磊. 全球价值链体系下中国制造业转型升级分析 [J]. 数量经济技术经济研究, 2017, 34 (6).

[50] 李敦瑞. 国内外产业转移对我国产业迈向全球价值链中高端的影响及对策 [J]. 经济纵横, 2018 (1).

[51] 杨亚平, 周泳宏. 成本上升、产业转移与结构升级：基于全国大中城市的实证研究 [J]. 中国工业经济, 2013 (7).

[52] 郑重, 于光, 周永章, 等. 区域可持续发展机制响应：资源环境一体化中的京津冀产业转移研究 [J]. 资源与产业, 2009, 11 (2).

[53] 肖雁飞, 廖双红, 刘友金. 资源和环境约束下中部地区经济可持续能力研究：理论与指标：基于承接沿海产业转移的角度 [J]. 湖南科技大学学报（自然科学版）, 2011, 26 (1).

[54] 赵惠, 吴金希. 基于环境库兹涅茨曲线的京冀区际环境污染转移的测度研究 [J]. 中国人口·资源与环境, 2020, 30 (5).

[55] 彭国华. 技术能力匹配、劳动力流动与中国地区差距 [J]. 经济研究, 2015, 50 (1).

[56] 吴福象, 蔡悦. 中国产业布局调整的福利经济学分析 [J]. 中国社会科学, 2014 (2).

[57] 单许昌. 空间经济研究中马克思主义与新古典两条路径的关联：基于资本逻辑与空间基本规律的比较视角 [J]. 财经研究, 2012, 38 (8).

[58] 潘少奇, 李亚婷, 高尚, 等. 产业转移技术溢出效应研究进展与展望 [J]. 地理科学进展, 2015, 34 (5).

[59] 陈修颖. 区域空间结构重组：理论基础、动力机制及其实现 [J]. 经济地理, 2003 (4).

[60] 胡晨光, 程惠芳, 陈春根. 产业集聚的集聚动力：一个文献综述

[J]. 经济学家, 2011 (6).

[61] 孟美侠, 曹希广, 张学良. 开发区政策影响中国产业空间集聚吗？：基于跨越行政边界的集聚视角 [J]. 中国工业经济, 2019 (11).

[62] 孙浦阳, 韩帅, 许启钦. 产业集聚对劳动生产率的动态影响 [J]. 世界经济, 2013, 36 (3).

[63] 杨仁发. 产业集聚与地区工资差距：基于我国 269 个城市的实证研究 [J]. 管理世界, 2013 (8).

[64] 韩峰, 李玉双. 产业集聚、公共服务供给与城市规模扩张 [J]. 经济研究, 2019, 54 (11).

[65] 周圣强, 朱卫平. 产业集聚一定能带来经济效率吗：规模效应与拥挤效应 [J]. 产业经济研究, 2013 (3).

[66] 张云飞. 城市群内产业集聚与经济增长关系的实证研究：基于面板数据的分析 [J]. 经济地理, 2014, 34 (1).

[67] 孙慧, 朱俏俏. 中国资源型产业集聚对全要素生产率的影响研究 [J]. 中国人口·资源与环境, 2016, 26 (1).

[68] 于斌斌, 杨宏翔, 金刚. 产业集聚能提高地区经济效率吗？：基于中国城市数据的空间计量分析 [J]. 中南财经政法大学学报, 2015 (3).

[69] 韩庆潇, 杨晨, 陈潇潇. 中国制造业集聚与产业升级的关系：基于创新的中介效应分析 [J]. 研究与发展管理, 2015, 27 (6).

[70] 张杰, 刘志彪, 郑江淮. 产业链定位、分工与集聚如何影响企业创新：基于江苏省制造业企业问卷调查的实证研究 [J]. 中国工业经济, 2007 (7).

[71] 胡彩梅. 产业集聚结构对创新活动空间差异影响的实证研究 [J]. 科技进步与对策, 2012, 29 (15).

[72] 刘乃全, 吴友, 赵国振. 专业化集聚、多样化集聚对区域创新效率的影响：基于空间杜宾模型的实证分析 [J]. 经济问题探索, 2016

(2).

[73] 孙超, 王燕. 高新技术产业与生产性服务业协同集聚对区域创新效率的影响 [J]. 科技管理研究, 2020, 40 (22).

[74] 杨仁发. 产业集聚能否改善中国环境污染 [J]. 中国人口·资源与环境, 2015, 25 (2).

[75] 王兵, 聂欣. 产业集聚与环境治理: 助力还是阻力?: 来自开发区设立准自然实验的证据 [J]. 中国工业经济, 2016 (12).

[76] 黄庆华, 时培豪, 胡江峰. 产业集聚与经济高质量发展: 长江经济带107个地级市例证 [J]. 改革, 2020 (1).

[77] 季书涵, 朱英明, 张鑫. 产业集聚对资源错配的改善效果研究 [J]. 中国工业经济, 2016 (6).

[78] 陈奕玮, 吴维库. 产业集聚、技术溢出与城市经济韧性 [J]. 统计与决策, 2020, 36 (23).

[79] 马鹏, 李文秀. 高端服务业集聚效应研究: 基于产业控制力视角的分析 [J]. 中国软科学, 2014 (4).

[80] 杨皎平. 产业集群对技术创新的影响机理及动态演化 [M]. 北京: 中国人民大学出版社, 2015.

[81] 刘友金, 袁祖凤, 周静, 等. 共生理论视角下产业集群式转移演进过程机理研究 [J]. 中国软科学, 2012 (8).

[82] 张敬文, 李一卿, 陈建. 战略性新兴产业集群创新网络协同创新绩效实证研究 [J]. 宏观经济研究, 2018 (9).

[83] 钟书华. 创新集群: 概念、特征及理论意义 [J]. 科学学研究, 2008 (1).

[84] 白素霞, 陈井安. 产业集群向创新集群演化研究 [J]. 经济体制改革, 2015 (3).

[85] 朱海燕. 产业集群升级: 内涵、关键要素与机理分析 [J]. 科学学研究, 2008, 26 (S2).

[86] 胡大立. 我国产业集群全球价值链"低端锁定"战略风险及转型升级路径研究 [J]. 科技进步与对策, 2016, 33 (3).

[87] 李北伟, 董微微, 富金鑫. 中国情境下创新集群建设模式探析 [J]. 中国软科学, 2012 (11).

[88] 陈晓红, 周源, 许冠南, 等. 产业集群向创新集群升级的影响要素和路径研究: 以广东昭信科技园区为例 [J]. 中国管理科学, 2013, 21 (S2).

[89] 陈劲, 吴航, 刘文澜. 中关村: 未来全球第一的创新集群 [J]. 科学学研究, 2014, 32 (1).

[90] 谢呈阳, 周海波, 胡汉辉. "园区升级"中区域创新集群的体系重构及创新效率评价: 基于苏州工业园区的分析 [J]. 科技进步与对策, 2015, 32 (15).

[91] 王志强, 李菲. 产学研协同创新的范式转型与形成路径: 创新集群的视角 [J]. 兰州大学学报 (社会科学版), 2016, 44 (3).

[92] 姚士谋, 周春山, 王德, 等. 中国城市群新论 [M]. 北京: 科学出版社, 2016.

[93] 方创琳. 中国城市群研究取得的重要进展与未来发展方向 [J]. 地理学报, 2014, 69 (8).

[94] 陈伟, 修春亮. 新时期城市群理论内涵的再认知 [J]. 地理科学进展, 2021, 40 (5).

[95] 方创琳. 改革开放40年来中国城镇化与城市群取得的重要进展与展望 [J]. 经济地理, 2018, 38 (9).

[96] 方创琳, 毛其智, 倪鹏飞. 中国城市群科学选择与分级发展的争鸣及探索 [J]. 地理学报, 2015, 70 (4).

[97] 方创琳. 中国新型城镇化高质量发展的规律性与重点方向 [J]. 地理研究, 2019, 38 (1).

[98] 周一星, 史育龙. 建立中国城市的实体地域概念 [J]. 地理学报,

1995, 50 (5).

[99] 方创琳. 中国城市群形成发育的新格局及新趋向 [J]. 地理科学, 2011, 31 (9).

[100] 方创琳. 科学选择与分级培育适应新常态发展的中国城市群 [J]. 中国科学院院刊, 2015, 30 (2).

[101] 方创琳, 周成虎, 王振波. 长江经济带城市群可持续发展战略问题与分级梯度发展重点 [J]. 地理科学进展, 2015, 34 (11)

[102] 朱江丽, 李子联. 长三角城市群产业-人口-空间耦合协调发展研究 [J]. 中国人口·资源与环境, 2015, 25 (2).

[103] 黄跃, 李琳. 中国城市群绿色发展水平综合测度与时空演化 [J]. 地理研究, 2017, 36 (7).

[104] 王青, 金春. 中国城市群经济发展水平不平衡的定量测度 [J]. 数量经济技术经济研究, 2018, 35 (11).

[105] 周伟林. 长三角城市群经济与空间的特征及其演化机制 [J]. 世界经济文汇, 2005 (Z1).

[106] 叶玉瑶. 城市群空间演化动力机制初探：以珠江三角洲城市群为例 [J]. 城市规划划, 2006 (1).

[107] 姚常成, 宋冬林. 中国城市群空间结构演化机制与优化路径问题研究：中国特色社会主义政治经济学的视角 [J]. 教学与研究, 2021 (10).

[108] 张雅杰, 金海, 谷兴, 等. 基于 ESDA-GWR 多变量影响的经济空间格局演化：以长江中游城市群为例 [J]. 经济地理, 2015, 35 (3).

[109] 周韬, 郭志仪. 城市空间演化与产业升级：以长三角城市群为例 [J]. 城市问题, 2015 (3).

[110] 许芸鹭, 顾文冠, 雷国平. 经济增长质量对城市用地蔓延影响的差异性分析：以辽中南城市群为例 [J]. 调研世界, 2021 (2).

[111] 关兴良, 蔺雪芹, 胡仕林, 等. 武汉城市群交通运输体系与城镇空间扩展关联分析 [J]. 地理科学进展, 2014, 33 (5).

[112] 霍尔. 多中心空间发展模式与地区收入差距 [J]. 钱雯, 译. 城市与区域规划研究, 2009 (3).

[113] 孙斌栋, 丁嵩. 多中心空间结构经济绩效的研究进展及启示 [J]. 地理科学, 2017, 37 (1).

[114] 郑涛, 孙斌栋, 张婷麟. 多中心空间结构对城市地价影响研究 [J]. 地理研究, 2021, 40 (6).

[115] 孙超英, 邹炀. 省域多中心空间结构对人力资本积累的影响研究 [J]. 南京财经大学学报, 2021 (3).

[116] 熊彼特. 经济发展理论 [M]. 何畏, 易家详, 译. 北京: 商务印书馆, 2014.

[117] 王海燕, 郑秀梅. 创新驱动发展的理论基础、内涵与评价 [J]. 中国软科学, 2017 (1): 41-49.

[118] 柳卸林, 高雨辰, 丁雪辰. 寻找创新驱动发展的新理论思维: 基于新熊彼特增长理论的思考 [J]. 管理世界, 2017 (12).

[119] 黎鹏. 区域经济协同发展及其理论依据与实施途径 [J]. 地理与地理信息科学, 2005 (4).

[120] 李琳, 刘莹. 中国区域经济协同发展的驱动因素: 基于哈肯模型的分阶段实证研究 [J]. 地理研究, 2014, 33 (9).

[121] 方创琳. 京津冀城市群协同发展的理论基础与规律性分析 [J]. 地理科学进展, 2017, 36 (1).

[122] 闫昊生, 孙久文. 京津冀协同发展的理论解释: 基于"新"新经济地理学的视角 [J]. 经济与管理研究, 2018, 39 (1).

[123] 李琳, 刘莹. 区域经济协同发展的驱动机制探析 [J]. 当代经济研究, 2015 (5).

[124] 毛汉英. 京津冀协同发展的机制创新与区域政策研究 [J]. 地理科

学进展，2017，36（1）.

[125] 许彩侠. 区域协同创新机制研究：基于创新驿站的再思考［J］. 科研管理，2012，33（5）.

[126] 陆军，毛文峰，聂伟. 都市圈协同创新的空间演化特征、发展机制与实施路径［J］. 经济体制改革，2020（6）.

[127] 鲁继通. 京津冀区域协同创新能力测度与评价：基于复合系统协同度模型［J］. 科技管理研究，2015，35（24）.

[128] 张杨，王德起. 基于复合系统协同度的京津冀协同发展定量测度［J］. 经济与管理研究，2017，38（12）.

[129] 欧阳慧，阳国亮. 基于 Haken 模型的区域协同发展测度方法［J］. 统计与决策，2019，35（12）.

[130] 袁纯清. 共生理论及其对小型经济的应用研究（上）［J］. 改革，1998（2）.

[131] 胡晓鹏. 产业共生：理论界定及其内在机理［J］. 中国工业经济，2008（9）.

[132] 黄小勇. 区域经济共生发展的界定与解构［J］. 华东经济理，2014，28（1）.

[133] 祁文辉，魏丽华. 新常态下马克思分工协作理论对区域协同发展的启示：以京津冀地区为例［J］. 价格理论与实践，2016（5）.

[134] 张可云. 区域分工与区域贸易保护的理论分析［J］. 理论研究，2000（5）.

[135] 线实，陈振光. 城市竞争力与区域城市竞合：一个理论的分析框架［J］. 经济地理，2014，34（3）.

[136] 陆玉麒，董平. 区域竞合论：区域关系分析的新视角［J］. 经济地理，2013，33（9）.

[137] 贺灿飞. 高级经济地理学［M］. 北京：商务印书馆，2021.

[138] 杨开忠，李国平. 面向现代化的中国区域科学［M］. 北京：经济管

理出版社, 2021.

[139] 党兴华, 弓志刚. 多维邻近性对跨区域技术创新合作的影响: 基于中国共同专利数据的实证分析 [J]. 科学学研究, 2013, 31 (10).

[140] 孙久文, 易淑昶. 中国区域经济结构调整与国土开发空间格局优化 [M]. 北京: 人民出版社, 2023.

[141] 中国科协创新战略研究院. 创新研究报告第88期 (总第352期) [EB/OL]. [2018-7-17]. https://www.cnais.org.cn/html/dianziqikan/chuangxinyanjiu/2018/0717/1383.html.

[142] 国家统计局社科文司 "中国创新指数 (CII) 研究" 课题组, 贾楠, 李胤. 中国创新指数研究 [J]. 统计研究, 2014, 31 (11).

[143] 中华人民共和国科学技术部. 创新型城市创新能力评价指标体系 [EB/OL]. [2014-9-5]. https://wenku.baidu.com/view/aa69f64059e-ef8c75fbfb362.html.

[144] 丛晓男. 耦合度模型的形式、性质及在地理学中的若干误用 [J]. 经济地理, 2019, 39 (4).

[145] 范斐, 杜德斌, 游小珺, 等. 基于能力结构关系模型的区域协同创新研究 [J]. 地理科学, 2015, 35 (1).

[146] 胡新, 惠调艳, 郑耀群. 西部大开发中区域产业转移与产业升级 [M]. 北京: 社会科学文献出版社, 2015.

[147] 干春晖, 郑若谷, 余典范. 中国产业结构变迁对经济增长和波动的影响 [J]. 经济研究, 2011, 46 (5).

[148] 杨丽君, 邵军. 中国区域产业结构优化的再估算 [J]. 数量经济技术经济研究, 2018, 35 (10).

[149] 张辽. 要素流动、产业转移与地区产业空间集聚: 理论模型与实证检验 [J]. 财经论丛, 2016 (6).

[150] 刘军, 王佳玮, 程中华. 产业聚集对协同创新效率影响的实证分析 [J]. 中国软科学, 2017 (6).

[151] 马林,黄夔.绿色创新能力及其溢出效应与经济增长实证研究:基于协同演进视角[J].生态经济(学术版),2014(1).

[152] 贾妮莎,韩永辉,邹建华.中国双向FDI的产业结构升级效应:理论机制与实证检验[J].国际贸易问题,2014(11).

[153] 周伟.京津冀产业转移效应研究:基于河北技术溢出、产业集聚和产业升级视角[J].河北学刊,2018,38(6).

[154] 周伟,董浩然,安树伟.京津冀城市群协同发展机理与空间分异特征研究:基于DEA模型的测算与评价[J].中国软科学,2023(8).

[155] 邓慧慧,杨露鑫,潘雪婷.高铁开通能否助力产业结构升级:事实与机制[J].财经研究,2020,46(6).

[156] 韩永辉,黄亮雄,王贤彬.产业政策推动地方产业结构升级了吗?:基于发展型地方政府的理论解释与实证检验[J].经济研究,2017,52(8).

[157] 刘满凤,陈梁,廖进球.环境规制工具对区域产业结构升级的影响研究:基于中国省级面板数据的实证检验[J].生态经济,2020,36(2).

[158] 刘英基.中国区域经济协同发展的机理、问题及对策分析:基于复杂系统理论的视角[J].理论月刊,2012(3).

[159] 张可云,蔡之兵.京津冀协同发展历程、制约因素及未来方向[J].河北学刊,2014,34(6).

[160] 程皓,阳国亮.区域一体化与区域协同发展的互动关系研究:基于粤港澳大湾区及其腹地的PVAR模型和中介效应分析[J].经济问题探索,2019(10).

[161] 尹向来.城市群内部协同发展比较研究[D].济南:山东师范大学,2019.

[162] 李海东,王帅,刘阳.基于灰色关联理论和距离协同模型的区域协

同发展评价方法及实证 [J]. 系统工程理论与实践, 2014, 34 (7).

[163] 全毅. 全球区域经济一体化发展趋势及中国的对策 [J]. 经济学家, 2015 (1).

[164] 罗贞礼. 关于长三角区域一体化的新思考：以中国特色社会主义进入新时代为视角 [J]. 人民论坛·学术前沿, 2019 (4).

[165] 李雪松, 张雨迪, 孙博文. 区域一体化促进了经济增长效率吗?：基于长江经济带的实证分析 [J]. 中国人口·资源与环境, 2017, 27 (1).

[166] 黄文, 张羽瑶. 区域一体化战略影响了中国城市经济高质量发展吗?：基于长江经济带城市群的实证考察 [J]. 产业经济研究, 2019 (6).

[167] 李健, 范晨光, 苑清敏. 基于距离协同模型的京津冀协同发展水平测度 [J]. 科技管理研究, 2017 (18).

[168] 刘月. 空间经济学视角下的产业协同集聚与区域经济协调发展 [D]. 杭州：浙江大学, 2016.

[169] 罗富政, 罗能生. 政府竞争、市场集聚与区域经济协调发展 [J]. 中国软科学, 2019, 345 (9).

[170] 曾鹏, 李洪涛, 邢小玉, 等. 中心城市首位度对区域经济协调发展的影响研究：基于中国 19 个城市群的分析 [J]. 重庆大学学报 (社会科学版), 2020 (11).

[171] 刘莹. 区域经济协同发展：中国区域经济增长新路径 [D]. 长沙：湖南大学, 2018.

[172] 杨朝均, 刘立菊. 绿色创新与经济开放的协同发展度评价及动态演化研究 [J]. 重庆理工大学学报 (社会科学), 2020 (5).

[173] 冯怡康. 基于资源优化配置的京津冀经济协同发展研究 [D]. 天津：河北工业大学, 2018.

[174] 常淼,曹海青.京津冀城市群协同发展水平测评[J].合作经济与科技,2022(2).

[175] 任绪燕,任永泰,武方宸,等.区域水-能源-粮食关联系统协同发展模型[J].水土保持通报,2021(5).

[176] 骆琪,何喜军.基于Vague集距离与灰色关联的区域产业技术供需协同发展评价研究[J].运筹与管理,2021(5).

[177] 王垚,王春华,洪俊杰,等.自然条件、行政等级与中国城市发展[J].管理世界,2015(1).

[178] 方创琳,王振波,马海涛.中国城市群形成发育规律的理论认知与地理学贡献[J].地理学报,2018,73(4).

[179] 张军扩,侯永志,刘培林,等.高质量发展的目标要求和战略路径[J].管理世界,2019,35(7).

[180] 范恒山.大力推动城市群高质量发展:序《中国城市群研究系列丛书》[J].区域经济评论,2021(3).

[181] 程玉鸿,程灵云.基于竞合视角的城市竞争力源泉及其变动:以大珠江三角洲地区为实证案例[J].经济学家,2014(9).

[182] 秦立春,傅晓华.基于生态位理论的长株潭城市群竞合协调发展研究[J].经济地理,2013,33(11).

[183] 马勇,童昀.基于生态位理论的长江中游城市群旅游业发展格局判识及空间体系建构[J].长江流域资源与环境,2018,27(6).

[184] 施建刚,张永刚,吴光东.基于生命特征的城市竞争生态位评价分析[J].中国人口·资源与环境,2018,28(1).

[185] 周友良,陈升,刘厚俊.城市经济联系与城市竞合关联研究:基于珠三角制造业数据[J].科技管理研究,2018,38(11).

[186] 许学强,周一星,宁越敏.城市地理学[M]北京:高等教育出版社,2003.

[187] 陈绍愿,张虹鸥,林建平,等.城市群落学:城市群现象的生态学

解读［J］．经济地理，2005（6）．

［188］张艺璇．基于共生理论的临空经济区发展机理及其模型构建研究［J］．河南大学学报（社会科学版），2021，61（6）．

［189］罗守贵，金芙蓉．都市圈内部城市间的共生机制［J］系统管理学报，2012，21（5）．

［190］张怀志、武友德．基于Logistic模型的城市群落共生演化与均衡［J］．生态经济，2016，32（12）．

［191］王绍博，罗小龙，唐蜜，等．基于共生理论的临京临沪地区跨界融合发展对比研究［J］．地理科学，2019，39（11）．

［192］安虎森，邹璇．相邻城市竞争、合作与双赢机制研究［J］．南开经济研究，2007（5）．

［193］何天祥．环长株潭城市群技术进步及空间溢出效应研究［J］．经济地理，2014，34（5）．

［194］何胜，唐承丽，周国华．长江中游城市群空间相互作用研究［J］．经济地理，2014，34（4）．

［195］胡煜，李红昌．交通枢纽等级的测度及其空间溢出效应：基于中国城市面板数据的空间计量分析［J］．中国工业经济，2015（5）．

［196］赵增耀，章小波，沈能．区域协同创新效率的多维溢出效应［J］．中国工业经济，2015（1）．

［197］王雨飞，倪鹏飞．高速铁路影响下的经济增长溢出与区域空间优化［J］．中国工业经济，2016（2）．

［198］于斌斌．金融集聚促进了产业结构升级吗？：空间溢出的视角：基于中国城市动态空间面板模型的分析［J］．国际金融研究，2017（2）．

［199］张玉昌，陈保启．产业结构、空间溢出与城乡收入差距：基于空间Durbin模型偏微分效应分解［J］．经济问题探索，2018（9）．

［200］闫卫阳，王发曾，秦耀辰．城市空间相互作用理论模型的演进与机

理［J］. 地理科学进展，2009，28（4）.

［201］ 杨治. 产业经济学导论［M］. 北京：中国人民大学出版社，1985.

［202］ 周振华. 产业政策的经济理论系统分析［M］. 北京：中国人民大学出版社，1992.

［203］ 谷书堂. 中国市场经济的萌发与体制转换［M］. 天津：天津人民出版社，1993.

［204］ 何诚颖. 中国产业结构理论和政策研究［M］. 北京：中国财政经济出版社，1997.

［205］ 李永禄，龙茂发. 中国产业经济研究［M］. 成都：西南财经大学出版社，2002.

［206］ 陈征，陈捷. 走新型工业化道路［J］. 福建论坛（经济社会版），2003（3）.

［207］ 郭克莎. 中国工业发展战略及政策的选择［J］. 中国社会科学，2004（1）.

［208］ 干春晖，郑若谷. 改革开放以来产业结构演进与生产率增长研究：对中国1978—2007年"结构红利假说"的检验［J］. 中国工业经济，2009（2）.

［209］ 邱灵，方创琳. 城市产业结构优化的纵向测度与横向诊断模型及应用：以北京市为例［J］. 地理研究，2010，29（2）.

［210］ 何天祥，朱翔，王月红. 中部城市群产业结构高度化的比较［J］. 经济地理，2012，32（5）.

［211］ 张亚明，胡泽明，姜靖. 首都经济圈产业结构升级测度［J］. 中国科技论坛，2015（10）.

［212］ 段禄峰. 我国产业结构偏离度研究［J］. 统计与决策，2016（6）.

［213］ 埃比尼泽. 霍华德. 明日的田园城市［M］. 金经元，译. 北京：商务印书馆，2000.

［214］ 胡俊. 中国城市模式与演进［M］. 北京：中国建筑工业出版社，

1995.

[215] 吴启焰, 任东明. 改革开放以来我国城市地域结构演变与持续发展研究: 以南京都市区为例 [J]. 地理科学, 1999, 19 (2).

[216] 赵燕青. 探索新的范型: 概念规划的理论与方法 [J]. 城市规划, 2001 (3).

[217] 朱喜钢. 城市空间集中与分散论 [M]. 北京: 中国建筑工业出版社, 2002.

[218] 张庭伟. 1990 年代中国城市空间结构的变化及其动力机制 [J]. 城市规划, 2001, 25 (7).

[219] 胡军, 孙莉. 制度变迁与中国城市发展及城市空间结构的历史演变 [J]. 人文地理, 2005, 20 (1).

[220] 崔宁. 重大城市事件对城市空间结构的影响: 以上海世博会为例 [D]. 上海: 同济大学, 2007.

[221] 洪世键, 张京祥. 土地使用制度改革背景下中国城市空间扩展: 一个理论分析框架 [J]. 城市规划学刊, 2009 (3).

[222] 李培祥, 李诚固. 区域产业结构演变与城市化时序阶段分析 [J]. 经济问题, 2003 (1).

[223] 朱政, 郑伯红, 贺清云. 珠三角城市群空间结构及影响研究 [J]. 经济地理, 2011, 31 (3).

[224] 张学良, 李培鑫. 城市群经济机理与中国城市群竞争格局 [J]. 探索与争鸣, 2014 (9).

[225] 李琳, 蔡丽娟. 中三角城市群城市经济联系的时空演变特征 [J]. 城市问题, 2015 (7).

[226] 张祥建, 唐炎华, 徐晋. 长江三角洲城市群空间结构演化的产业机理 [J]. 经济理论与经济管理, 2003 (10).

[227] 李丽萍, 郭宝华. 城市化形成机制的经济学分析 [J]. 中州学刊, 2006 (5).

[228] 苗洪亮,周慧.中国三大城市群内部经济联系和等级结构的比较:基于综合引力模型的分析[J].经济地理,2017,37(6).

[229] 李学鑫,苗长虹.城市群产业结构与分工的测度研:以中原城市群为例[J].人文地理,2006(4).

[230] 姚士谋,陈爽,长江三角洲地区产业结构与空间结构的演变[J].地理学报,1988(12).

[231] 朱玉明.城市产业结构调整与空间结构演变关联研究[J].人文地理,2001,17(1).

[232] 朱英明,于念文.沪宁杭城市密集区城市流研究[J].城市规划汇刊,2002(1).

[233] 李诚固,郑文升,王晓芳.我国城市化与产业结构演变的互动变化趋势研究[J].人文地理,2004,20(4).

[234] 陈跃刚,吴艳.都市圈产业组织形式的研究[J].安徽农业科学,2008,36(7).

[235] 王丰岐,宗刚,韩会才,等.都市圈演进中的产业空间影响机理[J]经济论坛,2009(2).

[236] 李文强,罗守贵.都市圈产业结构与空间结构演化的互动关系及协调机理研究[J].上海交通大学(哲学社会科学版),2011(4).

[237] 朱江丽,李子联.长三角城市群产业-人口-空间耦合协调发展研究[J]中国人口·资源与环境,2015,25(2).

[238] 焦华富,杨显明.煤炭资源型城市产业结构演替与空间形态演变耦合:以安徽省淮南市为例[J]地理学报,2016(6).

[239] 约翰斯顿.人文地理学词典[M].柴彦威,译.北京:商务印书馆,2004.

[240] 李晓莉.大珠三角城市群空间结构的演变[J].城市规划学刊,2008,32(2).

[241] 党耀国,刘思峰,王庆丰.区域产业结构优化理论与实践[M].北

京：科学出版社，2011.

[242] 叶玉瑶，张红鸥，刘凯，等. 珠江三角洲建设用地扩展与工业化耦合关系研究 [J]. 人文地理，2011，26（4）.

[243] 马丽，金凤君，刘毅. 中国经济与环境污染耦合度格局及工业结构解析 [J]. 地理学报，2012，67（10）.

[244] 张文龙，邓伟根，余锦龙. 城市化与产业生态化耦合发展的PSR机理与政策研究 [J]. 广西社会科学，2012，199（1）.

[245] 田杰，何丹. 中部地区长江沿线城市群空间结构与经济发展研究 [J]. 世界地理研究，2014，23（2）.

[246] 曾繁清，叶德珠. 金融体系与产业结构的耦合协调度分析：基于新结构经济学视角 [J]. 经济评论，2017（3）.

[247] 陈金英. 中国城市群空间结构及其对经济教率的影响研究 [D]. 长春：东北师范大学，2016

[248] 吴玉鸣，张燕. 中国区域经济增长与环境的耦合协调发展研究 [J]. 资源科学，2008，30（1）.

[249] 祝影，邓小琪. 中国省域高技术产业研发与制造系统耦合评价 [J]. 科技进步与对策，2019，36（13）.

[250] 任晓. 都市圈空间优化与产业转型比较研究 [M]. 上海：上海社会科学院出版社，2015.

[251] 孔丹丹，刘峥. 科技创新、城镇化对产业结构升级的空间效应：基于淮河流域的实证 [J]. 统计与决策，2021，37（19）.

[252] 王如渊. 成渝经济区发展研究：基于城市与产业的视角 [M]. 北京：商务印书馆，2015.

[253] 李清均. 产业集聚研究综述 [J]. 学术交流，2005（7）.

[254] 周伟，赵艳，宁煊. 京津冀城市群制造业结构变迁与空间集聚影响因素分析 [J]. 地理科学，2020，40（11）.

[255] 田凤平，秦瑾龙，杨科. 中国三大城市群经济发展的区域差异及收

敛性研究［J］. 系统工程理论与实践，2021，41（7）.

［256］孟延春，李欣. 北京就业产业结构变化及首都功能效应分析：基于人口普查（1%人口抽样调查）资料［J］. 城市发展研究，2020，27（12）.

［257］梁琦. 中国工业的区位基尼系数：兼论外商直接投资对制造业集聚的影响［J］. 统计研究，2003（9）.

［258］马国霞，朱晓娟，田玉军. 京津冀都市圈制造业产业链的空间集聚度分析［J］. 人文地理，2011，26（3）.

［259］马国霞，石敏俊，李娜. 中国制造业产业间集聚度及产业间集聚机制［J］. 管理世界，2007（8）.

［260］曲立，王璐，季桓永. 中国区域制造业高质量发展测度分析［J］. 数量经济技术经济研究，2021，38（9）：45-61.

［261］刘易斯. 经济增长理论［M］. 周师铭，沈丙杰，沈伯根，译. 北京：商务印书馆，2010.

［262］陆大道. 京津冀城市群功能定位及协同发展［J］. 地理科学进展，2015，34（3）.

［263］魏后凯. 推进京津冀协同发展的空间战略选择［J］. 经济社会体制比较，2016（3）.

［264］张贵，王树强，刘沙，等. 基于产业对接与转移的京津冀协同发展研究［J］. 经济与管理，2014，28（4）.

［265］刘建朝，李丰琴. 京津冀产业协同政策工具挖掘与量化评价［J］. 统计与决策，2021，37（20）.

［266］李琳，刘莹. 中国区域经济协同发展的驱动因素：基于哈肯模型的分阶段实证研究［J］. 地理研究，2014，33（9）.

［267］江曼琦，席强敏. 生产性服务业与制造业的产业关联与协同集聚［J］. 南开学报（哲学社会科学版），2014（1）.

［268］刘洁，姜丰，栗志慧. 京津冀城市群产业-人口-空间耦合协调发展

研究[J]. 中国软科学, 2021 (S1).

[269] 刘玉凤, 高良谋. 京津冀城市群经济与环境的耦合协调发展及时空演化分析[J]. 统计与决策, 2019, 35 (10).

[270] 鲁金萍, 刘玉, 杨振武, 等. 京津冀区域制造业产业转移研究[J]. 科技管理研究, 2015, 35 (11).

[271] 吴卫红, 李娜娜, 张爱美, 等. 京津冀省市间创新能力相似性、耦合性及多维邻近性对协同创新的影响[J]. 科技进步与对策, 2016, 33 (9).

[272] 李昊, 曹悦, 张书华. 京津冀城市群生态宜居宜业协同发展水平的测度[J]. 统计与决策, 2021, 37 (6).

[273] 俄林. 区际贸易与国际贸易[M]. 逯宇铎, 译. 北京: 华夏出版社, 2013.

[274] 林毅夫. 新结构经济学[M]. 北京: 北京大学出版社, 2012.

[275] 周振华. 产业结构优化论[M]. 上海: 上海人民出版社, 2014.

[276] 安树伟. 京津冀协同发展战略实施效果与展望[J]. 区域经济评论, 2017 (6).

[277] 安树伟, 李瑞鹏. 城市群核心城市带动外围地区经济增长了吗?: 以京津冀和长三角城市群为例[J]. 中国软科学, 2022 (9).

[278] 周伟, 郭杰浩. 国际产业转移、空间溢出与全要素生产率[J]. 统计与决策, 2022 (1).

[279] 周伟, 杨栋楠, 章浩. 京津冀城市群产业协同创新驱动要素研究: 肯模型视域下的分时段动态对比分析[C]//中国软科学, 2019 (12).

[280] 杨仁发. 产业集聚与地区工资差距: 基于我国269个城市的实证研究[J]. 管理世界, 2013 (8).

[281] 张虎, 韩爱华, 杨青龙. 中国制造业与生产性服务业协同集聚的空间效应分析[J]. 数量经济技术经究, 2017, 34 (2).

[282] 陈建军,陈菁菁.生产性服务业与制造业的协同定位研究:以浙江省69个城市和地区为例[J].中国工业经济,2011(6).

[283] 席强敏,陈曦,李国平.中国城市生产性服务业模式选择研究:以工业效率提升为导向[J].中国工业经济,2015(2).

[284] 陈晓峰,陈昭锋.生产性服务业与制造业协同集聚的水平及效应:来自中国东部沿海地区的经验证据[J].财贸研究,2014,25(2).

[285] 赫希曼.经济发展战略[M].曹征海,潘照东,译.北京:经济科学出版社,1991.

[286] 缪尔达尔.经济理论和不发达地区[M].北京:北京商务印书馆,1957.

[287] 吉亚辉,段荣荣.生产性服务业与制造业协同集聚的空间计量分析:基于新经济地理视角[J].中国科技论坛,2014(2).

[288] 程中华.城市制造业与生产性服务业的空间关联与协同定位[J].中国科技论坛,2016(5).

[289] 马国霞,石敏俊,李娜.中国制造业产业间集聚度及产业间集聚机制[J].管理世界,2007(8).

[290] 王硕,郭晓旭.垂直关联、产业互动与双重集聚效应研究[J].财经科学,2012(9).

[291] 陈国亮,陈建军.产业关联、空间地理与二三产业共同集聚:来自中国212个城市的经验考察[J].管理世界,2012(4).

[292] 陈建军,刘月,邹苗苗.产业协同集聚下的城市生产效率增进:基于融合创新与发展动力转换背景[J].浙江大学学报(人文社会科学版),2016,46(3).

[293] 陶长琪,周璇.产业融合下的产业结构优化升级效应分析:基于信息产业与制造业耦联的实证研究[J].产业经济研究,2015(3).

[294] 王燕,孙超.产业协同集聚对产业结构优化的影响:基于高新技术

产业与生产性服务业的实证分析［J］. 经济问题探索, 2019（10）.

［295］冯严超, 王晓红. 中国制造业与生产性服务业协同集聚对新型城镇化的影响研究［J］. 经济问题探索, 2018（11）.

［296］潘文卿, 刘庆. 中国制造业产业集聚与地区经济增长: 基于中国工业企业数据的研究［J］. 清华大学学报（哲学社会科学版）, 2012, 27（1）.

［297］曹清峰, 王家庭, 杨庭. 文化产业集聚对区域经济增长影响的空间计量分析［J］. 西安交通大学学报（社会科学版）, 2014, 34（5）.

［298］邓若冰, 刘颜. 工业集聚、空间溢出与区域经济增长: 基于空间面板杜宾模型的研究［J］. 经济问题探索, 2016（1）.

［299］曾刚, 耿成轩, 翁旻. 京津冀战略性新兴产业集聚对区域经济增长的空间溢出效应研究［J］. 技术经济, 2021, 40（2）.

［300］胡艳, 朱文霞. 基于生产性服务业的产业协同集聚效应研究［J］. 产经评论, 2015, 6（2）.

［301］刘宏霞. 生产性服务业与制造业协同集聚的经济效应研究［D］. 兰州: 兰州大学, 2019.

［302］郝永敬, 程思宁. 长江中游城市群产业集聚、技术创新与经济增长: 基于异质产业集聚与协同集聚视角［J］. 工业技术经济, 2019, 38（1）.

［303］豆建民, 刘叶. 生产性服务业与制造业协同集聚是否能促进经济增长?: 基于中国 285 个地级市的面板数据［J］. 现代财经（天津财经大学学报）, 2016, 36（4）.

［304］周明生, 陈文翔. 生产性服务业与制造业协同集聚的增长效应研究: 以长株潭城市群为例［J］. 现代经济探讨, 2018（6）.

［305］李扬. 西部地区产业集聚水平测度的实证研究［J］. 南开经济研究, 2009（4）.

［306］胡健, 董春诗. 产业集聚测度方法适用条件考辩［J］. 统计与信息

论坛, 2013, 28 (1).

[307] 关爱萍, 陈锐. 产业集聚水平测度方法的研究综述 [J]. 工业技术经济, 2014, 33 (12).

[308] 黎日荣, 周政. 生产性服务业集聚一定会提升制造业的生产率吗?: 来自微观企业的证据 [J]. 产经评论, 2017, 8 (6).

[309] 李婧, 谭清美, 白俊红. 中国区域创新生产的空间计量分析: 基于静态与动态空间面板模型的实证研究 [J]. 管理世界, 2010 (7).

[310] 张可云, 杨孟禹. 国外空间计量经济学研究回顾、进展与述评 [J]. 产经评论, 2016, 7 (1).

[311] 唐秀美, 郜允兵, 刘玉, 等. 京津冀地区县域人均 GDP 的空间差异演化及其影响因素 [J]. 北京大学学报 (自然科学版), 2017, 53 (6).

[312] 吴亚菲, 孙淼. 长三角城市群经济增长和产业集聚的关联效应研究 [J]. 上海经济研究, 2017 (5).

[313] 陈长石, 姜廷廷, 刘晨晖. 产业集聚方向对城市技术创新影响的实证研究 [J]. 科学学研究, 2019, 37 (1).

[314] 殷江滨, 黄晓燕, 洪国志, 等. 交通通达性对中国城市增长趋同影响的空间计量分析 [J]. 地理学报, 2016, 71 (10).

[315] 张治栋, 陈竞. 异质性产业集聚及其协同发展对经济效率的影响: 以长江经济带 108 个城市为例 [J]. 工业技术经济, 2019, 38 (6).

[316] 吴瀚然, 沈映春, 胡庆江. 京津冀区域经济增长的空间关联特征及其解释: 基于空间自相关与网络分析法 [J]. 江西社会科学, 2016, 36 (3).

[317] 吴炎芳. 金融集聚对区域经济增长的空间溢出效应研究: 基于空间计量模型的三大城市群对比分析 [J]. 经济问题, 2020 (8).

[318] 连玉君, 王闻达, 叶汝财. Hausman 检验统计量有效性的 Monte

Carlo 模拟分析［J］.数理统计与管理，2014，33（5）.

［319］埃尔霍斯特.空间计量经济学：从横截面数据到空间面板［M］.肖光恩，译.北京：中国人民大学出版社，2015.

［320］王文成，隋苑.生产性服务业和高技术产业协同集聚对区域创新效率的空间效应研究［J］.管理学报，2022，19（5）.

［321］毛汉英.京津冀协同发展的机制创新与区域政策研究［J］.地理科学进展，2017，36（1）.

［322］孙久文.中国区域经济发展的空间特征与演变趋势［J］.中国工业经济，2017（11）.

［323］安虎森.产业转移、空间分布与区域协调［M］.天津：南开大学出版社，2014.

［324］周京奎.京津冀金融一体化"破局"：模式选择与实现机制［J］.长白学刊，2017（4）.

［325］周桂荣.区域产业功能定位重构及协同发展机制创新［J］.区域格局与产业发展，2016（1）.

［326］马歇尔.经济学原理［M］.朱志泰，译.北京：商务印书馆，2014.

［327］孙久文.京津冀产业空间转移、地区专业化与协同发展：基于新经济地理学的分析框架［J］.南开学报，2015（5）.

［328］张可云，邓仲良，蔡之兵.京津冀协同发展下北京的城市发展战略［J］.江淮论坛，2016（4）.

［329］郁建兴，刘殷东.纵向政府间关系中的督察制度：以中央环保督察为研究对象［J］.学术月刊，2020（7）.

［330］王芳，余莎，陈硕.区域经济发展与地方政府间合作：基于重力模型的证据［J］.中国行政管理，2020（9）.

［331］邓淑莲，刘澉滪.财政透明度对地方政府债务风险的影响研究：基于政府间博弈视角［J］.财经研究，2019，45（12）.

[332] 杨开忠. 京津冀协同发展的探索历程与战略选择 [J]. 北京联合大学学报（人文社会科学学版），2015（2）.

[333] 陈湘满. 中国区域产业转移的实现机制及其调控研究 [M]. 湘潭：湘潭大学出版社，2016.

[334] 石敏俊. 现代区域经济学 [M]. 北京：科学出版社，2015.

[335] 克里斯塔勒. 德国南部中心地原理 [M]. 常正文，王兴中，译. 北京：商务印书馆，2010.

[336] 钟昌标. 区域协调发展中政府与市场的作用研究 [M]. 北京：北京大学出版社，2016.

[337] 叶堂林. 新时期京津冀区域经济发展战略研究 [J]. 区域经济评论，2014（1）.

[338] 连莲，叶旭廷. 京津冀协同发展中的飞地经济研究 [J]. 经济问题，2016（1）.

[339] 北京统计年鉴（2021）[M]. 北京：中国统计出版社，2021.

[340] 吴良镛. 京津冀地区城乡空间发展规划研究三期报告 [M]. 北京：清华大学出版社，2013.

[341] 丛屹，王焱. 协同发展、合作治理、困境摆脱与京津冀体制机制创新 [J]. 改革，2014（6）.

[342] 胡黎明，赵瑞霞. 集群式转移企业与承接地政府转承行为的演化博弈研究 [J]. 中国科技论坛，2016（3）.

[343] 王小玺，张耀军. 基于空间面板模型的京津冀地区经济增长收敛研究 [J]. 西北大学学报（自然科学版），2021，51（1）.

[344] LEWIS W A. The evolution of the international economic order [M]. Princeton, New Jersey: Princeton University Press, 1978.

[345] THOMPSON J H. Some Theoretical consideration for manufacturing geography [J]. Economic geography, 1966（3）.

[346] VERNON R. International investment and international trade in the

product cycle [J]. Quarterly journal of economics, 1966, 80 (2).

[347] GRANOVETTER M. The nature of economic relationships [A] in: Richard Swedberg, (ed.) Explorations in economicsociology [M]. Russell Sage Foundation, 1993: 3-41.

[348] DUNNING J H. The Paradigm of international production [J]. Journal of international business studies, 1988.

[349] NAKOSTEEN, ZIMMER. Determinants of regional migration by manufacturing firms [J]. Economic Inquiry, 1987 (50).

[350] SCHUMPETER, JOSEPH A. Capitalism, socialism and democracy [M]. New York: Harper&Row, 1942.

[351] GARY G, JOONKOO LEE. Why the world suddenly cares about global supply chains [J]. Journal of supply chain management, 2012, 48 (3).

[352] JAMES R, MARKUSEN, ANTHONY J. Foreign direct investment as a catalyst for industrial development [J]. European Economic Review, 1999, 43 (2).

[353] ARNDT, SVEN W, HENRYK KIERZKOWSKI (EDS.), Fragmentation. new production patterns in the world economy [M]. Oxford: Oxford University Press. 2001.

[354] JOHN H, SCHMITZ H. How does insertion in global value chains affect upgrading in industrial clusters? [J]. Regional Studies, 2010, 36 (9).

[355] TROBL. Multinational companies and productivity spillovers: a meta-analysis [J]. The economic journal, 2001, 111 (475).

[356] HUNYA. Restructuring through FDI in Romanian manufacturing [J]. Economic Systems, 2002, 26 (4).

[357] KAPLINSKY R. Globalization and unequalisation: what can be learned from value-chain analysis? [J]. Journal of Development Studies, 2010,

37 (2).

[358] WALTER I, UGELOW J. Enviromental policies in developing countries [J]. Ambio, 1979, 8 (2/3).

[359] MONICA, NEHA. Demystifying pollution haven hypothesis: Role of FDI. 2021, 123.

[360] GEREFFI G, KORZENIEWICZ M. Commodity chains and global capitalism [M]. London: Praeger, 1994: 96-98.

[361] ROMER. Advanced macroeconomics [M]. Shanghai: Shanghai University of Finance & Economics Press, 2001.

[362] AUTY R. Sustaining development in mineral economics: the resource curse thesis [M]. London: Routledge, 1993.

[363] KRUGMAN P. Scale economies, product differentiation, and the pattern of trade [J]. The American Economic Review, 1980, 70 (5).

[364] MARSHALL, A. Principles of economics [M]. London: Macmillan, 1890.

[365] WEBER, A. The theory of the location of industries (1909) [M]. Chicago & London: The University of Chicago Press, 1965.

[366] ANTONIO CICCONE, ROBERT E. Hall. Productivity and the density of economic activity [J]. The American economic review, 1996, 86 (1).

[367] ELLISON G, EDWARD L G. The geographic concentration of industry: does natural advantage explain agglomeration? [J]. The American economic review, 1999, 89 (2).

[368] POTER M E. The Competitive advantage of nations [M]. New York: macmillan, 1990.

[369] ANTONIO CICCONE. Agglomeration effects in Europe [J]. European economic review, 2002, 46 (2).

[370] RICHARD E, BALDWIN, RIKARD FORSLID. The Core-periphery model and endogenous growth: stabilizing and destabilizing integration.

2000, 67 (267).

[371] JUHANI VIRKANEN. Effect of urbanization on metal deposition in the bay of Töölönlahti, Southern Finland [J]. Marine Pollution Bulletin, 1998, 36 (9).

[372] ROLAND A, JOHN M, QUIGLEY, et al. Agglomeration and the spatial distribution of creativity [J]. Papers in Regional Science, 2005, 84 (3).

[373] LUNDVALL B A, B JOHNSON. The Learning Economy [J]. Journal of Industry Studies, 1994, (1).

[374] IAN R. GORDON. Industrial Clusters: Complexes, Agglomeration and/or Social Networks? [J]. Urban Studies, 2000, 37 (3).

[375] MICHAEL E. PORTER, Michael P. Porter. Location, Clusters, and the "New" Microeconomics of Competition [J]. Business Economics, 1998, 33 (1).

[376] HALL P, PAIN K. The polycenyric metropolis: Learning from megacity regions in Europe [M]. London: Earthscan, 2006.

[377] GOTTMANN J. Megalopolis, or the urbanization of the northeastern seaboard [J]. Economic Geography, 1957, 33 (7).

[378] PARACER S, AHMADJIAN V. Symbiosis: An introduction to biological association [M]. University Press of New England, 1986.

[379] COENELL UNIVERSITY, INSEAD, WIPO. Global innovation Index Report 2019 [R/OL]. [2019-07-24]. https://www.wipo.int/publications/zh/details.jsp?id=4434.

[380] LIU H, MA L. Spatial Pattern and Effects of Urban Coordinated Development in China's Urbanization [J]. Sustainability, 2020, 12.

[381] JI J, WANG S, ZHOU Y, et al. Spatiotemporal Change and Coordinated Development Analysis of "Population-Society-Economy-Resource-

ecology-environment" in the Jing-Jin-Ji urban agglomeration from 2000 to 2015 [J]. Sustainability, 2021 (13).

[382] Richard M. Hurd. Principles of city land values [M]. New York: The Record and Guide, 1903.

[383] BURGESS, ERNEST. The Growth of the city: an introduction to a research project [M]. Chicago: The University of Chicago Press, 1925: 47-62.

[384] WANG Y, LIU Q, BI R, et al. Grey incidence analysis on relationship between China's OFDI Industry Layout and Industrial structure optimization [C]//IEEE International Conference on Grey Systems and Intelligent Services. IEEE, 2015: 122-126.

[385] VRIES G J D, ERUMBAN A A, TIMMER M P, et al. Deconstructing the BRICs: structural transformation and aggregate productivity growth [J]. Journal of Comparative Economics, 2012, 40 (2).

[386] IRA S, LOWRY. A model of metropolis [M]. Santa Monica, Calif: Rand Corporation, 1964.

[387] HOYT H. The structure and growth of residential neighborhoods in American cities [M]. Washington DC: Federal Housing Administration. 1939.

[388] HARRIS C D, ULLMAN E L. The Nature of the City [J]. The Annals of the American academy of political and social science, 1945 (CCXLII): 7-17.

[389] LEE L, YU J. Estimation of spatial autoregressive panel data models with fixed effects [J]. Journal of Econometrics, 2010, 154 (2).

[390] LESAGE J, PACE R K. Introduction to spatial econometrics [J]. Talor&Francis Group, LLC, 2009.

[391] ALONSN. Location and land use: toward a general theory of land rent

[M]. Cambridge: Harvard University Press, 1964.

[392] GOTTANMAN J. Megalopolis: the urbanized northeastem seaboard of the united states [M]. Canbridge: The MIT Press, 1961.

[393] PETER O, MULLER. Contemporary Suburban America [M]. London: Prentice Hall, 1981.

[394] DURANTON G, OVERMAN H G. Testing for Localization Using Micro-Geographic Data [J]. Review of Economic Studies, 2005 (72).

[395] DURANTON G, OVERMAN H G. Exploring the detailed location patterns of U. K. manufacturing Industries using micro-geographic data [J]. Journal of Regional Science, 2010 (48).

[396] BILLINGS S B, JOHNSON E B. Agglomeration within an urban area [J]. Journal of Urban Economics, 2016, 91 (1): 13-25.

[397] DEVEREUX M P, GRIFFITH R, SIMPSON H. The geographic distribution of production activity in the UK [J]. Regional Science and Urban Economics, 2004, 34 (5).

[398] LUCAS, ROBERT E. On the Mechanics of Economic Development [J]. Journal of Monetary Economics, 1988, 22 (1).

[399] HENDERSON J. V. The Urbanization Process and Economic Growth: The So-What Question [J]. Journal of Economics Growth, 2003 (8).

[400] KIM S. Regions, resources, and economic geography: sources of U. S. regional comparative advantage, 1880-1987 [J]. Regional science and urban economics, 1999, 29 (1).

[401] TAN R, ZHOU K, et al. Analyzing the effects of spatial interaction among city clusters on urban growth-Case of Wuhan urban agglomeration [J]. Sustainability, 2016, 8 (8).

[402] MILLS, EDWIN S. Studies in Indian Urban Development [M]. Washington, D. C.: Published for the World Bank [by] Oxford University Press,

1986.

[403] MEIJERS E, BURGER M. Spatial structure and productivity in US metropolitan areas [J]. Environment and planning A, 2010 (42).

[404] TSAI Y H. Quantifying Urban Form: Compactness versus 'Sprawl', Urban Studies, 2005, 42 (1).

[405] LEE B. "Edge" or "Edgeless" Cities? Urban Spatial Structure in U. S. Metropolitan Areas, 1980 to 2000 [J]. Journal of Regional Science, 2007 (47).

[406] YING L G. An institutional convergence perspective on China's recent growth experience: a research note [J]. paper in Regional Science, 2006, 85 (2).

[407] FREEMAN J, CLARK L. Soete. Unemployment and technological innovation [M]. Green Wood Press, Westport, Connecticut, 1982.

[408] KELD LARUSEN, AMMON SALTER. Searching high and low: what types of firms use universities as a source of innovation [J]. Research policy, 2004 (33).

[409] HSU C W. Formation of industrial innovation mechanisms through the research institute [J]. Tec novation, 2005, 25 (11).

[410] BREZNITZ D. Diffusion of academic r&d capabilities as an industrial innovation policy?: The development of Israel's IT industry [J]. Social science electronic publishing, 2006.

[411] HAKEN H P J. Synergetics [J]. IEEE circuits & devices magazine, 1977, 28 (9).

[412] PETER G. Collaborative innovation networks [R]. http://en.wikipedia.org/wiki. 2007, 11.

[413] JAMES A, DANOWSKI. Identifying collaborative innovation networks-at the inter-departmental level [J]. Procedia-socialand behavioral

sciences, 2010, 2 (4).

[414] RICHARD E, WEST. Communities of innovation: Individual, group, and organizational characteristics leading to greater potential for innovation [J]. Tec trends, 2014, 58 (5): 53-61.

[415] SCHMOOKLER J. The allocation of resources to invention. (book reviews: invention and economic growth) [J]. Science, 1966, 153 (3742).

[416] VERSLUIS C. Innovation on the Ice [J]. Technovation, 2005 (25).

[417] GREENFIELD H I. Manpower and the growth of producer services. [J]. Economic development, 1966: 163.

[418] G. ELLISON, E. L. GLAESER. Geographic concentration in u. s. manufacturing industries: a dartboard approach [J]. Journal of political economy, 1997, 105 (5).

[419] SOLOW R M. A contribution to the theory of economic growth [J]. The quarterly journal of economics, 1956, 70 (1).

[420] ROMER P M. Endogenous technological change [J]. Journal of political economy, 1990, 98 (5, Part 2).

[421] LUCAS R E. On the mechanics of economic development [J]. Journal of monetary economics, 1988, 22 (1).

[422] PERROUX F. Note on the Concept of Growth Poles. In: McKee, D., Dean, R. and Leahy, W., Eds., Regional Economics: Theory and Practice [M]. New York: The Free Press, 1970.

[423] G. ELLISON, E. L. GLAESER, W. R. KERR. What causes industry agglomeration? Evidence from co-agglomeration patterns [J]. American economic review, 2010, 100 (3).

[424] STEPHEN B B, ERIK B. JOHNSON. Agglomeration with in an urban area [J]. Journal of urban economics, 2016, (91).

[425] GABE T M, ABEL J R. Shared knowledge and the co-agglomeration of

occupations [J]. Journal of regional science, 2016, 50 (8).

[426] MARSHALL A. Principles of economics [M]. London: Macmillan, 1890.

[427] JACOBS J. The economy of cities [M]. New York: Vintage books, 1969.

[428] HOOVER E M. An introduction to regional economics [M]. New York: Alfred A. Knopf Inc., 1975.

[429] PORTER M E. The competitive advantage of nations [M]. New York: Macmillan, 1990.

[430] KRUGMAN PAUL. Increasing returns and economic geography [J]. Journal of political economy. 1991, 99 (3).

[431] VENABLES A J. Equilibrium Location of Vertical Linked Industries [J]. International economic review, 1996, 37 (2).

[432] VILLAR O A, RIVAS J M C. How do producer services affect the location of manufacturing firms? the role of information accessibility [J]. Environment & planning, 2001, 33 (9).

[433] KOLKO J. Agglomeration and co-agglomeration of services industries [J]. Mpra paper, 2007.

[434] GHANI S E, SPATIAL. Development and Agglomeration economies in service-lesson from India [J]. Social science electronic publishing, 2016 (5).

[435] BRIAN MORRIS. High technology development: applying a social network paradigm [J]. Journal of new business Ideas & Trends, 2006, 1 (4).

[436] VITLINSKYY V, KOLYADA Y, TUKALO V. Research of synergetic models of non-linear economy [C]//Problems of cybernetics and informatics. IEEE, 2013.

[437] ADGER. Social capital, collective action and adaptation to climate change. economic geography [J]. Economic geography, 2009, 79 (4).